OBERITALIENISCHE SEEN

Eberhard Fohrer

Text und Recherche:	Eberhard Fohrer
Lektorat:	Sabine Bayer
Redaktion und Layout:	Marion Wimmer
Karten:	Matthias Patrzek
Fotos:	Alle Fotos von Eberhard Fohrer außer: Achim Wigand: S. 215, 247
Covergestaltung:	Karl Serwotka
Covermotive:	oben: Isola Bella im Lago Maggiore unten: Varenna am Comer See (Fotos: Eberhard Fohrer)

Für Hilfe bei der Recherche herzlichen Dank an Achim Wigand

Die in diesem Reisebuch enthaltenen Informationen wurden vom Autor nach bestem Wissen erstellt und von ihm und dem Verlag mit größtmöglicher Sorgfalt überprüft. Dennoch sind, wie wir im Sinne des Produkthaftungsrechts betonen müssen, inhaltliche Fehler nicht mit letzter Gewissheit auszuschließen. Daher erfolgen die Angaben ohne jegliche Verpflichtung oder Garantie des Autors bzw. des Verlags. Beide Parteien übernehmen keinerlei Verantwortung bzw. Haftung für mögliche Unstimmigkeiten. Wir bitten um Verständnis und sind jederzeit für Anregungen und Verbesserungsvorschläge dankbar.

ISBN 3-89953-230-9

© Copyright Michael Müller Verlag GmbH, Erlangen 2002, 2005. Alle Rechte vorbehalten. Alle Angaben ohne Gewähr. Printed in Italy.

Aktuelle Infos zu unseren Titeln, Hintergrundgeschichten zu unseren Reisezielen sowie brandneue Tipps erhalten Sie in unserem regelmäßig erscheinenden Newsletter, den Sie im Internet unter **www.michael-mueller-verlag.de** kostenlos abonnieren können.

2. überarbeitete und aktualisierte Auflage 2005

Reisepraktisches

 Seen um Bozen

 Seen im Vinschgau und Seitentälern

 Seen in den Dolomiten

 Seen um Trento

 Gardasee
Seen um den Gardasee
Verona

 Iseo-See
Bergamo

 Comer See
Seen in der Brianza
Luganer See

 Seen im Varesotto
Lago Maggiore
Lago d'Orta

INHALT

Die Oberitalienischen Seen erleben ... 8

Anreise ... 12

Wissenswertes von A bis Z ... 21
Ärztliche Versorgung ... 21
Einkaufen ... 21
Essen und Trinken ... 23
Geld ... 28
Information ... 28
Internet ... 29
Klima/Reisezeit ... 29
Museen, Sehenswürdigkeiten, Galerien und Kirchen ... 30
Telefon ... 30
Übernachten ... 31

Seen um Bozen ... 33
Kalterer See (Lago di Caldaro) ... 34
Kalterer See/Umgebung ... 35
Montiggler Seen (Laghi di Monticolo) ... 37
Große Dolomitenstraße und Karersee (Lago di Carezza) ... 39
Bozen (Bolzano) ... 39

Seen im Vinschgau (Val Venosta) und Seitentälern ... 46
Reschensee (Lago di Resia) und Haidersee (Lago di Muta) ... 47
Martelltal (Val Martello) und Zufrittsee (Lago di Gioveretto) ... 48
Schnalstal (Val di Senales) und Vernagter Stausee (Lago di Vernago) ... 49

Seen in den Dolomiten ... 50
Pragser Wildsee (Lago di Bráies) ... 50
Seen im Höhlensteintal (Val di Landro) ... 51
Cortina d'Ampezzo ... 52
Lago di Misurina ... 54
Seen im Valle d'Ampezzo ... 55
Lago di Santa Caterina ... 56
Lago di Pieve di Cadore ... 56
Lago del Vaiont ... 57
Lago di Santa Croce ... 58
Belluno ... 58

Seen um Trento ... 60
Lago di Caldonazzo ... 60
Lago di Lévico ... 61
Lago di Serraia und Lago delle Piazze ... 63
Lago di Lavarone ... 64
Lago di Cei ... 65
Lago di Santa Giustina ... 66
Lago di Tovel ... 67
Lago di Molveno ... 67
Seen im Valle dei Laghi ... 69
Lago di Toblino ... 70
Lago di Cavédine und Umgebung ... 70
Trento (Trient) ... 72

Gardasee (Lago di Garda) ... 78
Westufer (Nord nach Süd) ... 80
Riva del Garda ... 82
Riva del Garda/Umgebung ... 87
Von Riva del Garda nach Limone ... 89
Limone ... 90
Von Limone nach Gargnano ... 91
Gargnano ... 92
Gardone Riviera ... 93
Salò ... 95
La Valtenesi ... 97
Manerba del Garda ... 98
Ostufer (Nord nach Süd) ... 99

Torble	100	Bardolino	121
Torble/Umgebung	103	Bardolino/Umgebung	122
Malcésine	106	Lazise	123
Monte Baldo	109	**Südufer (Ost nach West)**	125
Von Malcésine nach Torri del Benaco	112	Peschiera del Garda	126
		Sirmione	128
Torri del Benaco	112	Desenzano	131
Torri del Benaco/Umgebung	114	Desenzano/Umgebung	133
Punta San Vigilio	115	**Südlich vom Gardasee**	133
Garda	116	San Martino della Battaglia	134
Madonna della Corona	118	Solferino	134
Garda/Umgebung	119	Valeggio sul Mincio	135

Mantua 137

Seen um den Gardasee 139

Lago di Tenno (Tenno-See)	139	Lago d'Idro (Idro-See)	143
Lago di Ledro (Ledro-See)	141	Lago di Valvestino	145
Lago d'Ampola	143		

Verona 146

Iseo-See (Lago d'Iseo) 160

Iseo	161	Ziele auf der Insel	169
Seerundfahrt (von Iseo nach Norden)	164	Iseo-See/Umgebung	172
		Lago d'Endine	172
Pisogne	165	Franciacorta	172
Lóvere	166	Valcamonica	173
Monte Isola	169		

Bergamo 174

Comer See (Lago di Como) 181
Nördlich vom Comer See 182

Ostufer (Nord nach Süd)	184	**Westufer (Nord nach Süd)**	197
Cólico	184	Domaso	198
Von Cólico nach Varenna	186	Von Domaso nach Menaggio	199
Bellano	187	Menaggio	199
Varenna	188	Riviera Tremezzina (Cadenabbia bis Lenno)	201
Von Varenna nach Lecco	190		
Lecco	191	Tremezzo	201
Südufer (Lecco bis Como)	193	Von Lenno nach Como	204
Bellagio	194	**Como**	206

Seen in der Brianza 213

Luganer See (Lago di Lugano) (italienischer Teil) 216

Von Menaggio nach Porlezza	216	Südufer	217
Nordufer	216	Campione d'Italia	217

Seen im Varesotto 217

Lago di Varese	218	Varese	219

Lago Maggiore (italienischer Teil) ... 222

Ostufer (Nord nach Süd)	224	Verbania	236
Maccagno	224	Mündung des Toce	237
Lago d'Elio	225	Lago di Mergozzo	237
Luino	226	Baveno	238
Von Luino nach Laveno	226	Stresa	239
Laveno	227	Isole Borromee	
Von Laveno nach Angera	229	(Borromeische Inseln)	241
Angera	231	Von Stresa nach Arona	242
Westufer (Nord nach Süd)	232	Arona	242
Cannobio	232		

Lago d'Orta ... 244

Omegna	244	Isola San Giulio	247
Orta San Giulio	244		

Etwas Italienisch ... 249

Sach- und Personenregister ... 253

Geographisches Register ... 254

Kartenverzeichnis

Südliches Seengebiet	vordere Umschlaginnenklappe
Nördliches Seengebiet	hintere Umschlaginnenklappe
Bozen (Bolzano)	43
Comer See und	
Brianza	185
Como	207
Felszeichnungen am	
Monte Lupia	119
Gardasee	81
Iseo	163
Iseo-See	161
Kalterer See	35
Lago Maggiore und Varesotto	223
Monte Baldo	111
Monte Isola	169
Riva	84/85
Trento	73
Verona	149

Zeichenerklärung für die Karten und Pläne

- Autobahn
- Hauptverkehrsstraße
- Landstraße
- Nebenstraße
- Wanderweg
- Fährlinie
- Grünanlage
- Berggipfel
- Aussicht
- Campingplatz
- Badestrand
- Turm
- Kirche
- Kloster
- Bushaltestelle
- Information
- Post
- Parkplatz

Was haben Sie entdeckt?

Was war Ihre Lieblingstrattoria, in welchem Hotel haben Sie sich wohl gefühlt, welchen Campingplatz würden Sie wieder besuchen? Bitte schreiben Sie uns, wenn Sie Kritik, Verbesserungsvorschläge, Anregungen oder Empfehlungen zu diesem Buch haben.

Eberhard Fohrer
Stichwort „Oberitalienische Seen"
c/o Michael Müller Verlag
Gerberei 19
91054 Erlangen
eberhard.fohrer@michael-mueller-verlag.de

Die „Schöne Insel": Isola Bella im Lago Maggiore

Die Oberitalienischen Seen erleben

Jenseits der schneebedeckten Alpengipfel beginnt der Süden – hunderte großer und kleiner Seen liegen zwischen Hochalpen und der hitzeflirrenden Poebene, manche wie mediterrane Fjorde eingeschmiegt, andere wie klare, tiefgrüne Perlen zwischen hohen Bergwäldern versenkt, manche breit und üppig, andere bescheiden und ländlich. Kernige Alpenflora vermischt sich mit Palmen und Jasminduft, an den Hängen gedeihen üppige Weinreben, auf dem Wasser glitzern reflektierende Sonnenstrahlen, im Hintergrund eine tutende Fähre, in der Hand ein Glas abendroter Campari …

Kaum eine Region hat unsere Sehnsucht nach dem heiteren und lebensfrohen Süden so geweckt wie die der Oberitalienischen Seen. Von Goethe bis Hermann Hesse, von Nietzsche bis Kafka, von Queen Victoria bis Adenauer – sie alle ließen sich von der bukolischen Atmosphäre einfangen und bezaubern. Doch trotz hoher Besucherzahlen und der damit mittlerweile verbundenen Kommerzialität, Zersiedlung und Verkehrsdichte ist die Region um Gardasee, Iseo-See, Comer See, Lago Maggiore und Lago d'Orta bis heute liebens- und besuchenswert geblieben.

Was ist es, das die Seenregion einzigartig macht? Ganz sicherlich zunächst ihre prächtige und vielgestaltige Natur, denn hier in den südlichen Alpenausläufern, wo einst eiszeitliche Gletscher mächtige Becken aushobelten, in denen später die großen Seen entstanden, mischt sich die erhabene Großartigkeit der Bergwelt mit üppig-submediterranen Einflüssen. Von den Nadelwäldern und Rebhängen Südtirols

Die Oberitalienischen Seen erleben

bis zu den windzerzausten Palmen, schlanken Zypressen und silbrig-grünen Olivenhainen des Gardasees reicht die Spannbreite der pflanzlichen Vielfalt. Hochgebirgsvegetation und südländische Flora gehen eine stimulierende Verbindung ein, verstärkt, ja oft fast wie verzaubert durch das großartige, je nach Tageszeit, Sonneneinstrahlung und Bewölkung stetig wechselnde und von vielen Dichtern besungene Licht der Seen, das eine riesige Palette von Stimmungen hervorbringt. Dazu kommen die einzigartigen klimatischen Gegebenheiten: ganzjährig mild, im Winter weitgehend frost- und schneefrei, die Sommer heiß, aber nicht drückend. Dass dies bereits im 18. und 19. Jh. geschätzt wurde, erkennt man an den großzügigen Villen und Palästen, die mit opulenten Parkanlagen und üppigen Landschaftsgärten vielerorts die Ufer säumen.

Womit bereits der zweite große Reiz der Seen genannt ist, ihre kulturelle und architektonische Vielfalt. So findet sich einerseits der Prunk von Barock, Klassizismus und Belle Epoque, entstanden über Jahrhunderte hinweg, in denen die stillen Seeufer zum Refugium der Reichen und Schöngeistigen Europas wurden. Andererseits gibt es sie hier auch heute noch, die jahrhundertealten Dörfer, die wie verhärmte Steinlawinen die Seehänge überziehen und deren enge verwinkelte Gassen und brüchige Mauern von einer langen schweren Geschichte zeugen. Vor dem Einsetzen des Tourismus war das Leben an den Seen mühsam und hart. Verkehrswege und größere Ansiedlungen gab es nur in den flachen südlichen Regionen der großen Seen, die bergigen Nordhälften waren oft völlig unerschlossen – die westliche Uferstraße am oberen Gardasee erbaute man beispielsweise erst in den dreißiger Jahren des letzten Jahrhunderts. In den kleinen abgelegenen Küstenorten lebte man vom Fischfang und bescheidenen Anbauflächen, die den Steilufern mühsam abgerungen waren. Zahlreiche Burgen an den Seeufern weisen auf die Kämpfe der Vergangenheit zurück – die Mailänder Visconti rangen mit den Venezianern und den Skaligern aus Verona um die Vorherrschaft an den strategisch und handelswirtschaftlich bedeutsamen Seen, später mischten sich die Habsburger ein, blutige Risorgimento-Schlachten wurden hier geschlagen, und im Ersten Weltkrieg verlief die Frontlinie zwischen der Donaumonarchie und dem neuen italienischen Nationalstaat quer durch das Seengebiet. Die Spuren all dieser Epochen sind heute noch vielerorts sichtbar. Eine sinnvolle Ergänzung jedes Seeurlaubs bildet in diesem Zusammen-

Campione del Garda, historische Baumwollspinnerei am Gardasee

Frühsommer am Comer See

hang sicherlich der Besuch der seenahen Städte mit ihren reichen Kulturschätzen – *Trento*, *Verona*, *Brescia*, *Bergamo* und *Mailand*.

Last but not least sind es heute aber natürlich vor allem die vielfältigen Freizeit- und Sportmöglichkeiten, die die Region der Oberitalienischen Seen zu einem der beliebtesten Tourismusgebiete Italiens gemacht haben: flache Wiesenufer, die im Gegensatz zu den Adria- und Rivierastränden oft Baumschatten bieten, beständig aus Alpen und Poebene herüber wehende Winde, die Surfern und Seglern optimale Gegebenheiten bieten, dazu das teils alpin steile, teils sanft ausgleitende Berg- und Hügelrelief, das die Seen umgibt – ideal für Wanderer und Mountainbiker, aber auch für panoramareiche Seilbahnen und spektakuläre Höhenstraßen. Die Saison an den Seen beginnt demzufolge bereits zu Ostern und endet erst spät im Jahr, denn auch der Herbst hat seine Reize – die Trauben sind reif und die jungen Weine wollen ausgiebig gekostet und gefeiert werden.

Dieses Buch setzt seinen Schwerpunkt im „klassischen" Gebiet der großen Seen *Lago di Garda*, *Lago d'Iseo*, *Lago di Como* und *Lago Maggiore*, unterschlägt aber auch nicht die Badeseen im alpinen Südtiroler und Trentiner Raum, darunter den einladend im größten Südtiroler Weinbaugebiet gelegenen *Kalterer See* (Lago di Caldaro), seines Zeichens wärmster See der Alpen, das Zweiergespann *Lago di Caldonazzo* und *Lago di Lévico* im Valsugana bei Trento sowie den bildhübschen *Lago di Molveno* am Fuß des Brenta-Massivs. Dazu kommen noch viele kleine, bei uns oft nahezu unbekannte Gewässer, die als leuchend grüne und nahezu kreisförmige Karseen die Karstregionen der Berge beleben – z. B. der idyllische *Lago di Lavarone* südöstlich von Trento, der als einer der saubersten Seen im gesamten Alpenraum gilt. In den hochalpinen Regionen gibt es außerdem zahlreiche Stauseen, die angelegt wurden, um die Versorgung der Millionenstädte in der Poebene sicherzustellen – manche erst im 20. Jh., so z. B. der *Reschensee* im Oberen Vinschgau, andere schon vor Jahrhunderten, z. B. der *Lago di Santa Caterina* bei Cortina d'Ampezzo. Doch wohin einen die „Seensucht" auch treibt, die Schönheit und Harmonie der oberitalienischen Seenlandschaft wird den aufgeschlossenen Besucher – trotz zweifellos vorhandener Sünden der Moderne, trotz lärmender Uferstraßen und Massenbetrieb – überall in ihren Bann schlagen.

Badespaß in sauberem Wasser?

Wo alljährlich hunderttausende von Urlaubern baden, ist die Wasserqualität natürlich eine besonders wichtige und sensible Angelegenheit. Sind die Seen dem sommerlichen Ansturm gewachsen, reichen die vorhandenen Einrichtungen wie Kanalisation, Kläranlagen etc. aus? Als Vorreiter gilt hierbei der Gardasee mit seiner vorbildlichen Ringkanalisation. In den Sommermonaten wird am gesamten See die Wasserqualität regelmäßig überprüft, was in den letzten Jahren überwiegend gute bis sehr gute Ergebnisse zeitigte, lediglich der Südosten gilt punktuell als belastet. Säuberungsschiffe fischen zudem regelmäßig den Müll auf. Comer See, Iseo-See, Luganer See und Lago Maggiore schneiden in dieser Hinsicht nicht so gut ab – hier gibt es noch keine umfassende Kanalisation, teilweise werden Abwässer von Industrie eingeleitet und nicht jeder Ort verfügt über eine Kläranlage. Die kleineren Gewässer in den Südalpen kämpfen vor allem gegen das „Umkippen", verursacht durch die sog. Eutrophierung, d. h. übermäßige Nährstoffzufuhr (Einleitung von ungeklärtem Brauchwasser aus Tourismus, Nutzung als Badeseen, Überdüngung durch die Landwirtschaft). Dieser Prozess begünstigt die massenhafte Entwicklung von Algen, was dem Gewässer Sauerstoff entzieht, wodurch schließlich Pflanzen und Tiere eingehen – der See kippt um. In Südtirol und Trentino wird dieser Gefahr am entschiedensten entgegengetreten, so dass vor allem die gewissenhaft überwachten Südtiroler Badeseen derzeit als musterhaft gelten. Eher traurige Beispiele sind dagegen die weiter südlich gelegenen, lombardischen Gewässer Lago di Varese, Lago di Pusiano und Lago di Alserio, wo z. T. Badeverbote ausgesprochen werden mussten.

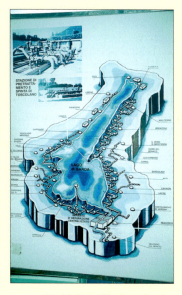

Vorbildlich: Ringkanalisation am Gardasee

Endlich am Ziel: Badestrand in Riva del Garda (Gardasee)

Anreise

Mit dem eigenen Kraftfahrzeug

Der Süden ruft – und alljährlich wälzen sich endlose Blechkarawanen über die Alpenautobahnen. In den Sommermonaten kann das hohe Verkehrsaufkommen dabei durchaus für unangenehme Überraschungen sorgen. Vor allem zu Beginn von Ferienzeiten sind Staus an der Tagesordnung. Hören Sie in jedem Fall Verkehrsfunk, um etwaige Überraschungen rechtzeitig vermeiden zu können. Eventuell kann es sinnvoll sein, nachts zu fahren bzw. aufzubrechen.

Sowohl auf italienischen Autobahnen wie auch in der Schweiz und Österreich fallen Mautgebühren an. Doch vor allem für den Transit durch Österreich gibt es einige überlegenswerte kostenfreie Routen (→ unten/Alternativen) und in Italien verlaufen parallel zu den Autobahnen oft Staatsstraßen (SS = strada statale), die man ohne Obolus befahren kann – allerdings kommt man dort nicht immer übermäßig flott voran, da viele LKW diese Strecken nutzen und zudem zahlreiche Ortschaften durchquert werden.

Endlich in Oberitalien angekommen, erlebt man die Szenerie der herrlichen Seen zwischen den majestätischen Berghängen immer wieder als berauschend – trotzdem sollte man stets stocknüchtern und vorsichtig fahren. Fast immer überlastet, oft reichlich eng und staugeplagt ziehen sich die Uferstraßen an *Gardasee, Iseo-See, Comer See* und *Lago Maggiore* entlang. Vor allem in den nördlichen Bereichen der großen Seen – speziell am Gardasee – sorgen unbeleuchtete Tunnels und manchmal

Mit dem eigenen Kraftfahrzeug 13

kilometerlange Galerien für stockenden Verkehr. Eine Herausforderung für den Fahrer bilden aber auch die seitlich abzweigenden Straßen. Vor allem wenn es in die Berge geht, wird es fast immer sehr steil, sehr kurvig und sehr eng – langsam und mit Bedacht fahren ist angesagt. Die Verkehrsführungen in den verwinkelten Ortschaften sind ebenfalls unübersichtlich – wer Experimente scheut, hält sich deshalb lieber von kleinen Nebengassen fern.

Eine kostenintensive Angelegenheit ist das *Parken*, vor allem im Hochsommer – gratis kann man dann oft nur weit außerhalb der Ortszentren parken, gebührenpflichtige Parkplätze findet man zentral an den Uferstraßen beschildert (Preise 1,20–1,60 €/Std., Tagespreis 3,70–7 €).

> **Achtung**: Die italienischen Bußgelder gehören zu den höchsten in Europa, Parkverstöße und Geschwindigkeitsüberschreitungen werden deutlich strenger geahndet als in Deutschland. Die Mindestgebühr für Falschparken beträgt 35 €, Radarkontrollen werden in Italien seit 2004 durchgeführt. Ab 70 € werden Verkehrverstöße ins Heimatland zurückverfolgt.

Aus Süddeutschland über den Brenner

Wer aus bzw. über Süddeutschland anreist, wird in aller Regel die Brenner-Autobahn (A 22) benutzen. Der Gardasee beispielsweise ist so von München aus in 4 bis 5 Stunden zu erreichen, normalen Verkehr vorausgesetzt. Von *München* nimmt man zunächst die A 8 in Richtung Salzburg und ab Inntaldreieck die A 93 zum Grenzübergang Kiefersfelden/Kufstein, weiter nach *Innsbruck* geht es auf breiter Autobahn. Von der Olympiastadt zum Brenner hinauf überquert man die 820 m lange und 190 m hohe Europa-Brücke. Am *Brennerpass* in 1374 m Höhe passiert man die österr./ital. Grenze, danach geht es zügig bergab die lang ausgleitenden Südtiroler Täler entlang. Zwischen sonnendurchglühten Weinhängen, Obstbaumkulturen und schroffen Felshängen kleben beidseitig der Autostrada Ritterburgen wie aus dem Bilderbuch. Bei Sterzing Mautstelle mit sommerlicher Staugefahr. Über *Bozen* (→ Kalterer See) und *Trento* (→ Lago di Caldonazzo, Lago di Lévico u. a.) geht es schnell nach *Rovereto* (→ Gardasee) und weiter nach *Verona*, wo man auf die A 4 wechselt (→ Iseo-See, Comer See, Lago Maggiore u. a.).

> **Autobahngebühren Österreich**: Alle österreichischen Autobahnen sind gebührenpflichtig – die *Zehntages-Vignette* kostet für PKW derzeit ca. 7,60 €, eine *Zweimonatsvignette* ca. 21,80 €, die *Jahres-Vignette* ca. 72 € (Motorräder: ca. 4,30 €, 10,90 €, 29 €). Vignetten sind bei den Automobilclubs, an grenznahen Raststätten und an der Grenze erhältlich. Tipp: Für einen Aufenthalt, der länger als 10 Tage dauert, nicht die Zweimonatsvignette nehmen, sondern für Hin- und Rückreise je eine Zehntages-Vignette. Separat gezahlt werden muss außerdem hinter Innsbruck die Auffahrt zum Brenner mit der Europa-Brücke. Kostenpunkt für PKW, Kleinbusse und Motorräder ca. 8 €, Gespanne 13 €.
> Fahrzeuge ab 3,5 t müssen statt der Vignette für 5 € eine so genannte „Go-Box" erwerben, die Gebühren elektronisch erhebt. Weitere Informationen unter www.go-maut.at oder ☏ 0800-40011400.
> **Autobahngebühren Italien**: Brenner–Verona ca. 12 €.

▸ **Alternativen**: Um die österreichische Maut zu sparen, kann man für den Transit mehrere „Schleichwege" nutzen – den *Zirler Berg* und danach die alte Brennerstraße,

Gelegentlich wird es eng: auf der westlichen Uferstraße am Gardasee

den *Reschenpass* (siehe im Folgenden) mit anschließender Fahrt durch den Vinschgau (→ S. 46) oder die „Direttissima" durchs Engadin zum Comer See. Allerdings wird man dafür in der Regel einiges mehr an Zeit benötigen.

• <u>Über den Zirler Berg</u> Von München die **Starnberger Autobahn** nach **Garmisch-Partenkirchen** nehmen, Autobahnende 17 km vor Garmisch, auf Landstraße weiter zum Grenzübergang **Mittenwald/Scharnitz**. Abenteuerlich ist dann die Fahrt den **Zirler Berg** hinab ins Inntal (15 % Gefälle, in umgekehrter Richtung für Gespanne verboten!), alle paar hundert Meter steile Auslaufspuren, beeindruckender Blick aufs Tal und Innsbruck. Zum Ende des Bergs hin Vorsicht: wenn man auf dieser Straße bleibt, gerät man unweigerlich auf die Inntal-Autobahn! Man muss deshalb vorher nach **Zirl** abbiegen und auf der **B 171** nach Innsbruck fahren. Dort nimmt man die **alte Brennerstraße (B 182)** durchs reizvolle Eisacktal hinauf zum Brenner.

• <u>Über den Reschenpass</u> Schöne Strecke über Garmisch-Partenkirchen, aus Schwaben kommend über Kempten und Füssen. Von Garmisch aus umfährt man das Zugspitzmassiv westlich und hält sich in Richtung **Fernpass** (1209 m). Nach dem Pass kurvt die steile Bergstraße hinunter zum **Schloss Fernstein** am hübschen gleichnamigen See, eine dunkelgrüne Wasserfläche inmitten von Nadelwäldern (Hotel und Campingplatz vorhanden). In **Nassereith** links ab nach Innsbruck oder rechts und durch zwei kilometerlange Tunnels ein Hochtal hinauf zur italienischen Grenze am **Reschenpass** (1504 m). Kurz nach der Grenze der lang gestreckte **Reschensee**, danach der **Haidersee** (→ S. 47). In einer langen Schleife geht es nun den attraktiven **Vinschgau** hinunter nach **Meran** und weiter auf einer neuen Schnellstraße nach **Bozen**, dort Auffahrt auf die Autobahn A 22 oder weiter auf der Staatsstraße.

• <u>Durchs Engadin</u> Interessante Variante, falls man von Bayern schnell zum Comer See gelangen will. Bis kurz vor **Nauders** dieselbe Strecke wie unter Reschenpass beschrieben. Dann in die nahe Schweiz abzweigen (beschildert), auf der Landstraße 27 ein langes Tal mit Steilhängen (unteres Engadin) entlang und über **Zernez** (bester Ausgangspunkt für Touren im Schweizer Nationalpark) ins obere Engadin mit dem weltberühmten Skikurort **St. Moritz** am gleichnamigen See (Camping Olympiaschanze 2 km westlich vom Ort). Weiter geht's an drei schönen Seen vorbei, über

Mit dem eigenen Kraftfahrzeug 15

den eindrucksvollen **Malojapass** (1815 m) und in steilen Haarnadelkurven hinunter in die italienische Schweiz. Über **Chiavenna** gelangt man rasch zum Nordende des **Comer Sees** (→ S. 182).

Aus Österreich

Günstigster Einstieg für alle, die aus dem Osten der Alpenrepublik kommen und rasch an den großen Seen sein wollen, ist die durchgehend fertig gestellte Autobahn A 2 von *Wien* über Graz nach *Klagenfurt* und *Villach*, dann auf der Alpen-Adria-Autobahn A 23 (Grenzübergang Tarvisio) über Tolmezzo und *Udine* zur A 4, die an der Adria entlang und an Venedig vorbei nach *Verona* und weiter nach Westen führt.

Wer mehr von den Alpen sehen will, kann auch die schöne Bergstrecke über den *Semmering*, Bruck an der Mur und Leoben nach *Klagenfurt* wählen. Unterwegs sind nur wenige Kilometer zwischen Semmering und Mürzzuschlag Bundesstraße, ansonsten Autobahn bis Judenburg, danach verschiedene Möglichkeiten bis Klagenfurt, von dort weiter wie oben beschrieben auf A 2 und A 23 zur Adria.

Alternativ dazu kann man die den Osten Österreichs der Länge nach durchquerende Autobahn A 1 von *Wien* nach *Salzburg* nehmen. Von Salzburg kommt man auf der A 8 Richtung München bis zum *Inntaldreieck* und über Innsbruck zum *Brenner* (→ oben).

Aus der Schweiz und Westdeutschland

Für alle, die aus dem Westen der Republik kommen, bietet die Rheinautobahn Frankfurt-Basel die ideale Anfahrt. Weiter geht's landschaftlich eindrucksvoll – aber mit Pflicht zur Vignette (→ Kasten) – auf der berühmten St.-Gotthard-Autobahn (N 2 bzw. E 35) über *Luzern* (schöne Strecke am Vierwaldstätter See) und durch den *St.-Gotthard-Tunnel*. Der mit 16,3 km längste Straßentunnel durch die Alpen ist gebührenfrei und eine bekannte Wetterscheide: Auch wenn es am nördlichen Tunneleingang Bindfäden regnet, am südlichen Ausgang lacht meist die Sonne. Weiter auf malerischer Strecke mit bereits prächtiger mediterraner Vegetation auf einem Damm über den Luganer See zum schweiz./ital. Grenzübergang *Chiasso*, unmittelbar nach der Grenze trifft man auf *Como* am gleichnamigen See (→ S. 206).

> **Autobahngebühren Schweiz**: Alle Schweizer Autobahnen (Nationalstraßen) und autobahnähnlichen Straßen sind gebührenpflichtig. Pauschal wird der Preis von 40 SFr (ca. 27,50 €) für eine Vignette (Plakette) erhoben. Die Vignette ist nicht übertragbar und jeweils für ein Jahr gültig. Die Plaketten sind an den Grenzen und auf jeder Schweizer Poststelle erhältlich, man kann sie aber bereits vor der Fahrt bei einem Automobilclub erstehen.

▸ **Alternativen**: Für diese Hauptstrecke gibt es einige meist weniger belastete Ausweichrouten.

• *Direttissima Ulm → Mailand* Ein Blick auf die Landkarte zeigt, dass die Strecke von **Ulm** über das **Kreuz Memmingen** nach **Bregenz** (A 7/A 96) und weiter auf der N 13 via **Chur** und durch den **San-Bernadino-Tunnel** (6,6 km, gebührenfrei) fast in direkter Luftlinie nach **Como** führt. Derzeit ist die Strecke allerdings im Raum Bregenz noch nicht als Autobahn ausgebaut. Doch der gesamte Ausbau ist geplant und wird wohl zur Entlastung der Brennerstrecke führen.

• *Von Stuttgart über Luzern* Autobahn A 81 von **Stuttgart** über Rottweil bis Autobahnkreuz Singen, weiter auf Bundesstraße nach

Schaffhausen, von dort Autobahn über **Winterthur** nach **Zürich**, auf Transit-Schnellstraße um das Stadtzentrum herum und nach **Luzern**, wo man auf die oben beschriebene N 2 durch den St.-Gotthard-Tunnel trifft.
• *Von Bern* In Richtung Lago Maggiore kann man die **Lötschberg-Autoverladung** benutzen. In Kandersteg mit dem Auto auf den Zug, 15 Min. später ist man in Goppenstein (PKW, Wohnmobil bis 3,5 t und Kleinbus bis 9 Sitzplätze kostet ca. 17 €, Motorrad 11 €). Anschließend Weiterfahrt über die nicht allzu steile **Simplon-Passstraße**, die mittlerweile sehr gut ausgebaut ist.

Die Alternative: Mit dem AutoZug nach Süden

Wer sich die lange Tour durch deutsche Lande und über die Alpen nicht zumuten möchte, gleichzeitig einen aktiven Beitrag für den Umweltschutz leisten will, für den bieten die AutoZüge (früher: Autoreisezüge) eine brauchbare Alternative. Züge aus verschiedenen Großstädten der Bundesrepublik starten mehrmals wöchentlich nach Bozen und Verona. Vor allem für Familien mit Kindern ein stressfreier, wenn auch nicht ganz billiger Einstieg. Auch Motorradfahrer können die Angebote wahrnehmen. Die Kosten sind je nach Reisedatum sehr unterschiedlich. Achtung: max. Höhe des Fahrzeugs incl. Dachaufbauten 1,67 cm, Gepäckmitnahme auf dem Fahrzeug ist nicht erlaubt. Details in der Broschüre „AutoZug Katalog", unter DB AutoZug Servicetelefon 0180/5241224 (tägl. 9–21 Uhr) oder im Internet: www.autozug.de

Rund um den italienischen Verkehr

• *Höchstgeschwindigkeit* **innerorts** 50 km/h; **außerorts**, PKW, Motorräder und Wohnmobile bis 3,5 t 90 km/h, Wohnmobile über 3,5 t 80 km/h, PKW mit Anhänger 70 km/h.
Schnellstraßen (zwei Spuren in jeder Fahrtrichtung), PKW, Motorräder und Wohnmobile bis 3,5 t 110 km/h, Wohnmobile über 3,5 t 80 km/h, PKW mit Anhänger 70 km/h.
Autobahnen, PKW und Wohnmobile bis 3,5 t 130 km/h (falls ausdrücklich per Schild erlaubt, auch darüber), Motorräder bis 149 ccm verboten, darüber 130 km/h, Wohnmobile über 3,5 t 100 km/h, PKW mit Anhänger 80 km/h.
• *Abweichende Verkehrsvorschriften*
Privates **Abschleppen** auf Autobahnen ist verboten.
Die **Promillegrenze** beträgt 0,5.
Dachlasten und Ladungen, die über das Wagenende hinausragen, müssen mit einem reflektierenden, 50 x 50 cm großen, rot-weiß gestreiften **Aluminiumschild** (kein Kunststoff!) abgesichert werden (erhältlich im deutschen Fachhandel, in Italien an Tankstellen). Fahrrad- und Lastenträger mit Heckleuchten und Nummernschild, die im Kfz-Schein eingetragen sind, sind von dieser Regelung ausgenommen.
Für den Fall, dass man z. B. wegen Unfall oder Panne auf einer Autobahn das Auto verlässt, muss seit 2004 eine reflektierende **Sicherheitsweste** (DIN EN 471) im Auto vorhanden sein. Erhältlich ist sie in Tankstellen, Baumärkten etc.
Ebenfalls seit kurzem Vorschrift: Tagsüber muss nicht nur auf **Autobahnen**, sondern auch auf allen **Überlandstraßen** mit Abblendlicht gefahren werden.
• *Pannenhilfe* Der Straßenhilfsdienst des italienischen Automobilclubs ACI (www.aci.it) ist in ganz Italien rund um die Uhr unter ✆ 116 zu erreichen (auf Autobahnen über Notrufsäulen), Numero Verde ist ✆ 803-116. Die Pannenhilfe ist kostenpflichtig.
Polizeinotruf/Unfallrettung in ganz Italien rund um die Uhr, ✆ 112.
Deutschsprachiger Notrufdienst des ADAC in **Mailand**, ✆ 02/661591, Pannenhilfe unter ✆ 803-116 und 800-116800.
• *Häufige Verkehrsschilder* Häufig trifft man auf Verkehrsschilder mit der Aufforderung **rallentare** = langsam fahren, z. B. wegen **lavori in corso** (Bauarbeiten) oder wegen **pericolo** (Gefahr, oft vor Steigungen und Kreuzungen); **accendere i fari** = Licht einschalten; **attenzione uscita veicoli** = Vorsicht Ausfahrt; **deviazione** = Umleitung; **divieto di accesso** = Zufahrt verboten; **temporaneamente limitato al percorso** = Durchfahrt vorübergehend verboten; **strada interrotta** = Straße

gesperrt; **inizio zona tutelata** = Beginn der Parkverbotszone; **lavori in corso** = Bauarbeiten; **parcheggio** = Parkplatz; **rallentare** = langsam fahren; **senso unico** = Einbahnstraße; **strada senza uscita** = Sackgasse; **tutti direzioni** = alle Richtungen; **zona disco** = Parken mit Parkscheibe; **zona a traffico limitato** = Bereich mit eingeschränktem Verkehr; **zona pedonale** = Fußgängerzone; **zona rimorchio** = Abschleppzone.

• *Kraftstoff* Angeboten werden **Bleifrei** (senza piombo) und **Super** (super) mit 95 Oktan sowie **Diesel** (gasolio). Die Preise liegen etwa so hoch wie in Deutschland. **Tankstellen** an Autobahnen sind Tag und Nacht geöffnet, sonst in der Regel von 12.30–15.30 und 20–7 Uhr geschl. An Samstagen haben nur einige Tankstellen offen, am Sonntag sind fast alle geschlossen. An vielen **Zapfautomaten** können Sie aber dann mit einem unzerknitterten Geldschein im „Self-Service-Verfahren" tanken. Kreditkarten werden häufig akzeptiert.

> **Spartipp:** Kalkulieren Sie bei Hin- und Rückreise Ihren Tankvorrat so, dass Sie in Österreich tanken können. Dort sind die Spritpreise derzeit deutlich günstiger als in Deutschland (Stand 2005).

Auch Biker schätzen die Seenregion

Weitere Anreisemöglichkeiten

▸ **Mit der Bahn:** Die Brennerstrecke über Innsbruck, Bozen und Trento nach Verona ist neben der Gotthardbahn aus der Schweiz das wichtigste Einfallstor in den Süden. Tägliche Direktzüge und Kurswagen gibt es ab München, Basel, Zürich und Wien u. a. nach *Verona* und *Milano*, im Sommer z. T. auch direkt an die Seen, z. B. nach *Como* (Comer See) und *Peschiera* (Gardasee). Gutes Sitzfleisch muss man dafür mitbringen, Eurocity-Züge sind von München nach Verona etwa 5 ½ Std. unterwegs, andere Züge brauchen bis zu 7 Std. Da das Passagieraufkommen über die Alpen, nicht zuletzt wegen der wachsenden Billigflugangebote, seit einigen Jahren nachlässt, haben die Bahnverwaltungen von Deutschland, Österreich und Italien 2005 den „Sparpreis 50" eingeführt. Dieses Ticket bringt deutlich günstigere Preise als bisher, kann allerdings bislang nur für Wochenendzüge gelöst werden und muss drei Tage vor der Fahrt gebucht werden (aktueller Ticketpreis „Sparpreis 50" München–Verona und zurück: 72,80 €, Stand 2005). Die Bahnpreise in Italien sind verhältnismäßig günstig, wegen des schwierigen alpinen Terrains ist das Streckennetz im Gebiet der Seen allerdings dürftig ausgebaut, viele der kleineren Seen sind gar nicht zu erreichen. Kurzer Überblick: Am Ostufer der großen Seen *Lago di Como*, *Lago Maggiore*, *Lago d'Iseo* und *Lago d'Orta* verläuft je eine Bahnlinie, der *Gardasee* besitzt dagegen nur am Südufer Bahnanschluss. Ab Trento verkehren Züge durch das Valsugana zu *Lago di Caldonazzo* und *Lago di Lévico*, außerdem das Val di Non hinauf zum Stausee *Lago di Giustina*. Der *Lago di Santa Croce* in Venetien ist nur von Süden aus über Treviso zu erreichen. Eine Bahnlinie folgt schließlich von Meran dem Vinschgau bis Mals, von dort sind es allerdings noch gut 15 km bis zum *Reschensee*. Weitere Infos auf der Website der Deutschen Bahn (www.bahn.de) oder bei der italienischen Eisenbahn (www.trenitalia.com bzw. www.ferroviedellostato.it).

Tipps und Tricks für Bahnreisende

- Aus den Fahrplänen sollte man sich den geeigneten Zug heraussuchen: Nahverkehrszüge **Locale** (L) bzw. **Regionale** (R) sind langsam und halten an jeder Station. Etwas flotter bewegen sich **Diretto** (D) und **Interregionale** (IR), die aber ebenfalls häufig halten. Der **Espresso** (E) ist dagegen durchweg schnell. Am schnellsten fahren die komfortablen **Inter/Eurocity-Züge** (IC/EC), allerdings mit teils erheblichen Zuschlägen.
- Am Fahrkartenschalter sagt man: **„Un biglietto (due biglietti) per Verona (Brescia, Milano, ...), solo andata (andata/ritorno)"** – „einen Fahrschein (zwei Fahrscheine) nach Verona (Brescia, Milano, ...), einfache Fahrt (hin und zurück)"
- Wichtig: Bevor man den Bahnsteig betritt, muss man sein Zugticket an einem der Automaten **entwerten**, die an den Zugängen aufgestellt sind. Andernfalls gilt man als potenzieller „Schwarzfahrer" – und das kann einiges kosten!
- **Zuschlagspflichtige IC-Züge** sind auf den aushängenden Fahrplänen mit gestrichelter Linie gekennzeichnet (Zuschlag = supplemento).
- Auf den Fahrplänen immer die Spalte „Servizi diretti e annotazioni" beachten, dort ist vermerkt, ob der betreffende Zug nur **werktags** („si effetua nei giorni lavorativi") oder nur **feiertags** („si effetua nei festivi") fährt.
- Wenn der Fahrkartenschalter geschlossen ist, gibt es die Zugtickets in der Regel in der **Bahnhofsbar** oder im **Zeitschriften-** bzw. **Tabacchi-Laden**.
- Auf kleineren Bahnhöfen hängen oft zusätzlich die Abfahrts-/Ankunftszeiten der **nächstgrößeren Bahnhöfe** bzw. Städte aus – nicht verwechseln!
- Auf kleinen Bahnhöfen werden oft in letzter Minute die **Gleise gewechselt**. Bis zuletzt auf Durchsagen und Mitwartende achten, außerdem immer noch einmal fragen, bevor man einen Zug besteigt.

▶ **Bus**: Die Deutsche Touring GmbH bietet mit ihren „Europabussen" Fahrten nach *Rovereto* und *Verona* (→ Gardasee), *Brescia* (→ Iseo-See) sowie *Como* und *Milano* (→ Comer See/Lago Maggiore). Preisbeispiel Frankfurt – Milano ca. 112 € retour (bei frühzeitiger Buchung Rabatt).

Weitere Anreisemöglichkeiten

Auskünfte/Buchung in allen **DER-Reisebüros** sowie bei **Deutsche Touring GmbH**, Am Römerhof 17, PF 900244, D-60486 Frankfurt/M., ✆ 069/7903240, www.deutsche-touring.com

▶ **Flugzeug**: Der Großflughafen *Malpensa* (→ S. 20) liegt nördlich von Mailand und wird täglich von vielen Fluglinien aus Deutschland, Österreich und der Schweiz angeflogen. Vor allem aber der Flughafen *Orio al Serio* bei Bergamo hat sich zum Drehkreuz für die neuen Billigflugangebote nach Norditalien entwickelt – so mancher Urlauber steigt deshalb vom Auto auf den Flieger um, auch Kurztrips von wenigen Tagen sind jetzt populär geworden, weil finanziell erschwinglich. Wichtig ist jedoch eine frühzeitige Buchung – je näher der Abflugtag rückt, desto teurer wird das vermeintliche Schnäppchen. Falls man nicht mit öffentlichen Verkehrsmitteln unterwegs sein will, muss außerdem die Anmietung eines Leihwagens in die Kosten einbezogen werden (→ Kasten). Die führenden Low Cost Carrier bieten derzeit folgende Flugrouten (Stand Frühjahr 2005) ins Seengebiet: Nach Bergamo fliegen *Ryan Air* von Frankfurt-Hahn und Hamburg (Lübeck), *Hapag Lloyd Express* von Hannover und *Air Berlin* aus Berlin und Düsseldorf, außerdem fliegt *German Wings* von Köln/Bonn nach Mailand und Verona. Die Flüge können ausschließlich online gebucht werden: www.ryanair.com, www.hlx.com, www.airberlin.com, www.germanwings. com.

Urlaub sportlich: Mountainbiker am Gardasee

Flughäfen im Gebiet der Seen

● *Bergamo* Der Flughafen **Orio al Serio** liegt in unmittelbarer Stadtnähe. Shuttle-Busse von ATB fahren regelmäßig in 10 Min. zum Hauptbahnhof, Verbindungen zu den Seen gibt es vom dortigen Busbahnhof. Die Gesellschaft Autostradale fährt nach Brescia, von dort hat man Zug- und Busverbindung zum Iseo-See. ✆ 035/326111, ✉ 326339, www.sacbo.it

● *Mailand* Der Flughafen **Malpensa** liegt nur einen Katzensprung vom Lago Maggiore entfernt. Malpensa Bus Express pendelt

Anreise

regelmäßig zum Hauptbahnhof von Mailand (5,50 €), ebenso Malpensa Shuttle Air Pullmann (4,50 €), nach Como und Menaggio am Comer See fährt 5 x tägl. SPT (11,20 bzw. 13,20 €), nach Arona und Stresa am Lago Maggiore Nerini, jedoch nur mit Reservierung einen Tag vorher (✆ 0323/552172). ✆ 02/774851, www.sea-aeroportimilano.it

• *Verona* (Veneto) Der Flughafen **Valerio Catullo di Villafranca/Verona** liegt wenige Kilometer südwestlich von Verona. APTV-Busse fahren alle 20 Min. zur Busstation Porta Nuova beim Hauptbahnhof in Verona, von dort gibt es Verbindungen zum Gardasee. ✆ 045/8095666, www.aeroportoverona.it

> **Mietwagen online**: Mit einer Vorab-Buchung fährt man oft günstiger als mit einer Anmietung vor Ort. Und auch der juristische Aspekt ist zu bedenken, denn der Gerichtsstand ist immer in dem Land, in dem das Auto gemietet wurde. Der derzeit wohl preiswerteste Anbieter ist www.autoeurope.de – und er bietet sogar an, etwaige günstigere Offerten von anderen Firmen nach Möglichkeit zu unterbieten. Andere Adressen sind z. B. www.rentacar-europe.com, www.autovermietung.de, www.sungo.de, www.economycarrentals.com und www.billiger-mietwagen.de.

▸ **Fahrrad**: Für den Fitnessaufenthalt per Mountainbike, aber auch fürs gemächliche Familienradeln mit Kind und Kegel ist das abwechslungsreiche Terrain um die Seen wie geschaffen. Von brettflachen Talebenen über ausgedehnte Hügelzonen bis zum alpinen Kraftakt ist hier auf engem Raum alles versammelt. Wer nicht mit dem Auto unterwegs sein will, kann seinen Drahtesel auch in vielen Zügen mitnehmen, vom Bummelzug bis zum IC. In durchgehenden Zügen mit Fahrradmitnahme nach Italien (ca. 3 x tägl.) muss für ca. 12,30 € eine internationale Fahrradkarte erworben werden, verbunden damit ist die Reservierung für einen Radstellplatz, eine frühzeitige Buchung ist anzuraten. In Italien ist eine Reservierung nicht möglich. In Stoßzeiten sind die Zustände in den Fahrradabteilen nicht selten chaotisch, oft werden die Räder bis an die Waggondecke gestapelt. Empfehlung für die Fahrt: Das Rad möglichst an feste Gegenstände anschließen und keine Helme, Fahrradcomputer daran belassen, Diebstähle kommen vor. Ein Fahrrad als *Gepäckstück* aufzugeben und es dann einige Tage später am Zielbahnhof abzuholen ist nur nach Südtirol möglich (ca. 24,10 €, ab dem dritten Rad Rabatt, Verpackung nötig). Eine weitere komfortable Alternative bietet die Fahrradmitnahme im *Flugzeug*. Die Billigflieger berechnen dafür 25 € pro Flug, rechtzeitige Anmeldung und Bezahlung sind obligatorisch. Das Rad muss gut verpackt sein: Lenker nach innen drehen, Pedale entfernen, Luft aus den Reifen lassen und das Rad in Plastikfolie, Pappe etc. einwickeln. Man muss unterschreiben, dass die Fluggesellschaft für keinerlei Schäden aufkommt.

> Infos zum Radtransport über **www.bahn.de** („Bahn & Bike") und die **Radfahrer-Hotline** der DB, ✆ 01805/151415 (März – Okt. tägl. 8–20, übrige Zeit Mo–Fr 9–16 Uhr). Dort kann man auch buchen.

Wissenswertes von A bis Z

Ärztliche Versorgung

Die meisten niedergelassenen Ärzte behandeln nur gegen Barzahlung, die heimische Krankenkasse erstattet die Kosten jedoch gegen detaillierte Rechnung ganz oder anteilig zurück (je nach Kasse verschieden). Urlauber mit so genanntem „Auslandskrankenschein" E 111 (erhältlich bei Ihrer Krankenkasse) werden in staatlichen Krankenhäusern und bei einigen wenigen Ärzten, die dem staatlichen Gesundheitssystem angeschlossen sind, kostenfrei behandelt – jedoch müssen Sie vorher das Formular E 111 beim Gesundheitsamt *Unità Sanitaria Locale* (USL) vorlegen, um einen italienischen Krankenschein zu erhalten. In den Sommermonaten wird in den meisten Urlaubsorten an den großen Badeseen eine Sanitätsstation betrieben, die *Guardia Medica Turistica*, ohne Krankenschein kostet eine Behandlung dort ca. 16 €, ein Hausbesuch 26 €, ein Rezept 5,50 €.

Einkaufen

Shopping kann im Norden Italiens so richtig Spaß machen. In den verwinkelten Seeorten ist der Tante Emma-Laden um die Ecke noch nicht ausgestorben und beim Stöbern in den engen Altstadtgassen wird man manche Entdeckung machen können.

Vor allem die kulinarischen Produkte sind es, die einen Seenurlaub in höchst erfreulicher Weise abrunden. Prall gefüllt und farbig präsentieren sich die Theken der Feinkostläden mit frischem Obst und vielfältigem Gemüse, dazu gibt es Wein

Wissenswertes von A bis Z

Verkauf von Schmiedeeisen an der Promenade von Cannobio (Lago Maggiore)

en masse, Olivenöl vom Feinsten, Grappa und Liköre in ansprechenden Flaschen, wertvollen Essig, getrocknete und frische Pilze, eingelegte Früchte, Honig verschiedener Blüten, Gewürze ... Natürlich lohnt unbedingt die Mitnahme eines guten Tropfens aus einer der zahlreichen *enoteche* (Weinhandlung mit Verkostung), z. B. ein gehaltvollfruchtiger *Amarone* aus dem Valpolicella (östlich vom Gardasee) oder ein *Recioto* aus demselben Gebiet.

Aber die Seen sind nicht nur Urlaubsgebiete, sondern auch traditionell gewachsene Zentren handwerklicher und industrieller Produktion. So ist Como ein Weltzentrum der *Seidenverarbeitung*, nördlich vom Orta-See hat der *Küchengeschirrproduzent* Alessi seinen Sitz, *Designermöbel* findet man in Cantù, südlich vom Comer See, und der Bergort Premana ist bekannt für seine solide verarbeiteten *Messer* und *Scheren*. Weiterhin erhält man zu Zeiten des Schlussverkaufs (saldi) im Juli/August überall die elegante und formschöne italienische Schuhmode zu recht günstigen Preisen. Und schließlich ist auch die Modemetropole Mailand nicht weit, wo man entweder – mit dem nötigen Kleingeld ausgestattet – direkt bei Versace kauft oder aber in Second-Hand-Outlets (sogenannte „Stocks") auf die Suche geht.

Auch Märkte gibt es an den großen Seen reichlich. Fliegende Händler besuchen reihum die großen Uferstädte und jeden Wochentag findet in einem anderen Ort ein großer *Straßenmarkt* statt. Das Angebot ist zwar nicht gerade originell, doch kann man Schnäppchen machen, Fälschungen von Markenartikeln sind allerdings gängige Handelsware. Interessant und vielseitig sind dagegen die *Antiquitäten- und Flohmärkte* (Mercatini di Antiquariato/Mercatini delle pulci), die ein bis mehrmals monatlich in verschiedenen Orten an den Seen abgehalten werden, aber auch in den nahen Städten Verona, Bergamo und Brescia.

Schließlich haben sich auch viele *Kunsthandwerker* und *Künstler*, kreative Boutiquen und Galeristen an den Seen niedergelassen: Aquarellisten und Keramiker, Seidenmaler und Schmuckmacher, Textildesigner und Fotografen – sie alle schätzen das milde Klima, die betörende Vielfalt und die Farbenpracht der Seen – und nicht zuletzt das Geschäft mit den Urlaubern.

- Tipp für Mode- und Preisbewusste: Der **Schlussverkauf** (*saldi*) im Juli/August und Februar bringt radikale Preisnachlässe von 50 % und mehr!
- Einkauf direkt bei der **Fabrik** kann deutlich Geld sparen helfen. Viele Firmen bieten ihre Produkte direkt an. Schilder „Punto vendita diretto" weisen den Weg.

Einladend: grüne Laube am Comer See

Essen und Trinken

Ein schöner Abend am Wasser, ein intensives Gespräch, dazu eine zarte Seeforelle und ein kühler Weißwein – das sind Urlaubserlebnisse, die im Gedächtnis bleiben. Gelegenheiten dazu findet man an den Seen reichlich – doch im Hochsommer teilt man dieses Vergnügen mit vielen anderen, was der Qualität des Gebotenen nicht immer gut tut.

Die Seen bilden eine kulinarische Schnittstelle zwischen Nord und Süd, gleichzeitig treffen hier drei italienische Regionen mit ihren unterschiedlichen Spezialitäten aufeinander: Trentino-Südtirol, Lombardei und Venetien. Doch ob Speck im Norden, Risotto im Osten oder „pasta e fagioli" im Süden – verbindendes Element sind immer die Fische. Wegen der riesigen Nachfrage werden sie allerdings schon lange nicht mehr aus den Seen geholt, sondern in großen Anlagen rundum gezüchtet. Als Beilage wird Ihnen außerdem immer wieder die „Polenta" begegnen. Der gelbe Maiskuchen hat in Oberitalien etwa die Bedeutung unserer Kartoffel und schmeckt durchaus lecker. Leider verleitet der intensive deutschsprachige (Massen)Tourismus viele Wirte mittlerweile dazu, das „Essen von der Stange zu perfektionieren – vor allem in der Hochsaison sind in den Zentren der Urlaubsorte überschaubare Portionen, mäßige Qualität und etwas höhere Preise leider nicht mehr unüblich. Tipp deshalb: Öfter mal ins Auto setzen und in die Umgebung fahren, dort erhält man mindestens dieselbe Qualität in größerer Menge für weniger Geld. Fast immer einen Versuch wert sind die ländlichen Lokale, die unter dem Stichwort „Agriturismo" firmieren – diese besitzen durchgängig ein recht hohes Qualitätsniveau bei relativ kulanten Preisen. Ansonsten – verlassen Sie sich nicht nur auf die standardisierte Speisekarte des Hauses, sondern lassen Sie sich beraten, wählen Sie die Spezialitäten des Hauses und seien Sie experimentierfreudig.

Stilecht essen: italienische Speisenfolge

Der volle Reiz der italienischen Küche entfaltet sich erst, wenn man sich an die traditionelle Speisenfolge hält. Zunächst stimmt man den Magen mit einem oder mehreren *antipasti* (Vorspeisen) ein – z. B. geräucherter Schinken mit Melone, zarter Carpaccio (hauchdünne Scheiben rohes Rinderfilet) oder „polenta con luccio" (Polenta mit Hecht). Dann folgt der *primo piatto* (erster Gang), meist Nudeln oder Reis – z. B. Gnocchi, Strangolapreti oder Tortellini. Alternativ kann man auch eine *minestra* (Suppe) wählen. Jetzt erst kommt der *secondo* (Hauptgang) auf den Tisch, entweder Fleisch oder Fisch. Traditionellerweise wird er ohne *contorni* (Beilagen) serviert, diese müssen extra bestellt werden. In manchen Orten hat man sich aber den deutschen Essgewohnheiten angepasst und bietet das Hauptgericht mit Beilagen (auf der Karte meist vermerkt). Zu guter Letzt könnte man noch ein *dessert* (Nachtisch) wählen, doch meist ist man zu diesem Zeitpunkt bereits satt.

Wer sich auf ein solch üppiges Menü einlässt, muss keine Angst haben, hungrig wieder aufzustehen. Doch es hat seinen Preis. Essen gehen ist in Italien kein ganz billiger Spaß. Selbstverständlich hat man aber die Möglichkeit, nur einen primo piatto zu wählen, also z. B. ein Nudelgericht, dazu Salat o. Ä. Sparsame können in Touristenorten auch häufig ein so genanntes Festpreismenü ordern, „menu a prezzo fisso" oder „menu turistico". Dieses ist weitaus günstiger als Speisen à la carte, allerdings nicht immer von nachhaltiger Qualität. Vorsicht bei der Preiskalkulation anhand aushängender Speisekarten – der ausgedruckte Preis der einzelnen Gerichte sagt noch nichts über den tatsächlichen Endpreis aus. Einkalkulieren muss man das überall in Italien gültige System des „servizio" und „pane e coperto". Das heißt, dass bei jeder Mahlzeit 10–15 % Aufpreis für Bedienung und pro Person zwischen 1 und 2 € für Brot und Gedeck aufgeschlagen werden. Auf den in der Speisekarte ausgedruckten Preis darf man pro Person also noch gut 3–5 € dazurechnen. Erfreulicherweise ist allerdings in den letzten Jahren verstärkt der Trend zu bemerken, diese Extras aus Gründen verschärfter Konkurrenz nicht mehr zu berechnen – in Südtirol ist dieser Brauch sowieso unüblich.

Und falls Sie es noch nicht wissen: Seit Januar 2005 gilt in allen italienischen Gastronomiebetrieben von der kleinsten Bar bis zum Sternetempel absolutes Rauchverbot, das – einigermaßen unerwartet und auch ein bisschen unitalienisch – strikt eingehalten und von der italienischen Polizei rigide kontrolliert wird. Zuwiderhandlungen sind mit durchaus merklichen Strafen belegt und werden als sehr unhöflich empfunden. Zum Qualmen also raus auf die Straße zu den anderen Verbannten – eine gute Möglichkeit für einen Plausch mit den Einheimischen.

▸ **Südtirol und Trentino**: Im hohen Norden Italiens isst man gerne herzhaft alpenländisch, teils deftig. *Speck* – geräucherter und gewürzter Schweineschinken – wird überall angeboten, ebenso *Gulasch*. Der bodenständigen Tiroler Küche hat jedoch die italienische Verfeinerung gut getan, eine interessante alpin-mediterrane Mischkultur ist das Ergebnis. Eine besonders leckere Spezialität ist z. B. *carne salada e fasoi* – hauchdünne Scheiben von gepökeltem Rindfleisch, in Olivenöl getaucht und gegrillt, serviert mit weißen Bohnen. Neben alpinem Wild und Pilzen gibt es dank der vielen Gewässer aber auch häufig Fisch. Ein traditionelles Gericht ist *bigoi con aole* (Spaghetti mit Sardinen), als Leckerbissen gelten die *Passerforellen* aus dem gleichna-

Essen und Trinken 25

Panoramaterrasse in Varenna (Comer See)

migen Fluss, an dem Meran liegt. *Canederli* heißen die typischen Knödel der Region, *strangolapreti* – Priesterwürger – sind leckere Spinat-Klößchen aus Nudelteig (Gnocchi), die fast auf der Zunge zergehen. Weitere Spezialitäten sind *Kas- und Topfennocken* (gefüllte Grießknödel), *Tiroler Gröstl* (verschiedene Fleisch- und Wurstarten mit Bratkartoffeln), *Terlaner Weinsuppe* und zum Dessert *Apfelstrudel* und *Schwarzplententorte* (aus Buchweizenmehl mit Nüssen und Preiselbeermarmelade).

▶ **Venetien**: Die Küche des Veneto gilt als leicht und bekömmlich. Jahrhundertelang beherrschte die Republik Venedig den größten Teil der Poebene, die sich ideal zum Reisanbau eignet. Dementsprechend ist die Liste der venezianischen Reisgerichte endlos, mindestens sechzig Rezepte gibt es, allen voran *risi e bisi* – Reis und junge Erbsen, in einer Fleischbouillon gekocht. Eine besondere Spezialität in der Seenregion ist der *risotto alla tinca* (mit Schleie), aber auch der maritime *risotto con scampi* (Hummerkrabben) wird gerne serviert. Natürlich sind auch Pastagerichte weit verbreitet, besonders beliebt sind z. B. die schmalen Bandnudeln namens *tagliolini* sowie *pasta e fasoi* (oder *pasta e fagioli*), eine dickflüssige Suppe aus Nudeln und roten Bohnen. Ganz besonders himmlisch schmecken außerdem die *tortellini di zucca* aus Valeggio sul Mincio (südlich vom Gardasee), das sind kleine Nudelkissen, gefüllt mit süßem Kürbisbrei. Selbstverständlich erhält man wegen der nahen Adria auch häufig Meeresfrüchte und -fische. Zu den typischen Fischen des Veneto zählt der *stoccafisso* oder *baccalà*, der Stockfisch (Kabeljau). Trotz seiner norwegischen Herkunft gibt es zahlreiche Spezialitäten auf dieser Basis, z. B. *baccalà mantecato* (cremig püriertes Stockfischmus) oder *baccalà alla vicentina* (mit diversen Gewürzen in Milch gekocht). Auch das venezianische Perlhuhn *faraona* steht im ganzen östlichen Oberitalien auf der Speisekarte. *Fegato alla venezia* (Leber mit Zwiebeln) ist schließlich das wohl bekannteste Lebergericht der Welt und *bollito misto* ein Gericht aus verschiedenen Sorten von gesottenem Fleisch.

Schleienfischer am Iseo-See

Kulinarisches Erlebnis: Fisch vom See

Immer im Mittelpunkt der typischen Gerichte stehen die Fische. Viele dutzend Arten gibt es in den zahlreichen Seen zwischen Brenner und Poebene. Da die begehrtesten Speisefische allerdings wegen der großen Nachfrage inzwischen weitgehend gezüchtet werden, ist der Beruf des Seefischers am Aussterben. Als „König" der Seen gilt der lachsartige **carpione**, dessen wohl schmeckendes weißes Fleisch sehr geschätzt wird. **Lavarello** (Blaufelchen/Renke), in manchen Gebieten auch als **coregone** bekannt, wurde erst Anfang des 19. Jh. aus der Schweiz eingeführt, ist aber heute einer der meistverlangten Fische an den Seen, besonders lecker z. B. als „lavarello al cartoccio" (in Folie). Der kräftige **luccio** (Hecht) wird gerne als Vorspeise mit Polenta gereicht, ebenso die gesalzenen und an der Luft getrockneten **alborelle** oder **aole** (kleine Süßwassersardinen). Die sehr verbreitete **trota salmonata** (Lachsforelle) ist ein typischer Zuchtfisch, man erkennt sie an der rötlichen Farbe ihres Fleisches. Ein besonders typisches Gericht in der Lombardei ist **tinca ripiena** (gefüllte Schleie), die im Ofen gebacken und gerne „con piselli" (mit Erbsen) serviert wird – der Ort Clusane am Iseo-See ist in ganz Oberitalien für seine Schleien bekannt. Der beliebte **pesce persico** (Flussbarsch) wird dagegen meist mit Risotto zubereitet. Weitere Speisefische sind **anguilla** (Aal), **branzinetto** (Seebarsch), **sarda di Lago** (Seesardine) und **salmone** (Lachs).

▶ **Lombardei**: An den großen lombardischen Seen könnte man einmal *ossobuco* bzw. *stinco di vitello* bestellen, eins der bekanntesten Gerichte der Lombardei – Kalbshaxen mit Knochen, meist in Brühe, *aceto balsamico* (Balsamessig) oder Wein geschmort und mit Reis serviert. Das berühmte *costoletta alla milanese* entspricht zwar in etwa dem Wiener Schnitzel, allerdings wurde das Rezept nicht aus Österreich importiert, sondern gerade umgekehrt – der Feldmarschall Radetzky war es angeblich, der das Gericht in Mailand entdeckte und nach Hause mitbrachte. Als besondere Spezialität gelten außerdem Spießgerichte, z. B. die *spiedini di vitello* (Kalbfleischspießchen), sowie *agnello* (Lamm) und *porchetta* (Spanferkel). Ansonsten ist wie im Veneto Reis ein Kennzeichen der lombardischen Küche, denn auch hier sorgen die riesigen Reisfelder am Po für ununterbrochenen Nachschub – *risotto alla milanese* ist mit Safran gewürzt bzw. gefärbt, *minestrone alla milanese*, eine Gemüsesuppe Mailänder Art, wird ebenfalls mit Reiseinlage (anstatt der üblichen Pasta) gereicht. Eine ganz besondere Rarität ist schließlich der *tartufo* (Trüffel), der z. B. im Gebiet des Valtenesi im Südwesten des Gardasees kultiviert wird.

Die Weine der Seenregion

Wer einen guten Tropfen kosten will, muss auswählen. Achten Sie immer auf die Ursprungsbezeichnung eines Weines: Qualitätsweine werden ausgezeichnet mit *DOC* („denominazione di origine controllata" = kontrollierte Ursprungsbezeichnung), die allerbesten mit *DOCG* („denominazione di origine controllata e garantita" = kontrollierte und garantierte Ursprungsbezeichnung). *Indicazione geografica tipica* weist ebenfalls auf einen bestimmten Herkunftsort hin und kann durchaus gute Weine bezeichnen, einfache Tafelweine nennt man *vino della tavola*. In vielen Restaurants kann man einen offenen „vino della casa" (Wein des Hauses) bestellen, dieser ist preiswerter als Flaschenwein und in der Regel gut.

Die besten **Südtiroler Weine** stammen aus dem ausgedehnten Anbaugebiet um den Kalterer See, der direkt an der „Südtiroler Weinstraße" liegt. Traditionell werden hier zwar Rotweine aus der Vernatsch-Traube (auch Trollinger genannt) hergestellt, doch mittlerweile sind auch die Weißweine groß im Kommen, darunter *Sylvaner*, *Weißburgunder*, *Cabernet* und *Chardonnay*. Spitzenreiter in der Beliebtheit sind der volle fruchtige *Kalterer See* (rot) und der trocken-aromatische *Gewürztraminer* (weiß). Im Herbst trifft man sich überall zum „Törggelen" – so heißt die Kostprobe des frischen Federweißen mit gebratenen Maronen, frischen Hauswürsten und Speck. Das eigentümliche Wort hat übrigens nichts mit „Torkeln" zu tun, sondern rührt von der Torggel, der Traubenpresse her, die wiederum auf das lateinische „torquere" (pressen) zurückgeht.

Die **Trentiner Weine** sind großteils weiß, mit hohem Anteil an Chardonnay. Eine wachsende Bedeutung kommt den Schaumweinen zu. Aus der roten Traube Teroldego wird der DOC-Wein *Teroldego Rotaliano* erzeugt. Seit Jahrhunderten berühmt ist der rote *Marzemino*, von dem bereits Mozarts „Don Giovanni" schwärmte.

An den Ufern des **Gardasees** erstrecken sich eine ganze Reihe von Weinbaugebieten. Einen besonderen Ruf hat zwar keiner der produzierten Tropfen, doch die Auswahl ist groß und immer wieder für Überraschungen gut. Im Südosten um *Bardolino* wird der gleichnamige rubinrote Wein produziert – ein Massenwein sicherlich, der aber als „Classico" auch DOC-Qualität besitzt. Am Südufer gibt es gleich mehrere Weine: den *Lugana*, ein frischer leichter Weißwein mit grünlichen Reflexen, den eher schlichten *Tokai di San Martino della Battaglia* und die Weine der „Colli Morenici Alto Mantoviano" (Moränenhügel des oberen Mantuaner Gebiets): die Roten *Rubino* (DOC), *Merlot Alto Mincio* und *Morenico Rosso*, die Weißen *Morenico Bianco*, *Pinot Grigio*, *Bianco Custoza* (DOC) u. a.

Nicht zu vergleichen sind die genannten Weine allerdings mit den großartig gehaltvollen Weinen *Amarone* und *Recioto* aus dem nahen **Valpolicella-Gebiet** (nördlich von Verona) – der Amarone schwer und trocken, mit leicht bitterem Nachgeschmack, der Recioto süß.

Wer die Seen der Dolomiten um Cortina d'Ampezzo besucht, hat es nicht mehr weit ins **Prosecco-Land** zwischen Conegliano und Valdobbiadene. Der perlende Schaumwein aus Venetien ist alkoholarm, leicht und fruchtig, spritzig und prickelnd, es gibt ihn in süßen oder trockenen Varianten. Als bester Perlwein gilt der *Cartizze* aus der Gegend um Valdobbiadene.

Die lombardischen Weine schließlich genießen bisher keinen sonderlich hohen Bekanntheitsgrad. Zu den besten Anbaugebieten zählen das **Valtellina-Tal** (östlich vom Comer See) und die **Franciacorta** (südlich vom Iseo-See) – letztere Region ist bekannt für ihren Spumante, z. T. mit DOCG-Klassifizierung.

> **Tipp**: Jeder größere Ort besitzt mindestens eine Weinstube, „Osteria" oder „Enoteca" genannt. Dort können Sie in angenehmer Atmosphäre die besten Weine der Region kennen lernen, dazu oft auch die traditionelle örtliche Küche.

Geld

Auch in Italien gilt der *Euro* (€), d. h. ein etwaiger Geldwechsel fällt nur noch für Schweizer an. Mit Bankkarte und Geheimnummer müssen Sie keine einzige Bank betreten, um an Euro zu kommen, denn in allen größeren Orten gibt es *Geldautomaten* (Bedienungsanleitung auf Wunsch in Deutsch). Pro Abhebung zahlt man allerdings ca. 4,50 €. Tipp: mit der Postbank SparCard sind die ersten vier Abhebungen im Jahr gratis (max. 250 € pro Abhebung). Für das Einlösen von *Reiseschecks* müssen Sie am Bankschalter vorstellig werden, eine kleine Gebühr wird ebenfalls meist fällig.

Information

Italien betreibt in Deutschland drei Fremdenverkehrsämter namens ENIT (Ente Nazionale Industrie Turistiche), in Österreich und Schweiz je eines. In Italien besitzt jede Provinz ein Verkehrsamt, das für die gesamte Provinz Auskünfte gibt (APT = Azienda di Promozione Turistica). Zusätzlich verfügen alle Städte und touristisch bedeutsamen Orte über eigene Informationsstellen (Details in den jeweiligen Texten). Vor allem in Südtirol und im Trentino sprechen die Mitarbeiter deutsch.

> **Service-Nummer**: In Deutschland kann unter der gebührenfreien Nummer 0800/00482542 Infomaterial zu allen Regionen Italiens angefordert werden (Mo–Fr 8–20, Sa/So 9–14 Uhr).

- *Italienische Fremdenverkehrsbüros*

Deutschland, Kaiserstr. 65, D-60329 Frankfurt/M. ✆ 069/259126, 📠 232894, E-Mail: enit.ffm@t-online.de; Mo–Fr 9–17 Uhr, Sa/So geschl.
Kontorhaus Mitte - 5. OG, Friedrichstr. 187, D-10117 Berlin. ✆ 030/2478398, 📠 2478399, E-Mail: enit-berlin@t-online.de; Mo–Fr 9–17 Uhr, Sa/So geschl.
Lenbachplatz 2, D-80333 München. ✆ 089/5313 17, 📠 534527, Mo–Fr 9–17 Uhr, Sa/So geschl.

E-Mail: enit-muenchen@t-online.de;
Österreich, Kärtnerring 4, A-1010 Wien. ✆ 0043/1/505163012, 📠 5050248, E-Mail: delegation.wien@enit.at; Mo–Do 9–17, Fr 9–15.30 Uhr, Sa/So geschl.
Schweiz, Uraniastr. 32, CH-8001 Zürich. ✆ 0041/43/4664040, 📠 4664041, Mo–Fr 9–17 Uhr, Sa/So geschl. E-Mail: enit@bluewin.ch;

> Internet: www.enit.it

Internet

Wer zwischendurch schnell einmal seine Mails abrufen möchte, kann in größeren Städten auf zahlreiche Internet-Cafés und Call-Shops zurückgreifen. In kleineren Städten finden sich öffentlich zugängliche Terminals gelegentlich in Bars (mit ca. 4–5€/Std. relativ teuer) oder häufig auch in den Stadtbibliotheken (biblioteca comunale), dort meist umsonst, dafür nicht immer mit günstigen Öffnungszeiten. Viele Hotels und auch Campingplätze bieten außerdem an WLAN-Hotspots die Möglichkeit zur Einbuchung ins Netz. Dafür braucht man allerdings manchmal ein Guthaben, das sich in den Shops der italienischen Mobilfunkanbieter (TIM, Wind u. a.) erstehen lässt.

Klima/Reisezeit

Das Klima an den Oberitalienischen Seen ist noch nicht so ausgeprägt mediterran wie in Mittelitalien. Doch an der „Sonnenseite der Alpen" wirkt alles ein bisschen üppiger und intensiver als im germanischen Norden.

In den niedrigeren Lagen zieht der Frühling schon im Februar mit seiner Blütenpracht ein – und noch der Oktober zeigt sich mild und warm. Doch zur gleichen Zeit kann es in der Eisriesenwelt vom oberen Schnalstal kräftig schneien. Wegen der erheblichen Höhenunterschiede gibt es zwischen Brenner und Poebene bis zu zwanzig Klimazonen – während sich am Gardasee bereits die ersten Urlauber sonnen, sind die Ufer von Pragser Wildsee oder Lago di Misurina in den Dolomiten noch tief verschneit. Generell sind die Temperaturen an den großen Badeseen Lago di Garda, Lago d'Iseo, Lago di Como und Lago Maggiore ganzjährig mild, denn die Berge halten die kalten Nordwinde ab, die großen Wassermassen wirken zusätzlich ausgleichend.

Zu Ostern beginnt die Saison – im *April* und *Mai* grünt und blüht alles in fast subtropischer Vielfalt, Surfer finden ideale Windverhältnisse, die Temperaturen sind mild. Zum Baden ist es allerdings noch zu kühl. Der Mai ist eine wunderbare Zeit für Aktivurlauber, Kultur- und Landschaftsreisende, ebenso die erste *Junihälfte* – es ist warm, aber nicht zu warm. Doch schon im Laufe desselben Monats kann man spüren, wie es Tag für Tag heißer wird, die Badesaison beginnt. Den *August* sollte man – falls man nicht an die Schulferien gebunden ist – besser meiden: Die Badeorte an den Seen sind überfüllt, Staus auf den Uferstraßen und gestresstes Personal gehören zum Alltag. Im *September* beginnen in Bayern und Italien die Schulen, an den noch badewarmen Seen kehrt wieder Ruhe ein. Im Oktober ist Weinernte, die allerorts mit Festlichkeiten begangen wird – in Südtirol trifft man sich zum „Törggelen", aber auch die Pilze sind jetzt reif, die Speisekarten locken mit Wildgerichten und Bergwanderer genießen die letzten schönen Tage.

> **Wasser/Lufttemperaturen am Beispiel Gardasee**: Im Frühjahr (März bis Mai) beträgt die Wassertemperatur 9–18 Grad, die der Luft 15–24 Grad. Von Juni bis August steigen die Wassertemperaturen von 17 Grad bis zum Spitzenwert von 27 Grad, die Luft hat 24–32 Grad. Im September kommt man noch auf die angenehmen Werte von 22–17 bzw. 28–20 Grad, im Oktober/November fallen sie auf 15–10 und 20–10 Grad.

Die Burg von Malcésine kann besichtigt werden

Museen, Sehenswürdigkeiten, Galerien und Kirchen

Museen und sonstige Sehenswürdigkeiten kosten fast immer Eintritt (meist zwischen 1 und 6 €). Wer nachweislich unter 18 oder über 65 ist, erhält in staatlichen Museen freien Eintritt, Schülern und Studenten wird oft Ermäßigung gewährt. Der Besuch von Kirchen ist in der Regel frei, nur in Verona kosten die wichtigsten Kirchen mittlerweile Eintritt – die Gelder werden zur Restaurierung und zum Erhalt der Kunstschätze verwendet.

• *Öffnungszeiten* **Kirchen** sind etwa von 7 Uhr früh bis 12 Uhr mittags offen. Dann wird unbarmherzig geschlossen und frühestens gegen 15 Uhr, oft erst 16 Uhr wieder aufgemacht, bis 19 oder 20 Uhr. Sonntags während den Messen ist keine Besichtigung möglich. Manche Kirchen sind bis auf die Gottesdienstzeiten ständig geschlossen, der Schlüssel ist gelegentlich in der Nachbarschaft erhältlich.
Die Öffnungszeiten von **Museen** und **Sehenswürdigkeiten** sind je nach Saison unterschiedlich und werden nicht selten mehrmals im Jahr geändert. Einzige konstante ist, dass staatliche Museen montags fast immer geschlossen haben und man sie in den übrigen Tagen zwischen 9-14 Uhr meist geöffnet voefindet.

Telefon

Öffentliche Telefone funktionieren mit *magnetischen Telefonkarten* (carta telefonica), erhältlich für ca. 2,60 bzw. 5,20 € in Tabak- und Zeitschriftenläden, manchmal auch an Rezeptionen von Hotels und Campingplätzen. Vor dem Gebrauch muss die vorgestanzte Ecke abgebrochen werden. Die verbrauchten Beträge liest der Apparat von der Karte ab, bis sie leer ist. Eine zweite Karte kann man nachschieben, ohne dass das Gespräch unterbrochen wird. Die Gültigkeitsdauer der Karten ist meist auf ein oder zwei Jahre begrenzt. Als Alternative dazu gibt es *internationale Telefonkarten* (scheda telefonica internazionale), die etwa 10 € kosten. Damit kann man bis zu 6 Std. in Europa telefonieren und fährt so deutlich günstiger als mit den normalen Telefonkarten. Man führt sie jedoch nicht ins Telefon ein, sondern wählt eine kostenlose Nummer (numero verde), die auf der Karte vermerkt ist – sowohl fürs Festnetz (rete fissa) wie fürs Handy (cellulare). Danach gibt man die Geheimnummer ein, die ebenfalls auf der Karte vermerkt ist und kann erst dann die Teilnehmernummer wählen. Vor jedem Gespräch wird das Guthaben angesagt.

- Wenn Sie **aus Italien** ins Ausland anrufen: Bundesrepublik Deutschland = 0049; Österreich = 0043; Schweiz = 0041; und die Null der Ortsvorwahl weglassen.
- Wenn Sie aus dem Ausland **nach Italien** anrufen: aus der BRD = 0039, aus Österreich = 04, aus der Schweiz = 0039. Wichtig: Die **Null der Ortsvorwahl** muss immer mitgewählt werden!
- Wenn Sie in Italien **innerhalb eines Fernsprechbereichs** (Provinz, Großstadt etc.) telefonieren, müssen Sie ebenfalls die Ortskennziffern mitwählen – also innerhalb der Stadt Verona 045, in Milano 02 etc.
- Täglich zwischen 22 und 8 Uhr telefoniert man um 50 % günstiger, um 30 % verbilligt sind die Tarife von Mo–Fr 18–22 Uhr, Sa 14–22 Uhr und So 8–22 Uhr.
- Wenn Sie eine italienische **Mobiltelefonnummer** anwählen, muss die 0 weggelassen werden.

▸ **Mobiltelefon**: Sobald sich das Handy in eines der vier italienischen Handynetze eingebucht hat, kann man fast überall problemlos telefonieren und Anrufe entgegennehmen, Funklöcher treten nur vereinzelt in den Bergen auf. Man zahlt dann die jeweiligen Tarife des italienischen Netzbetreibers, zusätzlich werden für jeden Anruf so genannte Roaming-Gebühren Ihres Mobilfunk-Providers fällig. Spartipp: Wenn man sich vor der Reise beim eigenen Betreiber informiert, welches ausländische Netz das günstigste ist, kann man dieses vorab im Menü des Mobiltelefons einstellen. Wenn Sie aus Deutschland in Italien angerufen werden, zahlen Sie immer die Weiterleitungsgebühren – selbst wenn der Anrufer in Italien ist, wird das Gespräch über Deutschland umgeleitet. Auch für Anrufe auf Ihre Mailbox zahlen Sie doppelt: den Anruf aus Deutschland und die Umleitung auf die Mailbox in Deutschland (Tipp: absolute Rufumleitung Ihres Handys aktivieren). Für den, der viel telefoniert oder längere Zeit in Italien bleibt, lohnt sich eventuell der Kauf einer italienischen SIM-Karte von einer der vier italienischen Mobiltelefongesellschaften (TIM = Telecom Italia, Omnitel Vodafone, Blu und Wind). Sie kostet ca. 50 €, hat allerdings auch ein Gesprächsguthaben in derselben Höhe. Man bekommt damit eine italienische Nummer und muss die Gespräche, die aus dem Ausland kommen, nicht mitfinanzieren. Beim Kauf muss man den Personalausweis vorzeigen und eine Adresse (auch Hotel o. Ä.) in Italien haben.

Übernachten

An den Seen in Oberitalien finden sich Unterkünfte aller Art – von der stilvollen historischen Villa mit Seeblick bis zur einfachen Pension im alten Stadthaus, vom schlichten Agriturismo-Betrieb in den Bergen bis zum mondänen Viersternehotel im üppigen Landschaftsgarten.

Problemmonate für individuell Reisende sind allerdings Juli und August. Vor allem im August, dem traditionellen Reisemonat für italienische Familienferien, sind in den Seeorten 90 % der verfügbaren Betten und Stellplätze ausgebucht. Vorbestellung ist dann ratsam, sollte jedoch am besten noch im Vorjahr erfolgen, um Erfolg zu haben. In der Hochsaison besteht auch häufig *Pensionspflicht*, d. h. Übernachtung mit Frühstück und mindestens einer Mahlzeit (Halbpension = HP) wird berechnet, außerdem muss man mindestens drei Nächte bleiben. Auch Übernachtung mit Frühstückszwang (offiziell verboten) treibt die Preise oft in unkontrollierbare Höhen –

Grand Hotel in Stresa

wobei das Frühstück dann oft lächerlich gering ausfällt. Anders in der Nebensaison. Dann sind die Hoteliers froh, ihre Zimmer voll zu bekommen, und man kann noch hier und dort ein Schnäppchen machen. Lassen Sie sich vom italienischen Fremdenverkehrsamt in BRD, CH oder A die alljährlich aktualisierten Unterkunftsverzeichnisse *(Annuario degli Alberghi)* der Region bzw. Provinz oder Stadt schicken, die Sie bereisen wollen. Darin sind alle registrierten Hotels, Pensionen und *locande* (Gasthöfe), oft auch Campingplätze und Ferienwohnungen mit Adresse, genauen Preisangaben, Öffnungszeiten und Hinweisen zur Ausstattung verzeichnet. In der Regel erhalten Sie diese Prospekte auch kostenlos bei den lokalen Informationsämtern. Diese helfen gelegentlich auch bei der Zimmersuche (in Südtirol fast überall, ansonsten eher sporadisch). Eine gute Möglichkeit, sich über Hotels verschiedener Preisklassen zu informieren sowie Reservierungen vorzunehmen, bietet das Internet.

Anbieter von *Ferienwohnungen* findet man über Tages- und Wochenzeitungen, große Auswahl am Lago Maggiore und Idro-See besitzt z. B. „Azur Freizeit GmbH" (Kesselstr. 36, D-70327 Stuttgart, ✆ 0711/4093510, ✉ 4093580, www.azur-fewo.de), am Comer See lohnt ein Kontakt mit „La Breva" (Lechner Str. 1, D-Ebenhausen, Info-Hotline in Deutschland ✆ 08178/3764, ✉ 3917, Schweiz ✆ 01/7243763, www.labreva.com), die Informationsbüros am Comer See geben außerdem eine jährlich aktualisierte Broschüre über Ferienwohnungen heraus.

Die immer populärer werdenden *Agriturismo-Höfe* kann man im Internet abfragen und buchen, z. B. über agriturismo.com, agriturist.it, terranostra.it, turismoverde.it u. a. Die Zimmer sind meist funktional ausgestattet, bestechen aber häufig durch die schöne Lage und Aussicht – und die hauseigene Küche ist fast immer erfreulich.

Campingplätze liegen an so gut wie allen Seen, besonders zahlreich sind sie im Südosten des Gardasees, im Süden des Iseo-Sees, um Domaso am Comer See und um Cannobio am Lago Maggiore. Geöffnet sind sie in der Regel etwa April/Mai bis September/Oktober, gelegentlich auch ganzjährig.

Jugendherbergen findet man z. B. in Riva (Gardasee), Como (Comer See) und Domaso (Lago Maggiore) sowie in den Städten Bozen, Bergamo, Mailand, Trento und Verona. Detaillierte Infos im Internet unter www.ostellionline.com.

Die **Hotelpreise** im praktischen Reiseteil dieses Buches sind Ca.-Preise und beziehen sich auf ein **Doppelzimmer (DZ) mit Bad** und gegebenenfalls mit Frühstück. **Zimmer mit Etagendusche** sind als solche kenntlich gemacht. Wenn eine Preisspanne angegeben ist, meint die erste Zahl den Zimmerpreis in der **Nebensaison**, die zweite bezieht sich auf die **Hauptsaison** (Juli/August). **Habpensionspreise** und **Jugendherbergstarife** sind pro Person angegeben.

Morgenstimmung am Kalterer See

Seen um Bozen

Wer über den Brenner nach Italien einreist, kann bereits im Umfeld der Südtiroler Landeshauptstadt gute Bademöglichkeiten in einigen sauberen kleinen Gewässern finden.

Schönster See ist zweifellos der *Kalterer See* direkt an der berühmten „Südtiroler Weinstraße", westlich der Autobahn nach Trento. Zwischen kilometerweiten Rebhängen durchquert man hier das wichtigste Weinbaugebiet Südtirols. Neben den traditionellen roten Vernatsch-Weinen werden inzwischen auch zunehmend Weißweine produziert, die einen ausgezeichneten Ruf genießen. Im Herbst sollte man eine der vielen Torkelstuben besuchen, um den neuen „Gewürztraminer" zu kosten.

Nur einen Katzensprung von Kaltern entfernt liegen mitten in einem Waldgebiet die zwei kleinen *Montiggler Seen*, die sich gut zum ruhigen Spazierengehen und Bootfahren eignen. Last but not least kann man den berühmten *Karer See* – Kaiserin Sissis Lieblingsplatz – von Bozen aus auf der eindrucksvollen „Großen Dolomitenstraße" erreichen.

> Die Wasserqualität der Südtiroler Seen wird das ganze Jahr über regelmäßig kontrolliert, die Ergebnisse sind nachzulesen unter www.provincia.bz.it/umwelt.htm, Abschnitt „Zustand der Badegewässer Südtirols".

Kalterer See (Lago di Caldaro)

Der beliebteste Badesee Südtirols erstreckt sich inmitten von üppigen Weinhängen, wo buchstäblich jeder Quadratmeter zum Anbau der Reben genutzt wird. Ein idyllisches und friedvolles Fleckchen, das allerdings im Sommer auch viel besucht wird. Das hübsche Dorf Kaltern liegt 4 km nördlich etwas erhöht.

Der Kalterer See gilt – entgegen seinem Namen – als wärmster Alpensee und ist ausgesprochen angenehm zum Baden. Zwar ist die Westseite fast gänzlich verschilft, doch ermöglichen Holzstege den Zugang ins Wasser. An der Nordwestspitze liegt das touristische Zentrum, hier gibt es die meisten Übernachtungsmöglichkeiten, drei Badestrände (Gretl am See, Lido und Seegarten) mit Liegewiesen und ein temperiertes Freibad, Fahrrad- und Tretbootverleih, außerdem beginnt hier ein (Rad-)Wanderweg um den See. Etwa 2 km südlich liegt etwas oberhalb vom See die kleine Streusiedlung *St. Josef am See*. Südlich vom See erstreckt sich ein mehrere Quadratkilometer großer Schilfgürtel namens *Moanfleck*, der unter Naturschutz steht und in dem über hundert verschiedene Vogelarten nisten.

Weinreben, wohin man blickt

Um den See kann man Radtouren machen (Broschüren im Tourist-Info von Kaltern), man kann ihn umrunden und auch auf die umliegenden Hügelketten führen zahlreiche Spazier- und Wanderwege, z. B. zur Leuchtenburg und nach St. Peter. Besonders schön ist eine Wanderung durch das so genannte *Frühlingstal (Valle di Primavera)* am Rand des Montiggler Walds, wo im März und April Millionen von Blumen blühen.

• *Anfahrt/Verbindungen* Kostenlose **Busse** pendeln tägl. vom Dorf Kaltern und seinen Fraktionen zum See und zurück, im Juli/August etwa stündlich. Wer im Hochsommer mit **PKW** zum Baden kommt, sollte das möglichst frühzeitig am Morgen tun, da erhebliche Parkplatznot besteht.

• *Übernachten* ***** Remichhof**, St. Josef am See 27, etwa 1 Fußminute vom See, ehemaliger Landsitz zwischen Weinplantagen, seit etwa zwanzig Jahren Pension, grundlegend renoviert. Alles großzügig ausgestattet, geräumige Zimmer mit Teppichboden und Vollholzmobiliar, jedoch nur z. T. Balkon, schöne Treppen aus Tonkacheln, alles pikobello sauber, freundlicher Service durch Familie Maran, unten Frühstücksterrasse. Freier Eintritt im familieneigenen Strandbad. DZ mit Frühstück ca. 72–82 €, wenn möglich vorreservieren, sehr beliebt. ✆ 0471/960144, ✉ 960011, www.remichhof.it

*** Seegarten, Kalterer See 17, großes, komfortables Haus direkt neben dem ersten Strandbad, tagsüber laut, nachts relativ ruhig. 20 Zimmer mit Du/WC, z. T. Balkon, vor dem Haus große Liegewiese und öffentlicher Badestrand. Im Haus Hallenbad und Sauna. HP pro Pers. (incl. Eintritt zum Badestrand, Liegestuhl, Fahrradverleih und Tennis) ca. 65–85 €. ✆ 0471/960260, ✉ 960066, www.seegarten.com

Residence Roland, St. Josef am See 65, ruhige Lage, 150 m vom Seeufer entfernt. Sechs Ferienwohnungen (34–50 qm), jeweils Küche mit Mikrowelle und TV. Parkplatz am Haus, Waschmaschinenbenutzung, Privatstrand mit Liegewiese. Preis je nach Wohnungsgröße und Saison ca. 62–119 € pro Tag.
✆ 0471/960080, ✆ 960726,
www.residence-roland.com

Camping Gretl, am Nordwestende des Sees, gut ausgestatteter Platz mit Swimmingpool, modernen Sanitäranlagen und ausreichendem Baumbestand. Eigener Strand und Liegewiese, Strandbad und Restaurant „Gretl am See" gleich daneben.
✆ 0471/960244, ✆ 960011.

Camping St. Josef, am Südwestufer, einfacher Rasenplatz mit mäßigem Baumbestand, Cafeteria, Laden, deutsche Zeitungen, Sanitäranlagen okay. Ein Badesteg führt durch den Schilfgürtel zum See, für Kinder ist ein eigenes Bassin abgetrennt. ✆/✆ 0471/960170, www.kalterersee.com/camping

• *Essen & Trinken/Shopping* Schon seit Jahrhunderten wird am See Wein angebaut, diverse Adelsgüter kreieren mittlerweile Spitzenprodukte, die mit dem früheren Ruf des „Kalterersee" nichts mehr gemein haben.

Castel Ringberg, St. Josef am See 1, ehemaliges Jagdschloss direkt an der Uferstraße, große Terrasse mit herrlichem Panoramablick, traditionsreiche Kellerei und renommiertes Restaurant, geführt vom ambitionierten Koch Stefan Unterkircher, der bekannt ist für seine innovative Küche. Mo Abend und Di geschl. ✆ 0471/960010, www.castel-ringberg.com (Kellerei: ✆ 0471/860172, www.elenawalch.com).

Gut Manincor, in der Nachbarschaft von Castel Ringberg hat Michael Graf Goëss-Enzenberg in seiner Renaissanceresidenz einen Weinkeller der Spitzenklasse gebaut, der 2004 eröffnet wurde. Die Vielfalt seiner Weine macht die Verkostung zum echten Vergnügen. Mo–Fr 9.30–19, Sa 10–14 Uhr.
✆ 0471/962230, ✆ 960204, www.manincor.it

Panholzerhof, an der Zufahrt zur Nordwestecke des Sees, historischer Adelssitz mit Kellerei und Buschenschank, geführt von Baron Christian Dürfeld Giovanelli. Buschenschank Juni bis Okt. 17–23 Uhr, Weinverkauf 9–11 und ab 14 Uhr, So geschl., www.keil.it

Kalterer See/Umgebung

▶ **Kaltern (Caldaro)**: Das Weinbauzentrum zeigt sich als freundliches Städtchen mit massiven Steinhäusern, Erkern, Türmchen und weit vorspringenden Rundziegeldächern. Die lange Hauptgasse lädt zum entspannten Bummeln ein. Am zentralen *Marktplatz* findet man einen Brunnen mit Mariensäule, die Tourist-Information und Cafés, an einer Längsseite verläuft ein Laubengang. An der Unterkante steht die *Pfarrkirche* mit Deckenfresken, in die Fassade eingelassen sind Grabplatten mit Totenschädeln im Halbrelief.

Vom Ortsteil Sankt Anton fährt eine Standseilbahn aus der Wende des vorletzten Jahrhunderts in 12 Min. hinauf zur 1363 m hohen *Mendel (Mendola)*, dem Hausberg der Kalterer. Oben angekommen, kann man zu verschiedenen Hütten wandern, z. B. in 1 Std. zur gut ausgestatteten *Halbweg-Hütte* (1560 m), weiter südlich liegt die Hütte *Malga Romeno* (1773 m), im Sommer immer Treffpunkt eines fröhlichen

Entspannt bummeln: im Ortszentrum von Kaltern

Wandervölkchens. In der anderen Richtung erreicht man in etwa 90 Min. den 1738 m hohen *Penegal*, wo man einen herrlichen Blick über das Überetsch (Kaltern und die Nachbargemeinde Eppan) genießt.

• *Anfahrt/Verbindungen* von Bozen die SS 42 in Richtung Eppan, kurz danach die schmale Weinstraße zum Kalterer See. Oder Brennerautobahn bis 15 km südlich von Bozen, dort Ausfahrt Egna Ora (Neumarkt Auer) und Beschilderung nach Kaltern folgen.

Große **Parkplätze** liegen am südlichen Ortseingang und oberhalb vom Ort.

• *Information* **Tourismusverein** an der Oberkante vom Marktplatz. Informatives Unterkunftsverzeichnis, Stadtplan, Broschüren zu Wandern und Biken (kostenpflichtig), Zimmervermittlung. Mo–Fr 9–12.30, 13.30–18, Sa 9.30–12.30, 14–18, So 10–12 Uhr.

☎ 0471/963169, ℻ 963469, www.kaltern.com

• *Übernachten* *** **Aehrental**, Goldgasse 19, ein wunderbar restauriertes Jagdschloss des 17. Jh. am Rand des historischen Kerns von Kaltern, aufmerksam geführt von Familie Leander Morandell. Behaglich eingerichtete Zimmer mit Parkett- oder Fliesenböden, netten Sitzecken, TV und modernen Bädern. Schöner, großer Garten, Restaurant, eigene Liegewiese mit Privatstrand und Café am See. HP im DZ ca. 72–87 € pro Pers.

☎ 0471/962222, ℻ 965941, www.schlosshotel.it

*** **Weißes Rössl**, schlossartiges Patrizierhaus mit Erkern und Türmchen ganz zentral am Marktplatz. Innen behutsam modernisiert, teils gotische Gewölbebögen, Lift, oberes Stockwerk komplett ausgebaut, Zimmer mit schweren Vollholzmöbeln und Teppichböden, Badewanne im Bad. Abgeschlossener Parkplatz. DZ mit Frühstück um die 72–85 €.

☎ 0471/963137, ℻ 964069.

** **Roter Adler**, gemütliche Herberge neben dem Weißen Rössl, Zimmer mit TV, abgesperrter Parkplatz, freier Eintritt ins Strandbad am See. DZ mit Frühstück ca. 62–71 €.

☎ 0471/963115, ℻ 964880, www.roter-adler.com

*** **Torgglhof**, Saltnerweg 30, gepflegte Frühstückspension im oberen Ortsteil, sauber und modern, 25 Zimmer und 2 Apts., kleiner Pool im Garten. DZ mit Frühstück ca. 65–82 €.

☎ 0471/962316, ℻ 965899, www.torgglhof.it

Ansonsten zahlreiche **Privatzimmer** und **Ferienwohnungen** ab etwa 35 € im Ort und Umgebung, Vermittlung durch Information.

• *Essen & Trinken* **Zum Turm**, Andreas-Hofer-Str. 32, an der Hauptstraße gegenüber der Kirche, gemütliche Sitzgelegenheiten in schlauchförmiger Passage, die z. T. mit wildem Wein überwachsen ist. Spezialität sind die Nudelgerichte in der Pfanne (ab 2 Pers.) und die überbackene Gemüsepfanne. So geschl.

Kalterer Hof, Goldgasse 23, sehr gute gutbürgerliche Südtiroler und italienische Küche im Souterrain eines großen Ansitzes aus dem 16. Jh., auch Pizza. Di geschl.

Spuntloch, Goldgasse 35, uriger Gewölbekeller im Ansitz Paterbichl (seit 1731) am Rottenburger Platz, oberhalb vom Zentrum. Serviert werden hauptsächlich Grillgerichte, dienstags gibt es Fisch. Mo–Sa 17–23 Uhr, So geschl.

• *Weinkeller* (Buschenschänken): **Torgglkeller**, Bichl 2, mitten im Ortszentrum, etwas oberhalb der Hauptstraße, auf der gut besuchten Terrasse kann man reichhaltige Brotzeitplatten zu sich nehmen oder sich am Salatbuffet laben, winziger Kinderspielplatz ist angeschlossen. So geschl. (www.torgglkeller.com).

Drescherkeller, Maria-von-Buolplatz 3, ebenfalls im Ortskern, im früheren Herrensitz. Das „Reich'sche Schlössl" stammt aus dem 16. Jh. und ist seit 1665 in Familienbesitz. Sitzgelegenheiten im Hof, hervorragender Eigenbauwein und kalte Gerichte. 10–20 Uhr, Di geschl.

• *Unterhaltung* **Weinstadl**, direkt an der Weinstraße südlich vom Ort, konventionelles Tanzvergnügen für Jung und Alt, gut sortierte Bar, gelegentlich Livemusik. 20–3 Uhr, Di geschl.

• *Shopping* Natürlich in erster Linie Wein – im Umkreis des Weinmuseums (→ Kasten) reihen sich die Verkaufsstellen mehrerer Kellereien, wo man die örtlichen Weine degustieren kann: **Vinothek Battisti**, **Kellerei Kaltern**, **E & N (Erste und Neue) Kellerei Kaltern**, weiterhin gibt es den **Drescherkeller** am Maria-von-Buolplatz (→ Weinkeller).

Grödner Holzschnitzer, neben dem Weinmuseum, typische Schnitzereien aus dem Grödner Tal.

Markt jeden Mittwoch in der Kellereigasse am nördlichen Ortseingang.

• *Sport* Fahrradverleih **Sarner Bike** in der Goldgasse 12 c. ☎ 0471/964891.

Hallenbad (öffentlich) im Hotel Seeleiten in St. Josef am See.

Minigolf im Restaurant Gretl am See.

Rund um den Kalterer Wein

- Im **Südtiroler Weinmuseum**, Goldgasse 1, schräg gegenüber vom Weißen Rössl, wird die Geschichte des Südtiroler Weinbaus von den Römern bis heute dargestellt, stimmungsvoll untergebracht in den Gewölberäumen eines früheren Adelskellers (Di–Sa 9.30–12, 14–18, So 10–12 Uhr, Mo geschl., ca. 2,20 €).
- Tägliche Besichtigung der renommierten, über hundert Jahre alten **Kellerei Kaltern** am nördlichen Ortsausgang (Vormerkungen unter ☎ 0471/966067), www.kellereikaltern.com
- Jeden Mittwoch um 16.30 Uhr **Weinfachprobe** mit den beiden örtlichen Kellergenossenschaften (Anmeldung im Infobüro, ca. 13 € pro Pers., www.wein.kaltern.com).

Montiggler Seen (Laghi di Monticolo)

Zwei sensible Kleinode liegen nördlich vom Kalterer See, eingebettet in ehemalige Gletschermulden und umgeben vom satten Grün der Nadel- und Laubwälder. Der südlichere See ist ca. 700 m lang, 250 m breit und 17 ha groß, das kleine Gewässer nordöstlich davon besitzt nur 5 ha Fläche.

Wenige Meter vor dem südlichen See passiert man das gediegene Gartenhotel Moser, am Seeufer liegen nebeneinander Hotel Sparer und Restaurant Lido, außerdem ein Freibad mit temperierten Becken und Wasserrutschen sowie ein Tretbootverleih. Der Rest des Sees ist unbebaut. Eine Umrundung zu Fuß dauert etwa 1 Std. (Beginn des Wegs zwischen Hotel Sparer und Lido), den nördlichen See kann man in 15 Min. erreichen, außer einer Badewiese mit hölzerner Plattform gibt es dort keine Einrichtungen. In den Feuchtgebieten südlich vom See kann man ebenfalls wandern und von dort auch das Frühlingstal erreichen (→ Kalterer See).

Seen um Bozen

- *Anfahrt/Verbindungen* **PKW**, etwa 6 km Zufahrt ab St.-Michael-Eppan, unterwegs bietet sich der Gasthof Egath mit schlichten Holzbänken auf einer Wiese unter Kastanien für eine Pause an. Oberhalb vom See kann man gratis parken und in ca. 20 Min. hinunterlaufen, direkt am See gebührenpflichtiger Parkplatz.
Bus, mehrmals täglich von Ende Juni bis Anfang Sept. ab Eppan.
- *Übernachten* ****** Gartenhotel Moser**, schmuck herausgeputztes Haus im Tiroler Stil zwischen Apfel- und Weinplantagen. Großer Garten mit schöner Sonnenwiese, schickes Hallenbad, Südtiroler Stubensauna, Dampfbad, Terrassenrestaurant, großer Erlebnisspielplatz mit Tieren (!) für Kinder, Fahrradverleih, Sauna/Wellness- und Beauty-Bereich. Gut eingerichtete Zimmer mit TV sowie Balkonen mit üppigem Blumenschmuck. Halbpension im DZ ca. 64–75 € pro Pers., in einer Suite ca. 89–97 €. Ferienwohnungen im nahe gelegenen Örtchen Montiggl.
0471/662095, 661075, www.gartenhotelmoser.com
**** Seehotel Sparer, direkt am See, komfortable Zimmer, idyllische Caféterrasse, Privatbadesteg, Liegeterrasse, Wellness- und Beauty-Bereich. Tagsüber vor dem Haus viel Betrieb durch Badegäste. Halbpension im DZ ca. 63–78 € pro Pers. 0471/664061, www.seehotel-sparer.it

> **Achtung**: Wegen des geringen Wasseraustausches sind die zwei kleinen Seen vom „Umkippen" bedroht und werden bereits seit 1978 künstlich mit Sauerstoff versorgt. Es wird darum gebeten, beim Baden wenig Sonnenöl zu verwenden.

Bootsverleih am größeren der beiden Montiggler Seen

Große Dolomitenstraße und Karersee (Lago di Carezza)

Der winzige Karersee (Lago di Carezza) verbirgt sich inmitten von sattem Nadelwald, in seinem glasklaren und tiefgrünen Wasser spiegeln sich die schroffen Zinnen des Látemar-Gebirgszugs. Im 19. Jh. war der Lieblingsplatz Kaiserin Sissis noch still und menschenleer, heute ist er in der warmen Jahreszeit von Ausflüglern überlaufen. Seine natürliche Anmut hat er trotzdem nicht verloren, prächtig ist auch der Blick auf die Felswand des im Norden ansteigenden Rosengartens.

Zu erreichen ist der Karersee von Bozen auf der „Großen Dolomitenstraße", der wohl berühmtesten Straße Südtirols. Sie ist anfangs extrem kurvig und weist große Höhenunterschiede auf, dementsprechend anstrengend ist sie zu befahren. Zunächst nimmt man vom Ortsteil Kardaun die SS 241, die schmal und kurvig dem Wildbach in der extrem steilwandigen Schlucht des *Eggentals (Valle d'Ega)* folgt. Um *Welschnofen (Nova Levante)* weitet sich die Schlucht, bald hat man linker Hand einen herrlichen Blick auf die Wand des *Rosengarten (Catinaccio)* und erreicht den See. Ein Zaun verhindert den direkten Zugang, es gibt aber einen hübschen Rundweg um den See, von dem man zu mehreren Aussichtspunkten absteigen kann (ca. 45 Min.). Vom nahen Ort *Karersee (Carezza)* fährt ein Sessellift hinauf zum bewirtschafteten Rifugio di Paolina (2125 m), wo man von Anfang Juni bis Anfang Okt. auch übernachten kann (✆ 0471/612008).

Wenn noch etwas Zeit zur Verfügung steht, sollte man die Dolomitenstraße weiter fahren, den Karer-Pass (1745 m) überqueren und ins *Fassa-Tal (Val di Fassa)* hinunterkurven. Bei *Canazei* beginnt dann eine steile Serpentinenstrecke mit herrlichen Panoramen hinauf zum 2239 m hohen *Pordoi-Joch (Passo Pordoi)*, das die Grenze zur Region Venetien bildet. Auf der Passhöhe kann man die Gelegenheit nutzen und mit der eindrucksvoll konstruierten Seilbahn – eine der längsten freitragenden der Alpen – auf den *Sass Pordoi* hinaufgondeln, die Fahrt auf 2950 m dauert nur wenige Minuten (hin und zurück ca. 11 €, nur hinauf 7,50 €, Fahrten alle 10 Min.), unterwegs genießt man fantastische Ausblicke auf die steilen Felswände und die Dreitausender im Umkreis: Marmolada, Rosengarten und Langkofel. Die Bergstation oben steht auf einem Plateau mit ewigem Schnee. Auf einem gut sichtbaren Weg kann man in einer knappen Dreiviertelstunde wieder zum Pass hinunterlaufen.

Bozen (Bolzano) (ca. 98.000 Einwohner)

Die Hauptstadt Südtirols, heute Italiens nördlichste Großstadt, liegt in einem weiten Talkessel inmitten hoher grüner Bergrücken. Mit ihren barocken Bürgerhäusern, Erkern, langen Laubengängen und hübschen Lichthöfen wirkt die Altstadt noch durch und durch österreichisch.

Der erste Anblick von der Autobahn erbaut allerdings nur wenig – qualmende Schlote, dreckige Fassaden und lärmender Verkehr prägen die Außenviertel. Seit der Zwangsitalianisierung von 1919 wurde in großem Maßstab Industrie angesiedelt, hauptsächlich metallverarbeitende Betriebe. Das zog Zehntausende von Arbeit suchenden Süditalienern nach Bozen – mit dem beabsichtigten Effekt, dass die deutschsprachige Bevölkerung in der wichtigsten Stadt Südtirols heute deutlich in der Minderheit ist (ca. 25 %).

40   Seen um Bozen

Waltherplatz und Dom in Bozen

Im relativ kleinen historischen Zentrum der alten Handelsstadt kann man schön bummeln, sitzen und beobachten – nach wie vor prallen hier die Mentalitäten aufeinander: alte Tiroler Bergbauern und geschniegelte Italiener feilschen am Obstmarkt, fesche Dirndlmadeln sprechen unter sich ihren nahezu unverständlichen Dialekt, bedienen deutsche Touristen – sichtlich gern – in Hochdeutsch und Italiener – sichtlich ungern – in deren Muttersprache. Die Sehenswürdigkeiten der Stadt waren früher nicht unbedingt hochkarätig zu nennen. Das hat sich jedoch 1998 radikal geändert: Der Gletschermann „Ötzi" im neuen Südtiroler Archäologiemuseum ist eine Weltsensation, seine Besichtigung ein unbedingtes Muss.

*A*nfahrt/*V*erbindungen *(siehe* **K***arte **S***. 43)*

- *PKW* A 22, Ausfahrt Bozen Nord oder Bozen Süd. Achtung: Bozen ist sehr stauanfällig, vermeiden Sie Stoßzeiten bei der Fahrt ins Zentrum! Gebührenpflichtige **Parkplätze** findet man einige Blocks südlich vom Dom, eine **Tiefgarage** gegenüber vom Bahnhof.
- *Bahn* Der **Bahnhof** ist ein Bau aus faschistischer Zeit am Rand des Zentrums. Häufige Verbindungen nach Trento und Verona, stündlich nach Meran. Die Bahnhofsallee führt mit ihren dicht belaubten Kastanien schräg gegenüber zum nahen Waltherplatz.
- *Bus* **SAD-Busse** fahren ab Busbahnhof an der Perathoner Str., seitlich der Bahnhofsallee. Fahrpläne und Tarife unter, www.sad.it.
- *Fahrrad* kostenloser **Verleih (15)** an der Ecke Waltherplatz/Bahnhofsallee, Kaution muss hinterlegt werden.

*I*nformation

Städt. Verkehrsamt (AAST) am Waltherplatz 8, reichhaltiges Infomaterial, u. a. umfangreiche Unterkunftsliste (incl. Privatzimmer und Agriturismo), Restaurantliste, Wander- und Mountainbike-Broschüre. Mo–Fr 9–18.30 Uhr, Sa 9–12.30 Uhr, So geschl.
✆ 0471/307000, ✉ 980128,
www.bolzano-bozen.it

Bozen 41

Übernachten (siehe Karte S. 43)

Die Bozener Hotellerie hat eine ganze Reihe gepflegter Häuser vorzuweisen. Preiswert wohnt man in den hoch gelegenen Ortsteilen Kohlern und St. Magdalena.

**** Greif (12), Waltherplatz 7. Das traditionsreiche Hotel in bester Lage präsentiert sich als erstes „Kunsthotel" Südtirols – alle Zimmer und Suiten sind mit Werken von zeitgenössischen Künstlern ausgestattet. Man wohnt behaglich und gediegen, schöne Holzböden und weiche Teppiche tragen zum Wohnkomfort bei. DZ mit Frühstück ca. 165–245 €. ℡ 0471/318000, 📠 318148, www.greif.it.

**** Stiegl (2), Brennerstr. 11, fünf Minuten vom historischen Zentrum. Hotel der vorletzten Jahrhundertwende mit historischem Flair und modernem Komfort. Großer Garten mit Restaurant und Swimmingpool. Eigener Parkplatz und Tiefgarage. DZ mit Frühstück ca. 95–135 €. ℡ 0471/976222, 📠 981141, www.scalahot.com

*** Figl (8), Kornplatz 9, traditionelles Stadthaus am stimmungsvollsten Platz im Zentrum, vor einiger Zeit umfassend erneuert, moderne Zimmer mit TV, kleiner Garten. DZ ca. 98–108 €, Frühstück extra. ℡ 0471/978412, 📠 97 8413, www.figl.net

*** Regina Angelorum (16), Rittnerstr. 1, schräg gegenüber vom Bahnhof, großer, langweiliger Klotz, relativ laut, aber die sachlich eingerichteten Zimmer sind modern und sauber, neue Bäder. Kostenlos Parken im Hof (bis 7.30 Uhr) oder im benachbarten Parkhaus (ca. 6 €). DZ mit Frühstück ca. 80–100 €. ℡ 0471/972195, 📠 978944, www.hotelreginabz.it

● *St. Magdalena* kleines Winzerdorf in steiler Hügellage inmitten von Weinbergen, ca. 20 Fußminuten vom Zentrum. Die genannten Adressen sind auch zum Essen ein Tipp.

*** Magdalenerhof (13), Rentschnerstr. 48 a, gepflegt-rustikales Haus, aufmerksam geführt von Familie Ramoser. Hervorzuheben sind die idyllische Speiseterrasse und das reichhaltige Buffet, im Garten Pool. DZ mit Frühstück ca. 95–125 €. ℡ 0471/978267, 📠 981076, www.magdalenerhof.it

* Schwarze Katz (14), St. Magdalena 2, oberhalb der Durchgangsstraße, bei Familie Mayr findet man einfache DZ mit Etagendusche und Frühstück für ca. 45–50 €, dazu ein freundliches Gartenlokal. ℡ 0471/975417, E-Mail: schwarze.katze@virgilio.it

Kandlerhof (18), St. Magdalena 30, alter Wein-Bauernhof ganz zentral bei der winzigen Dorfkirche. Seit mehr als 200 Jahren im Besitz der Familie Spornberger, eigene Weine, spektakuläre Sicht bis hinauf in den Rosengarten. DZ ca. 50–60 €, ℡ 0471/973033, www.kandlerhof.it

Jugendherberge Bozen (19), Rittnerstrasse 23, große moderne Herberge, im Frühjahr 2005 in der Nähe vom Bahnhof neu eröffnet, geführt vom Verein Jugendhaus Kassianeum (nicht IYHF). Zimmer mit ein bis vier Betten, geeignet für junge Leute, aber auch Familien. Übernachtung mit Frühstück ca. 19 €. ℡ 0471/300865, 📠 300858, http://bozen.jugendherberge.it

● *Camping* **Moosbauer (4)**, an der SS 38 nach Meran, ca. 5 km vom Zentrum (auf Schilder achten) schmale Einfahrt hinein. Relativ kleines Rasengelände mit Bäumen, Pool und Ristorante/Bar. Sanitäranlagen sehr gut.. Bus 10 a ab Bahnhof. ℡ 0471/918492, 📠 204894, www.moosbauer.com

Steiner (20), an der SS 12 in Leifers (Laives), 7 km südlich von Bozen. Gepflegter Platz zwischen Weingärten, schattige Stellplätze unter Ulmen (kürzlich beschnitten) und Weinranken. Ordentliche Sanitäranlagen, Freibad und beheizte Schwimmhalle (im Sommer geschl.), Restaurant im benachbarten gleichnamigen Hotel, Spielplatz und Fernsehraum. April bis Oktober. ℡ 0471/950105, 📠 951572, www.campingsteiner.com

Essen & Trinken/Unterhaltung (siehe Karte S. 43)

Um den Obstplatz liegen die beliebtesten Treffpunkte, die meisten Restaurants gibt es in der Bindergasse. Bedienung zweisprachig, Essen sehr österreichisch: Knödel, Rindsgulasch, Apfelstrudel und Schlutzkrapfen.

Roter Adler (11), Goethestr. 3, auch „Vögele" genannt, das historische Wirtshaus beim Obstmarkt besitzt unten eine exquisite alte Holztäfelung. Geboten werden raffinierte Gerichte Südtiroler Art, teils mit internationalem Einschlag. Abends sitzt das gut betuchte Jungvolk gern beim Bier oder Wein draußen unter den Arkaden. Geöffnet 8–24 Uhr. Zwei Wochen im Juli, außerdem Sa abends und So geschl.

Vino Veris (17), Dominikanerplatz 3/b, direkt neben der Dominikanerkirche (→ Sehens-

Seen um Bozen

wertes). Neu eröffnetes Weinlokal mit Trattoria in den imposanten mittelalterlichen Kellergewölben des ehemaligen „Heilig-Geist-Spitals". Im Sommer kann man draußen am Platz essen, kleine Karte mit hausgemachten Gerichten, dazu exzellente Weinauswahl. Tägl. 10–1 Uhr.
Hostaria Argentieri (7), Silbergasse 14, nettes Terrassenlokal in einer ruhigen Gasse mitten im Zentrum, hinten schöner Gastgarten, gute Fischgerichte. So geschl.
Batzenhäusl (1), Andreas-Hofer-Str. 30, seit fast 600 Jahren kann man in der ehemaligen Schänke des deutschen Ordens für einen „Batzen" seinen Schoppen Wein trinken. Hinter der dicht überrankten Fassade verbirgt sich ein modern gestalteter Innenbereich mit kleinem Garten. Serviert werden leckere Südtiroler Gerichte für nicht zu teures Geld. Freundliche und aufmerksame Bedienung. Nur abends geöffnet, dafür warme Küche bis mindestens 1.30 Uhr nachts (gibt es sonst in Bozen nicht). Di geschl.

Weißes Rössl (3), Bindergasse 6, traditionelle Gastwirtschaft mit Atmosphäre und großer Auswahl an Südtiroler Fleischgerichten – Gulasch, Schweinshaxe, Bauernplatte etc. Zu erkennen an der hübsch bemalten Fassade. Juli und So geschl.
• *Cafés/Kneipen* **Hopfen & Co (6)**, Obstplatz/Ecke Silbergasse 36, Brauerei mit gemütlichem Café/Pub/Restaurant, Treffpunkt junger Leute, die mit ihrem Bier (das im Keller gebraut wird) oder Wein bis auf die Straße stehen, oft Livemusik. Tagsüber treffen sich hier die Marktbesucher zu einem Plausch. Kleine, aber feine Speisekarte. So geschl.
Nadamas (5), Obstmarkt 43/44, bunte Szenekneipe direkt am Obstmarkt, ein bisschen mulitkulti – Bruschette, Couscous und griechischer Salat, dazu hoher Geräuschpegel.
Lounge Exil Caffè (10), angesagte Bar am Kornplatz 2.
Pogue Mahone's (9), Irish Pub in der Erbsengasse 10, wenige Schritte vom Waltherplatz.

Shopping

Das kommerzielle Herz Alt-Bozens schlägt seit über 800 Jahren in der *Laubengasse*, dort findet man zahlreiche alteingesessene Geschäfte.

• *Laubengasse/Nordseite* **Tschager**, Nr. 10 (Nähe Rathausplatz), auf fünf Stockwerken Kunsthandwerk und Souvenirs.
Mumelter, Nr. 22/a, feine Tiroler Tuche.
Schwarzer Adler, Nr. 46, historische Apotheke.
Rizzolli, Nr. 60, umfangreiche Hutkollektion.
• *Laubengasse/Südseite* **Zimmermann**, Nr. 21, seit dem 19. Jh. Importeur für Porzellan aus ganz Europa.
Südtiroler Werkstätten Atesini, Nr. 39, im barocken Merkantilpalast des 18. Jh. sind kunsthandwerkliche Produkte aus ganz Tirol ausgestellt, z. B. Holzartikel, Puppen, Glas.
Athesia, Nr. 41, größte Buchhandlung Südtirols.

Oberrauch Zitt, Nr. 67, exklusives Modehaus seit 1836, traditionelle Lodengewänder und mehr.
Calligari Fullerer, Nr. 69, Delikatessenladen mit Süßigkeiten, Essig, Öl, Spirituosen, Wein.
Apotheke zur Madonna, Ecke Laubengasse/Kornplatz, besteht seit 1443, schönes barockes Schnitzwerk.
• *Märkte* großer **Samstagsmarkt** am Siegesplatz aus faschistischer Zeit, jenseits der Talferbrücke, hauptsächlich Textilien und Schuhe.
Obstmarkt, Mo–Fr 8–19 und Sa Vorm. am Obstplatz (→ Sehenswertes).

Sehenswertes

- **Stadtführungen**: Wegen des großen Interesses an „Ötzi" veranstaltet das Verkehrsamt für ca. 11,50 € pro Pers. 2 x wöch. eine Führung mit Besichtigung des Archäologischen Museums. Einen Rundgang ohne Ötzi gibt es ca. 4 x wöch. für ca. 4 € pro Pers. Anmeldung jeweils am Tag vorher bis 18 Uhr, weitere Auskünfte beim Verkehrsamt.
- **Museumscard**: Für 2,50 € kann man diese Karte erwerben, mit der in den Bozener Museen und in Schloss Runkelstein Ermäßigungen gewährt werden. Die Karte ist ein Jahr lang gültig und auch auf andere Personen übertragbar.

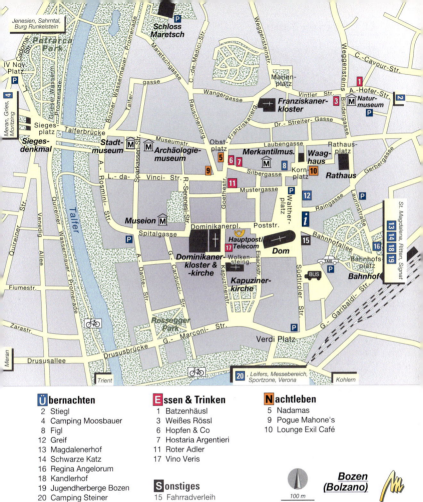

Übernachten
- 2 Stiegl
- 4 Camping Moosbauer
- 8 Figl
- 12 Greif
- 13 Magdalenerhof
- 14 Schwarze Katz
- 16 Regina Angelorum
- 18 Kandlerhof
- 19 Jugendherberge Bozen
- 20 Camping Steiner

Essen & Trinken
- 1 Batzenhäusl
- 3 Weißes Rössl
- 6 Hopfen & Co
- 7 Hostaria Argentieri
- 11 Roter Adler
- 17 Vino Veris

Sonstiges
- 15 Fahrradverleih

Nachtleben
- 5 Nadamas
- 9 Pogue Mahone's
- 10 Lounge Exil Café

Bozen (Bolzano)

Waltherplatz, Pfarrkirche und Dominikanerkirche: Zentrum der Stadt ist der angenehm offen gebaute *Waltherplatz* mit prächtigem Blick auf die steilen Hänge ringsum. Dominierend steht in der Platzmitte das Denkmal des berühmten Südtiroler Minnesängers Walther von der Vogelweide, der im Vogelweider Hof bei Lajen (Laion) oberhalb von Klausen geboren wurde. Die große *Pfarrkirche*, ein schöner gotischer Baukörper mit mehrfarbigem Dach, wurde nach schweren Weltkriegsbeschädigungen wieder komplett restauriert. Das Innere ist schlicht gehalten – Kreuzrippengewölbe, reliefverzierte Kanzel aus Sandstein, hohe goldene Seitenaltäre, diverse Freskenreste aus dem 14./15. Jh., heller Chorumgang.

Nur wenige Schritte weiter Richtung Westen liegt die *Dominikanerkirche* mit angeschlossenem Kloster. Der lange Kirchenraum wird durch einen Lettner in zwei Bereiche geteilt. Die schmale *Johannes-Kapelle* rechts vom hinteren Hauptschiff ist vollständig mit eindrucksvollen bunten Fresken der Giotto-Schule ausgemalt (14. Jh.),

44   Seen um Bozen

Reiche Auswahl am Obstmarkt

die Szenen der biblischen Geschichte darstellen. Ebenso schön geschmückt ist der benachbarte *Kreuzgang* (Eingang Nr. 19/a).
Öffnungszeiten/Preise **Pfarrkirche**, Mo–Fr 10–12, 14–17 Uhr, Sa 10–12,14–16 Uhr; So 13–17 Uhr; **Dominikanerkirche**, Mo–Sa 9.30–17, So 13–17 Uhr.

Obstmarkt, Franziskanerkirche und Laubengasse: Nördlich vom Waltherplatz liegt der Fußgängerbereich Bozens mit dem lang gestreckten *Obstplatz*, in dessen fest installierten Buden jeden Vormittag außer sonntags ein malerischer Obst- und Gemüsemarkt stattfindet. Wahrzeichen des Marktes ist der weiße *Neptunbrunnen* an der Ecke zur Laubengasse.
Nach Norden gehend, trifft man nach wenigen Metern auf die Einmündung der Dr.-Streiter-Gasse, an den dortigen früheren Fischmarkt erinnern noch die Fischbänke aus Marmor. Die Franziskanergasse geradeaus weiter kommt man zur *Franziskanerkirche* mit angeschlossenem Kloster. Im Kreuzgang (links herum gehend) kann man auf naiv anmutenden Ölgemälden in düsteren Farben die Geschichte des Franz von Assisi verfolgen, in den Bögen sind außerdem noch Reste von Fresken erhalten. Die einfache Kirche ist neu renoviert, weiß und hell.
Am Obstplatz beginnt auch die schönste Straße der Stadt, die schmale *Laubengasse* mit pastellfarbenen Erkerhäusern und prächtigen Bogengängen, unter denen zahlreiche alteingeführte Geschäfte liegen (→ Shopping). Damit eine größtmögliche Zahl an Läden untergebracht werden konnte, sind sie oft handtuchschmal, ziehen sich aber tief in die Häuser hinein. Dazwischen öffnen sich immer wieder schmale Durchgänge, die zu den typischen *Lichthöfen* führen, gut zu beobachten an der Nr. 64/66. Am Ostende der Laubengasse steht am Rathausplatz das prunkvolle *Alte Rathaus* von 1491, mit Wandmalereien, Stuckverzierungen und einem Innenhof im Renaissancestil. Auf dem verkehrsberuhigten *Kornplatz* findet man einige gemütliche Restaurants und Cafés, nur wenige Schritte sind es von hier wieder zurück zum Waltherplatz.
Öffnungszeiten/Preise **Franziskanerkirche**, Mo–Sa 8.15–12, 14.30–19 Uhr.

Das Südtiroler Archäologiemuseum: „Ötzis" letzte Ruhestätte

Seit Mai 1998 besitzt Bozen eine einzigartige Attraktion: das neue Archäologische Museum mit dem weltberühmten Gletschermann „Ötzi"! Bei fast hundert Prozent Luftfeuchtigkeit und minus sechs Grad Celsius liegt der 5300 Jahre alte mumifizierte Leichnam hinter Glas. Diese Bedingungen entsprechen exakt den klimatischen Gegebenheiten des Similaungletschers in 3000 m Höhe, wo ihn ein Nürnberger Ehepaar im Spätsommer 1991 im ewigen Eis entdeckt hatte (→ S. 49), er würde sonst vertrocknen. Der Anblick dieses verkrümmten Menschen, der drei Jahrtausende vor Christus lebte, ist ein einzigartiges Erlebnis. Klein und zerbrechlich liegt er da, wirkt fast wie beseelt. Zum Zeitpunkt seines Todes war er etwa Mitte Vierzig, ein für die Jungsteinzeit sehr hohes Alter. Er wies mehrere Verletzungen auf (linke Hüfte, linker Schenkel, Serienrippenbruch, Nasenbeinfraktur, Handverletzung) und litt an Halswirbelabnutzung, Arterienverkalkung und Arthrose der Hüftgelenke. Ums Leben gekommen ist er allerdings durch einen Pfeil, der ihn in den Rücken getroffen hatte. Ebenfalls ausgestellt sind die umfangreichen Reste seiner Kleidung und Ausrüstung: ein weiter Umhang aus Gras, darunter ein Fellmantel und Unterwäsche aus fein gegerbtem Ziegenleder, eine bestens erhaltene Bärenfellmütze, mit Heu ausgestopfte Lederschuhe, Fellstrümpfe, ein Ledertäschchen, ein Tragegestell für einen Rucksack sowie mehrere Waffen, darunter Pfeil und Bogen – erstaunlich ist dabei, wie sorgfältig alle Teile verarbeitet wurden. Eine lebensgroße Puppe demonstriert, wie Ötzi zu Lebzeiten ausgesehen hat. Anschaulich dokumentiert sind auch die akribischen Untersuchungen, denen der Leichnam ausgesetzt wurde: Endoskopie mit Sonden und Mikrokameras, bakteriologische Abstriche etc. – jeder Zentimeter des Körpers wurde untersucht, spezielle Instrumente aus Titan mussten dafür entwickelt werden.

Ötzi ist aber nicht isoliert dargestellt, sondern steht im Zusammenhang einer chronologisch aufgebauten Sammlung: Im Erdgeschoss findet man die Steinzeit, im ersten Stock die Kupferzeit (mit Ötzi), darüber Bronze- und Eisenzeit und Römerzeit bis zum Frühmittelalter. Die Lebensverhältnisse der Menschen im Alpenraum werden anhand zahlreicher Siedlungsmodelle illustriert. Besonderes Augenmerk verdienen außerdem die rekonstruierten Kupferschmelzöfen aus der Zeit um 1400 v. Chr. Die Ausstellung endet mit der Verbreitung des Christentums und dem in Originalgröße rekonstruierten Altarwand von St. Benedikt in Mals (9. Jh. n. Chr.).

Adresse: Museum-Str. 43, ✆ 0471/320100, www.iceman.it
Öffnungszeiten: Mai bis Sept. Di–So 10–18 Uhr, Do 10–20 Uhr, Mo geschl.; Okt. bis April Di–So 9–17 Uhr, Do 10–19 Uhr, Mo geschl. Eintritt ca. 8 €, Senioren ab 65, Kinder und Studenten bis 27 Jahre ca. 5,50 €, Kinder bis 6 Jahre frei. Achtung: Lange Warteschlangen sind keine Seltenheit.

Grieser Pfarrkirche: Die alte romanische Kirche im ehemaligen westlichen Vorort Gries (Talfer überqueren und die pompöse Freiheitsstraße entlang) beherbergt eins der berühmtesten Stücke des Südtiroler Bildhauers Michael Pacher, den „Altar der Marienkrönung" von 1475.
Öffnungszeiten/Preise April bis Dez. Mo–Fr 10.30–12, 14.30–16 Uhr, Sa/So geschl., Eintritt ca. 1,50 €.

Schloss Runkelstein: romantisch-atemberaubende Lage auf einem steilen Fels am Eingang des Sarntals. Man erreicht die vorbildlich restaurierte Burg mit Stadtbus 12, zu Fuß (ca. 30 Min.) oder per Rad immer an der Talfer entlang. Im Westhaus ist der umfangreichste profane Freskenzyklus des Mittelalters erhalten (14. Jh.), der eindrucksvoll das weltliche Leben an einem mittelalterlichen Hof illustriert, dazu Szenen aus literarischen Werken der Zeit darstellt. Die pittoreske Burgschänke lädt zur Rast ein.
Öffnungszeiten/Preise Di–So 10–18 Uhr, Mo geschl., Eintritt ca. 8 €, Stud. 5,50 €, nur mit Führung. Reservierung unter ✆ 0471/329808 (Ausland) oder 800-210003 (Italien).

Schloss Sigmundskron: Unübersehbar thront die imposante Ruine südwestlich der Stadt über der Etsch, 1957 wurde dort die Südtiroler Autonomie verkündet. Reinhold Messner richtet seit einigen Jahren ein neues Bergmuseum ein (Stand 2005).

• *Bozner Museen* **Südtiroler Archäologiemuseum**, dank „Ötzi" das museale Highlight der Stadt (→ Kasten S. 45).
Stadtmuseum, Sparkassenstr. 14. Umfangreiche Sammlung zur Kulturgeschichte und Volkskunde Südtirols, darunter historisches Mobiliar, gotische Skulpturen, Fastnachtsmasken, Trachten und Gemälde. Di–Sa 10–18, Mi 10–20 Uhr, Mo geschl., Eintritt ca. 5 € (mit Schloss Runkelstein 10 €).
Museion, Sernesi Str. 1, Museum für moderne Kunst, in jährlich wechselnden Ausstellungen werden Künstler des 19. und 20. Jh. präsentiert. Di–So 10–18, Do 10–20 Uhr, Eintritt ca. 3,50 €.
Merkantilmuseum, Silbergasse 6, prächtiger Renaissancepalast zwischen Silber- und Laubengasse, früher Sitz des städtischen Handelsgerichts. Bei einem geführten Rundgang kann man die Räume mit einer reichhaltigen Sammlung von barocken Gemälden und Möbeln besichtigen. Mo–Sa 10–12.30 Uhr, Eintritt ca. 3 €.
Naturkundemuseum, Bindergasse 1, geologische Entstehungsgeschichte Südtirols und seiner Lebensräume, außerdem ein großes Meerwasseraquarium. Di–So 10–18 Uhr, Mo geschl., Eintritt ca. 5 €.

Seen im Vinschgau (Val Venosta) und Seitentälern

Der Vinschgau bietet eine interessante Anreisevariante zum Brenner. Man fährt über den Reschenpass und anschließend das lang gestreckte Tal der Etsch entlang, das sich zwischen Ötztaler Alpen und Ortler-Gruppe wunderschön hinunter nach Meran zieht.

Aus 1500 m geht es in sanften Kurven hinunter bis auf 500 m Meereshöhe. Gleich nach der Grenze passiert man den hoch gelegenen *Reschensee* und den sich südlich anschließenden *Haidersee*. Die ruhigen Orte im Oberen Vinschgau bieten eine erholsame Alternative zum Trubel weiter unten, doch die Sommer sind kurz und die Temperaturen oft frisch. Im Mittleren und Unteren Vinschgau folgt dagegen ein gut besuchter Fremdenverkehrsort dem anderen. Ampeln sorgen oft für kilometerlange Staus, die neue vierspurige Schnellstraße zwischen Meran und Bozen bringt jedoch mittlerweile spürbare Entlastung. Die einzigen beiden Seen sind der *Zufritsee* und der *Vernagter Stausee*, beide hoch oben in schmalen Seitentälern gelegen und über reizvolle Bergstraßen zu erreichen.

Einzigartig im Vinschgau sind die sog. „Waale", ein Netz von Bewässerungskanälen, die kilometerweit die Hänge des niederschlagsarmen Tals entlang führen. Die begleitenden Wege sind für Wanderer ein äußerst attraktives Betätigungsfeld.

Reschensee (Lago di Resia) und Haidersee (Lago di Muta)

Der gut 8 km lange Reschensee in 1500 m Höhe unmittelbar nach dem Grenzübergang ist kein natürliches Gewässer, sondern ein Stausee – wie so viele im nördlichen Grenzbereich Italiens, die die Versorgung der Großstädte in der Poebene gewährleisten.

Als 1949 trotz heftigster Proteste der Bewohner die Staumauer gebaut wurde, überflutete der neue See das gesamte Dorf *Graun (Curon)* samt all seiner Landwirtschaftsflächen am Ostufer. Fast tausend Menschen waren von der Katastrophe betroffen, 170 Häuser wurden gesprengt und 120 bäuerliche Betriebe verloren ihre Existenzgrundlage. Seitdem ragt nur noch der nunmehr mit Beton ausgegossene Kirchturm über den Wasserspiegel hinaus, auf den Kiesbänken rundum wird gebadet. Im Gemeindehaus von Graun ist die leidvolle Geschichte der Seestauung dokumentiert.

Größte Ortschaft am See ist *Reschen (Resia)* am nördlichen Seeende, dort wird einiges an Wassersport geboten. Wegen der häufigen frischen Brise, die über die Berge weht, trifft man vor allem Windsurfer und Segler, aber auch geangelt wird gerne. Wem das Seewasser zu kalt ist, kann ins beheizte Freibad von Graun ausweichen. Mit dem Motorschiff „Hubertus" kann man von Mitte Juli bis Ende Sept. täglich Seerundfahrten unternehmen oder man macht eine Wanderung ins kleine Dorf *Rojen (Roja)*, das 500 m oberhalb vom Westufer liegt (hin und zurück gut 4 Std.). Das dortige gotische Kirchlein St. Nikolaus aus dem 13. Jh. ist überraschend reich mit spätmittelalterlichen Fresken der Meraner Schule ausgestattet (Schlüssel im Gasthof Rojen/Bergkristall). Auch zwei Seilbahnen führen auf die Berge: von Reschen nach *Schöneben* (Juli bis Sept.) und von St. Valentin auf die *Haideralm* (Juni bis Okt.).

Die SS 40 zieht sich durch Galerien am Ostufer entlang, durchquert *St. Valentin (San Valentino)* und passiert anschließend den ruhigen *Haidersee* mit flachen Grasufern und Wald. Der fischreiche See besitzt die angeblich größtbesitzen Renken im Alpenraum und ist deshalb vor allem bei Anglern beliebt. Fischerwasserkarten kosten für die ganze Saison (Ende April bis Okt.) ca. 21 €, man bekommt sie direkt beim Bootshaus, in der Bäckerei Angerer in St. Valentin und im Gasthof Alpenrose bei den Fischerhäusern, auch Ruderboote werden zahlreich vermietet (ganzer Tag ca. 13 €, halber Tag 10 €).

- *Öffnungszeiten/Preise* **Museum im Gemeindehaus Graun**, Febr. bis April und Juli bis Sept. Do 17–18 Uhr, freiwillige Spende. ✆ 0473/633127.
- *Information* **Verkehrsamt Vinschgauer Oberland** in Reschen (✆ 0473/737090, ℻ 633 140) und St. Valentin (✆ 0473/737092, ℻ 634713), www.reschenpass-suedtirol.it
- *Übernachten* Größtes Angebot in Reschen. ***** Seehotel**, Via Nazionale 19, gut ausgestattet, Panoramablick auf den See, Hallenbad. HP pro Pers. im Sommerhalbjahr ca. 50–75 €, im Winter teurer. ✆ 0473/633118, ℻ 63 3420, www.seehotel.it

Villa Claudia Augusta, größere, gepflegte Pension mit Zimmern und Apartments, Sauna im Haus. Von Familie Ziernhoeld aufmerksam geführt. DZ mit Frühstück ca. 56–60 €. ✆ 0473/633160, www.ziernhoeld.it
Garni Marlene, gemütliches Haus mit etwa 10 Zimmern, Liegewiese, Schaukel, Tischtennis. DZ mit Frühstück ca. 50–60 €. ✆ 0473/633123, ℻ 632529, www.garni-marlene.com
Camping Thöni, kleiner Wiesenplatz zwischen Reschen- und Haidersee, 5 Fußminuten von St. Valentin. 30 Stellplätze, moderne Sanitäranlagen, Spielplatz und Aufenthaltsraum mit TV. ✆ 0473/634020, ℻ 634121, www.camping-thoeni.it

48 Seen im Vinschgau (Val Venosta) und Seitentälern

Mals (Malles): etwa 8 km südlich des Valentino-Sees, größter und attraktivster Ort im Oberen Vinschgau, dessen Kirchtürme weithin das Tal überragen. Über dem nahen Dorf Burgeis thront das imposante, ganz in Weiß gehaltene *Benediktinerkloster Marienberg*, über Jahrhunderte hinweg kulturelles Zentrum des Vinschgau. Sieben Patres und vier Brüder leben und arbeiten hier zusammen. Attraktion einer Besichtigung ist die Krypta mit bedeutenden romanischen Fresken aus dem 12. Jh.

Öffnungszeiten/Preise **Marienberg**, Führungen Juli/August Mo–Fr 10, 11, 15 und 16 Uhr, Sa 10 und 11 Uhr, Mai, Juni und Okt. Mo–Fr 10.45 und 15 Uhr, Sa 10.45 Uhr. Übrige Zeit nur nach Voranmeldung unter ✆ 0473/831306, www.marienberg.it. Eintritt ca. 3 €.

Glurns (Glorenza): etwas abseits der SS 40, schönes, kleines Städtchen mit der einzigen vollständig erhaltenen Stadtbefestigung Tirols – dank der malerischen Ringmauer mit ihren Wehrtürmen ein viel besuchtes Ausflugsziel.

Schluderns (Sluderno): Der letzte Ort im oberen Vinschgau wird überragt von der großen *Churburg*, eine der besterhaltenen Burgen Südtirols mit prächtig bemaltem Arkadenhof und einer der größten Waffenkammern Europas.

Öffnungszeiten/Preise **Churburg**, Ende März bis Ende Okt. Di–So 10–12, 14–16.30 Uhr, Mo geschl.; Eintritt ca. 6 €, nur mit Führung (www.churburg.com).

Versunken im Reschensee: der Kirchturm von Graun

Martelltal (Val Martello) und Zufrittsee (Lago di Gioveretto)

Von Latsch (Láces) fährt man auf steiler, schmaler und kurviger Straße etwa 18 km das Martelltal hinauf, bis man nach einem kleinen Tunnel in etwa 1850 m Höhe den malerisch abgelegenen Stausee erreicht.

Beim Gasthaus „Zum See" am südlichen Seeende beginnt ein breiter Spazierweg (Weg 36), der mit schönen Panoramen am Ostufer entlangführt, herrlich ist auch der Blick auf die vergletscherte *Zufallspitze* (3700 m) im Talschluss. Am nördlichen Seeende kann man über die etwa 100 m hohe Staumauer zur Straße am Westufer gelangen und auf ihr zurück zum Ausgangspunkt gehen (auch Busverbindung), Gesamtlänge etwa 6 km, Dauer ca. 2 bis 2 ½ Std. Die Straße führt noch ein Stück weiter zu den Berggasthöfen „Borromeohütte", „Enzianhütte" und „Schönblick". Von dort kann man zur Zufritthütte aufsteigen (2265 m) oder – weiter und eindrucksvoller – zur Martellhütte (2610 m).

- *Anfahrt/Verbindungen* **SAD-Busse** fahren mehrmals tägl. bis zu den Gasthöfen am Straßenende.
- *Übernachten* *** Alpengasthof Zufritt**, kurz vor Seeende direkt oberhalb vom Ufer. Zehn einfach eingerichtete Zimmer, Sauna und gute Küche mit Vollwertkost, auch viel Vegetarisches. DZ mit Frühstück ca. 46–60 €. ✆ 0473/744772, ℡ 744775, www.zufritt.com
* Zum See, ordentliche Pension am Seeende, Beginn des Rundwanderwegs. ✆ 0473/744668, ℡ 744668.
Zimmer gibt es außerdem in den Gasthöfen am Straßenende, Zimmer und Matratzenlager in der **Zufallhütte** (April bis Okt. ✆ 0473/754785).

Camping Latsch, unten bei Latsch, einer der wenigen Zeltplätze im Vinschgau. Schöne Stellplätze auf einem Wiesengelände an der Etsch, trotz der nahen SS 38 relativ ruhig, umweltbewusste Leitung, Frei- und Hallenschwimmbad sowie Sauna, ein Gasthof ist angeschlossen. Ganzjährig. ✆ 0473/623217, ℡ 622333, www.campinglatsch.com
- *Essen & Trinken* **Sonneck**, in Allitz bei Schlanders, von der Terrasse wunderbare Aussicht, Südtiroler Spezialitäten mit stets frischen Zutaten (auch vom Biohof), angenehme Atmosphäre, kinderfreundlich und nicht zu teuer. Di geschl. ✆ 0473/626589, www.gasthaus-sonneck.it

Schnalstal (Val di Senales) und Vernagter Stausee (Lago di Vernago)

Östlich von Latsch passiert man den Eingang zum imposanten Schnalstal, das als Zugang zum ganzjährig nutzbaren Skigebiet von Kurzras (Corteraso) in den Ötztaler Alpen dient und 1991 durch den Fund des Gletschermanns „Ötzi" weltbekannt wurde (→ S. 45)

Über dem Taleingang thront hoch über der SS 38 *Schloss Juval* aus dem 13. Jh. Mitte der 1980er Jahre hat es der Extremkletterer und Abenteurer Reinhold Messner gekauft und seitdem Zug um Zug renoviert. Zu besichtigen sind eine reichhaltige Sammlung von Stücken aus Tibet sowie Masken von vier Kontinenten und eine Bergbildergalerie. Nach der Besichtigung kann man sich im Buschenschank „Schlosswirt Juval" stärken (→ unten).

Das Tal ist anfangs schluchtartig eng, doch mittlerweile kann man auf einer neuen Straße mit zwei Tunnels bequem einfahren, die steile alte Straße ist vor allem für Radfahrer ein Tipp. Erst bei *Ratteis (Ratisio)* weitet sich das Tal. Sehenswert ist das ruhige Örtchen *Karthaus (Certosa)* mit dem ehemaligen *Kloster Allerengelsberg*. Die Bauern des Tals waren den Karthäusermönchen abgabepflichtig und zerstörten das Kloster in den Bauernkriegen von 1525, doch erst im 18. Jh. wurde es endgültig aufgelöst. Daraufhin holten die Bauern sich aus den Mauern, was nicht niet- und nagelfest war und bauten die Zellen zu Wohnungen um – daraus entstand allmählich der Ort *Karthaus (Certosa)*, der noch heute großteils aus den Überresten des Klosters besteht. Zu besichtigen sind der lange Kreuzgang, die Ringmauern mit den Schießscharten, die kleine Kapelle zur Grablegung Christi und das Priorhaus mit der Klosterküche.

Wenige Kilometer weiter liegt in *Unser Frau in Schnals (Madonna di Senáles)* der neue „Archeoparc Schnals". Hier wird seit 2001 versucht, Ötzis Zeit zu rekonstruieren. Das Museum führt in die Welt der Jungsteinzeit ein, im Freigelände stehen rekonstruierte Behausungen, man kann Brot backen, Bogen schießen und Tongefäße formen, lernt Feuerstein, Wolle und Leder zu verarbeiten.

Vorbei am *Vernagter Stausee (Lago di Vernago)*, der ein gutes Dutzend Bauernhöfe und die Kirche von Vernagt (Vernago) überflutete, kommt man bald zum Ende des Tals mit der Skisportsiedlung *Kurzras (Corteraso)* in 2012 m Höhe. Hier kann man ganzjährig das Olympiahallenbad besuchen oder mit der höchsten Seilschwebebahn

Europas bis auf über 3200 m hinauffahren – und eventuell wieder hinunterlaufen. In der Bergstation ist die „Ötzi Show Gallery" dem legendären Gletschermann gewidmet, der 1991 im ewigen Eis des Schnalser Similaungletschers gefunden wurde, 93 Meter von der österreichischen Grenze entfernt, aber noch auf Südtiroler Seite. Mit der Pistenraupe „Ötzi-Express" kann man anschließend für teures Geld ins Eis des Gletschers fahren.

• *Öffnungszeiten/Preise* **Schloss Juval**, Palmsonntag bis 30. Juni und 1. Sept. bis Anfang Nov. Do–Di 10–16 Uhr, Mi und Juli/August geschl. (dann bewohnt Reinhold Messner das Schloss selber); Führungen auf Deutsch jeweils zur vollen Stunde. Eintritt ca. 7 € (Familien 15 €), Stud. 4 €, Kinder (6–14) ca. 3 €. Achtung: Keine Parkmöglichkeit am Schloss, Parkplatz im Tal, von dort Shuttle-Bus ab 9.30 Uhr hinauf oder zu Fuß auf dem Waalweg von Tschars. ✆ 0348/4433871. **Kloster Karthausen**, Kreuzgang Juli/Aug. tägl. 10–12, 14–19 Uhr, 1 x wöch. Führung. **Archeopark Schnals**, Palmsonntag bis Ende Juni und Sept. bis Anfang Nov. Di–So 10–16 Uhr, Mitte Juli bis Ende August tägl. Eintritt ca. 8 €, Schüler 5 €, Familienkarte 18 €. ✆ 0473/676020.

• *Übernachten/Essen & Trinken* ***** Schnals**, Karthaus Nr. 60, gemütliches Haus mit großer Sonnenwiese und Terrasse. Tipp für Motorradfahrer, Besitzer Stefan Kofler ist selber Biker, bietet Touren, eine Motorradwerkstatt und eine Garage. Tankstelle vor der Tür. Gute Küche im Haus. DZ mit Frühstück ca. 55–65 €, HP ca. 45 € pro Pers. ✆ 0473/679102, ✉ 677007. **** Leithof**, ordentliche Pension mit Liegewiese und Sauna direkt oberhalb vom Ufer des Vernagter Stausees. DZ mit Frühstück ca. 60–82 €. ✆ 0473/669678, ✉ 669755, www.leithof.com

• *Essen & Trinken* **Schlosswirt Juval**, schöner alter Bauerngasthof neben Schloss Juval. Hansjörg Hofer bietet Südtiroler Spezialitäten, die Zutaten stammen von Messners Biohof „Oberortl" und einem kleinen Weinhof. Di abends und Mi geschl. **Grüner**, mehrere Generationen alter Familienbetrieb am autofreien Dorfplatz von Karthaus, direkt an die Klosterkirche angebaut. **Finailhöfe**, oberhalb vom Vernagter Stausee, auf engsten Serpentinen geht es hinauf zum ehemaligen, über achthundert Jahre alten Bauernhof, einer der höchstgelegenen der Alpen – heute eine herrliche Jausenstation, wo man auf der Terrasse selbst gemachten Speck, Rotwein und Käse genießen kann.

> **Tipp**: Den Vernagter Stausee kann man im Rahmen einer leichten Wanderung ohne größere Höhenunterschiede in ca. 2 ½–3 Std. umrunden.

Seen in den Dolomiten

Die majestätische Felslandschaft im östlichen Südtirol und Veneto lässt nur Raum für kleine Seen, die aber mit ihren tiefgrünen Wasserflächen, in denen sich die umliegenden Wälder spiegeln, zu den schönsten im Alpenraum gehören.

Der Wintersportort *Cortina d'Ampezzo*, wo 1956 die Olympischen Winterspiele ausgetragen wurden, und die in den südlichen Voralpen gelegene Provinzhauptstadt *Belluno* bilden die wichtigsten Zentren der Region.

Pragser Wildsee (Lago di Bráies)

Für manche der schönste See der Dolomiten – ein tiefgrünes Gewässer in 1500 m Höhe im Naturpark Fanes-Sennes-Prags, ringsum dicht bewaldet und eingefasst von imposanten Felszinnen.

Nicht selten ist er noch bis in den Mai zugefroren, im Sommer herrscht dagegen oft reger Andrang. Am Nordende steht ein großes altehrwürdiges Hotel, dort kann

Die Dolomitenseen gehören zu den schönsten im Alpenraum (hier: Lago di Misurina)

man parken und in einem Café am See einkehren. Die Seeumrundung zu Fuß dauert eine knappe Stunde (ca. 3,5 km). Man wandert am besten zunächst an der Ostseite entlang bis zur Südostecke, dort teilt sich der Weg. Rechts geht es am See weiter, links kann man zum Rifugio Biella in 2327 m Höhe am *Seekofel (Croda di Becco)* aufsteigen.

• *Anfahrt* Von Bruneck geht es parallel zum Fluss Rienz das weitgehend flache Pustertal nach Osten. Kurz nach dem schmalen See von Welsberg (Monguelfo) zweigt eine 9 km lange Straße nach Süden zum Pragser Wildsee ab.
Regelmäßige **Busverbindungen** gibt es in der warmen Jahreszeit ab Bruneck.

• *Übernachten* **Pragser Wildsee**, hundertjähriges Haus direkt am See. 160 Betten, nostalgische Atmosphäre, Zimmer mit Balkon, vorn raus traumhafter Seeblick, großes Restaurant, Tennis und Wassersport. HP pro Pers. ca. 45–72 €, mit Etagendusche ca. 35–50 €. ✆ 0474/748602, 748752, www.pragserwildsee.com
Weitere Hotels stehen an der Zufahrtsstraße zum See.
Camping Olympia bei Niederdorf (Villabassa), an der SS 49. Schöner Platz direkt am Fluss Rienz, mit Freibad. ✆ 0474/972147, 972713, www.camping-olympia.com

Seen im Höhlensteintal (Val di Landro)

Beim Südtiroler Sommerkurort *Toblach (Dobbiaco)* zweigt die SS 51 nach *Cortina d'Ampezzo* ab, das bereits im Veneto liegt. Die Straße führt durch das teils schluchtartig wirkende Höhlensteintal, in dem manche Schneerinnen selbst den Sommer überdauern. Man passiert zunächst den beliebten *Toblacher See (Lago di Dobbiaco)* mit Caférestaurant und Bootsverleih, später den tiefgrünen *Dürrensee (Lago di Landro)*. Kurz danach öffnet sich linker Hand ein Seitental, das den Blick auf die mächtige Berggruppe der *Drei Zinnen (Tre Cime di Lavaredo)* freigibt. Hier kann man auf der „SS 48 bis" nach etwa 7 km den idyllischen Lago di Misurina erreichen (→ S. 54).

Cortina d'Ampezzo (ca. 7000 Einwohner)

Der berühmte Wintersportort liegt eingebettet zwischen mächtigen Dolomitenzinnen. 1956 wurden hier die Olympischen Winterspiele ausgetragen, was Cortinas Reputation bis heute prägt – von Dezember bis März tummeln sich oft bis zu 40.000 Gäste gleichzeitig in Cortina. Und auch im Hochsommer flüchten viele Italiener vor der Hitze in die kühleren Berge. Die wunderschöne Umgebung bietet zahllose Wandermöglichkeiten, diverse Seilbahnen und Sessellifte erklimmen die Steilhänge rundum. Im Mai und Juni ist dagegen Nebensaison, überall wird renoviert und vieles ist geschlossen.

Vom Ortsbild her bietet Cortina nicht viel, besitzt aber hübsche alpenländische Architektur mit Holzbalkonen und eine lange Fußgängerzone. Die große Pfarrkirche *Santi Filippo e Giacomo* wurde 1775 an der Stelle eines älteren Marienheiligtums erbaut. Sie fällt durch ihren eleganten weißen Turm aus Dolomitkalk auf, auf dessen Spitze eine mächtige goldene Kugel mit Kreuz thront, das Glockenspiel ist dem von Big Ben nachempfunden. Im Inneren finden sich reichhaltige Barockaltäre, Fresken des 18. Jh. und täuschend echt gemalte Stuckverzierungen. Wenige Schritte entfernt steht die historische *Ciasa de Ra Regoles* von 1825, ursprünglich eine Schule, seit 1957 Sitz der „Regole d'Ampezzo", ein Verband der Familiengemeinschaften, die das Ampezzaner Land verwalten. Heute sind hier drei Museen untergebracht: das *Museo d'Arte Moderne „Mario Rimoldi"*, eine private Gemäldegalerie moderner Kunst mit mehr als 300 Werken italienischer Künstler des frühen 20. Jh., das *Museo Etnografico „Regole d'Ampezzo"*, eine Volkskundeausstellung zur Region mit bäuerlichen Geräten, sakralen Objekten, Kunst und Kunsthandwerk, sowie das *Museo Paleontologico „Rinaldo Zardini"*, in dem beeindruckende Fossilien des so genannten Tethysmeeres ausgestellt sind, das sich im Mesozoikum über weite Teile Europas und Asiens erstreckte.

Öffnungszeiten/Preise **Museen**, Mitte Juni bis Mitte Sept. Di–So 10–12.30, 16–19.30 Uhr, Juli/August tägl. 10–12.30, 16–20 Uhr und Weihnachten bis Ostern tägl. 16–19.30 Uhr Übrige Zeiten nach Vereinbarung unter ✆ 0436/2206; Einzelpreis 2,50 €, Sammelticket 4,50 €.

Anfahrt/Verbindungen/Information

- *Anfahrt/Verbindungen* **PKW**, von Norden kommend über Bruneck (Brunico) und Tobler (Dobbiaco) das **Höhlensteintal** (Val di Landro) entlang oder von Bozen die fantastische **Große Dolomitenstraße** (Grande Strada delle Dolomiti) nehmen (→ S. 39). **Bahn/Bus**, nächster Bahnhof in Toblach (Dobbiaco), 32 km nördlich (Region Trentino-Südtirol). Busstation an der Via Marconi im oberen Teil von Cortina.

- *Information* **APT** an der Piazzetta San Francesco 8, unterhalb der Pfarrkirche. Es wird Deutsch gesprochen. Liste von Hotels und Privatunterkünften, Stadtplan, Umgebungskarte mit Wanderwegen, Sportmöglichkeiten. Tägl. 9.30–12.30, 15.30–18.30 Uhr, ✆ 0436/3231, 🖷 3235, www.apt-dolomiti-cortina.it

Übernachten

Hotellerie auf hohem Niveau, was sich auch auf die Preise bezieht, jedoch starke Schwankungen zwischen Haupt- und Nebensaison. Unterkünfte mit Ristorante in der Regel nur mit Halb- oder Vollpension. Es gibt auch zahlreiche Privatzimmer und Apartments im Ort (Liste im Tourist-Büro).

Cortina d'Ampezzo 53

*** **Menardi**, Via Majon 110, im nördlichen Ortsbereich, direkt an der Einfallstraße von Toblach. Alteingesessenes Haus mit ausgezeichnetem Ruf, seit mehreren Generationen von Familie Menardi geführt. Einrichtung traditionell-alpenländisch, freundlicher Service, großer Garten und Parkplatz DZ mit Frühstück ca. 90–210 €. ☏ 0436/ 883400, ✉ 867510, www.hotelmenardi.it
*** **Villa Gaia**, Via delle Guide Alpine 96, pieksaubere Zimmer in der Nähe vom südlichen Ortsausgang (von der Via Roma rechts ab). DZ ca. 90–180 €, Frühstück extra. ☏ 0436/2974, ✉ 862170, www.hotelvillagaia.it
*** **Villa Alpina**, Via Roma 72, hübsch aufgemacht im traditionellen Stil eines Bauernhauses, gemütliche Zimmer mit viel Holz, Garten und Parkplatz. DZ ca. 65–160 €, Frühstück extra. ☏ 0436/2418, ✉ 867464, www.villaalpina.it
** **Cavallino**, Corso Italia 142, ganz zentral in der Fußgängerzone, älteres Haus, einfach, aber freundlich möbliert, kein Ristorante, Parkplatz. DZ ca. 62–135 €, Frühstück extra. ☏ 0436/2614, ✉ 879909.
• *Camping* Wenige Kilometer unterhalb der Stadt auf dem Campo di Sopra am Fluss Boite liegen drei Campingplätze, beschildert an der SS 51: **** **Cortina** (ganzjährig), ** **Rocchetta** (Juni bis September) und ** **Dolomiti** (Mai bis September), von der Stadt stündlich zu erreichen mit Bus 2 ab Piazza Roma. Ein weiterer Platz ** **Olympia** (ganzjährig) liegt oberhalb von Cortina d'Ampezzo an der Straße nach Dobbiaco (Toblach).
Stellplatz für Wohnmobile am nördlichen Ortseingang.

*E*ssen & *T*rinken/*N*achtleben

Baita Fraina, allein stehendes Haus in ruhiger Hügellage südlich von Cortina, zu erreichen auf schmalem Sträßchen ab SS 51 (beschildert). Bei der engagierten Familie Menardi fühlen sich vor allem Familien mit Kindern wohl, denn es gibt eine große Spielwiese, die man von der Sonnenterrasse einsehen kann. Menü um die 30–45 €. Mit Zimmervermietung. Mo und Mai/Juni sowie Oktober/November geschl.
Lago Ghedina, großes Ausflugslokal in herrlicher Lage am gleichnamigen See, knapp 5 km westlich vom Zentrum. Mit Zimmervermietung. Ganzjährig geöffnet, Di geschl. (in Mai/Juni sowie Oktober/November nur Fr, Sa und So geöffnet).
Il Ponte, Via B. Franchetti 8, Pizzeria am Flusslauf des Bigontina, östlicher Beginn der Fußgängerzone. Architektonisch originell mit hoher Holzempore, von deren Brüstung man dem Pizzabäcker auf den Schieber gucken kann. Auch Pizza mit Sojateig ohne Tomaten erhältlich. Ganzjährig geöffnet, Mo geschl.
Self-Service Stazione, im Busbahnhof an der Via Marconi, das preiswerteste Essen in Cortina, komplettes Menü um die 12 €. Sa und im Winter geschl.
• *Nachtleben* Die wilden sechziger Jahre, als Cortina voll im Trend lag und sich Klaus Kinski hier austobte, sind zwar vorbei, doch auch heute ist das Nachtleben ausgeprägt, – allerdings nur im Winter.
Bilbò Club, beliebte, zentral gelegene Disco in einer Passage am Largo Poste, nördlich der Fußgängerzone. Alternativen dazu sind **Area** in der Via Ronco 82 (viel junges Publikum) und **Belvedere** im Ortsteil Pocol.

*S*port/*L*ifte

• *Sport* Riesenangebot, im Tourist-Büro gibt es Spezialbroschüren.
Mountainbikes kann man z. B. mieten im Centro Sportivo an der Via Roma 91/c (halber Tag 16 €, Tag 26 €); **Hallenbad** im Ortsteil Guarnè (ca. 6,20 €); **Golf** beim Miramonti Majestic Grand Hotel an der SS 51; **Minigolf** am Camping Rocchetta, Ortsteil Campo; **Reiten** am Reithof Meneguto, Ortsteil Fraina; **Tennis** u. a. im Stadio A.R. Apollonio, Via dei Campi; **Eisstadion** (Juli – September); **Rafting** mit „Cortina No Limits", ☏ 0436/860808; **geführte Wanderungen** durch Bergführer (Info im Tourist-Büro); mehrere **Fitnesscenter** u. v. m.
• *Lifte* im Sommer tägl. 9–17 Uhr, lohnen unbedingt. Die reizvollste Tour startet am Olympiastadion. Die Seilbahn „Freccia nel Cielo" geht über Col Druscie und Ra Valles bis auf den Gipfel des **Tofana di Mezzo**, mit 3243 m die höchste Seilbahn ab Cortina d'Ampezzo. Kostet ca. 26 € hin/rück. Bei klarem Wetter kann man bis zum Meer sehen. Eine weitere Seilbahn startet in der Nähe vom Busbahnhof an der Via Marconi zum Rifugio auf dem **Tondi di Faloria** in 2122 m Höhe (ca. 13 € hin/rück), geübte Wanderer können den Rückweg in 5–6 Std. zu Fuß machen.
Ein Sessel-/Gondellift fährt in zwei Etappen ins Massiv des **Monte Cristallo** bis auf 2896

m Höhe (ca. 13 € hin und zurück), Abfahrt an der Straße zum Lago di Misurina (→ nächster Abschnitt).

Ein Sessellift geht vom Hallenbad (Ortsteil Guargnè) hinauf zum **Rifugio Mietres** in 1710 m Höhe (ca. 10 € hin/rück).

Die Ladiner: Sprachinsel im Alpenraum

Östlich und südöstlich von Cortina erstreckt sich das so genannte „Cadore", eine Hochgebirgsregion, die nur von einzelnen Tälern durchzogen wird und sich bis zur österreichischen Grenze zieht, wo der Piave-Fluss entspringt. Zu Beginn unserer Zeitrechnung hatten sich die rätoromanischen Ladiner vor den römischen Legionen in diese unzugänglichen Bergtäler zurückgezogen und lebten dort über viele Jahrhunderte hinweg fast isoliert von der Außenwelt. Bis heute haben sie ihre eigene Sprache, die in Südtirol inzwischen sogar gesetzlich geschützt ist.

Frühsommer am Lago di Misurina

Lago di Misurina

Dieser malerische kleine See liegt in fast 1800 m Höhe und ist vor allem bei Sonnenschein ein wunderschönes Ausflugsziel. Selbst im Juni findet man hier oben noch Schneereste, dahinter erhebt sich die majestätische Kulisse der Tre Cime di Lavaredo/Drei Zinnen (2998 m).

Am Südufer steht das ehemalige „Grand Hotel Misurina e Savoia", heute ein Kurheim für asthmakranke Kinder. Entlang des Westufers reihen sich Hotels, Ristoranti und Cafés aneinander, an mehreren Stellen kann man Tretboote leihen. Auf dem „Sentiero Lungo Lago" ist der See zu Fuß bequem zu umrunden.

Am Südende des Sees führt eine Piste auf den *Campo di Misurina* in 2500 m Höhe mit einer in Form eines Oktagons angelegten Käserei. Vom nördlichen Seeende aus zieht sich eine 6 km lange Höhenpiste zum Rifugio Angelo Bosi auf dem *Monte Piana* (2225 m) hinauf sowie eine weitere (besser ausgebaute) zum 11 km entfernten Rifugio Auronzo (2300 m) an der Wand der *Drei Zinnen* entlang (die letzten 4 km sind kostenpflichtig).

Seen im Valle d'Ampezzo 55

- *Anfahrt* auf der „SS 48 bis" etwa 7 km ab Höhlensteintal (→ S. 51). Oder ab **Cortina d'Ampezzo** auf der SS 48 (ca. 14 km) in steilen Windungen mit herrlichem Blick hinauf zum **Passo Tre Croci** (1809 m), dann durch dichten Nadelwald hinunter bis zur Kreuzung, wo man sich links hält.
- *Übernachten* *** **Lavaredo**, Via Monte Piana 11, großes, gemütliches Alpenhaus mit herrlichem Blick auf Dolomiten und See, dreißig Zimmer mit TV. HP ca. 40–75 € pro Pers.

0435/39227, 39127, www.lavaredohotel.it
* **Sport Hotel**, Via Monte Piana 18, ordentliches Albergo mit Restaurant/Bar im Untergeschoss. DZ mit Frühstück ca. 55–80 €. / 0435/439125.
Camping Alla Baita Misurine, kleines, schattenloses Wiesengelände am schmalen Nordende des Sees, einfache Sanitäranlagen. Mitte Juni bis Mitte Sept. 043/539039.
- *Essen & Trinken* **Genzianella**, schönes Terrassenlokal am Nordende des Sees, ruhig.

Seen im Valle d'Ampezzo

Schnellste Verbindung von Cortina d'Ampezzo nach Belluno ist die SS 51, die am Fluss Boite entlang schnurstracks nach Süden bis zum Piave-Tal mit dem Stausee Lago di Pieve di Cadore führt. Unterwegs passiert man mehrere kleine Seen, der größte ist der *Lago di Boite*, der kleinste – eigentlich nur ein tiefgrüner Weiher – der *Lago di San Vito* im gleichnamigen Fremdenverkehrsort, der sich als Stützpunkt im Tal anbietet.

- *Information* **APT**, Via Nazionale 9, Holzhaus direkt an der Durchgangsstraße. Viel Material. 9–12.30, 15.30–18.30 Uhr. 0436/9119, 99345, www.apt-dolomiti-cortina.it
- *Übernachten* *** **Meublè Valley**, Via Costa 13, ruhige Lage oberhalb der Hauptstraße, nahe am Ortskern. Gemütlich-rustikale Zimmer, sonnige Terrasse. DZ mit Frühstück ca. 90–130 €. 0436/890550, 9504,

www.meublevalley.it
- *Essen & Trinken* **Chalet al Lago**, beschauliche Lage direkt am Lago di San Vito.
Il Covo, Pizzeria mit Discobar an der Zufahrt zum See.
Rifugio Larin, 3 km westlich in 1200 m Höhe, zu erreichen von Serdes. Schönes Rifugio mit herrlichem Blick, nur im Sommer geöffnet. 0436/9112.

Museo nelle Nuvole: Das „Museum in den Wolken"

Südlich von Cortina hat der ehemalige Extrem-Bergsteiger und jetzige Europaparalaments-Abgeordnete Reinhold Messner am *Monte Rite* in 2181 m Höhe eine mächtige Befestigung aus dem Ersten Weltkrieg zum Dolomiten-Museum umgebaut, das höchstgelegene Museum Europas. Man erreicht es auf der SS 51, indem man nach dem Lago di Vodo auf die SS 347 abzweigt und über Cibiana di Cadore bis zum Passo di Cibiana fährt. Von dort zu Fuß auf einer alten Schotterstraße in 1,5 Std. oder per Shuttlebus in 15 Min. (tägl. 8.30–18.30 Uhr, hin/zurück ca. 9 €) zum Gipfel mit umfassendem Dolomitenrundblick. Die Festung mit ihren 20 Räumen zeigt die Geschichte der Dolomiten und ihrer Entdecker, dazu eindrucksvolle Skulpturen und Gemälde, in den gesprengten Lafetten wurden gläserne Beobachtungspunkte eingerichtet. Hinter der Festung beginnt ein Naturlehrpfad an der Nordseite des Bergs.
Öffnungszeiten: Ende Juni bis zum ersten Schneefall im Herbst tägl. 10–18 Uhr. Eintritt ca. 5 €, Kinder 3 €, Familien 12 €; 0435/890996, 890997, www.monterite.it, www.reinhold-messner.de
Übernachten: Rifugio Dolomites, direkt unterhalb der Festung am Monte Rite, einfache Zimmer mit schweren Bruchsteinwänden, Heizung und ordentlichen Sanitäranlagen. Nettes Restaurant mit einer hölzernen Außenterrasse, die halb über dem Abgrund schwebt, Self-Service (nur Juni bis Sept.). DZ ca. 80–90 €, in Mehrbettzimmer ca. 30–35 € pro Pers. 0435/31315, www.rifugiodolomites.it

Lago di Santa Caterina

Der 2 km lange, oft türkisfarben schimmernde Stausee liegt im *Valle Ansiei* östlich von Cortina d'Ampezzo. Schon 1930 wurde die 55 m hohe, an ihrer Basis bis zu 35 m breite Staumauer erbaut. Entlang des Nordufers erstreckt sich der lang gezogene Fremdenverkehrsort *Auronzo di Cadore* mit dem prächtigen Panorama des Monte Aiarnola (2456 m) im Hintergrund, das Südufer ist dicht bewaldet. Häufig finden Bootswettbewerbe statt und auch einen Badestrand gibt es, nämlich in Villagrande am Nordende des Sees.

- *Information* direkt an der Durchgangsstraße, Via Roma 10. ✆ 0435/9359, ✉ 400161.
- *Übernachten* ***** Panoramic**, Via Padova 15, Villapiccola, bevorzugte Lage nah am See, herrliches Panorama, schöner Garten. DZ mit Frühstück ca. 65–90 €. ✆ 0435/400198, ✉ 400578, www.panoramichotel.com

** Victoria, Via Cella 23, kleines, gepflegtes Albergo mit Garten direkt am See. DZ mit Frühstück ca. 60–80 €. ✆ 0435/99933, ✉ 400305.

Am Stausee von Pieve di Cadore

Lago di Pieve di Cadore

Gut 10 km langer, schmaler Stausee mit Wald- und Wiesenufern. Wegen der verschlammten Ufer und des stark wechselnden Wasserstandes ist er zum Baden nicht geeignet.

Die mächtige Staumauer am Südende des Sees kann man von Pieve di Cadore aus anfahren (Beschilderung „Al Lago"). Durch den Bau dieses Damms wurde der Piave-Fluss so weit gebändigt, dass er weiter unten nur noch als seichtes Flüsschen durch das breite Tal kriecht. Kaum mehr vorstellbar ist heute, dass jahrhundertelang zu langen Flößen zusammengebundene Alpenbäume auf dem Piave bis zum Meer trieben. Südlich vom See schlängelt sich die Straße das enge Piave-Tal entlang nach Süden – Abstecher ins Flößermuseum (→ Kasten) einbauen, ansonsten weiter zum Lago di Santa Croce.

▸ **Pieve di Cadore**: Geburtsort des berühmten Tiziano Vecellio (1488/90–1576), besser bekannt als Tizian, der wohl bedeutendste Maler Venetiens. Auf der zentralen Piazza Tiziano ist der Meister mit Pinsel und Palette in Bronze verewigt. Seitlich davon steht das frühere Rathaus mit dem „Gran Caffè Tiziano", ein paar Schritte dahinter die große, äußerlich etwas ungeschlacht wirkende Pfarrkirche. Im Palazzo neben der Kirche befindet sich das *Museo della Magnifica Comunità del Cadore*, u. a. mit paläontologischen und archäologischen Funden sowie kleiner Gemäldesammlung. An der Durchgangsstraße, etwas unterhalb der Piazza, steht die *Casa natale del Tiziano*, das Geburtshaus Tizians, das seit langem restauriert wird.

● *Öffnungszeiten/Preise* **Museo della Magnifica Comunità del Cadore**, Mitte Juni bis Mitte Sept. Di–So 9.30–12.30, 16–19 Uhr, Mo geschl.; Eintritt ca. 1,50 €.
Casa natale del Tiziano, falls Restaurierung beendet, etwa Ende Juni bis Mitte Sept. Di–So 9-12.30, 16.30–19 Uhr, im August auch Mo geöffnet. Auskunft unter ✆ 0435/32262.

● *Übernachten* Mehrere Hotels in Pieve und Domegge di Cadore.
** **Camping Cologna**, hügliges Wiesengelände am Westufer des Sees, ab Domegge di Cadore über eine schmale Brücke zu erreichen. Nur Juni bis September.
✆/📠 043/572135.

Die „Zattieri del Piave": Holz für Venedig

Buchstäblich lebenswichtig waren die Dolomiten in früheren Jahrhunderten für das traditionell waldarme Venetien. Vor allem in den Waldgebieten um Belluno, die heute als Naturpark „Parco Nazionale delle Dolomiti Bellunesi" ausgewiesen sind, schlugen Generationen von Holzfällern die stark harzhaltigen Stämme, auf denen ein Großteil der Lagunenstadt Venedig steht. Mit biegsamen Gerten zu großen Flößen zusammengebunden, wurde das Holz auf dem Piave bis in die Lagune von Venedig verschifft. Umfassend dokumentiert wird die knochenharte Arbeit der „Zattieri" (Flößer) im neuen *Museo Storico degli Zattieri del Piave* in Castello Lavazzo-Codissago zwischen Pieve di Cadore und Belluno. Um den kleinen Ort zu erreichen, muss man beim Holzverarbeitungszentrum Longarone von der SS 51 auf die andere Flussseite wechseln. Dort befindet sich das ausgeschilderte Museum rechter Hand der Durchgangsstraße. Auf drei Stockwerken wird der komplexe Vorgang vom Fällen der Bäume über das Markieren der Stämme und den Transport von den steilen Berghängen zum Fluss hinunter bis zur langwierigen Reise auf dem reißenden Fluss und der Ankunft in der Lagune von Venedig erläutert.
Öffnungszeiten/Preise Juni bis Sept. Di–So 9–12, 15–18 Uhr, Mo geschl.; Okt./Nov. und März bis Mai Sa/So 10–12, 15–18 Uhr; Eintritt ca. 3 €. ✆ 0437/77 1057, E-Mail: franco.darif@libero.it

Lago del Vaiont

Biegt man in Longarone nach Osten ab, kommt man zum *Passo di San Osvaldo* (827 m). Dort oben liegt der fast leere Stausee *Lago del Vaiont*. Hier kam es am 9. Oktober 1963 nach längeren intensiven Regenfällen zum spektakulären und als „The Vajont Disaster" bekannten Erdrutsch, bei dem über 1500 Menschen in Longarone und den umliegenden Ortschaften ums Leben kamen. Die Abrisskante der 300 Millionen Kubikmeter umfassenden Felsmasse am Monte Toc (1921 m) kann man im Gelände gut erkennen.

Blick von der Bar „Da Fortunato" auf den Lago di Santa Croce

Lago di Santa Croce

Hübscher Voralpensee mit leuchtend grünem Wasser, eine Domäne der Windsurfer, die hier vor allem im Frühjahr und September beste Bedingungen finden. Die Sommermonate dagegen sind ideal für Anfänger. Auch Paraglider werden gelegentlich gesichtet, wie sie sich von den umliegenden Hängen in die Lüfte schwingen.

Die viel befahrene SS 51 führt unmittelbar am Westufer entlang. Beschaulicher ist die wenig frequentierte Straße am Ostufer. Treffpunkt der Fischer ist dort die erhöht gelegene Bar „Da Fortunato". gleich daneben liegt direkt am See unten die „Baywatch Bar". Nach Süden setzt sich der See in zwei Staustufen fort. Die SS 51 schraubt sich in weiten Kehren immer tiefer, hoch darüber schwebt die abenteuerliche Brückenkonstruktion der Autobahn.

• *Übernachten* * **Alla Spiaggia**, in Farra d'Alpago am Nordufer, nettes Albergo direkt am See. DZ ca. 35–50 €. ✆ 043/74238.
** **Camping Sarathei**, flaches Wiesengelände unter Pappeln gleich neben dem „Alla Spiaggia". Strandfläche vor dem Platz, Windsurfschule, Restaurant/Pizzeria, Kinderspielplatz. Ganzjährig. ✆/✉ 043/746996, www.sarathei.it

Belluno (ca. 32.000 Einwohner)

Das alte Zentrum der charmant verschlafenen Provinzhauptstadt liegt malerisch auf einer Landzunge über dem Piavetal. Schon die Kelten fanden es hier schön, nannten sie die Siedlung doch „Belo-Dunum", was so viel heißt wie „leuchtende Stadt".

Zentrum der Innenstadt ist die weite *Piazza dei Martiri*, ein lang gestreckter Platz mit Grünanlage, auf der einen Seite flankiert von einem breiten Laubengang mit den großen Cafés der Stadt. Der Laubengang setzt sich noch auf die benachbarte Piazza Vittorio Emanuele fort, dort geht es durch die *Porta Doiona* in die schmalen Altstadtgassen, ebenfalls mit zahlreichen Laubengängen und Palazzi aus der Zeit der Gotik und der Renaissance.

Über die bildhübsche Piazza del Mercato kommt man schnell zur *Piazza Duomo*. Platzbeherrschend ist der Dom *Santa Maria Assunta* mit einfacher Bruch- und Backsteinfassade sowie hohem Campanile im typisch venezianischen Stil, dahinter eine schöne Aussichtsterrasse zur Piave. Der spätere Papst Johannes Paul I. war hier 20 Jahre lang Generalvikar – Papst dagegen nur 33 Tage. An der Nordseite der Piazza steht der filigran verzierte *Palazzo dei Rettori* mit Arkadengang, gotischen Doppelfenstern und zwei zentralen Loggien. Einen auffallenden Kontrast dazu bildet die massive *Torre Civica* aus dem 11. Jh., spärlicher Rest einer Burg, die hier einst stand. Nur wenige Schritte entfernt steht im Innenhof des *Palazzo della Crepadona* in der Via Ripa ein prächtiger, mit Jagdszenen und einer rätselhaften Inschrift geschmückter Sarkophag des Römers Flavius Ostilius. Im nahen *Museo Civico*, Via Duomo 16, werden Ausgrabungsfunde aus der Stein-, Bronze- und Römerzeit sowie eine Pinakothek mit Werken einheimischer Maler präsentiert, u. a. das fast 4 m lange Gemälde „Christus vor Pilatus" des Venezianers Tintoretto und Holzskulpturen des aus Belluno stammenden Bildhauers Andrea Brustolon (1662–1732).

Die exponiert liegende Altstadt von Belluno

- *Öffnungszeiten/Preise* **Museo Civico**, Di–Sa 10–12, 16–19, So 10.30–12.30 Uhr, Mo geschl., Eintritt ca. 2,10 €.
- *Anfahrt/Verbindungen* **Bahnhof** und **Busstation** liegen einen knappen Kilometer nordwestlich der Altstadt. Ein großer gebührenpflichtiger **PKW-Parkplatz** liegt westlich unterhalb der Altstadt. Per Rolltreppen kommt man hinauf und landet direkt am Domplatz.
- *Information* **APT**, Piazza dei Martiri 8. ℡ 0437/940083, ℻ 940073, www.infodolomiti.it, www.comune.belluno.it

- *Übernachten* ***** Cappello e Cadore**, Via Ricci 8, restaurierter Bau aus dem 19. Jh., ganz zentral bei der Piazza dei Martiri. Elegante Einrichtung, gepflegte Zimmer mit TV, Parkplatz. DZ mit gutem Frühstücksbuffet ca. 60–110 €. ✆ 0437/940246, 🖷 292319, www.albergocappello.com
*** Astor, Piazza dei Martiri 26/e, direkt an der ruhigen Südseite des Hauptplatzes, kürzlich renoviert, guter Standard, Panoramablick über Altstadt und Piave, Garage. DZ mit reichhaltigem Frühstücksbuffet ca. 60–95 € (Superior 80–135 €). ✆ 0437/942094, 🖷 942493, www.astorhotelbelluno.com
** Al Ponte della Vittoria, Via Monte Grappa 1, guter Stop-over etwas außerhalb, direkt an der SS 51, bei einer Piave-Brücke. Beliebter Fernfahrertreff, Ristorante und Bar, in der es oft laut her geht. Zimmer okay und sauber. DZ mit Frühstück ca. 65–70 €. ✆ 0437/925270, 🖷 927510, www.alpontedellavittoria.com
* Centrale, Via Loreto 2, am westlichen Ende der Piazza dei Martiri in Richtung Bahnhof einbiegen. Einfaches Albergo, DZ mit Bad ca. 35–50 €. ✆ 0437/943349.
**** Park Camping Nevegal, auf der gleichnamigen Hochfläche 12 km südöstlich von Belluno in etwa 1000 m Höhe. Ganzjährig. ✆ 0437/908143.
- *Essen & Trinken* **Moretto**, Via Valeriano 8, preiswerte Trattoria in der Altstadt. So geschl.
Taverna, Via Cipro 7, gemütliche Osteria in einem handtuchschmalen Gässchen der Altstadt, nach hinten kleine Terrasse, gute traditionelle Küche. So geschl.
Al Borgo, Via Anconetta 8, südlich vom Zentrum, an der Straße nach Feltre. Gediegenes Restaurant in einer Villa des 18. Jh., umgeben von einem großen Park. Mo Abend und Di geschl.

Seen um Trento

Von den 297 Seen des Trentino sollen im Folgenden nur einige leicht erreichbare herausgegriffen werden. Einige besonders reizvolle finden sich im Einzugsgebiet von Trento, von denen der hochgelegene Lago di Molveno sogar als eins der schönsten Badegewässer der Alpen gilt.

Ein beliebtes Erholungsgebiet bilden aber auch die beiden, durch einen dicht bewaldeten Höhenrücken getrennten Seen von *Lévico* und *Caldonazzo* im *Valsugana*, wenige Kilometer südöstlich von Trento, in etwa 440 m Höhe zwischen den hügligen Ausläufern der Dolomiten. Ersterer ist zwar optisch ansehnlicher, der Caldonazzo-See aber größer und besser zum Baden geeignet. Einen Ausflug ins nahe Valle di Pinè führt uns zu den Seen *Lago di Serraia* und *Lago delle Piazze*. Der südlich vom Lago di Caldonazzo gelegene *Lago di Lavarone* ist ein guter Ausgangspunkt, um die nahe gelegenen österreichischen Festungen des Ersten Weltkriegs zu besuchen, der *Lago di Cei*, westlich der Etsch, ist bekannt für seine Stille und die schönen Seerosen. Durch das so genannte „Valle dei Laghi" kann man schließlich am pittoresken *Lago di Toblino* vorbei zum ebenfalls zum Trentino gehörenden Nordufer des *Gardasees* mit dem gepflegten Kurort Riva und der Surferhochburg Torbole weiterreisen (→ S. 82 bzw. 100).

Lago di Caldonazzo

Der mit etwa 5 km Länge größte See des Trentino zeigt sich landschaftlich nicht über die Maßen attraktiv. Am Westufer verlaufen dicht nebeneinander eine Straße und die Bahnlinie von Trento nach Venedig, lediglich das Ostufer ist unbesiedelt.

Trotzdem ist er der begehrteste Badesee weit und breit und im Sommer dementsprechend überfüllt. Beliebt ist er auch bei sportlichen Naturen, es wird viel gesegelt und gesurft – und er ist der einzige See des Trentino, auf dem Wasserskifahren gestattet ist. Ein passabler Standort ist *Calceranica al Lago* auf einer

Landzunge am Südende, dort gibt es viel Campingtourismus und gute Bademöglichkeiten an einem langen öffentlichen Kies-/Sandstrand mit Grasflächen und Bäumen dahinter.

- *Anfahrt* Zu erreichen sind die Seen von Trento auf der gut ausgebauten SS 47 durchs Tal der Brenta, das so genannte „Valsugana". Oder man fährt mit der Bahn auf der eingleisigen Strecke der „Ferrovia della Valsugana" am Westufer des Lago di Caldonazzo entlang, die über Lévico Terme, Primolano und Bassano del Grappa nach Venedig führt (Verbindungen ca. 7 x tägl.).
- *Übernachten* ** **Bellavista**, nur über die Straße zum Strand, 18 Zimmer, DZ mit Frühstück ca. 65–80 €. ✆ 0461/723214, 📠 723258, www.garnibellavista.com
** **Lido**, am Ende der Straße direkt am See, 12 Zimmer, DZ mit Frühstück ca. 60–75 €. ✆ 0461/723455, 📠 724580.
Vor allem aber gibt es mehr als ein halbes Dutzend Campingplätze um Calceranica: **Punta Indiani**, auf halber Höhe des Westufers auf einer baumreichen Landzunge, die wenig befahrene Bahnlinie führt auf einem Damm durch das Gelände, kleiner Strand. ✆ 0461/548062, 📠 240508, www.campingpuntaidiani.it
Südlich von Calceranica, auf schmaler Uferstraße zu erreichen, liegen die meisten Plätze am See, u. a. **Punta Lago**, **Belvedere** und **Riviera**. Besonders gute Lage haben **Spiaggia** und der Nachbarplatz **Mario** – nur über die Straße rüber befindet sich hier der beste Strandabschnitt mit Duschen und Tretbootverleih.
- *Essen & Trinken* Mehrere Lokale liegen direkt am See, z. B. das Ristorante **Al Pescatore** bei den Campingplätzen, von der schattigen Terrasse hat man einen ausnehmend schönen Blick auf Wasser und Strandleben. **Le Foreste**, Pizzeria hoch über Calceranica, an der Straße nach Bosentino, herrlicher Seeblick.

Castel Pergine: Festmahl in der Burg
Kurz bevor man die Seen erreicht, passiert man Pergine Valsugana, dessen malerische Bergfestung aus dem 13. Jh. weithin sichtbar ist. Seit über fünfzehn Jahren ist hier das Feinschmeckerlokal **Castel Pergine** untergebracht, geführt von Verena Neff und Theo Schneider. Im Haus werden auch 21 Zimmer vermietet, HP pro Pers. ca. 48–69 €. November bis April geschl., Rest. Mo-Mittag geschl., Reservierung erwünscht. ✆ 0461/531158, 📠 531329, www.castelpergine.it

Lago di Lévico

Der schmale, etwa 3 km lange See ist eingebettet zwischen steile, dicht bewaldete Hänge, die ihm einen fast fjordartigen Charakter geben.

Die Ufer sind fast völlig unerschlossen, nur oberhalb vom Südende liegt der Anfang des 20. Jh. als Gartenstadt konzipierte Kurort *Lévico Terme* mit dem modernen Thermalbad „Palazzo delle Terme", mehreren großen Kurhotels und allabendlich romantisch beleuchteten Terrassencafés. Bei der Stammkundschaft handelt es sich denn auch eher um ältere Semester, die sich an den Heilkräften der arsen- und eisenhaltigen Quellen laben. Diese Quellen erlauben verschiedenste Kurarten und sollen auch gegen Stress und seine psychosomatischen Folgen hilfreich sein.

Etwa 1 km unterhalb vom Ort kann man das Strandbad „Lido" mit Rasenflächen, Ristorante und Holzstegen ins Wasser besuchen, ein Stück weiter befindet sich ein hübscher kostenloser Badestrand mit Wiesenflächen und Picknicktischen unter schattigen Bäumen. Für kürzere Regenschauer bietet sich ein Besuch des *Museo della Polenta* an. Neben einer repräsentativen Auswahl von kupfernen Kesseln für die Maisbreizubereitung hat Frisanco Renzo eine beachtliche Anzahl Helme und Militaria zusammengetragen (Voranmeldung unter ✆ 0461/701831).

- *Anfahrt/Verbindungen* **Bahn**, Lévico Terme ist eine Station an der Strecke von Trento nach Venedig. Der Bahnhof liegt unterhalb vom Ort, der Viale Stazione führt gera-

deaus ins Zentrum hinauf, zu den Campingplätzen am See muss man sich links halten.
• *Information* **APT**, Via Vittorio Emanuele 3, gegenüber Palazzo delle Terme. Sommer Mo–Sa 9–12.30, 15–18, So 9–12 Uhr, Winter Mo–Fr 9–12.30, 15–18 Uhr, Sa 9–12 Uhr. Große Auswahl an Prospektmaterial, darunter auch Infos zu Wanderrouten im Umkreis. Es wird Deutsch gesprochen. ℡ 0461/706101, ℻ 706004, www.valsugana.info
• *Übernachten* zahlreiche Möglichkeiten, sowohl im Ort als auch am See.
*** **Al Sorriso**, großzügiges Haus im alpenländischen Stil an der kaum befahrenen Uferstraße, wenige Schritte vom öffentlichen Badestrand. Großer Garten, Pool, Tennis, Kinderspielgeräte, Wellnesszentrum mit Hallenbad. DZ mit Frühstück ca. 90–150 €, im Sommer nur Halbpension möglich. Pauschal z. B. über TUI. ℡ 0461/707029, ℻ 706202, www.hotelsorriso.it
*** **Romanda**, Palazzo des 16. Jh. mitten im Zentrum, alteingesessen, liebevoll folkloristisch eingerichtet und sehr aufmerksam geführt von Familie Bosco. DZ mit Frühstück ca. 65–90 €. ℡ 0461/707122, ℻ 701710, www.hotelromanda.it
*** **Villa Primavera**, am unteren Stadtrand, gemütliches und kinderfreundliches Haus mit schönem Blick, geführt von Familie Prandel, Terrasse vor dem Haus, Garten, Parkplatz, Pool. DZ mit Balkon und Frühstück ca. 62–110 €. ℡ 0461/706193, ℻ 706376, www.familyhotelprimavera.it
** **Vecchia Fattoria**, in einer Seitengasse der Straße zum See, 13 Zimmer, einfach und nett eingerichtet, mit Swimmingpool. DZ mit Frühstück ca. 46–62 €. ℡/℻ 0461/706408, www.albergovecchiafattoria.it.
Agritur Rincher, in Roncegno Terme, ca. 15 km außerhalb in Richtung Padua. Uriger Berghof mit vielen landwirtschaftlichen Aktivitäten, geführt von Familie Zottele. DZ mit Frühstück ca. 44–50 €, HP pro Pers. ca. 35-45 €. Reservierung sinnvoll. Loc. Prese, ℡ 0374/8403522, www.agriturrincher.com
• *Camping* **Lévico**, einziger Platz direkt am See, flaches Wiesengelände mit Bäumen, schmaler Kiesstrand, Enten und Gänse laufen herum, schöner Blick auf die bewaldeten Hänge um den See. Mit Bar und nettem Ristorante, dessen Tische im Gras unter Sonnenschirmen stehen. Tretboot- und Surfbrettverleih. ℡ 0461/706491, ℻ 707735, www.campinglevico.com
Jolly, an derselben Zufahrtsstraße wie Camping Lévico, gepflegter Platz mit abgezirkelten Wegen unter niedrigen Bäumen, Pool, 150 m zum See mit Privatstrand. Ristorante von Camping Lévico kann benutzt werden (200 m entfernt). ℡ 0461/706934, ℻ 707735, www.campingjolly.com
Due Laghi, Nähe Camping Jolly, an der Straße nach Tenna, sehr großes Gelände nicht unmittelbar am See, sauber abgeteilte Stellflächen auf Gras, Pool und Tennis, 400 m zum See, dort Privatstrand. Platz wurde von einem großen Automobilclub als mustergültig bewertet. ℡ 0461/706290, ℻ 707381, www.campingclub.it
• *Essen & Trinken* **Boivin**, gepflegtes Restaurant in den Gewölben der Seitenfront des Hotels Romanda. Sehr gute und fantasievolle Küche, je nach Jahreszeit variiert das Angebot, reichhaltige Weinauswahl in der angeschlossenen Enoiteca. Mo geschl.
Al Conte, Via Regia, gemütliche Pizzeria in einem malerisch vergammelten Innenhof mit alten Holzbalkonen, günstige Pizza, z. B. *pizza tirolese* mit Tiroler Speck.
La Cantinota, Via Trieste 1, preisgünstige und gute *cucina tipica trentina*, Sa-Mittag und So geschl.

Im Umkreis von Lévico Terme lässt es sich ausgezeichnet wandern, Broschüren dazu sind erhältlich im Informationsbüro.

Lago di Lévico/Umgebung

▶ **Vetriolo Terme**: Der höchste Kurort Europas versteckt sich mit seinen eisenhaltigen Quellen in 1500 m Höhe, gut 1000 m über Lévico Terme. Schöner Halbtagesausflug durch dichten Wald auf 12 km langer, steiler Serpentinenstraße in Haarnadelkurven, immer wieder herrliche Panoramablicke und wunderbar ruhig – ideal zum Wandern in frischer Bergluft. In den Sommermonaten kann man mit einer Seilbahn zum *Rifugio Panarotta* in 1830 m Höhe fahren.

- *Übernachten/Essen & Trinken* *** **Compet**, etwas unterhalb von Vetriolo im Weiler Compet, trotz Kreuzung dreier Bergstraßen abends ganz ruhig. Neu renoviertes, pensionsähnliches Haus, freundliche Gastgeber und gute Küche. HP pro Pers. ca. 40–55 €. ✆ 0461/706466, ✆ 707815, www.hotelcompet.it

▶ **Forte Col de Bene**: Festungsruine auf dem gleichnamigen Hügel nordwestlich von Lévico Terme. Das Bollwerk gehörte zu dem österreichischen Festungsring, der Ende des 19. Jh. in den trientinischen Voralpen gebaut wurde und das Valsugana kontrollieren sollte. Vom Fremdenverkehrsamt den Viale Roma hoch und links in die Via San Biagio einbiegen, dann an einer Kreuzung rechts einen Schotterweg hinauf zur Hügelspitze (653 m). Zu Fuß hin/rück ca. 3 ½ Std.

▶ **Forte di Tenna**: weitere kleine österreichische Festung aus dem 19. Jh. auf dem Hügel zwischen Lévico- und Caldonazzo-See. Von Lévico Terme führt eine schöne Panoramastraße ins Örtchen *Tenna* auf dem Höhenrücken. Von der Piazza San Rocco erreicht man das Fort durch Via Roma und Via San Valentino (Besichtigung nur von außen).

▶ **Alberè di Tenna**: Von Tenna weiter die Straße nach Norden kommt man in die *Pineta Alberè*, einen dichten Kiefernwald mit zahlreichen markierten Spazierwegen. Geeignet für ein paar Tage Ruhe und Ausspannen in gesunder Waldluft – nicht allzu hoch, dennoch mit alpinem Charakter.

- *Übernachten* *** **Margherita**, gut ausgestattetes Haus mitten im Wald oberhalb der Straße, sehr ruhige Lage, große Freiluftterrasse und Ristorante mit ausgezeichneter ländlicher Küche. Zimmereinrichtung nicht auf dem neuesten Stand, aber alle mit Balkon und Du/WC. Es gibt Sauna, Einrichtungen für Hydromassage, zwei kleine Pools und Tennisplatz. Mindestaufenthalt drei Tage. DZ mit Frühstück 65–110 €, Halbpension um die 40–65 € pro Kopf, im August meist lange im Voraus ausgebucht. ✆ 0461/706445, ✆ 707854, www.hotelmargherita.it

> **Abwechslung vom Badealltag: Eine Tagestour nach Venedig**
>
> Mit dem Auto vom Lago di Caldonazzo und Lago di Lévico aus einen Tagesausflug in die weltberühmte Lagunenstadt zu machen, ist anstrengend und bringt einige Probleme mit sich – vor allem den heftigen Verkehr und die horrenden Parkgebühren in Venedig. Was liegt also näher, als bequem mit dem Zug zu fahren: Täglich gibt es mehrere Verbindungen durch das Valsugana, z. B. um 7.20 oder 10 Uhr morgens ab Lévico Therme, Ankunft in Venedig um 10 bzw. 11.30 Uhr (zurück um 19.30, Ankunft in Levico Therme um 22.30 Uhr). Endstation der Züge im Valsugana ist Pergine und auch an den Seen selbst gibt es Bahnstationen, z. B. in Calceranica al Lago, jedoch sollte man sich vorher informieren, ob der Zug hier auch hält.

Lago di Serraia und Lago delle Piazze

Die beiden Seen auf dem dicht bewaldeten *Altopiano di Pinè* sind vom Valsugana aus durch das Valle di Pinè zu erreichen. Um den Lago di Serraia mit dem Dorf *Baselga* ist ein bequemer und gut befestigter Uferweg angelegt. Der höher gelegene Lago delle Piazza besitzt einige schöne Badestellen, es gibt zwei Campingplätze, Tennis- und Fußballplatz sowie einen Reitstall. In den umliegenden Wäldern bieten sich viele Möglichkeiten zu Spaziergängen.

- *Übernachten* *** **Pineta**, Hotel und Camping direkt am Lago delle Piazze, geräumige terrassenartige Wiesenfläche umgeben von Tannenwald. Badewiese und schöner Strand, Restaurant, Waschmaschine. DZ mit Frühstück ca. 64–80 €. Mitte Juni bis Ende Sept. 0461/556642, 556058, www.infopineta.it

  Camping Verdeblu, 100 m vom See entfernt, Wiese mitten im Wald. Bungalows, Restaurant, Waschmaschine. Mitte Juni bis Mitte Sept. 0461/556718, www.pinecamping.it

Lago di Lavarone

Der von üppigem Grün umgebene Karstsee liegt in 1100 m Höhe auf der hügligen Hochebene von Lavarone und ist vom Lago di Caldonazzo auf schöner Bergstraße zu erreichen.

Schon Ende des 19. Jh. wurde er vom gehobenen Bürgertum der Habsburger Monarchie als Sommerfrische auserkoren, Sigmund Freud war mehrfach hier und sogar ein Grand Hotel wurde damals erbaut. Heute ist er ein beliebtes Ausflugsziel mit einem guten Dutzend Hotels im oberhalb gelegenen Örtchen *Chiesa*. Es gibt eine schöne Badezone, man kann gemütlich Ruder- oder Tretbootfahren, auch ein Campingplatz ist vorhanden. Ende der 1980er Jahre erhielt er im Rahmen einer groß angelegten Untersuchung das Prädikat „sauberster See Italiens".

- *Übernachten* *** **Esperia**, Piazza Italia 29, zentrale Lage im Ort oberhalb vom See. DZ mit Frühstück ca. 60–80 €. 0464/783124.

  * **Garni Daniela**, 8 Zimmer, Parkplatz, DZ mit Frühstück ca. 48 €. 0464/783150.

  Camping Lago di Lavarone, Wiesengelände beim See. Ganzjährig geöffnet. 0464/783300.

  Camping Belvedere, kleiner Platz bei Oseli am Weg zum Forte Belvedere (→ nächster Abschnitt). 0464/783142.

▸ **Forte Belvedere**: Anfang des 20. Jh. errichteten die Militärs der Habsburger Monarchie auf den Hochebenen östlich von Rovereto und Trento, wo damals die Grenze zu Italien verlief, sieben gewaltige Betonfestungen, die heute italienische Namen tragen: *Forte Pizzo di Vézzena, Forte Busa Verle, Forte Lusérn, Forte Belvedere, Forte Cherle, Forte Sommo Alto* und *Forte Dosso del Sommo*. Im Ersten Weltkrieg waren diese Stellungen hart umkämpft. Die bizarr zerbombten Ruinen sind heute populäre Ausflugsziele für Wanderer und Mountainbiker, doch nur noch das große mehrstöckige *Forte Belvedere* ist in gutem Zustand erhalten, das Innere wurde zu einem Museum ausgebaut.

- *Anfahrt* Von **Chiesa** nimmt man die Straße nach **Cappella**, dort geht es weiter in Richtung **Oseli**, nach etwa 1 km führt links eine kurze asphaltierte Piste (beschildert) zum Fort in 1177 m Höhe.

- *Öffnungszeiten/Preise* **Forte Belvedere**, Ende März bis Ende Juni & Sept./Okt. Di–So 10–12, 14.30–18 Uhr, Mo geschl., Juli/August tägl. 10–18 Uhr; Eintritt ca. 4 €. 0464/780005, www.fortebelvedere.org

▸ **Sprachinsel Lusérn** (offizieller Name: Luserna): Der kleine Ort markiert im Sprachatlas einen der südlichsten Punkte, an dem autochthon ein deutscher Dialekt gesprochen wird (weitere liegen in den Lessinischen Bergen und auf der Hochebene von Asiago in der Region Veneto). Wahrscheinlich um das Jahr 1000 ließen sich hier vor Pestepidemien und Hungersnöten flüchtende Stämme aus dem bayerischen Raum nieder – andere Theorien sprechen von antiken Einwanderern aus dem heutigen Dänemark, versprengten Goten oder Langobarden – und konservierten in der abgeschiedenen Lage bis heute ihre Sprache, das Zimbrische. Zwei sehr liebevoll kuratierte Museen dokumentieren Brauchtum und Sprache: das rekonstruierte frühmittelalterliche Wohnhaus *Casa Museo Haus von Prükk* an der Piazza Marconi 5 und das *Centro Documentazione Luserna* (auch Touristeninformation) in der Via Trento 6, das als

Heimatmuseum und sprachgeschichtliches Dokumentationszentrum umfangreiches Schrifttum besitzt, darunter z. B. zimbrische Comics. Das im Sommer angenehm kühle Lusérn ist auch als Ausgangspunkt für Wanderungen hervorragend geeignet.

• *Öffnungszeiten* **Centro Documentazione Luserna**, Ostern bis Allerheiligen tägl. 10–12, 14.30–17.30 Uhr, Eintritt frei, ✆ 0464/789638, www.lusern.it; **Casa Museo Haus von Prükk**, Juni bis Sept. tägl. 10–12 u.14.30–17.30, sonst nur Sa/So, Eintritt frei. ✆ 0464/789654.
• *Anfahrt* Von Chiesa die SS 349 Richtung Asiago, nach etwa 8 km rechts nach Lusérn abbiegen. Von Lévico die SP 133 (sehr enge, aber landschaftlich aufregende Passstraße) bis zur SS 349 Richtung Asiago, dann abbiegen.

• *Übernachten/Essen & Trinken* **Agritur Galeno**, Via Cima Nora/Pletz 34, Zimmer mit fantastischem Blick in das steil abfallende Astico-Tal, gute Küche. DZ 30–50 €, zur Hauptsaison nur wochenweise. ✆ 0464/789723, E-Mail: gianfranconicolussigalen@virgilio.it **Montana**, Via Cima Nora/Pletz 30, deftige und reichhaltige Regionalküche, an der Bar schöne Dialektbeispiele. Do geschl.

Lago di Cei

Der kleine beliebte Badesee, entstanden erst vor achthundert Jahren durch einen Erdrutsch, liegt in 925 m Höhe nordwestlich von Rovereto und ist über Nogaredo zu erreichen.

Er ist teilweise in Privatbesitz, doch zum Baden und Sonnen bleibt noch genügend Platz. Seine Ufer sind von dichtem Baumbestand umgeben und auf dem Wasser gedeihen weiße und gelbe Seerosen, es wirkt deswegen etwas trüb. Wenn man nicht gerade in der absoluten Hochsaison kommt, kann man hier die wunderbare Stille weitab der großen Straßen genießen.

Übernachten Quartier bieten die zwei seenahen ** Hotels **Lago di Cei** (✆ 0464/801100, ✆ 801212, E-Mail: lagodicei@hotmail.com) und **Milano** (✆ 0464/801308, ✆ 801391), DZ mit Frühstück ca. 52–70 €.

Markanter Blickfang: Palazzo Assessorile in Cles

Lago di Santa Giustina

Der größte Stausee des Trentino liegt bei Cles, nordwestlich von Trento. Über Mezzolombardo fährt man das breite, üppig mit Apfelbäumen bestandene Val di Non, eine nach Süden geneigte Hochebene mit zahlreichen Schluchten, hinauf und überquert kurz vor Cles den mächtigen, über 150 m hohen Staudamm – hier stürzt das Wasser mit ungeheurer Wucht durch einen kleinen Tunnel in die tiefe Klamm, die sich der Fluss Noce gegraben hat.

Blick vom Staudamm auf das tiefe Tal des Flusses Noce

Der See hat mehrere von Felsen gesäumte Seitenarme und ist beliebt bei Kajakfahrern. Tourismus gibt es aber kaum, nur die Apfelblüte lockt Besucher an. Der Hauptort *Cles* wirkt nüchtern, lediglich der etwas ungetüme *Palazzo Assessorile* mit seinen gotischen Doppelfenstern aus dem 15. Jh. ist bemerkenswert. Vor dem Palazzo sieht man die Nachbildung einer römischen Bronzeplatte, die so genannte „Tavola Clesiana", auf der die Verleihung des Bürgerrechts durch Kaiser Tiberius an die Talbewohner thematisiert wird. Die Originalplatte wird im Castello Buonconsiglio von Trento verwahrt. Die Burg von Cles am See ist noch heute in Besitz der Nachfahren des Fürstbischof Bernhard von Cles, dem es gelang, von 1545–1563 das erste Konzil der Papstkirche nach der Lutherschen Reformation nach Trient zu holen.

Nicht versäumen sollte man östlich vom See die eindrucksvolle Wallfahrtsstätte *San Romedio*, errichtet etwa seit dem Jahr 1000 an der Stelle, wo sich der Tiroler Adlige Romedius bei der Rückkehr von einer Pilgerreise nach Rom in die Bergeinsamkeit zurückzog und fortan als Eremit lebte. Am Ende einer steilwandigen Schlucht türmen sich fünf Kirchen und sieben Kapellen übereinander, verbunden durch einen Treppenweg mit 131 Stufen. Unter der Hauptkirche wird der Schädel des Heiligen verwahrt.

• *Information* **Pro Loco**, Corso Dante Alighieri 28, zentral am Hauptplatz von Cles. Di–So 9–12, 16–19 Uhr, Mo 9–12 Uhr.
✆ 0463/421376, ℻ 422794.
Centro Visitatori San Romedio, nur Juli/August, Öffnungszeiten unter ✆ 0463/536198.

• *Übernachten* ***** Cles**, in Cles, Piazza Navarrino 7, gepflegtes Haus mit Garten in zentraler Lage. DZ mit Frühstück ca. 62–80 €.
✆ 0463/421300, ℻ 424342,
www.albergocles.com

Lago di Tovel

Idyllischer See mit herrlich klarem Wasser in 1178 m Höhe, versteckt gelegen im Naturpark Adamello-Brenta inmitten waldreicher Berglandschaft, etwa 15 km südwestlich von Cles. Im Sommer ist er ein überlaufenes Ziel für Tagesausflügler (vor allem die Wochenenden sollte man besser meiden), sonst wird er aber kaum besucht. Ein bequemer Wanderweg führt einmal rundum (ca. 50 Min.).

- *Information* **Consorzio Pro Loco Tovel**, Piazza Alpini 2/a, Tuenno. ✆/≋ 0463/454023, www.tiscover.it/cles
- *Übernachten* * **Lago Rosso**, schon länger nicht mehr modernisiertes Albergo, vorteilhaft direkt am See gelegen, mit Restaurant und Fahrradverleih. DZ mit Frühstück ca. 50 €, HP pro Pers. ca. 38 €. ✆ 0463/451242, ≋ 450486.

> ### Lago Rosso: Der „Rote See"
> Der poetisch klingende Beiname des Tovel-Sees spielt auf die auffallende Rotfärbung seines Wassers an, die bis in die 1960er Jahre alljährlich im Sommer auftrat und von der noch eindrucksvolle Fotos existieren. Eine Legende führt das Phänomen auf das Blut der Königin Tresenga zurück, die hier mit ihrem Heer vernichtend geschlagen wurde. Tatsächlich verantwortlich dafür war jedoch eine spezielle Algenart namens „Glenodinium Sanguineum", die durch die starken Phosphorkonzentrationen im See genährt wurde. Seit die Rinderwirtschaft im Naturpark eingestellt wurde, ist die Alge zwar noch in Restbeständen vorhanden, die Rotfärbung jedoch verschwunden.

Lago di Molveno

Nordwestlich von Trento steigen die Gipfel des Brenta-Massivs bis zu 3000 m an. An ihrem Fuß liegt in 865 m Höhe der schönste See des Trentino, ein glasklares, tiefgrünes Gewässer, das besonders fischreich ist.

Molveno, der einzige Ort, staffelt sich mit gepflegter alpenländischer Architektur am nördlichen Seeende steil den Hang hinauf. Nur hier ist der See zugänglich, eine weiträumige, etwa 10 ha große Wiesen- und Parklandschaft mit Kiesstränden, schattigen Bäumen, Freibad und Sporteinrichtungen bildet das Ufer, ideal zum Sonnen und Baden. Sehenswert ist die mittelalterliche Kirche *San Vigilio* am Friedhof mit reichem Freskenschmuck, sowohl innen wie außen. Der *Lago di Bior*, ein kleiner Seeausläufer nach Norden, ist besonders bei Anglern begehrt.

Am südlichen Seeende liegt der winzige *Lago Nembia* mit flachem Ufer, Badestrand und Holzplattform, der besonders für Kinder geeignet ist.

Entstanden ist der Lago di Molveno durch einen gewaltigen Erdrutsch vor etwa 3000 Jahren. Diese Altersangabe konnte mittels der Radiokarbonmethode anhand der vielen in den See gespülten Baumstämme getroffen werden, die man am Grund entdeckte, als der Wasserspiegel für den Bau einer Gefällekraftwerksanlage gesenkt wurde. Auch prähistorische Stücke aus der Bronzezeit hat man dabei gefunden. Den bizarren Anblick des fast gänzlich abgelassenen Sees kann man bei Wartungsarbeiten am Kraftwerk auch heute noch gelegentlich im Winter erleben, der kleine türkise Wasserrest wird dann umrahmt von einer zerklüfteten Mondlandschaft.

Für einen reinen Badeurlaub ist der Lago di Molveno sicher nicht die erste Wahl, dafür ist er mit maximal 18°Grad (Ende September) einfach ein bisschen zu kalt – geschwommen wird in der internationalen Maßen entsprechenden Schwimmhalle

68 Seen um Trento

im Sportzentrum am See. Trotzdem bietet Molveno vielfältige Möglichkeiten für einen Aktivurlaub: Die Ora, ein thermischer Wind, bläst mit der gleichen Regelmäßigkeit – wenn auch nicht ganz so kräftig – wie am Gardasee und prädestiniert Molveno als Segel- und Surfrevier mit gut gefülltem Regattakalender. Die umliegenden Berge sind mit ihrem dichten Netz von Hütten (von Juni bis September bewirtschaftet) ein ausgezeichnetes Mountainbike-, Bergwander- und Klettergebiet. Und schließlich entwickelt sich Molveno mehr und mehr zum Dorado der Paraglider und weiß mit Luca Donini gar den Weltmeister dieser Sportart in den Reihen ihrer Bürger.

- *Information* **APT** im Ortskern, Piazza Marconi 5. Mo–Sa 9.30–12.30, 15–18 Uhr. ✆ 0461/586924, ℻ 586221, www.aptdolomitipaganella.com
Molveno Iniziative Turistiche, neben der APT, Zimmer u. Apartmentvermittlung. ✆ 0461/586086, ℻ 586412, www.dolomitimolveno.com
- *Internet* am Campingplatz und in der Biblioteca Communale, Piazza Scuola 9/a.
- *Übernachten* Über zwanzig Hotels bieten von Mai bis Okt. und im Winter ihre Dienste an, der Standard ist hoch. Im Sommer fast überall Mindestaufenthalt von drei Tagen, zudem Pflicht zur HP.
*** Lido, Via Lungolago 10, komfortables Haus in zentraler Lage an der Uferstraße, seit 1937 geführt von Familie Donini. Großer Garten, behagliche Zimmer mit TV, sehr gute Küche. HP pro Pers. ca. 42–90 €. ✆ 0461/586932, ℻ 586143, www.hotel-lido.it
*** Lago Park, Via Bettega 12, etwas außerhalb, wunderbare, vollkommen ruhige Lage in der nordöstlichen Seeecke, unmittelbar am Wasser, davor kleiner Kiesstrand. Älteres Traditionshaus mit schattigem Garten, schöner Caféterrasse und kleinem Pool. In den nostalgisch antiquierten Gemeinschaftsräumen Parkettböden und Kamin, Modernisierte Zimmer mit Olivenholzböden (!) und TV, meist mit Terrasse oder Balkon. HP pro Pers. ca. 44–82 €. ✆ 0461/586030, ℻ 586403, www.dolomitiparkhotel.com
*** Lago Nembia, am Südende des Molveno-Sees, modernes Gebäude direkt zwischen Straße und dem kleinen Lago Nembia, Parkplatz, Zimmer mit TV, Restaurant mit Wildspezialitäten. HP pro Pers. ca. 40–80 €. ✆ 0465/730019, ℻ 730256.
*** Alpenrose, Via Lungolago 54, einfacheres Haus in der Nähe des Campingplatzes, nur über die Straße zur Badewiese. DZ mit Frühstück ca. 36–60 €. ✆ 0461/586169, ℻ 586026, www.alpenrosemolveno.it
** Bellariva, Via Lungolago 23, direkt neben dem Campingplatz in Molveno, wenige Meter vom See. Direkter Zugang zum Ufer, großer Garten, Parkplatz, Restaurant/Café. HP pro Pers ca. 41–77 €. ✆ 0461/586952, ℻ 586338, www.bellariva.it
* Rifugio Pradel, familiär geführtes Albergo auf der gleichnamigen Hochebene über Molveno, von der Terrasse herrlicher Panoramablick, zu erreichen mit Seilbahn oder PKW. HP pro Pers. ca. 32–62 €. ✆ 0461/586903, ℻ 586107, www.alberghidelbrentaepradel.com
- *Camping* **Spiaggia Lago di Molveno**, großes, gepflegtes Gelände in Molveno am See, 300 m langer Kiesstrand, Kinderspielplatz, Imbissstube. ✆ 0461/586978, ℻ 586330, www.molveno.it/camping
- *Essen & Trinken* **Antica Bosnia**, Via Paganella 7; etwas versteckt mitten im Ort, interessante Variationen der regionalen Küche, Menü um 25 €.
El Filò, Piazza Scuole 5, typische Gaststube im alpinen Stil, Tiroler Speck, Lachsforelle, Hirsch und Wildschwein mit Polenta. Mai bis Okt.
L'Osteria del Maso, Via Lungolago 7, kneipenähnliches Restaurant mit großem offenem Grill und Terrasse.
La Botte, zentral im Ortskern, große Pizzeria, bei der auch Fleisch vom Holzkohlengrill serviert wird.
- *Sport* Windsurfen, Freibad, Schwimmhalle, Basketball, Beachvolleyball, Minigolf, Tennis, Tretboote Boccia und mehr ...
Bogenschießen, Sportcenter im Ortsteil Ischia, auch Anfängerkurse. ✆ 0461/586347.
Klettern/Bergsteigen, riesiges Angebot, darunter auch kostenlose Touren mit qualifizierten Bergführern. Naturkletterwand in Ischia. Üppiges Informationsmaterial bei der APT.
Paragliding, Informationen gibt der Club Vola Bass, ✆ 0329/2704316, E-Mail: dimi9@freemail.it (leider keine Anfängerkurse), Tandemflüge vermitteln Egidio und Flavio, ✆ 0339/3270951 bzw. 0338/4846663 oder APT.
Surf-Center Marco Segnana, Windsurfunterricht und Verleih von Mountainbikes. ✆ 348-6942998 (Handy), www.surfsegnana.it

▶ **Lago di Molveno/Umgebung**: Eine reizvolle Alternative zum Badebetrieb bildet der Ausflug per Seggiovia (Gondellift) zur sonnigen Hochebene *Altopiano di Pradel* (1367 m) und weiter zum *Rifugio Montanara* (1525 m). Oben findet man Wanderwege, saftige Rasenflächen, Waldstücke und mehrere Gasthäuser. In der markanten Hintergrundkulisse der Brenta-Berge fällt vor allem die steile Felsnadel *Campanile Alto Basso* auf, die 1899 das erste Mal bestiegen wurde.

• <u>Anfahrt zum Altopiano di Pradel</u> Die Talstation der **Seggiovia** liegt im oberen Ortsteil von Molveno. Betriebszeiten sind Mai 8.30–13, 14–17 Uhr, Juni & Sept. 8.30–12.45, 14.15–18 Uhr und Juli/August 8–18.30 Uhr. Rückfahrtspreis nach Pradel ca. 6 €, Montanara 8 €.

Auf markierten Waldwegen kann man auch **zu Fuß** hinaufsteigen, Gäste der Hotels auf der Hochebene dürfen ihr **Auto** benutzen (Anfahrt über Andalo).

Hotel „Lago Park" am Lago di Molveno

Seen im Valle dei Laghi

Wer den Gardasee als Ziel hat, könnte von Trento die landschaftlich reizvolle „SS 45 bis" nach Riva nehmen. Auf dieser Route kann man mehrere kleine Gewässer besuchen.

Zunächst durchquert man in einem 1000-m-Tunnel den *Monte Bondone* und kommt dann an der Abfahrt zum *Lago di Terlago* vorbei, der mit Badestrand, Campingplatz und Albergo gut für Urlauber gerüstet ist. Durch Terlago führt eine gut ausgebaute Straße zu den zwei unbesiedelten und abgelegenen, aber wunderbar smaragdgrünen Seen *Lago Santo* und *Lago Lamàr*, zusammen *Laghi di Lamar* genannt. Der Lago Santo besitzt eine schöne Liegewiese, in der Nähe gibt es einen guten Campingplatz, ein Wanderweg führt auf die Spitze der *Paganella* (2098 m).

• <u>Übernachten</u> *** **Lillà**, modernes und komfortabel ausgestattetes Hotel wenige Meter vom Ufer des Lago di Terlago. DZ mit Frühstück ca. 90 €. ✆ 0461/868027, ✆ 868605, www.hotellilla.com

Camping Lido Lillà, Grasplatz mit schattigen Bäumen und Bar zwischen Hotel und Seeufer.

✆ 0461/865377, www.campeggiolidolilla.it

Camping Laghi di Lamar, gepflegtes Terrassengelände mit Pool am Weg zu den gleichnamigen Seen, ruhige Lage in den Bergen. ✆ 0461/860423, ✆ 02/700538636, www.laghidilamar.com

▶ **Lago di Santa Massenza**: Etwa 16 km ab Trento passiert man diesen ausschließlich für die Elektrizitätsgewinnung genutzten See mit der größten Wasserkraftanlage Italiens, deren riesige Turbinen durch Wasser aus höher gelegenen Staubecken angetrieben werden, die aus dem Lago di Molveno gespeist werden. Ein Kanal verbindet ihn mit dem südlich benachbarten Lago di Toblino.

Üppig grün: Lago di Toblino mit Kastell

Lago di Toblino

Der bildschöne, üppig grüne See ist von einem dichten Schilfgürtel umgeben und rundum artenreich mit Bäumen bestanden. Er steht unter Naturschutz.

Das besonders milde Mikroklima hat hier das Entstehen submediterraner Vegetation begünstigt, so gibt es z. B. zahlreiche Steineichen, die ja eigentlich typische Mittelmeergewächse sind. Am Ortseingang von Sarche steht sogar die mit 28 m Höhe größte Steineiche Norditaliens. Zahlreiche Vögel, darunter auch viele Zugvögel, nisten auf den kleinen Inseln im See, z. B. Fischreiher, Haubentaucher, Blässhühner, Kormorane und Eisvögel. Ein Fußweg führt parallel zur Straße am Westufer entlang.

Pittoresk thront das *Castello di Toblino* auf einer schmalen, grünen Halbinsel, ein Café mit ruhiger Seeterrasse lädt zur Einkehr ein, im stilvollen Restaurant speist man unter Arkaden oder im freskenbemalten Innenhof (Di geschl.). Unmittelbar südlich vom See produziert die Kellerei "Càvit", die im historischen Gutshof Maso Toresella ihren repräsentativen Sitz hat, hervorragende Weißweine (Verkauf in Ravina di Trento bei Trento, ✆ 0461/381791, www.cavit.it). Am südlichen Ortsausgang von Sarche liegt die „Cantina Toblino" (Mo–Fr 8–12, 14–18 Uhr), wo man sich aus großen Tanks preiswerten offenen Wein in Kanister abfüllen lassen kann (Mindestmenge 5 Ltr.), Kanister gibt es gegenüber zu kaufen.

Lago di Cavédine und Umgebung

Wer südlich vom Lago di Toblino von der „SS 45 bis" auf die schmale Straße zum Lago di Cavédine abzweigt, durchquert die Steinwüste „Marocche", ein riesiges Gebiet aus gigantischen Felsbrocken.

Die in ihrer Öde faszinierende Trümmerlandschaft – insgesamt 15 qkm groß – entstand, als sich nach der letzten Eiszeit die Gletscher aus dem Sarcatal zurückzo-

Lago di Cavédine und Umgebung

gen, ganze Wandabschnitte des freigelegten Tals stürzten damals ein. Die einsame Straße führt am Ostufer des Lago di Cavédine entlang. Guter Stopp zum Rasten, Baden und Surfen ist die gemütliche Pizzeria/Spaghetteria „Windsurf" mit Badestrand. Auch einige Fußpfade und Fahrradwege führen durch das Gebiet.

▶ **Lago di Lagolo**: winziger, hübsch zwischen Nadelwäldern gelegener See in 938 m Höhe auf dem *Monte Bondone*, zu erreichen auf kurviger Straße über Calavino und Lasino. Ein nettes, kindergeeignetes Hotel mit Wiese steht direkt am See (Mai bis Sept.).

Trutziges Gemäuer: die Burg von Drena

▶ **Castello di Drena**: Abrunden kann man die Seentour im Valle del Laghi mit dem Besuch der exponiert am Beginn des grünen *Valle di Cavedine* stehenden Burg von Drena, östlich oberhalb des Sarcatals. In den wenigen erhaltenen Innenräumen des windumtosten Kastells mit seinen Zinnenmauern und dem 27 m hohen Bergfried ist eine kleine archäologische Ausstellung untergebracht, einige lebensgroße Puppen dokumentieren die Wohnverhältnisse in früheren Zeiten.

● *Öffnungszeiten/Preise* **Burg von Drena**, März bis Oktober Di–So 10–18 Uhr, Mo geschl., übrige Zeit nur Sa/So 10–18 Uhr. Eintritt ca. 2,50 €, unter 18 und über 65 ca. 1,50 €.

● *Übernachten* *** **Daino**, in Pietramurata, etwa 5 km südlich vom Lago di Toblino. Ordentlich ausgestattetes Hotel mit angeschlossenem Campingplatz und Swimmingpool. Stellplätze gut beschattet, Waschmaschine. Benachbart Fußball, Tennis und Klettergarten. DZ mit Frühstück ca. 78 €.
✆ 0464/507131, ✆ 507400.

● *Essen & Trinken* **Castello di Toblino** (→ oben).
La Casina, nahe der Burg von Drena, herzhafte Trentiner Küche in rustikalem Rahmen, Zutaten aus eigenem Anbau. Vorbestellung erwünscht unter ✆ 0464/541212. Di geschl.
Eine preiswerte Trattoria liegt im kleinen Weiler **Ponte Olivetti**, am Weg von Sarche zum Lago di Cavédine, mitten im Ort an der Abzweigung zum See. Hier essen die Arbeiter der nahen Zementfabrik, aber auch Bauern und Landarbeiter. Einfach und sehr freundlich, volles Menü ca. 10 €.

Trento (Trient) (ca. 98.000 Einwohner)

Die Hauptstadt des Trentino liegt wie Bozen in einem weiten Talkessel und ist architektonisch ebenfalls noch weitgehend österreichisch geprägt. Entsprechend trifft man auf ein für italienische Verhältnisse ruhiges Straßenleben, für Autofahrer gut zum Eingewöhnen.

In der Altstadt reihen sich hohe, freskenverzierte Renaissance-Paläste mit weit vorspringenden Holzbalkendächern und gedrungenen Laubengängen. Mittelpunkt ist der imposante Domplatz mit der sich anschließenden Renommierzeile Via Belenzani, rundum einige Gassenzüge, die hübsch zum Bummeln sind. Unterm Strich eine Stadt, die einen Besichtigungsstopp mit ausgedehnter Apfelstrudel-Pause schon mal wert ist.

1545–1563 fand in Trient mit mehrjährigen Unterbrechungen das weltberühmte „Konzil von Trient" statt, das als Auslöser der katholischen Gegenreformation in die Geschichte einging. Für dieses Ereignis ging man daran, die gesamte mittelalterliche Stadt zu einem prächtigen Renaissancekunstwerk umzugestalten – dies prägt bis heute die Atmosphäre des Stadtzentrums.

Das Konzil von Trient: Wegbereiter der Gegenreformation

Dem Fürstbischof Bernhard von Cles war es mit Zustimmung Kaiser Karls V. gelungen, das erste Konzil nach der Lutherschen Reformation nach Trient zu holen. Die Stadt an der Nahtstelle zwischen den deutschen und italienischen Gebieten schien für die große Aufgabe der Versöhnung der Papstkirche mit den deutschen „Protestanten" wie geschaffen. Doch stattdessen verschärfte das Konzil die Spannungen und besiegelte letztendlich die Spaltung der Kirche. Die Protestanten reisten erst gar nicht an, da die papsttreuen Katholiken in der Mehrheit waren. So bestätigte das Konzil u. a. das heilige Sakrament der Ehe und den Zölibat der Geistlichen, Fegefeuer und Ablass, Heiligenverehrung, bildliche Darstellung Gottes und Fleischverbot am Freitag. Papst Paul III. gelang es damit zwar, die protestantischen Reformen weitgehend zu vereiteln, doch in Deutschland, Frankreich, Ungarn und Skandinavien wurden die Beschlüsse großteils nicht anerkannt.

Anfahrt/Verbindungen/Information

- *PKW* Trento liegt direkt an der Autobahn A 22 vom Brenner nach Verona. Parkplätze gibt es z. B. gegenüber vom Kastell und an der Via Manzoni, schräg gegenüber von der Jugendherberge (dort auch Parkhaus „Autosilo"), Tiefgarage „Europa" beim Bahnhof.
- *Bahn* Station an der **Brennerlinie** München – Verona. Züge gehen außerdem durchs **Valsugana**, entlang des Flusses Brenta, nach Venedig. Bahnhof nördlich vom Zentrum, ca. 10 Min. zu Fuß zum Domplatz.
- *Bus* **ATESINA-Busse** gehen ab Busbahnhof benachbart zum Hauptbahnhof, z. B. stündl. nach Riva del Garda am Gardasee.
- *Information* **APT**, Via Manci 2, zwischen Bahnhof und Altstadt, Ecke Via Belenzani. Gute Stadtpläne, umfangreiches Unterkunftsverzeichnis (incl. Ferienwohnungen und Agriturismo), deutschsprachige Broschüre "Trento". Mo–Sa 9–18, So 9–13 Uhr (Nebensaison So geschl.). ☎ 0461/983880, ℻ 984508, www.apt.trento.it
- *Internet* zahlreiche Internetcafés und WLAN-Points in der Altstadt, z. B. die Via Belenzani.

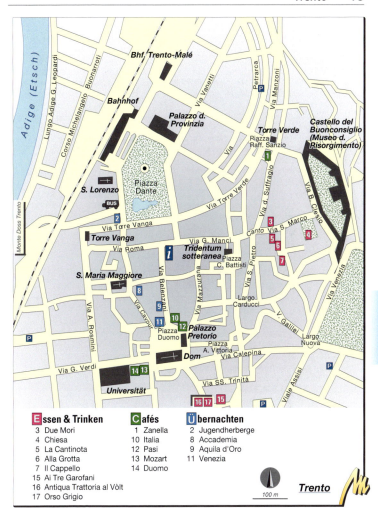

Übernachten

Trento ist keine Touristenstadt, die Hotels sind hauptsächlich auf Geschäftsreisende ausgerichtet und dementsprechend teuer. In der unteren Preisklasse ist die Auswahl gering, jedoch existiert eine Jugendherberge.

**** Accademia (8), Vicolo Colico 4/6, historisches Gemäuer bei der Konzilskirche Santa Maria Maggiore. Das vollständig renovierte Haus besitzt schöne Zimmer im schlichten modernen Stil mit guten Bädern, wahlweise mit Parkett oder Teppichboden, dazu einige geräumige Suiten. John Lennon-Fans aufgepasst: Yoko Ono hat einst im Zimmer 216 übernachtet. Hinten kleiner grüner Garten, angeschlossen ein gutes

Seen um Trento

Ristorante. DZ mit TV, Mini-Bar und Frühstück um die 120-140 €. ℡ 0461/233600, ℻ 230174, www.accademiahotel.it

*** **Aquila d'Oro (9)**, Via Belenzani 76, ideale Lage wenige Schritte vom Domplatz. Sehr gepflegt und freundlich, moderne Zimmer mit Teppichboden, TV, Telefon und Aircondition. Frühstück im obersten Stockwerk mit tollem Blick. Eigener Parkplatz. DZ mit Frühstück ca. 90–105 €. ℡ 0461/986282, www.aquiladoro.it.

*** **Venezia (11)**, Piazza Duomo 45 bzw. Via Belanzani 70, die beiden Häuser nehmen von links und rechts das Aquila d'Oro in die Zange, einfache Zimmer teils mit Linoleumböden, freundliche Rezeption, vom Zwei-Sterne-Haus Blick direkt auf den Domplatz. DZ mit Bad ca. 67 €, mit Etagendusche ca. 55 €, jeweils mit Frühstück. ℡ 0461/234559, ℻ 234114.

• *Jugendherberge* **Ostello Giovane Europa (2)**, Via Torre Vanga 9, zentrale Lage an einer Verkehrsstraße zwischen Bahnhof und Altstadt. Modernes, privat geführtes Hostel, geräumig und sehr sauber, etwa 100 Betten in 1- bis 6-Bett-Zimmern, alle mit Du/WC Übernachtung mit Frühstück pro Pers. zwischen 13 (6-Bett) und 25 € (Einzel). ℡ 0461/263484, ℻ 222517, www.youthostrov.com

• *Außerhalb* *** **Villa Madruzzo**, in Cognola, etwa 3 km östlich oberhalb von Trento. Prächtige Villa aus dem 18. Jh., früher in Besitz des Fürstbischofs von Trient, heute umgebaut in ein elegantes Hotel mit großen Zimmern (Alt- und Neubau), schönem Garten und gutem Restaurant mit Speiseterrasse. DZ mit Frühstück ca. 95–105 €. ℡ 0461/986220, ℻ 986361, www.villamadruzzo.it

Essen & Trinken

Trento bietet eine gut durchwachsene Mischung von schlicht-bodenständigen und schick-gepflegten Trattorie. Örtliche Spezialität sind die *canederli* (Knödel) und die berühmten „Priesterwürger" namens *strangolapreti* (Spinat-Gnocchi), die angeblich bereits zum Konzil von Trient gereicht wurden.

Due Mori (3), Via San Marco 11, die hübsche Trattoria in einem restaurierten Altstadthaus besitzt mehrere kleine Speiseräume und einige Plätze im Freien. Fabio und Lucia bieten hauptsächlich Fleischgerichte vom Grill sowie leckere Risotti und Vorspeisen, Menü ca. 20–30 €. Mo geschl.

La Cantinota (5), Via San Marco 25, gegenüber vom Due Mori, stilvolles Ristorante mit Kerzenlicht, schöner Innengarten und Piano-Bar. Neben Fleisch- und Fischgerichten werden diverse Risotti serviert, z. B. Champagnerrisotto. Do geschl.

Chiesa (4), Via San Marco 64. Wenn das Trentino etwas im Überfluss besitzt, dann sind es Äpfel – was liegt also näher, als die Speisekarte damit anzureichern. Das Lokal im Park des eleganten Palazzo Wolkenstein (17. Jh.) bietet seit 1974 ein spezielles Apfelmenü, die *Mela-Party*, in dem jeder Gang mit Äpfeln zu tun hat. Kostenpunkt ca. 43 €. Wer keine Äpfel mag, kann auch aus vielen anderen Gerichten wählen, z. B. aus den täglich frischen Fischgerichten (außer Mo). Freitags Sushi-Bar mit Musik. So geschl.

Il Cappello (7), Piazzetta Bruno Lunelli 5, Nähe Kirche San Pietro. Gute Trentiner Küche in feiner Atmosphäre, etwas höhere Preise, Hauptgerichte ab 13 €. So abends und Mo geschl.

Alla Grotta (6), günstige Alternative, Freiluftpizzeria an derselben Piazza, reichhaltige Portionen. So geschl.

Ai Tre Garofani (15), Via Mazzini 33, alteingesessenes Lokal südlich vom Dom, Polenta in diversen Variationen, z. B. mit Wurst oder Pilzen, sehr lecker ist auch *carne salada* (hauchdünne gepökelte Rindfleischstückchen). Junger Wirt. So geschl.

Orso Grigio (17), Via degli Orti 19, südliche Altstadt, Nähe Piazza Fiera. Rundum behagliches Ristorante mit schöner Freiluftterrasse neben dem Haus, wechselnde Spezialitäten, mittlere Preise.

Antica Trattoria al Vòlt (16), Via Santa Croce 16, ebenfalls südlich vom Zentrum, schon seit über hundert Jahren wird hier im schlichten Rahmen recht preisgünstige Trentiner Küche serviert. Do Mittag und So geschl.

• *Außerhalb* **Maso Cantanghel**, in Civezzano, Via della Madonnina 33, etwa 7 km östlich von Trento. Das kleine, gemütliche Lokal neben einer ehemaligen österreichischen Festung ist weithin bekannt für seine vorzüglichen, täglich variierenden Tagesmenüs, die exzellenten Weine und den ausgezeichneten Service. Sa/So geschl. Reservierung unter ℡ 0461/858714.

Am Domplatz von Trento

- *Cafés/Bars* Vor der westlichen Schmalseite vom Dom (Haupteingang) trifft sich die Jugend in mehreren Cafés und Bars, z. B. im **Mozart (13)** und **Duomo (14)**.
Italia (10), ganz zentral an der Piazza Duomo/Ecke Via Belenzani, ideal, um das Treiben auf dem Platz zu beobachten, daneben ein Brunnen mit eiskaltem Wasser.
Pasi (12), kleiner Seitenplatz beim Palazzo Pretorio (→ Stadtplan), abends eins der beliebtesten Örtchen, um seinen Campari zu schlürfen.
Zanella (1), am unteren Ende der Via del Suffragio (vis-à-vis vom Grünen Turm), beliebtes Eiscafé mit großem, schattigem Garten. Mi geschl.

VinArt: Kultur und Wein

Alljährlich Ende Mai bis Anfang Juni findet die große Trientiner **VinArt** statt. Hunderte von Kellereien und Weinstuben laden zur Kostprobe ein, die besten Weine werden prämiert und die Restaurants bieten besondere Menüs mit landestypischen Spezialitäten. Umrahmt wird das Event von zahlreichen Kunst- und Kulturveranstaltungen.
Kontakt: VinArt, Trentino S.p.A., Via Romagnosi 11, ℡ 0461/839000, www.vinart.it

Sehenswertes

Wer das Zentrum von Norden betritt, wird wahrscheinlich die prächtige *Via Belenzani* entlang zum Domplatz schlendern. Sie ist gesäumt von Renaissancepalästen mit prächtigen, teils verblassten Fassadenmalereien, die so wohl schon während des Konzils hier standen.

Seen um Trento

- Mit der **Trento Card** für 24 (9 €) oder 48 Stunden (14 €) erhält man u. a. freien Eintritt in den Museen, kann kostenlos öffentliche Verkehrsmittel und Fahrräder benutzen und erhält 10 % Rabatt auf Parkplätzen, in Restaurants und Geschäften. Auskünfte im Tourist-Info oder unter www.apt.trento.it
- **Stadtführung** jeden Samstag 15 Uhr, Treffpunkt vor Infobüro (3 €, mit Trento Card frei).

Domplatz und Umgebung: Der weite, offene Platz ist für den Verkehr gesperrt und bildet ein beeindruckendes Ensemble – in der Mitte der reich verzierte *Neptunbrunnen* mit dem Wassergott an der Spitze, umgeben von allerlei üppigen Gestalten und Wassergetier, linker Hand der burgartige *Palazzo Pretorio*, als mächtiger Blickfang an der Südfront der Dom.

Der *Dom San Vigilius* ist ein kunstvoller, grauer Bau, dessen strenger Charakter durch zahlreiche architektonische Details abgemildert wird. Zur Piazza hin dominiert das Querschiff mit prächtiger Rosette, rundum verläuft eine niedrige Galerie. Im düsteren Inneren befindet sich ein hohes Schiff mit Kreuzrippengewölben, links und rechts führen zwei Treppen zur Galerie hinauf. In den Querschiffen und im Altarbereich kann man Reste alter Fresken aus dem 13.–15. Jh. bewundern, in der großen Sakramentskapelle (Cappella Alberti) rechter Hand außerdem ein berühmtes Holzkruzifix vom Nürnberger Bildhauer Sixtus Frey. Vor diesem Kreuz wurden die Beschlüsse des berühmten Konzils verlesen, das hauptsächlich in dieser Kirche stattfand. Der Christus am Kreuz soll zum Schluss zustimmend genickt haben. Das Grab von Bernhard von Cles findet man links neben dem Seiteneingang vom Domplatz. Im Untergrund sind die Grundmauern einer *frühchristlichen Basilika* aus dem 6. Jh. zu besichtigen (Eintritt in der Besichtigung des Diözesanmuseums eingeschl.). Es lohnt sich außerdem, einmal um die Kirche zu schlendern, hinten im Apsisbereich gibt es ein eindrucksvolles Ensemble verschlungener Doppelsäulen. Hier findet auch werktags jeden Vormittag der *Markt* statt.

Neben dem Dom steht der zinnenbewehrte *Palazzo Pretorio*, der ehemalige Bischofspalast, in dem sich heute das *Diözesanmuseum* befindet. Erst vor einigen Jahren vollständig restauriert, kann man in den kühl temperierten Sälen Gemälde und große Tafelbilder zum Konzil betrachten, im obersten Stockwerk sind Bischofsgewänder und der Domschatz untergebracht.

Öffnungszeiten/Preise **Diözesanmuseum**, Mi–Mo 9.30–12.30 und 14–17 Uhr, Eintritt 3 €, von 14–18 Jahre 0,50 € (Im Eintritt ist die Besichtigung der **frühchristlichen Basilika** unter dem Dom eingeschlossen, Mo–Sa 10–12, 14.30–17.30 Uhr).

Castello del Buonconsiglio: Durch kleine Altstadtgassen kann man vom Dom zur „Burg der guten Einigung" hinüberlaufen. Groß und massig thront die ehemalige Residenz der Fürstbischöfe am Rand der Altstadt, bestehend aus mehreren, stilistisch bunt zusammengewürfelten Palazzi aus verschiedenen Jahrhunderten, die von einer Mauer mit Rundtürmen umschlossen sind. Besonders schön ist von außen die elegante venezianische Loggia im *Castelvecchio* (13. Jh.), dem ältesten Teil der Anlage. Nach dem Eingang kommt man zunächst zum *Museo Storico* (derzeit geschl.), das mit umfangreichem Material an den Ersten Weltkrieg und die Wiedergewinnung des Trentino erinnert, aber auch die folgende faschistische Epoche integriert.

Neptunbrunnen und Café Italia

Höhepunkt im Rahmen des *Museo Castello del Buonconsiglio*, das zahlreiche Kunstwerke aus Mittelalter und Renaissance enthält, ist der großartige Freskenzyklus der „dodici mesi" (zwölf Monate) aus dem 15. Jh. in der runden *Torre d'Aquila* des Castelvecchio (nur mit Führung). Für jeden Monat (der März ist allerdings einer Wendeltreppe zum Opfer gefallen) sind Szenen aus dem Leben des Volks und des Adels einander gegenübergestellt – die Adligen völlen und freuen sich des Lebens, die Bauern schuften unermüdlich für den Wohlstand der Herren.

In der *Giunta Albertina* (17. Jh.) und im *Magno Palazzo* (16. Jh.) durchschreitet man zahlreiche Prunksäle mit schweren Holzdecken, üppigem Freskenschmuck und diversen Ausstellungsstücken, in der *Loggia Romanino* sind die Köpfe mehrerer Kaiser und Könige in Steinmedaillons gemeißelt.

Interessanter als der Pomp der Fürstbischöfe ist die Todeszelle des Trentiner Journalisten *Cesare Battisti* im südlichen Garten. Er kämpfte als Initiator der Zeitschrift „Il Popolo" mit Wort und Tat gegen die österreichische Besatzung und wurde hier 1916 von den Österreichern wegen Hochverrats erschossen, mit ihm seine Mitstreiter Damiano Chiesa und Fabio Filzi – eine Bilddokumentation dazu findet man im Kriegsmuseum von Rovereto.

Öffnungszeiten/Preise April bis Sept. Di–So 9–12, 14–17.30 Uhr (Juli/August 10–18 Uhr), Okt. bis März 9–12/14–17 Uhr. Eintritt ca. 5 € (Tridentum sotteranea eingeschlossen), unter 18 und über 60 J. ermäß., nur Torre d'Aquila 1 €.

Tridentum sotteranea: Unter der Piazza Cesare Battisti wurde ein großer Teil der einstigen römischen Garnisonsstadt „Tridentum" ausgegraben. Eindrucksvoll beleuchtet und mit Musik- und Videountermalung ansprechend aufbereitet, präsentiert sich das unterirdische Viertel mit einem langen Straßenstück aus schweren rötlichen Pflastersteinen, einem Torturm, Resten von Häusern (teils mit Fußbodenheizung), Kanälen, Mosaikböden und einem tiefen Brunnen.

Öffnungszeiten/Preise Ende Juni bis Ende Sept. Di–So 10–18 Uhr, übrige Monate Di–So 9–12, 14–17 Uhr, Mo geschl.; Eintritt ca. 2 € (Kombiticket mit Castello ca. 5 €).

Bei Sirmione am Südufer des Sees

Gardasee (Lago di Garda)

Als der 37-jährige Geheimrat Johann Wolfgang von Goethe am 12. September 1786 von der Passhöhe über Torbole erstmals den Gardasee erblickte, fühlte er sich „herrlich belohnt" und wünschte seine Freunde neben sich. Um wieviel enthusiastischer wäre sein Urteil wohl ausgefallen, hätte er die Chance gehabt, den größten See Italiens in seiner ganzen Länge vom 2000 m hohen Kamm des Monte Baldo aus zu überblicken?

Zweihundert Jahre später. Das geflügelte Dichterwort ist immer noch aktuell. Der Lago di Garda, obwohl mittlerweile wichtigster touristischer Anziehungspunkt an der Südseite der Alpen, übt nach wie vor eine unvergleichliche Wirkung aus: tiefblaues Wasser mit blitzenden Sonnenreflexen, das silbrige Grün der Olivenhaine, die majestätischen Berghänge, Palmen im Wind, die knallig bunten Segel der Surfer, eine Fähre, die sich tutend ihren Weg bahnt, irgendwo die Zinnen einer stolzen Skaligerburg ... Eine bukolisch üppige Szenerie breitet sich aus, man fühlt sich dem Mittelmeer sehr nahe.

In der Tat: Der Gardasee – im Italienischen *Benaco* (lat.: lacus benacus) genannt – ist ein großes Geschenk der Natur und wohl der schönste See Europas. An der Schwelle zum sonnigen Süden mischen sich hier mediterrane Einflüsse in wunderbarer Weise mit alpenländischem Ambiente. Da ist zunächst die grandiose und paradiesisch üppige Vegetation am Seeufer – schlanke Feigen- und Fächerpalmen, hoch gewachsene dunkelgrüne Zypressen, stämmige Zedern, dichte Olivenhaine, rosig blühender Oleander, pralle Feigen, saftig gelbe Zitronen ... Steigt man die Hänge hinauf, trifft man bald auf Kastanienbäume, Steineichen und Buchen, später auf Tannen und Latschenkiefern, durchquert schließlich die hochalpine Heidelandschaft

Gardasee (Lago di Garda)

mit ihren karstigen Hängen aus Dolomitkalk. All diese botanischen Lebensräume erstrecken sich im Umkreis von wenigen Kilometern – eins der besonders faszinierenden Erlebnisse hier. Dazu kommt die herrliche „Kulisse", die im wahrsten Sinn des Wortes einer Theaterbühne gleicht – das Nordende des Sees ist von schroffen Felsrücken völlig eingerahmt, nach Süden öffnet er sich verheißungsvoll und erscheint schier endlos. Fährt man eine der panoramareichen Uferstraßen – im Westen die *Gardesana Occidentale*, im Osten die *Gardesana Orientale* – entlang, die mit zahllosen Tunnels und Galerien in die felsigen Hänge gesprengt sind, werden die Hügel sanfter, der See weitet sich gleichsam zum Meer, Rebhänge und Oliven umgeben die bei sonnigem Wetter strahlend türkis leuchtende Wasserfläche, die markante Landzunge von Sirmione – ein genialer Scherz der Natur – winkt herüber. Ein Weiteres: Die klimatischen Verhältnisse könnten nicht besser sein. Der Frühling setzt zeitig im Jahr ein, die Sommer sind heiß, aber nicht drückend – die berühmten Seewinde sorgen für ständige Erfrischung – und noch der Spätherbst besitzt viele milde und sonnige Tage. Nicht selten sind die Winter weitgehend frostfrei. Gleichgültig aber zu welcher Jahreszeit, der „Lago di Garda" bietet immer einzigartige Impressionen – ob an Bord eines schaukelnden Bootes, unter Palmen am Ufer oder auf einem der zahlreichen Wanderwege hoch über dem See.

Kein Wunder also – die ganze Seeregion ist hochgradig vom Tourismus eingenommen, viele Unterkünfte sind lange im Voraus ausgebucht, in der Hochsaison ist oft kein freies Bett mehr zu finden. Wegen seiner Nähe zu Bayern ist der Gardasee Süddeutschlands liebstes Feriengewässer geworden. „Man" spricht Deutsch – wer will, kann hier seinen Urlaub verbringen, ohne ein einziges Wort Italienisch fallen zu lassen. Doch trotz Millionen von Gästen hat er seinen Reiz nicht verloren. Schon wenige hundert Meter vom Ufer entfernt genießt man die sanfte Ruhe der Olivenhaine, weiter oben lockt die majestätische Weite der Bergwelt. Der große und abwechslungsreiche See bietet für jeden etwas: Naturfreunde, Wanderer, Sportler, Ruhesuchende, Familien, Urlauber mit gehobenen Ansprüchen, sie alle kommen gerne – und oft immer wieder.

Die Qual der Wahl: Wohin am Gardasee?

Der obere Gardasee ist des deutschen Surfers Paradies: Böse Zungen behaupten, während der Saison könne man den See trockenen Fußes von Brett zu Brett überqueren! Ein Grund dafür – die fast idealen Windverhältnisse! Sie sind so zuverlässig, dass man beinahe die Uhr danach stellen kann: Von Mitternacht bis Mittag bläst ein leichter Nordwind die Alpen herunter, mittags ab ca. 13 Uhr kommt die stärkere *Ora* aus dem Süden, die 4–5 Beaufort erreicht. Im flacheren Süden wird dagegen hauptsächlich Familienurlaub gemacht, zahlreiche Strandbäder, Pensionen und weitläufige Campingplätze sind auf die Bedürfnisse ihrer kleinen und großen Gäste eingestellt. Generell ist das Wasser im Norden einige Grad kälter als im Süden. Aber auch bezüglich der Sauberkeit besteht ein gewisses Gefälle: Während der Obersee – laut Eigenwerbung der Kommunen – „Trinkwasserqualität" besitzt, kommt es im Südosten schon mal zu Badeverboten wegen bakterieller Belastung. Das Westufer ist deutlich ruhiger und weniger überlaufen als der Osten und der Süden, im Südosten liegt dagegen mit „Gardaland" ein besonderes Highlight für junge Gäste.

Anfahrt/Verbindungen

- *PKW* Ausfahrten von der Brenner-Autobahn sind **Lago Garda di Nord** (südlich von Rovereto) und **Affi-Lago Garda di Sud** (9 km nördlich von Verona).
- *Bahn* Es gibt nur zwei Bahnstationen am Südende des Sees: **Desenzano** und **Peschiera**, beide an der Bahnlinie Venedig–Verona–Milano. Von **Verona** ist man in einer knappen halben Stunde dort und kann mit Bussen oder per Schiff in alle Seeorte weiterfahren. Von München und Zürich fährt ganzjährig 1 x täglich ein Direktzug zum Gardasee. Viele weitere Verbindungen sind möglich mit Umsteigen in Verona bzw. Mailand, der saisonal verkehrende UrlaubsExpress erreicht Verona z. B. von München, Hamburg und aus dem Rhein-/Ruhrgebiet. Wer in den Norden des Sees will: Von **Rovereto** an der Bahnlinie Brenner–Verona kommt man per Bus schnell ins nahe Riva del Garda.
- *Schiff* Die Fähren und (teureren) Tragflügelboote der **Navigazione sul Lago di Garda** (www.navigazionelaghi.it) pendeln zwischen allen Orten am See, Abfahrten 1–2 x stündl., **Fahrradtransport** ist auf allen Fähren möglich, einige wenige Male am Tag auch Autotransport. Regelmäßiger **Autotransport** zwischen Torri del Benaco (Ostufer) und Maderno (Westufer), Abfahrten alle 1–2 Std.

Westufer (Nord nach Süd)

Die wilde Schönheit des Westufers zeigt sich vor allem im Norden – von Riva bis südlich von Campione stürzen die Felshänge fast senkrecht ins blaue Seewasser. Unterstrichen wird die alpine Dramatik durch das schmale Band der Uferstraße – tief in den Berg gehauen, führt die berühmte „Gardesana Occidentale" mit zahlreichen Tunnels halbhoch über dem See entlang.

Nur an zwei Stellen, wo sich Wildbäche durch die gewaltigen Felsbarrieren gebohrt haben und flache Schwemmlandebenen entstanden sind, haben sich Ortschaften

Eindrucksvoll: Steilfelsen im Nordwesten des Gardasees

Westufer (Nord nach Süd) 81

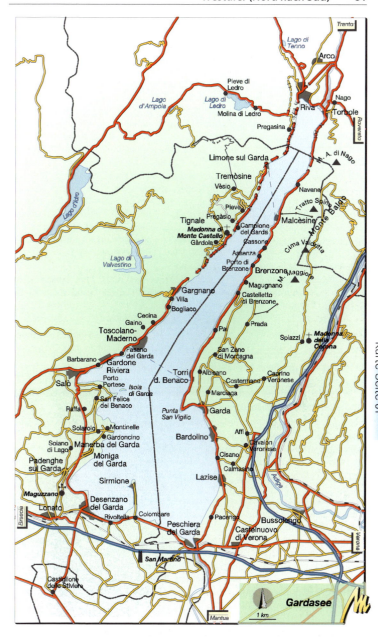

direkt am Seeufer ansiedeln können: *Limone* und *Campione*. Bis 1931 hatten sie noch keinerlei Straßenverbindung. Dazu kommen noch die grünen Hochebenen von *Tremòsine* und *Tignale* mit ihren zahlreichen Ansiedlungen – wie gewaltige Aussichtsbalkone hängen sie hoch über dem See und bieten dem Gast vor allem Ruhe und Entspannung in ländlicher Umgebung, aber auch jede Menge sportlicher Betätigung. Ab *Gargnano* ändert sich der Charakter des Westufers völlig – der alpine Charakter verschwindet, mediterran und südländisch wirkt das Ambiente jetzt. „Riviera Bresciana" wird der Uferstreifen bis Salò genannt und ist schon lange eine bevorzugte Erholungsregion für die Begüterten aus dem nahen Brescianer und Mailänder Tiefland. Seit Ende des 19. Jh. zog das milde, ausgeglichene Klima dann auch wohlhabende Kurgäste aus England, Deutschland und Österreich hierher – das Örtchen *Gardone Riviera* begann damit seine bis heute andauernde Karriere als Nobelbadeort, einige der besten Hotels im ganzen Seegebiet liegen hier. Mit dem „Vittoriale degli Italiani" des exzentrischen Gabriele d'Annunzio besitzt Gardone aber auch eine der interessantesten Sehenswürdigkeiten am See. Die einzige wirkliche Stadt in dieser Ecke ist *Salò*, die vor allem durch das unrühmliche Zwischenspiel der faschistischen „Republik von Salò" bekannt wurde. Südlich von Salò beginnt die milde grüne Hügellandschaft des *Valtenesi*, traditionell bekannt für seinen Wein und seine Oliven, mittlerweile aber vor allem als Camperparadies ein Begriff – mehr als vierzig Plätze warten hier auf Gäste.
Insgesamt hält sich im Westen der Urlaubertrubel gegenüber dem flacheren Ostufer noch in Grenzen. Eine Ausnahme ist lediglich der viel besuchte Bade- und Ausflugsort *Limone*.

Riva del Garda (ca. 14.000 Einwohner)

„Hauptstadt" der nördlichen Seehälfte, geschäftiges Zentrum mit recht großer Altstadt, gehörte bis 1919 zu Tirol. Touristisch für jeden etwas – Schwimmen, Surfen, Radeln, Klettern, Wandern, dazu das Flair einer hübschen und lebhaften Kleinstadt. Die ausgedehnte Badezone ist eine der schönsten und gepflegtesten am See.

Die malerische *Piazza 3 Novembre* am See ist eingefasst von Laubengängen, der 34 m hohe Stadtturm *Torre Apponale* aus dem 14. Jh. ist das Wahrzeichen der Stadt, der Blechengel am Dach dreht sich je nach Windrichtung. Ein paar Ecken weiter steht die mittelalterliche *Rocca*, ganz von einem Wassergraben umgeben, in dem sich Gänse und fette Forellen tummeln. Wegen der brisanten Grenzlage hatte die Festung diverse Herren – von den Skaligern und Visconti über die Bischöfe von Trento bis zu den österreichischen Herzögen. Im Inneren gibt es ein *Museo Civico* mit naturkundlicher Sammlung, einer Pinakothek sowie archäologischen und frühgeschichtlichen Stücken zur Alpenregion. In der barocken Pfarrkirche *Chiesa Santa Maria Assunta* stehen acht Seitenaltäre mit schönen Ölgemälden, am eindrucksvollsten ist die große achteckige *Cappella del Suffragio* (dritte Kapelle rechts). Interessanteste Kirche ist aber die achteckige *Inviolata* an der Umgehungsstraße (Richtung nördlicher Ortsausgang) – konstruiert von einem unbekannten portugiesischen Architekten, birgt sie im barock überladenen Innenraum fantasievolle Stuckdekorationen, prächtige Fresken, Altäre und Gemälde.
Eindrucksvoll thront über der Stadt der steile *Monte Rocchetta* mit der venezianischen *Bastione*, einem Rundturm in 200 m Höhe (ab Via Monte Oro ca. 30 Min. zu Fuß), herrlicher Seeblick.

Riva del Garda

Malerisch am Nordufer: das Städtchen Riva

- *Öffnungszeiten/Preise* **Museo Civico**, April bis Mitte Juni u. Oktober Di–Sa 9–12.30, 14.30–17.30 Uhr, Mitte Juni bis Ende September Di–Sa 9.30–18 Uhr. Mo geschl. (außer Juli/August). Eintritt ca. 3 €, Familienkarte ca. 6 €, unter 10 Jahre frei, von 11 bis 18 und über 65 Jahre ca. 1,50 €. Mit dem gelösten Ticket können auch der Burgturm **Mastio** und der Stadtturm **Torre Apponale** besichtigt werden.

Anfahrt/Verbindungen/Information

- *Anfahrt/Verbindungen* **PKW**, großer gebührenpflichtiger Parkplatz am Viale Fabio Filzi, östlich der Rocca, kostenlos mit Parkscheibe kann man beim Informationsbüro parken.
Bahn, nächste Bahnstation ist Rovereto an der Brenner-Linie, von dort häufig Busse.
Bus, Busstationen in der Neustadt am Viale Trento und an der Fähranlegestelle.
Fähren, mindestens 1 x stündl. gehen Personenfähren über Torbole, Limone und Malcésine in die Orte im Süden.

- *Information* **APT** östlich der Rocca im großen Komplex an der Spiaggia degli Olivi. Bestausgestattetes Büro am See, Bücherregale voll Infomaterial zu allen Orten, Veranstaltungskalender, Wanderkarten etc. Mo-Sa 9–12, 15–18.15, So geschl. ✆ 0464/554444, ✉ 520308, www.gardatrentino.de (deutsche Website).

Übernachten (siehe Karte S. 84/85)

Viele Unterkünfte im Zentrum und Umkreis, trotzdem im Sommer meist ausgebucht, das Infobüro hilft. Weiter außerhalb kann man z. T. schön ruhig unterkommen, Surfer wohnen gerne direkt am Strand.

**** **Sole (17)**, Piazza 3 Novembre, historisches Haus direkt am See, hier logierte einst Friedrich Nietzsche. Heute völlig modernisiert, spiegelnder Marmor, Granit, Glas und Eisen bestimmen das Ambiente. Zimmer mit geschmackvollem Teppichboden, Telefon und TV, große Speiseterrasse am Wasser. DZ mit Frühstück ca. 100–180 €. ✆ 0464/552686, ✉ 552811, www.hotelsole.net

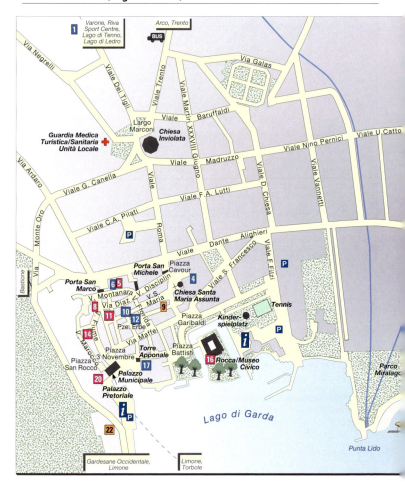

*** **Cervo (10)**, Via Armando Diaz 15a, gepflegtes Haus mitten in der Altstadt, ordentlich ausgestattet, Lift, Zimmer mit Teppichboden und TV, Sonnenterrasse mit Seeblick. DZ mit Frühstück ca. 80–100 €. ✆ 0464/ 552277, ℻ 554367, www.hotelcervoriva.it

*** **Bellariva (21)**, Viale Rovereto 58, im Grünen gelegenes Haus am Badestrand östlich vom Ort, ideal für Surfer (Surfcenter benachbart), ruhige Lage. Zimmer mit TV und Frigo-Bar. DZ mit Frühstück ca. 100–125 €. ✆ 0464/553620, ℻ 556633, www.rivadelgarda.com/bellariva

** **Villa Maria (1)**, Viale dei Tigli 19, kleine Pension im Neubauviertel nördlich der Altstadt, etwa 7 Fußminuten ins Zentrum. DZ mit Frühstück ca. 57–65 €. ✆ 0464/552288, ℻ 561170, www.garnimaria.com

* **La Montanara (6)**, Via Montanara 18–20, in der Altstadt, neun Zimmer, einfach und sauber, unten gemütliche Trattoria. DZ mit Frühstück um die 48 €, mit Etagendusche etwas günstiger. ✆/℻ 0464/554857, E-Mail: enricoevia@dnet.it

* **Casa Alpino (12)**, Via del Corvo 6, Seitengasse der Via Florida. Geräumige und saubere Apartments mit Waschmaschine in zen-

Riva del Garda 85

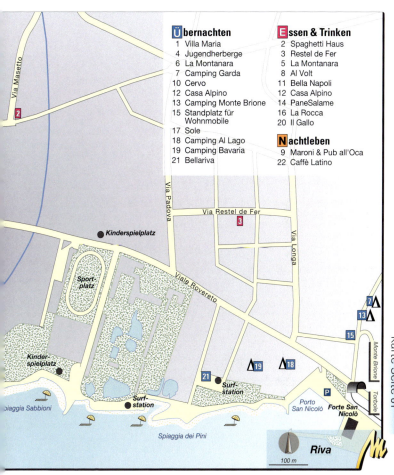

Übernachten
1 Villa Maria
4 Jugendherberge
6 La Montanara
7 Camping Garda
10 Cervo
12 Casa Alpino
13 Camping Monte Brione
15 Standplatz für Wohnmobile
17 Sole
18 Camping Al Lago
19 Camping Bavaria
21 Bellariva

Essen & Trinken
2 Spaghetti Haus
3 Restel de Fer
5 La Montanara
8 Al Volt
11 Bella Napoli
12 Casa Alpino
14 PaneSalame
16 La Rocca
20 Il Gallo

Nachtleben
9 Maroni & Pub all'Oca
22 Caffè Latino

Gardasee Karte Seite 81

traler Lage, unten im Haus preiswertes Restaurant mit Freiterrasse (→ Essen & Trinken). Wohnung mit 4 Betten ca. 75 €, mit 6 Betten 95 €. Drei Tage Mindestaufenthalt.
0464/552245, www.casaalpino.it

* **Rita**, Via Brione 19, unterhalb vom Monte Brione, knapp 2 km vom See an einer wenig befahrenen Straße. Einfache Pension mit familiärer Atmosphäre, relativ ruhig und sonnig, Frühstücksterrasse, Parkplatz. DZ mit Frühstück ca. 70 €. 0464/551798, www.garnirita.com

Eden Marone, Via Marone 11, etwa 2 km landeinwärts vom Zentrum bei San Gia-como, zu erreichen von der S.P 37 nach Tenno und zum Valle di Ledro. Agriturismohof zwischen Weinbergen, etwas oberhalb verläuft allerdings eine Straße. 15 gepflegte, rustikale Zimmer mit Holzdielen, Balkon und Klimaanlage. Hübsche Gemeinschaftsterrasse mit weitem Blick, ländliche Küche, z. T. mit eigenen Produkten (z. B. Öl, Wein und Gemüse). Schmale, holprige Zufahrt. DZ mit Frühstück ca. 65–75 €.
0464/521520, www.edenmarone.it

● *Jugendherberge* **Ostello Benacus (4) (IYHF)**, Piazza Cavour 10, neben der Kirche Santa Maria Assunta im Hinterhaus. Über-

Gardasee (Lago di Garda)

nachtung mit Frühstück im Mehrbettzimmer ca. 14 €, im DZ ca. 18 € pro Pers. April bis Okt., Rezeption offen 8–10 und 18–24 Uhr.
✆ 0464/554911, ℻ 559966, www.ostelloriva.com
- *Camping* Vier Zeltplätze gibt es, aber nur zwei direkt am See.

Bavaria (19), stadtnächster Platz, ca. 3 km östlich vom Zentrum am Viale Rovereto, kleines Gelände unter hohen Bäumen, sanitär einfach, guter Kiesstrand direkt davor, Surfcenter. Ganz passabel das dazugehörige Ristorante/Pizzeria an der Straße. Am Ufer entlang kann man bis nach Riva laufen.
✆ 0464/552524, ℻ 559126, www.bavarianet.it

Al Lago (18), ein Stück weiter in Richtung Torbole, etwas größeres Gelände.
✆ 0464/553186, ℻ 559772, www.campingallago.com

Monte Brione (13), bestausgestatteter Platz bei Riva, landeinwärts der Straße, 350 m zum Strand, großer Swimmingpool.
✆ 0464/520885, ℻ 520890, www.campingbrione.com

Garda (7), kleines Gelände mit 19 Stellplätzen neben „Monte Brione", preiswert.
✆/℻ 0464/552038, E-Mail: villasperanza@tin.it
Standplatz für **Wohnmobile (15)** gegenüber Camping Monte Brione.

Essen & Trinken/Nachtleben

Restel de Fer (3), Via Restel de Fer 10, nicht im Zentrum, sondern landeinwärts der Uferstraße, kurz vor dem Hafen San Nicolò links einbiegen. In einem Haus des 14. Jh. ein Restaurant der gehobenen Kategorie mit herzhafter Trentiner Küche und üppigem Vorspeisenbuffet. Im rustikalen Speisesaal und im großen Gastgarten wird man sehr aufmerksam bedient. Di geschl., im Sommer tägl. geöffnet.

La Rocca (16), schön gelegenes Terrassenlokal vor der Burg, Fischspezialitäten aus dem See. In der Nebensaison Mi geschl.

Al Volt (8), Via Fiume 73, elegantes Gewölbelokal, Feinschmecker schätzen die hausgemachten Nudelgerichte und *gnocchetti*, aufmerksamer Service, wechselnde Speisekarte. Mo geschl.

Il Gallo (8), ruhiges Eckchen an der Piazza San Rocco, ganz zentral und trotzdem versteckt. Kleine Osteria mit einer Handvoll Außentische. Serviert werden u. a. Nudelgerichte, Polenta und *canederli* (Knödel). Mittlere Preise.

PaneSalame (14), Via Marocco 22, versteckte Osteria in einer handtuchschmalen Gasse. Im überwölbten Gastraum werden Bruschette, Wurst und Käse serviert, dazu gibt es eine gute Auswahl an passablen Weinen.

Bella Napoli (11), Via Armando Diaz 29, preiswerte Pizzeria in der Altstadt, Surfer kommen gerne hierher.

Casa Alpino (12), Via del Corvo 6, an einer kleinen, versteckten Piazza, zu erreichen über die Via Florida. Preiswertes Lokal, das auch von Einheimischen besucht wird, ruhige Außenterrasse. Trentiner Küche, z. B. Wild und Polenta. Primi ab ca. 5,50 €, Secondi ab 7 €. Vermietung von Apartments (→ Übernachten).

La Montanara (5), Via Montanara 18, kleine, engagiert geführte Trattoria, in der man sehr gutes Essen zu niedrigen Preisen bekommt. Mi geschl.

Spaghetti Haus (2), Via Masetto 6, außerhalb der Altstadt, vom Strand ein Stück landeinwärts. Sehr beliebter Treff: jede Menge Plätze drinnen und im weitläufigen Garten mit Pool. Zum Lokal gehört ein gut ausgestatteter Kinderspielplatz. Serviert werden dampfende Spaghetti in riesigen Schüsseln, aber auch Fleisch vom Grill, dazu gibt es ein opulentes Salatbuffet. Preise recht erfreulich. Di geschl. Reservierung unter ✆ 0464/551886.

- *Außerhalb* **Alla Grotta**, im Örtchen Grotta (Ortsteil von Arco), direkt unterhalb vom Hang des Monte Brione. Ein altes Bauernhaus, ausgebaut zu einem rustikalen Gasthof, man sitzt an großen Holztischen, garniert mit hübschem Blumenschmuck. Hervorragende Küche: üppiger Rohkostteller *insalatone* mit 12 verschiedenen Salaten, verschiedene eingelegte Gemüse, Zwiebeln etc., Raclette und Fondue Schweizer Art, *carne salada e fasoi* (hauchdünn geschnittenes Pökelfleisch vom Rind mit weißen Bohnen), Nackensteak. Bisher anständige Preise. In der Nebensaison Di geschl., sonst tägl. ab 18 Uhr.

- *Nachtleben* **Maroni (9)**, großes Freiluftcafé am Domplatz, Beginn der Via Santa Maria. In der Saison spielen hier mehrmals wöch. Livebands, gute Akustik in der Gasse.

Pub all'Oca (9), Via Santa Maria 9, gegenüber vom Maroni hinter einer efeubenkten Fassade. Gemütlich ausstaffierte Kneipe im typischen Pubstil. Geführt von einem passionierten Segler, an den Wänden zahlreiche Schiffsmodelle, Ledersofas laden zum Sitzen ein. 18–2 Uhr, Mo geschl.

Tetley's Pub Houses, Viale Rovereto 11/b, beliebter Bikertreff, gemütliche Pubatmosphäre, diverse Biersorten.
Caffè Latino (22), Via Monte Oro 14, ambitioniert geführte Disco in der Nähe der Anlegestelle der Fährschiffe, schöner Seeblick, täglich wechselnde Musikrichtungen, häufig freier Eintritt. Do–Sa 23–4 Uhr.

Sonstiges

- *Märkte* Obst- und Gemüsemarkt Mo–Sa Vorm. an der Piazza delle Erbe; jeden 2. Mi **Kleidermarkt** in den Straßen Via Dante, Prati und Pilati.
- *Baden* langer Kiesstrand mit Surfcentern und Campingplätzen östlich vom Ort.
- *Internet* **Bar Italia**, Piazza Cavour 8, tägl. 7–1 Uhr nachts.
- *Windsurfen* **Pro Center Michiel Bouwmeester**, super Ora-Spot beim Hotel Pier in Richtung Limone, ✆ 0464/551730, ✉ 552667, www.windsurfmb.it
Nautic Club Riva, Viale Rovereto 132, am Hauptstrand von Riva (vor Hotel du Lac et du Parc), geführt von Heiko Borchert. ✆/✉ 0464/552453, www.nauticclubriva.com
Marco Segnana, Windsurfschule am Camping Bavaria, Spiaggia dei Pini. ✆ 0464/ 5059 63, ✉ 505498, www.surfsegnana.it
- *Mountainbikes* **Bikeshop Girelli**, Viale Damiano Chiesa 15–17 ✆ 0464/556602, www.girellibike.it; **Fiori e Bike**, Viale dei Tigli 24, ✆/✉ 0464/551830, www.pederzolli.it
- *Kinder* Geplagte Eltern können ihre Sprösslinge auf dem schönen **Spielplatz** neben dem Wassergraben der Burg beschäftigen.

Riva del Garda/Umgebung

Riva ist reich an lohnenden Ausflugszielen, vor allem Mountainbiker, Wanderer und Kletterer finden ein großes Betätigungsfeld. Ein besonderer Leckerbissen ist die alte *Ponale-Straße* von Riva zum Ledro-See hinauf, die lange wegen Steinschlag gesperrt war, seit 2004 aber wieder geöffnet ist. Wanderer und Mountainbiker können die panoramareiche Serpentinenstrecke nun wieder wie früher nutzen, besonders die rasante Abfahrt hat es vielen Radlern angetan. Die Straße beginnt an der Gardesana kurz vor dem ersten Tunnel südlich von Riva, für Autos ist sie gesperrt.

> Infos zum Nachbarstädtchen Torbole unter Ostufer, S. 100, zu den Seen nördlich von Riva auf S. 69 und S. 139.

▸ **Monte Brione**: Wie ein Riegel schiebt sich dieser 374 m hohe Bergrücken zwischen Riva und Torbole, ein Straßentunnel stellt die Verbindung zwischen beiden Orten her. Direkt vor dem Tunnel zweigt links eine Straße ab, von der wenige Meter weiter rechts eine kurvige Straße ein Stück weit den Berg hinaufführt (für Motorfahrzeuge gesperrt), weiter geht es auf Waldwegen. Die Bergtour ist vor allem beliebt bei Mountainbikern, denn man findet oben noch alte österreichische Bunkeranlagen aus dem Ersten Weltkrieg, deren Betonverschalungen als Trainingsstrecken missbraucht werden können. Herrlicher Seeblick.

▸ **Arco**: sportlich angehauchtes Städtchen 6 km nördlich von Riva im Sarca-Tal. Palmenpromenaden und schmiedeeiserne Pavillons vermitteln noch etwas vom Flair der k. u. k.-Epoche, als Arco ein beliebter Kurort war. Hoch über der Stadt liegt eine malerisch verfallene *Burg* mit herrlichem Blick, zerstört im Spanischen Erbfolgekrieg von den Franzosen unter General Vendôme, vor einigen Jahren grundlegend restauriert und zu besichtigen, u. a. sind ein ehemaliger Kerker, mehrere große Zisternen und ein Saal mit Fresken erhalten. Sehenswert ist auch der große *Botanische Garten* namens „Arboretum".

Gardasee (Lago di Garda)

Die senkrecht hinter der Stadt ansteigenden Felswände sind ein Dorado für Freeclimber. Anfang September finden in Arco sogar alljährlich die Weltmeisterschaften „Rock Master" statt, allerdings an einer künstlichen Kletterwand („Parete Arrampicata"), die in der Nachbarschaft des Campings Arco steht – aus dem einfachen Grund, weil sich dort die Zuschauertribünen besser aufbauen lassen (www.rockmaster.com). Auch für Mountainbiker ist Arco ein populäres Ziel, die in umliegenden Bergen zahlreiche Trails finden.

Dom und Burg von Arco

- *Öffnungszeiten/Preise* **Burg**, April bis September 10–19 Uhr, Oktober und März 10–17 Uhr, übrige Zeit 10–16 Uhr. Eintritt ca. 2,50 €, von 12 bis 18 und über 65 J.ca. 1,50 €; **Arboretum**, April bis September 8–19 Uhr tägl., sonst 9–16 Uhr. Freier Eintritt, Lageplan erhältlich.
- *Information* **APT**, Viale delle Palme 1, vor dem Casinò Municipal. Mo–Sa 9–12, 15–19, So 10–12, 16–19 Uhr. Wie in Riva ebenfalls sehr gut bestückt. ✆ 0464/532255, ✆ 532353, Internet siehe unter Riva.
- *Übernachten* *** **Pace**, Via Vergolano 50, am Ende einer Fußgängergasse, die am Domplatz beginnt. Großes typisches Stadthaus mit modernem Innenleben, Zimmer mit Teppichböden, TV und Telefon. DZ mit Frühstück ca. 80–96 €. Unten im Haus gutes Restaurant, Getränke kann man auf der Außenterrasse zu sich nehmen. Gesundheitsabteilung mit Sauna, Massage, Gymnastik. ✆ 0464/516398, ✆ 518421, www.hotelpace.net

* **Garden**, größeres Albergo im Ortsteil Prabi (nördlich vom Zentrum). Vor allem für Kletterer erste Adresse – das Haus liegt nur 200 m von der Colodri-Kletterwand und 50 m von der Kunstwand „Rock Master". Garten, Schwimmbecken, Parkplatz und gute Küche. Die freundliche Wirtsfamilie Togni spricht Deutsch. 10 Min. ins Zentrum. DZ mit Bad und Frühstück ca. 64 €. ✆ 0464/516379, ✆ 517512.

Die beiden Campingplätze von Arco liegen sehr ruhig im Ortsteil Prabi, direkt an der Sarca, vis-à-vis der Kletterwand.

Camping Arco, sehr groß, mit olympischem Swimmingpool, Tennis, Minigolf und Klettergarten. ✆ 0464/517491, ✆ 515525, www.arcoturistica.com

Camping Zoo, etwas weiter nördlich, naturbelassen und preiswert. ✆ 0464/516232, ✆ 518448, www.camping.it/trentino/zoo

- *Essen & Trinken* **Cantina Marchetti**, stimmungsvoller Weinkeller aus dem 16. Jh., direkt neben dem Dom im freskenverzierten Palazzo Marchetti. Im geräumigen Innenhof werden große Pizzen aus dem Holzofen serviert, außerdem eine üppige Fleischplatte nach Art des Hauses, *filetto di cavallo* (Pferd) und das besonders leckere *carne salada e fasoi*. In der Nebensaison Mo geschl.

Alla Lega, Via Vergolana 8, hier isst man ebenfalls gut im gemütlichen, weinüberrankten Innenhof. Mi geschl.

Erlebnis Natur: Wasserfall Cascata Varone

Wenige Kilometer nördlich von Riva hat man die Gelegenheit, ein überwältigendes Naturschauspiel zu beobachten: Mit unglaublicher Wucht stürzt sich ein fast 100 m hoher Wasserfall durch einen turmhohen Spalt im Fels, ausgehöhlt in einer 20.000 Jahre dauernden Erosion. Verantwortlich dafür ist der darüber liegende Tenno-See, dessen abfließendes Wasser einfach im Berg verschwindet und als Fluss Varone in den Gardasee fließt, z. T. mit Pipelines von der ansässigen Papierindustrie genutzt. In zwei Stollen, die in den Fels gegraben sind, kann man ganz nah an den Sturzbach herankommen. Binnen kurzem ist man von der Gischt nass bis auf die Haut, die Temperatur gleicht einem Kühlschrank – besonders an heißen Sommertagen eine echte Wohltat.

Die gut beschilderte Cascata Varone liegt etwa 3 km nördlich von Riva bei Varone, kostenloser Parkplatz. Geöffnet Nov. bis Feb. nur sonntags 10–12.30, 14–17 Uhr; März u. Okt. 10–12.30, 14–17 Uhr; April u. Sept. 9–18 Uhr; Mai bis August tägl. 9–19 Uhr. Eintritt ca. 4 €, Kinder bis 5 Jahre gratis.

Von Riva del Garda nach Limone

Die Gardesana Occidentale (SS 45 bis) zieht sich mit zahlreichen Tunnels und Galerien am üppig bewachsenen Steilufer entlang.

Angepasste Fahrweise ist hier eine unbedingte Notwendigkeit. In den Tunnels kommt es immer wieder unvermutet zu Staus, z. B. wenn sich zwei schwere LKWs begegnen und Millimeterarbeit leisten müssen – und schon ein einziger Fahrradfahrer kann eine Kolonne hinter sich herziehen. Den letzten Tunnel durchquert man etwa 3 km nördlich von Gargnano.

Unterwegs auf einer Straße mit Weltruhm: die Gardesana Occidentale

Noch Ende der 1920er Jahre gab es keine durchgehende Küstenstraße am Gardasee, weder am West- noch am Ostufer. Der Nordzipfel des Sees gehörte zu Österreich, der Süden den Italienern – dazwischen stürzten die von Gletschern abgeschliffenen Hänge direkt ins Wasser und bildeten eine natürliche Grenze. Lediglich auf dem Schiffsweg konnte man die Dörfer an den beiden Flanken der oberen Seehälfte erreichen: Limone, Campione, Malcèsine u. a. – Goethe beispielsweise legte auf seiner „Italienischen Reise" in Torbole mit dem Boot ab, passierte Limone und landete in Malcèsine, weiter ging es per Schiff bis Bardolino am Ostufer. Von Süden kommend endete die Straße am Westufer lange Zeit in Salò, 1872 verlängerte man sie bis Gargnano. Erst als die Österreicher nach dem Ersten Weltkrieg das Trentino aufgeben mussten, erschienen Uferstraßen in voller Länge notwendig: 1929 wurde die „Gardesana Orientale" (SS 249) am Ostufer fertig gestellt, 1931 die „Gardesana Occidentale" (SS 45). Vor allem Letztere war ein äußerst kühnes Projekt mit mehr als 70, teils kilometerlangen Tunneln und Galerien – ihre Streckenführung musste später nochmals geändert und verbessert werden, die alte Trasse ist noch teilweise erhalten. Während der Zeit der faschistischen „Republik von Salò" 1943–45 (→ S. 96) sperrte man die Straße, in den bombensicheren Tunnels bauten die Fiatwerke damals Flugzeuge zusammen.

Limone
(ca. 1000 Einwohner)

Das Örtchen zwängt sich malerisch unterhalb der Steilfelsen ans Wasser – dank seiner herrlichen Lage, wegen der üppigen Blumenpracht und der großen Zitronengewächshäuser ist es ein bevorzugtes Ziel zahlloser Reisegruppen, die ständig mit Bus und Schiff angekarrt werden und die kleine Altstadt überschwemmen.

Noch in den zwanziger Jahren besaß Limone keine Straßenverbindung und war nur über den See zu erreichen. Man lebte von Oliven und Fischfang, baute außerdem in großen Gewächshäusern Zitronen an, deren charakteristische Pfeilerreihen bis heute das Ortsbild prägen. Obwohl ihr Anbau längst eingestellt wurde, vermarktet Limone sein „Zitronenimage" trefflich: Egal ob Hausnummern, T-Shirts, Handtücher, Souvenirs oder Infobroschüren – die Zitrone ist überall dabei. Der Name Limone rührt allerdings nicht davon her, sondern vom lateinischen Wort „Limes", denn wenige Kilometer nördlich verlief lange die Grenze zwischen Italien und Österreich.

Heute blüht in den hübschen, engen Gässchen der Andenkenkitsch – von bunten Fahnen über jubilierende Porzellanengel bis zu billigen Lederimitaten ist alles zu haben. Über dem Ort thront der üppige Barockdom *San Benedetto* mit verschlungenen Seitenaltären, vom Vorplatz hat man einen unverbauten Blick über den See. Oberhalb der Schiffsanlegestelle steht das Kirchlein *San Rocco* aus dem 16. Jh., errichtet als Danksagung für die Verschonung vor der Pest.

Südlich von Limone weitet sich die Uferebene, dort liegen die lange Strandzone, ein großes Sportzentrum und zwei Campingplätze. Eine schöne Panoramastraße führt hinauf zur Hochebene von Tremòsine.

- *Anfahrt/Verbindungen* großer gebührenpflichtiger **Parkplatz** bei der Zufahrt nach Limone am neuen Hafen unten. Zwischen Limone und dem gegenüberliegenden Malcésine pendeln **Fähren** mit Autotransport.
- *Information* **IAT (Informazione e Accoglienza Turistica)**, am Parkplatz Caldogno, direkt an der Gardesana Occidentale. Reichlich Prospektmaterial in Deutsch. Mo–Sa 9–12.30, 15.30–19 Uhr, So geschl. ✆ 0365/918987. Weiteres Infobüro am **Parkplatz** am neuen Hafen. ✆ 0365/954265.
- *Übernachten* Die meisten Hotels arbeiten mit Reiseagenturen zusammen und sind auf Pauschaltouristen eingestellt.

*** Splendid Palace, Via IV Novembre 70, zwei miteinander verbundene Häuser, beide mit Pool, etwas oberhalb der Via Nova, im Umkreis mehrere Zitronengewächshäuser. Das Hotel steht zwar direkt an der Gardesana Occidentale, jedoch liegen die gut ausgestatteten Zimmer zur ruhigen Seeseite hin, fantastischer Blick. Unterhalb der Via Nova kann man zur hoteleigenen Liegefläche am See hinuntersteigen. DZ mit Frühstück ca. 70–140 €. ✆ 0365/954031, 954120, www.sunhotels.it

** Al Rio Se, Via Nova 12, etwa 800 m nördlich vom Zentrum. Familiär geführtes Albergo mit kleinem Pool und gutem Restaurant, hervorzuheben die schöne Panoramaterrasse. Durch einen Weingarten steigt man hinunter zum Seeufer mit schmalem Kiesstrand. Parkplatz. DZ mit Frühstück ca. 68–84 €. ✆ 0365/954182, www.hotelalriose.com

** Augusta, Via Nova 14, ähnlicher Standard wie beim Nachbarn, ordentliche Zimmer, Restaurant, hübscher Swimmingpool im Olivenhain. DZ mit Frühstück ca. 60–84 €. ✆ 0365/954157, www.limone.com/augusta

* Monte Baldo, einfache, solide Herberge direkt am malerischen, alten Hafenbecken, seit Jahrzehnten als Hotel geführt, nicht ganz leise. DZ ca. 44–50 €, nur Etagendusche. ✆ 0365/954021.

Südlich vom Zentrum liegen **Camping Garda** und **Camping Nanzell**.

- *Essen & Trinken* Kulinarische Höhepunkte gibt es nur bedingt, der ständige Touristenstrom drückt auf die Qualität.

Le Palme, Via Porto 36, im gleichnamigen Hotel, schöne Seeterrasse mit Palmen und feiner Küche, es gibt auch ein Kindermenü.

Gemma, Piazza Garibaldi, Terrassenlokal mitten im Zentrum, stimmungsvolle Lage direkt

Am Strand „La Fontanella": Im Hintergrund die Villa Feltrinelli, ehemaliger Wohnsitz Mussolinis, heute ein Luxushotel

am See. Gute Küche, z. B. leckere Forellen, Preise noch im Rahmen (Coperto/Servizio inbegriffen). Mi geschl.

Al Torcol, Via IV Novembre 44, gegenüber vom Parkplatz, unterhalb der Durchgangsstraße. Rustikale Alternative zum See unten, geräumige, überdachte Terrasse, große Auswahl, viel vom Grill, auch Pizza.

• *Shopping* **Cooperativa Agricola Possidenti Oliveti**, Via Campaldo 2. Bei der Berufsgenossenschaft der Olivenbauern im oberen Ortsbereich von Limone gibt es nicht nur Öl, sondern auch viele weitere kulinarische Produkte. Besichtigung der Ölmühle Juli bis Sept. Mo–Fr 16–18 Uhr.

Tipp: Von Juni bis September gibt es 1–2 x wöch. geführte kostenlose Wanderungen in den Bergen oberhalb von Limone, Auskünfte und Anmeldung im Tourist-Büro.

Von Limone nach Gargnano

Die Uferstraße verläuft weiterhin mit zahlreichen Tunnels hoch über dem See, kaum Ortschaften.

▸ **Campione del Garda**: ruhiges Seedorf unterhalb einer himmelhohen Felswand, nur wenige Besucher verirren sich hierher. Aufgepasst: Abfahrt von der Gardesana mitten in einem Tunnel! Historisch interessant ist der große Komplex einer ehemaligen *Baumwollspinnerei*, der jedoch in eine exklusive Ferienanlage umgebaut werden soll. Am Nordende vom Ort Kiesstrand und Stellplatz für Wohnmobile (kostenpflichtig).

▸ **Pieve di Tremosine**: Etwas nördlich von Campione zweigt eine abenteuerlich schmale und steile Bergstraße (langsam und vorsichtig fahren!) durch eine enge Schlucht ins hübsche Dörfchen Pieve auf der Hochebene von Tremosine ab. Das Restaurant

Gardasee (Lago di Garda)

„Miralago" ist dort fast 400 m über dem Gardasee direkt über die Kante der senkrecht abfallenden Felswand gebaut! Spektakulärer kann kaum ein Ausblick sein.

▸ **Madonna di Monte Castello**: berühmte Wallfahrtskirche in fantastischer Lage auf einem steilen Felsvorsprung hoch über dem See. Zu erreichen auf einer Straße, die nördlich von Gargnano von der Gardesana abzweigt und nach Gardola auf die Hochebene von Tignale hinaufführt (langsam fahren, damit man den Abzweig nicht verpasst, Zufahrt sehr steil!). Oberhalb der Kirche kann man noch bis zum Gipfelkreuz klettern und hat vor sich eins der schönsten Fotomotive am See.

Gargnano (ca. 3300 Einwohner)

Schönes historisches Städtchen mit historischem Flair und ruhiger friedvoller Atmosphäre. Bademöglichkeiten allerdings nur bescheiden.

Am stimmungsvollen Hafenbecken stehen alte Palazzi, in deren Fassaden Kanonenkugeln stecken – 1866 beschossen österreichische Truppen den Ort während der „Risorgimento"-Aufstände, die schließlich zur nationalstaatlichen Einigung Italiens führten. 1943–45 war der zentral gelegene *Palazzo Feltrinelli* Sitz der faschistischen „Republik von Salò" unter Hitlers Marionette Mussolini. Seinen Wohnsitz hatte der Duce in der etwa 1 km nördlich liegenden *Villa Feltrinelli*, die vor einigen Jahren zum Luxushotel ausgebaut wurde (Zimmer ab rund 700 € aufwärts). Sehenswert ist im Ort die Kirche *San Francesco* mit hübschem Kreuzgang, dessen Kapitelle steinerne Orangen und Zitronen zieren.

- *Information* **Pro Loco**, kleines Büro unter den Arkaden am Hafenbecken. 9–12, 15.30–18.30 Uhr, So Nachmittag und Mo Vormittag geschl. ✆/✉ 0365/71222, www.prolocogargnano.it
- *Übernachten* ***** Villa Giulia**, prächtige, historische Villa im viktorianischen Stil, nördlich vom Zentrum direkt am Seeufer, sehr ruhige Lage. Komfortable Zimmer, Swimmingpool, Privatstrand und Terrasse über dem See. DZ mit Frühstück ca. 205–295 €. ✆ 0365/71022, ✉ 72774, www.villagiulia.it
*** Du Lac, Ortsteil Villa, Via Colletta 21. Kleine, leuchtend ockerrot gestrichene Stadtvilla direkt am See, 12 Zimmer mit Balkon. Seit vielen Jahren in Familienbesitz, musikliebender Gastgeber, Klavierzimmer, sehr hübsch der Wintergarten mit darüberliegender Terrasse, Zimmer mit historischem Mobiliar eingerichtet. DZ mit Frühstück ca. 84–120 €, gutes Preis-Leistungsverhältnis. Leider kein direkter Zugang zum See. ✆ 0365/71107, ✉ 71055, www.hotel-dulac.it
*** Bogliaco, im ruhigen gleichnamigen Ort südlich von Gargnano. Das große, repräsentative Albergo neben dem Hafen wird freundlich geführt und besitzt schlichtelegante Zimmer mit TV. Vor der Tür eine Terrasse direkt am See, idyllischer Platz für ein Abendessen zu zweit. Gute Küche und hervorragender Service. Signore Roberto und seine Frau sprechen auch Deutsch. DZ mit Frühstück ca. 78–95 €. ✆ 0365/71404, ✉ 72780, www.hotelbogliaco.it
* Gargnano, seit 1901 direkt am Hafenbecken, schlichtes Albergo mit nostalgischem Charme in stimmungsvoller Lage, sehr schöner Blick. DZ ca. 48–65 €. ✆ 0365/71312.
Camping Rucc, kleiner Grasplatz oberhalb vom Parco Fontanella, 2 Minuten zum See. ✆/✉ 0365/71805.
- *Essen & Trinken* **La Tortuga**, Via XIV Maggio 7, wenige Meter vom Hafenbecken. Seit Jahren ist das kleine, gemütliche Lokal auf der Bestsellerliste aller kulinarischen Führer zu finden, auch einen Michelin-Stern besitzt es. Maria und Dani Filippini kreieren fantasievolle Gardasee-Küche, z. B. die leckere *terrina di pesce di lago*, die Zutaten stammen weitgehend aus der direkten Ortsumgebung. Gehobene Preise, Menü gut 50–60 €. Da sehr klein, Reservierung nötig unter ✆ 0365/71251. Di abends und Mo geschl.
Riviera da Giorgio, zentral gelegene Pizzeria seitlich vom Hafenbecken, Sitzplätze ausgesprochen stimmungsvoll auf einer Plattform über dem See. Leckere Pizze und maßvolle Preise.
Osteria del Restauro, Piazza Villa 1, am kleinen Hafenbecken vom Ortsteil Villa, südlich

anschließend an Gargnano/Zentrum, kreative Küche zu maßvollen Preisen in einer ehemaligen Werkstatt. Nur abends, Sa/So auch mittags, Mi geschl. Reservierung unter ✆ 0365/72643.

▸ **Toscolano-Maderno**: weitläufiger Doppelort nördlich und südlich vom Toscolano-Fluss. Maderno besitzt einen ruhigen Altstadtkern, ansonsten aber außer den guten Bademöglichkeiten wenig, was zum Bleiben reizt. Autofähren pendeln etwa stündlich nach Torri del Benaco am Ostufer. Größte Sehenswürdigkeit ist die romanische Kirche *Sant'Andrea* an der Durchgangsstraße, Nähe Anlegestelle (8–11.30, 14.30–18 Uhr). Im hoch gelegenen Örtchen *Maclino* isst man mit herrlichem Panoramablick im Restaurant „Rustichel" (Di geschl.).

Gardone Riviera (ca. 3000 Einwohner)

Der einstige Nobelurlaubsort der Belle Epoque ist heute ein populäres Ausflugsziel, denn das „Vittoriale" und der Botanische Garten locken jährlich Hunderttausende an.

Bekannt ist Gardone Riviera für seine prachtvolle Vegetation – stolze Zypressen, wertvolle Nadelhölzer und üppige Bananenstauden ziehen sich die steilen Hänge hinauf. Am See unten steht das altehrwürdige Grand Hotel mit seiner 300 m langen Seeterrasse, im Umkreis zwängen sich nur wenige Gassen ans Ufer. Der eigentliche alte Ortskern liegt mit blumenüberwucherten Balkonen, kleinen Plätzen und Treppengässchen hoch oben am Hang.

▸ **Il Vittoriale degli Italiani**: Vis-à-vis vom oberen Ort steht umgeben von einem riesigen Park die berühmte Behausung des exzentrischen und faschistisch gesinnten Poeten, Kriegs- und Frauenhelden Gabriele d'Annunzio (1863–1938), wohl die originellste Sight-Seeing-Attraktion am See. Seine literarischen Ergüsse sind künstlerisch

Vollgepackt mit Kunst und Kitsch: die Villa des Dichters d'Annunzio

Gardasee (Lago di Garda)

inzwischen weitgehend vergessen und in politischer Hinsicht mehr als fragwürdig. Was blieb, ist das monströse Vittoriale und die Erinnerung an den hässlichen Zwerg, dem die Frauen nachliefen – eine davon war die seinerzeit berühmte Schauspielerin Eleonora Duse.

Die *Villa Cargnacco*, das ehemalige Wohnhaus d'Annunzios, wirkt wie eine Mischung aus Kuriositätenkabinett, Antiquariat und Trödelmarkt. Die engen Gänge und düsteren Räume werden durch bunte Bleiglasfenster nur schummrig erleuchtet und sind voll gestopft mit orientalisch anmutenden Polsterlagern, zahllosen Büchern jeglichen Alters (darunter viele deutsche, die aus der Enteignung eines deutschen Kunstsammlers stammen) sowie christlichen Heiligen- und indischen Buddhafiguren.

In der benachbarten Casa Schifamondo ist eine *d'Annunzio-Ausstellung* mit Notizen, politischen und literarischen Entwürfen, Karikaturen, Fotos und Büsten zu bewundern, ein ziemlich zusammengewürfeltes und vergleichsweise uninteressantes *Kriegsmuseum* (separate Eintrittsgebühr) sowie das so genannte *Auditorium*, in dessen Kuppel der Doppeldecker hängt, mit dem d'Annunzio während des Ersten Weltkriegs in einer publikumswirksamen Aktion von Padua bis Wien mitflog, um dort Flugblätter abzuwerfen.

In der weitläufigen Gartenanlage findet man das *Mausoleum* des Dichters und den eindrucksvoll in den Berghang zementierten Schiffsbug der *Puglia*, mit der der wackere Poet noch kurz nach Beendigung des Ersten Weltkriegs einen Zipfel italienischen Lands zurückerobern wollte, der Jugoslawien zugesprochen worden war.

- *Öffnungszeiten/Preise* Vittoriale (Gartenanlage), April bis September tägl. 8.30–20 Uhr, Oktober bis März tägl. 9–17 Uhr. Eintritt ca. 6 € (von 7–12 Jahren ca. 4,50 €). **Vittoriale** und **Villa Cargnacco** (Wohnhaus), April bis September Di–So 9.30–19 Uhr, Oktober bis März Di–So 9–13, 14–17 Uhr, Mo geschl. Eintritt ca. 11 € (Studenten, Senioren über 60 und Kinder von 7–12 Jahren ca. 8 €), mit **Il Museo della Guerra** (Kriegsmuseum) ca. 16 € (ermäß. 11 €). Kriegsmuseum von April bis Sept. nur Do–Di 9.30–19 Uhr.

▸ **Botanischer Garten**: Der *Giardino Botanico Hruska* liegt wenige Minuten unterhalb des Vittoriale. Anfang unseres Jahrhunderts vom deutschen Zahnarzt Arthur Hruska entworfen, wachsen hier tausende tropischer, subtropischer und alpenländischer Pflanzen zwischen künstlichen Bächen und wilden Kalkfelsen – u. a. trifft man auf Orchideen und einen ganzen Bambuswald. Besitzer des Paradiesgartens ist seit 1988 der Wiener Künstler André Heller.

- *Öffnungszeiten/Preise* März bis. Okt. tägl. 9–19 Uhr, Eintritt ca. 6 €, Kinder bis 11 J. 3 €.
- *Übernachten* *** **Villa Capri**, gepflegtes und geschmackvolles Haus am Seeufer, freundlich geführt und vor einiger Zeit renoviert. Im ganzen Haus Teppichboden und elegantes Mobiliar, im schönen Park mit Pool kann man ruhig liegen, davor Einstieg zum See. DZ mit Frühstück ca. 135–185 €. ✆ 0365/21537, ✆ 22720, www.hotelvillacapri.com
* **Diana**, Lungolago d'Annunzio 30, am Südende der Promenade von Gardone, eins der ganz wenigen preiswerten Häuser direkt am See, einfach und sauber, schöner Seeblick. DZ ca. 52–75 €, Frühstück extra. ✆ 0365/21815.

Zimmervermietung auch in der Locanda/Restaurant **Agli Angeli** (→ Essen & Trinken). DZ mit Frühstück ca. 72–90 €. ✆ 0365/20832.

- *Essen & Trinken* **Casinò al Lago**, Corso Zanardelli 142 (Abzweig zum Vittoriale), schöne Lage am See, das ehemalige Casino des 19. Jh. wurde zu einem edlen Belle-Epoque-Restaurant umgestaltet. Menü ca. 30–50 €. Mo geschl.

Agli Angeli, freundlich geführte Trattoria im alten Ortskern von Gardone Sopra, gegenüber vom Vittoriale die Gasse hinein, Piazza Garibaldi 2. Man sitzt angenehm in einem kleinen Hof oder in zwei kleinen Innenräumen. Feine, etwas teurere Küche.

Blick auf die grüne Bucht von Salò

Riolet, in Fasano Sopra hoch über dem See, gemütliche Trattoria mit herzhafter Küche, günstigen Preisen und tollem Terrassenblick. Mi geschl. Reservierung sinnvoll, ✆ 0365/20545.

Südlich von Gardone Riviera treten die Berge vom Ufer zurück, der flache Südteil des Gardasees beginnt. Bis auf Salò gibt es hier keine größere Stadt, und auch die Durchgangsstraße verläuft nicht direkt am See.

Salò

(ca. 11.000 Einwohner)

Größerer Ort in einer weiten, geschützten Bucht – kein reines Touristenziel, dafür die authentische Atmosphäre eines quirligen Städtchens, in dem Einheimische noch die Hauptrolle spielen. Die lange Uferpromenade verlockt zum Spazierengehen.

Hinter der breiten Seefront schlängelt sich die lange, schmale Fußgängerzone vom Uhrturm zur zentralen Piazza Vittoria am See. In den alten Palazzi haben sich zahlreiche schicke Boutiquen eingenistet, seitlich steigen Treppenwege zur Durchgangsstraße hinauf. An der Seepromenade steht das Rathaus, in dessen hübscher Säulenhalle das Informationsbüro zu finden ist. Landeinwärts vom Ostende der Promenade steht der Dom *Santa Maria Annunziata* mit Renaissanceportal und einigen wertvollen Gemälden, darunter an der linken Seitenwand der „Heilige Antonius von Padua" aus dem 16. Jh. – der Maler Gerolamo da Romano konnte sich einen kritischen Seitenhieb gegenüber seinem Auftraggeber nicht verkneifen und stellte ihn als eher unangenehmen Zeitgenossen dar, von dem sich sogar die Engel angewidert abwenden. Ein Strand liegt unter hohen Zypressen an der Südseite der Bucht gegenüber von Salò, dort gibt es auch mehrere Campingplätze.

● *Information* **IAT**, im Rathaus, Lungolago Giuseppe Zanardelli 52, wenige Schritte von der zentralen Piazza Vittoria. Mo–Sa 9–12.30, 15–18 Uhr, Mi-Nachmittag und So geschl. ✆/📠 0365/21423, www.bresciaholiday.com

Gardasee (Lago di Garda)

- *Übernachten* **** **Laurin**, Viale Landi 9, Hotel alter Grandezza mit Jugendstilausstattung vom Feinsten und komfortablen Zimmern – schon die Nazis wussten das zu schätzen und richteten das Außenministerium der „Republik von Salò" hier ein. Herausragend sind die großartigen Fresken von Landi und Bertolotti in Speisesaal und Salon. Im Garten vor dem Haus gibt es einen Pool und eine Liegewiese. Einzig ungünstig liegt die Lage etwas oberhalb der lauten Hauptstraße Richtung Norden. Eine Dependance liegt allerdings direkt am See unten. DZ mit Frühstück ca. 175–295 €. ✆ 0365/22022, ✎ 22382, www.laurinsalo.com

*** **Benaco**, Lungolargo Zanardelli 44, elegantes, nicht allzu großes Haus an der Promenade, Zimmer mit TV und Seeblick, das hauseigene Restaurant bietet gute Küche. Gäste erhalten kostenlos Fahrräder. DZ mit Frühstück ca. 65–100 €. ✆ 0365/20308, ✎ 21049, www.gardalake.it/benaco

** **Lepanto**, Lungolargo Zanardelli 67, hübsche Lage am Ostende der Promenade, in Domnähe. Unten im Haus Restaurant – wenn man sich durch die damit verbundenen Geräusche nicht stören lässt, eine gute Wahl. DZ mit Bad ca. 52 €, mit Etagendusche ca. 40 €, Frühstück extra. ✆/✎ 0365/20428, E-Mail: hotel.lepanto@libero.it

Mehrere Campingplätze liegen an der Südseite der Bucht, zu empfehlen sind **Al Weekend** und **Eden**.

- *Essen & Trinken* **La Campagnola**, Via Brunati 11, ein Stück zurück von der Durchgangsstraße, im Hinterhaus mit überdachtem Hof. Die „Osteria con cucina" bietet ausgezeichnete Seeküche und Pasta aus eigener Produktion, dazu eine der besten Weinkarten weit und breit. Mo und Di mittags geschl. Reservierung unter ✆ 0365/22153.

Antica Trattoria alle Rose, Via Gasparo da Salò 33, in einer engen Gasse der Altstadt, authentisch-fantasievolle Küche und fürs Gebotene günstige Preisen. Kleine, überdachte Gartenterrasse. Mi geschl. Reservierung unter ✆ 0365/43220.

Lepanto, Lungolago Zanardelli 67, hier speist man ruhig am Ostende der Promenade. Do geschl.

- *Cafés* **Vassali**, Via San Carlo 84, mitten in der Fußgängerzone liegt das renommierteste Café der Stadt. Spezialität sind die *croki* (Nuss-/Karamelplätzchen) und die „Küsschen" *bacetti* (Pralinen), die man auch in handlichen Geschenkpackungen erwerben kann. Di geschl.

Marionette Hitlers: Die Republik von Salò

Juli 1943 – nach dem Sieg in Nordafrika erobern die Alliierten Sizilien und bereiten die Landung auf dem italienischen Festland vor. „Schluss mit dem Krieg", diese Meinung breitet sich immer mehr aus. Die faschistische Partei wird aufgelöst, Mussolini zum Rücktritt gezwungen und auf Befehl König Vittorio Emanuele III. in einem Berghotel auf dem Gran Sasso in den Abruzzen inhaftiert. Am 12. September 1943 befreien ihn von dort in einer spektakulären Aktion deutsche Luftlandetruppen in Lastenseglern. Bereits wenige Tage später muss der ehemalige Duce auf Betreiben Hitlers die faschistische „Repubblica Sociale Italiana" gründen. Als Standort der Marionettenregierung werden Salò und das nahe Gargnano am Gardasee gewählt. Das „Außenministerium" (heute Hotel Laurin → Übernachten) und das „Kulturministerium" werden in Salò installiert, Mussolini selber sitzt in der „Staatskanzlei" in Gargnano. Hitler hat ihn dort völlig in der Hand und hält ihn unter Beobachtung. Konkrete Aufgaben hat die faschistische Regierung allerdings kaum, und im April 1945 nähern sich die alliierten Streitkräfte den Alpen. Mussolini flieht zum Comer See, um von dort in die neutrale Schweiz zu gelangen. Doch kurz vor der Grenze wird er von italienischen Partisanen erkannt und zwei Tage später zusammen mit seiner Geliebten Claretta Petacci in Giulino di Mezzegra etwas oberhalb vom See erschossen. Die Stelle ist heute mit einem Kreuz gekennzeichnet (→ Comer See, S. 203).

Di Novo, Via Butturini 24, Pasticceria in der Fußgängerzone, man sitzt an kleinen Tischchen, nippt am exzellenten Kaffee und kostet das selbst gemachte Gebäck.

• *Weinlokale/Nachtleben* **Osteria dell'Orologio**, ganz zentral in der Via Butturini 26/a (Fußgängerzone), schöne Osteria im traditionellen Stil, unten großer Tresen und eine Handvoll Tische, im ersten Stock Restaurant mit guter regionaler Küche. Nur abends, Mi geschl.

Cantina Santa Giustina, Salita Santa Giustina, das wohl urigste Lokal der Stadt, untergebracht in einer Art Grotte. Zwar in erster Linie Weinhandlung, doch es gibt verschiedene leckere Happen, dazu kann man sich durch die Weine kosten. Deutscher Inhaber. Nur abends, Mo geschl.

La Valtenesi

Grüne Wiesen- und Weinlandschaft im Südwesten des Gardasees – sanft hüglig und ohne große Ortschaften, jedoch ziemlich zersiedelt. Es gibt keine durchgehende Uferstraße, vielmehr führen schmale Stichstraßen zu Kiesstränden mit vielen Dutzend Campingplätzen. Siedlungszentren sind u. a. *San Felice del Benaco*, *Manerba del Garda*, *Moniga del Garda* und *Padenghe sul Garda* – die beiden letzteren mit je einem großen Kastell, in dem Wohnsiedlungen entstanden sind.

▸ **Santuario della Madonna del Carmine**: etwas südlich außerhalb von San Felice (beschildert), ehemalige Karmeliterkirche aus dem 15. Jh., heute ein populäres Wallfahrtsziel. Die gut erhaltenen Fresken zeigen deutlich den Übergang vom starren Formenkanon der Gotik zur lebendigen Menschendarstellung der Renaissance. Neben der Madonna del Carmine werden hier noch zahlreiche weitere Heilige verehrt, ihre Konterfeis schmücken die ganze Kirche.

Bei niedrigerem Wasserstand kann man die Isola San Biagio trockenen Fußes erreichen

Manerba del Garda (ca. 3000 Einwohner)

Manerba besteht aus mehreren Dörfern, die sich etwas landeinwärts vom See aneinander reihen: *Balbiana, Solarolo, Montinelle* und *Gardoncino*. Die Uferzone zeigt sich hier besonders malerisch und ist vielleicht die schönste im ganzen Valtenesi. Dominierend ist der markante Felsblock *Rocca di Manerba*, der zum Wasser hin senkrecht abfällt. Nördlich davon stößt die lange schmale Landzunge *Punta Belvedere* in den See. Die vorgelagerte Isola *San Biagio* ist von einem fahlweißen Kalksteinring umgeben, die niedergetrampelten Grasflächen werden zum Sonnen und Picknicken genutzt, im Sommer ist auch eine Bar mit gemütlichen Außentischen geöffnet. Reizvoll: Bei tiefem Wasserstand, meist im Hochsommer, besteht von der Punta Belvedere aus eine steinige Landverbindung und man kann vom kleinen *Porto Torchio* am Nordfuß der Landzunge am Campingplatz San Biagio entlang trockenen Fußes hinübergehen. In der Hochsaison gibt es von dort auch mehrmals täglich Bootsverbindungen.

Nördlich der Landzunge erstreckt sich ein langer Kiesstrand, der die gesamte Bucht einnimmt, schön zum Spazierengehen.

- *Information* **Pro Loco** am Viale Risorgimento 1, ℡ 0365/551121.
- *Übernachten* ** **Belle Rive**, sehr sauberes Mittelklassehaus, wenige Meter vom Strand. Gutes hauseigenes Restaurant mit Terrasse zum See. Eigener Parkplatz. DZ mit Frühstück ca. 74–80 €. ℡ 0365/554160, ℻ 554163, www.belleriverdarenato.it

** **Zodiaco**, wenige Meter vom Strand, aufmerksam und familiär geführt, gutes Restaurant, schöner Garten mit Pool, Parkplatz. Viele Stammgäste. HP pro Kopf ca. 51–54 €. ℡ 0365/ 551153, ℻ 552184, www.gardalake.it/hotelzodiaco

*** **Manestrini**, Via Avanzi 11, großes, grünes Hügelgrundstück in Soiano del Lago, einige Kilometer landeinwärts. Die Ölmühle Manestrini produziert gutes Olivenöl und vermietet in ihrem schönen Landhaus Apartments mit Pool und Restaurant. Nicoletta spricht hervorragend Deutsch. Studio ca. 45–75 €, Apt. ca. 65–125 €. ℡ 0365/502231, ℻ 502888, www.manestrini.it

- *Camping* ** **Rio Ferienglück**, gegenüber der beiden o. g. Hotels, ebener Rasenplatz unter Pappeln direkt am Strand, schöner Swimmingpool. ℡ 0365/551450.

** **Romantica**, terrassierter Platz unter Laubbäumen, langer, schmaler Strand, Disco benachbart. ℡/℻ 0365/651668.

** **Zocco**, am 300 m langen Strand südlich der Rocca di Manerba, terrassierter Platz mit Wiesen, Tennis, Kinderspielplatz, Bootsslip. Vermietung von modernen Apartments. ℡ 0365/551605, ℻ 552053, www.campingzocco.it

Auf der Punta Belvedere: **** **La Rocca**, weitläufiges, flaches Wiesengelände über dem Südrand der Landzunge, großer Pool mit Kinderbecken, Tennis, Kinderspielplatz, Bootslipanlage. Zum Strand Unterführung unter einer wenig befahrenen Straße hindurch. ℡ 0365/551738, ℻ 552045, www.gardalake.it/larocca

*** **Belvedere**, etwas erhöht über dem Nordufer der Landzunge, 300 m Kiesstrand unterhalb, Restaurant am See, Tennis, Bungalows, Animation für Kinder. ℡ 0365/ 551175, ℻ 552350, www.camping-belvedere.it

** **San Biagio**, wunderbare Lage am äußersten Ende der spitz zulaufenden Landzunge. Terrassenförmiges Wiesengelände unter Bäumen, Restaurant in einer alten Villa am Ufer, kleiner Bootshafen, Kinderspielgeräte. Mehrere Badestellen, teils steil abfallend, Bademöglichkeit auch auf der vorgelagerten Insel. ℡ 0365/551549, ℻ 551046, www.gardalake.it/sanbiagio

- *Shopping* **Cantine e Frantoio Giovanni Avanzi**, Via Risorgimento 32, große Weinkellerei, Olivenölmühle und Brauerei mit Bierstube (!) an der Hauptstraße von Desenzano nach Salò, Direktverkauf. ℡ 0365/551309, www.avanzi.net

Sehenswertes: Unbedingt lohnend ist ein Ausflug zur *Rocca di Manerba*, die in unmittelbarer Ufernähe 216 m aufsteigt. Bis kurz unterhalb der Spitze kann man mit dem Auto fahren, dort Parkplatz. Dann kleiner Aufstieg zum Gipfelkreuz – herrlicher

Rundblick über den gesamten Süden des Sees, an klaren Tagen sogar bis Torbole hinauf. Von der Burg, die hier einst stand, sind nur noch spärliche Mauerreste erhalten, sie wurde 1575 von den Venezianern zerstört, da sie einer Bande von Wegelagerern als Versteck diente. Unter der Burg hat man einen prähistorischen Unterschlupf aus dem 5. Jt. v. Chr. entdeckt, außerdem eine Nekropole aus dem 3. Jt. Die Funde kann man im *Museo Archeologico della Valtenesi* in Montinelle betrachten.

Öffnungszeiten Archäologisches Museum, Sa 14–16, So 10–12 Uhr. Für Besichtigung außerhalb dieser Öffnungszeiten ✆ 0365/551007.

Südufer mit Desenzano siehe S. 125ff.

Hochkarätig: Museo di Santa Giulia in Brescia

Die geschäftige Stadt westlich vom Gardasee gehört nicht zu den großen Touristenzielen im Norden Italiens. Doch seit einigen Jahren gibt es einen äußerst attraktiven Anziehungspunkt: Im wunderbar restaurierten Monastero di Santa Giulia mit drei Kreuzgängen und mehreren mittelalterlichen Kirchen wurde 1999 das bedeutende *Museo di Santa Giulia* eröffnet. Über 11.000 Stücke aus allen Epochen veranschaulichen die Geschichte Brescias und der gesamten Region. Eins der Prunkstücke ist das edelsteinbesetzte Kreuz des Langobardenkönigs Desiderius vom Ende des 8. Jh. n. Chr. Fazit: Der gesamte Gebäudekomplex wie auch die Exponate sind unbedingt sehenswert.

Öffnungszeiten/Preise Oktober bis Mai Di–So 9.30–17.30 Uhr, Juni bis September Di–So 10–18 Uhr, Mo geschl. Eintritt ca. 8 €, von 14–16 und über 65 J. 4 €, unter 14 J. frei.

Ostufer (Nord nach Süd)

Im Gegensatz zum teilweise senkrecht ins Wasser abfallenden Westufer zeigt sich die Ostküste weniger dramatisch und durchweg zugänglich. Zwar wird sie auf zwei Drittel ihrer Länge vom mächtigen Monte-Baldo-Massiv überragt, doch sind die Uferpartien selbst im Norden so flach, dass sich zahlreiche Orte entwickeln konnten – allerdings nur auf sehr schmalen Landstreifen, hinter denen schnell wunderschöne, aber steile Hänge mit ausgedehnten Olivenbaumhainen beginnen. „Riviera degli Olivi" – Riviera der Olivenbäume – wird das östliche Seeufer in der blumigen Sprache der Tourismusstrategen gerne genannt.

Am Ostufer spielt sich ein Großteil des Urlaubsgeschehens ab – vom steilwandigen Norden um Torbole und Malcésine bis zum flachen Süden um Bardolino und Lazise gibt es kaum unerschlossene Ecken. Abgesehen vom äußersten Norden ziehen sich fast durchgängig schmale Kiesstrände am Wasser entlang – flankiert von zahllosen Hotels, Pensionen und Campingplätzen. Getrübt wird das Bade- bzw. Wohnvergnügen zwischen Torbole und Torri del Benaco allerdings von der meist in unmittelbarer Strandnähe verlaufenden Uferstraße, der Gardesana Orientale.

Der äußerste Norden bis Malcésine ist fest in der Hand der Surfer, die hier wie an der Seespitze um Torbole und Riva vorzügliche Windbedingungen finden. *Malcésine* selber wird mit seiner stolzen Skaligerburg und dem verwinkelten Altstadtkern von vielen als der malerischste Ort am See empfunden, hat aber trotz erheblichen Rummels seinen Charakter nicht verloren. Die folgenden Ansiedlungen bis Torri del Benaco sind eher klein und wenig markant – durch den Bau der Gardesana wurden sie rücksichtslos in zwei Hälften zerschnitten, was ihnen viel an Charakter genommen hat. *Torri del Bernaco* selber besitzt eine schöne Skaligerburg und einen hübschen historischen Kern. Camper sollten wissen, dass die Zeltplätze im Norden aus Platzmangel durchweg klein und einfach gehalten sind.

Südlich der wunderbar grünen *Bucht von Garda* weitet sich der See, die Ufer sind flach und die touristische Infrastruktur ist wegen der guten Bademöglichkeiten hier besonders dicht – *Garda, Bardolino* und *Lazise* gehören zu den meistfrequentierten Orten am Lago di Garda. Das Surfen spielt hier keine besondere Rolle mehr, der See zeigt sich meist träge und einige Grad wärmer als im Norden. Diverse riesige und bestens ausgestattete Zeltplätze ziehen vor allem Familien an, mehrere große Freizeitparks wie Gardaland, das Wassersportzentrum Canevaworld und ein Safari Park haben sich ebenfalls angesiedelt. Im hügligen Hinterland gedeiht der populäre Rotwein Bardolino.

Einen markanten Kontrapunkt zum ausufernden Urlaubsvergnügen am See setzt der bis über 2000 m hohe *Monte Baldo* – er gilt als botanisches Paradies, bietet zahllose Wandermöglichkeiten und wunderschöne Panoramablicke über den See und die umgebenden Bergketten. Die Fahrt mit der Seilbahn von Malcésine zum Gipfel Tratto Spino sollte ein „Muss" für jeden interessierten Gardaseebesucher sein – vielleicht auch der Abstieg zu Fuß?

Torbole (ca. 900 Einwohner)

Das Surfmekka Europas liegt 4 km östlich von Riva del Garda und ist von diesem durch einen Straßentunnel getrennt. Im Prinzip handelt es sich nur um eine Handvoll Häuser unterhalb steiler Felsen, jedoch umgeben von einer stetig wachsenden Zahl von Hotels.

Ein ganzer langer Strandabschnitt ist für das windige Vergnügen reserviert, die Hotels und Campingplätze sind mit Brettverleih und Surfcentern völlig auf ihre sportlichen Gäste eingestellt. Und auch Mountainbiker treffen sich gerne in Torbole, denn die umliegenden Berge bieten wie beim Nachbarort Riva exzellente Möglichkeiten. Dementsprechend lockere „jugendliche" Atmosphäre herrscht im Ort.

Wer sich von der viel befahrenen Durchgangsstraße fortbewegt, hat zwei Möglichkeiten – landeinwärts das winzige „Altstadtviertel" mit der kleinen Piazza Vittorio Veneto (Casa Alberti mit Gedenktafel an Goethe: „Heute habe ich an der Iphigenie gearbeitet ...") und einer einzigen bescheidenen Fußgängergasse, hinter der steile Hänge aufsteigen (oben schöner Aussichtspunkt!), oder das Hafenbecken am See, wo sich vis-à-vis der ehemaligen österreichischen *Zollstation* nette Ristoranti und Cafés etabliert haben. Etwas erhöht steht die Pfarrkirche *Sant'Andrea*, ein einstündiger Spaziergang führt vom terrassierten Olivenbaumpark *Parco degli Olivi* am oberen Ortsrand hinauf ins ruhige Dorf *Nago* mit der Burgruine des Castel Pénede.

Anfahrt/Verbindungen/Information

- *Anfahrt/Verbindungen* am nördlichen Ortsende mehrere gebührenpflichtige Parkplätze, außerdem parkt man in langer Reihe an der Uferstraße Richtung südlicher Ortsausgang. Günstiger ist der Parkplatz **Panorama** oberhalb vom Ortskern (auf Schilder achten).

- *Information* APT, Via Lungolago Verona 19, gut ausgestattetes Büro am südlichen Ortsausgang. Mo–Sa 9–12, 15–19 Uhr, So 10–12, 16–19 Uhr. ✆ 0464/505177, ✆ 505643, Internet siehe „Riva" (→ S. 83).

Torbole 101

Ab mittags Wind: Surferhochburg Torbole

Übernachten

**** Lido Blu, komfortables Haus direkt am Surfstrand, bestens auf Surfer und Badegäste eingerichtet, Hallenbad und Sauna, Zimmer mit TV, Föhn und Minibar. DZ mit Frühstück ca. 95–165 €, zur Landseite günstiger. ✆ 0464/505180, ✆ 505931, www.lidoblu.it

*** Villa Stella, Via Strada Grande 42, gepflegtes Haus mit Garten und Pool, weit zurück von der Durchgangsstraße, ruhige Lage. Zimmer pikobello, Bike-/Surf-Depot, Gymnastikraum, Lift. DZ mit reichhaltigem Frühstücksbuffet ca. 75 €. Die freundliche Frau des Hausherrn stammt aus Holland. ✆ 0464/505354, ✆ 505053, www.villastella.it

** Casa Nataly, Piazza Alpini 10, in der Altstadt, freundliche und saubere Pension, ruhig, Zimmer mit Balkon und teils Seeblick, Surf- und Bikegarage. DZ mit Frühstück ca. 60 €. ✆ 0464/505341, ✆ 506223, www.gardaqui.net/casanataly

** Santa Lucia, Via Santa Lucia 12, gut versteckt am oberen Ortsende, am Beginn des Fußwegs nach Nago, herrlich ruhig. Das beliebte Haus liegt in einem üppigen Garten mit kleinem Pool, einfache Zimmer z. T. mit Balkon. DZ mit Frühstücksbuffet ca. 57–60 €. Ostern bis Anfang November. ✆ 0464/505140, ✆ 505509, www.torbole.com/santalucia

** Villa Gloria, Via Marocche, 1, hoch über dem Ort an der Straße zum Sportpark Le Busatte. Ruhige, sonnige Lage, Pool, gut eingerichtete Zimmer mit Balkon, Abstellmöglichkeit für Bikes und Surfbretter. DZ mit Frühstück ca. 70–90 €. ✆ 0464/505712, ✆ 506247, www.torbole.com/villagloria

* Tetto d'Oro, Via Marocche 16, ebenfalls an der Straße zum Sportpark Le Busatte, preisgünstiges Quartier in ruhiger Lage, Abstellmöglichkeit für Bikes und Surfbretter. DZ mit Frühstück ca. 57 €. ✆/✆ 0464/505287, E-Mail: Tetto.doro@dnet.it

Die drei Campingplätze **Al Cor**, **Al Porto** und **Europa** sind zu 90 % mit Surfern belegt, drei weitere liegen zwischen Sarcamündung und Monte Brione.

Essen & Trinken/Nachtleben

La Terrazza, Via Pasubio 15, kulinarischer Hochgenuss mitten in der Surferhochburg, nur wenige Schritte vom Strand. Verglaste Veranda und interessante Speisekarte mit

Gardasee (Lago di Garda)

traditionellen Gerichten, auf der u. a. Wels, Barsch, Stör und Hecht angeboten werden. Etwas teurer. Di geschl.

Centrale, Piazza Vittorio Veneto, wenige Meter abseits der Durchgangsstraße in der kleinen Altstadt, hier isst man gut, gemütlich und preiswert, immer voll. Mi geschl.

Al Pescatore, Via Segantini 11, an der ruhigen Fußgängergasse, die an der Piazza Vittorio Veneto beginnt, hübsch zum Draußensitzen, gute Fischküche, z. B. die gegrillte Seeforelle versuchen. Mi geschl.

Al Rustico, Via Strada Grande 41, nicht direkt im Zentrum, sondern landeinwärts der Durchgangsstraße. Leckere Küche mit rustikalem Touch. Juli/August tägl., sonst Mo geschl.

• *Cafés/Treffs* **Mecki's Bike and coffee**, Via Matteotti 5, legendärer Après-Bike-Treff am Ortsausgang nach Riva, am Fluss Sarca. Alles ist hier auf Biker eingestellt, sogar die Barhocker und Zapfhähne sind mit Fahrradsätteln bestückt. Tägl. etwa 6 bis 20 Uhr.

• *Nachtleben* nicht gerade der Bär los, Surfer gehen meist früh schlafen – allerdings kommt die Ora erst mittags ...

Cutty Sark, Via Pontalti 2 (bei Piazza Vittorio Veneto), „the surfer's rest", großer, mit viel Holz und Nautikutensilien ausgestatteter Pub, beliebtester Surfertreff am Ort. Im Sommer tägl. 20–2 Uhr, sonst Mo geschl.

Moby Dick, Via Matteotti 60 (Durchgangsstraße), bei Walter unter der efeuberankten Fassade mit üppiger Galionsfigur sitzt man gemütlich und trinkt Weißbier. Im Sommer tägl. 20–2 Uhr, sonst Mi geschl.

Conca d'Oro, schicke „In"-Disco im Surf-Center am Jachthafen, etwas außerhalb in Richtung Malcésine. Do–So 22–4 Uhr.

Sport

Fast täglich zuverlässiger Wind, nach dem man die Uhr stellen kann, nur wenige Stunden Fahrt von Süddeutschland, Süßwasser anstatt Salzwasser – alles Gründe, die für den Gardasee als Traumziel aller Surfer sprechen. Tatsächlich gilt der Gardasee – speziell der Norden um Riva und Torbole – als eins der besten Surfreviere der Welt: In der schmalen „Düse" am Nordende des Sees spürt man nachdrücklich die Brise, hier kann man Tempo machen und sich im Speedrausch aalen. Frühmorgens geht's meist gemächlich mit dem *Vento* los – der Alpenwind aus den Bergen im Norden ist oft nur ein mildes Lüftchen (nicht immer!) und gut für Anfänger geeignet. Er flaut gegen Mittag ab und die *Ora* setzt unvermittelt und heftig aus Süden ein, meist gegen 13 Uhr. Sie entsteht, wenn die Luft über dem Nordende des Sees von der Sonne aufgeheizt nach oben steigt. Das Vakuum wird dann durch heranströmende Luftmassen aus der Poebene aufgefüllt. Dieser Wind ist es, weswegen die Surfcracks kommen: Er hat die Kraft, die Riggs pfeilschnell über den See zu tragen – und auf den Wellenbergen kann man meterhoch springen. Leider fällt er aus, wenn vormittags Wolken das Aufheizen der Luft verhindern. Doch an windreichen Nachmittagen ist der See schnell mit Tausenden von Segeln bevölkert, ein märchenhafter, fast unwirklicher Anblick ...

• *Windsurfen* **Vasco Renna Surf Center**, im Parco Pavese, am Surfstrand vor dem Ortskern. ✆ 0464/505993, ✉ 506254, www.vascorenna.com

Surfzentrum Marco Segnana, westlich der Sarca-Mündung (Richtung Riva) und im westlichen Teil des Ortsstrands. ✆ 0464/505963, ✉ 505498, www.surfsegnana.it

Surfcenter Lido Blue, im gleichnamigen Hotel, ✆ 0464/506349, ✉ 505931, www.surflb.com

Conca Windsurfcenter, ein Stück in Richtung Malcésine. ✆/✉ 0464/548192, www.windsurfconca.com

• *Mountainbikes* an der Durchgangsstraße u. a. **3S Bike Sportcenter**, Via Matteotti 25/b, **Carpentari Sport**, Via Matteotti 16 (www.carpentari.com) und **3S Bike Il Mecki**, Via Matteotti 5 (neben der gleichnamigen Bar).

Coast to Coast, Piazza Alpini 5. Marcello bietet für ca. 18 € (Pers. & Bike) einen motorisierten „Shuttle-Bike-Service" in die Berge um Torbole und Riva. In Schussfahrt geht's anschließend zurück zum See.
✆ 0464/506115, www.coasttocoast.it

▸ **Torbole/Baden**: Der *Ortsstrand* erstreckt sich fast 1 km weit bis zur Mündung der Sarca. Ein Promenadenweg führt dort entlang, in der Mitte liegt der kleine Hafen *Porto Pescatori* mit Bar. Mehrere Abschnitte sind von Surfern in Beschlag genommen, Liegestühle und Sonnenschirme können gemietet werden. Auf der Westseite der Sarcamündung liegt der *Lido Foci del Sarca* mit dem großen Surfzentrum von Marco Segnana (→ Sport). Ein asphaltierter Weg führt von der Durchgangsstraße parallel zum Fluss hinunter. Satte Rasenflächen und eine Bar machen den Aufenthalt angenehm. Ein weiterer schmaler Kiesstrand von etwa 100 m Länge liegt beim Surfspot *Conca d'Oro* südlich von Torbole (→ Sport), nach der Schiffsanlegestelle.

Torbole/Umgebung

Vor allem sportliche Naturen können sich hier austoben: Ein Radweg geht nach Arco, zwei Fußwege führen hinauf nach Nago, Kletterer testen an den „Marmitte dei Giganti" oder an der Uferstraße Richtung Malcésine ihr Können – oder man nimmt per Mountainbike die fantastische Strada del Monte Baldo in Angriff.

Riva siehe S. 82.

▸ **Radtour nach Arco**: Am westlichen Ufer der Sarca führt ein gut ausgebauter Fahrradweg bis Arco, ca. 5 ½ km. Die Strecke ist eben und leicht zu befahren.

▸ **Fußweg nach Nago (1)**: Am Parco degli Olivi beginnt die *Strada Santa Lucia* ins ruhige Örtchen *Nago* mit der Ruine des Castel Pénede. Der gepflasterte Fußweg windet sich am Fuß des senkrecht ansteigenden Burgfelsens von Nago durch sattes Grün und Olivenbaumterrassen steil hinauf, immer wieder genießt man herrliche Rückblicke (nach 15 Min. Picknickplatz). Etwa 40 Min. benötigt man für diesen Spaziergang auf historischem Boden: Auf diesem Weg wurde 1439 die venezianische Flotte von Nago aus in den See gehievt, das berühmteste Ereignis in der Geschichte von Nago und Torbole (→ Kasten). In Nago angekommen, kann man links durch einen Torbogen (beschildert: „Al Castello") zum *Castel Pénede* weiterklettern, das jahrhundertelang den wichtigen Zugang vom Etschtal zum See bewachte. Allerdings ist es seit längerem wegen Einsturzgefahr geschlossen.

▸ **Fußweg nach Nago (2)**: Dieser Weg beginnt am Ende der Strada Grande hinter dem Hotel „Villa Stella" (→ Torbole/ Übernachten). Schnell steigt man hinauf zu den Gletschermühlen *Marmitte dei Giganti*, überquert die Straße – die Bar „6 Grado" verlockt hier zur Rast – und kommt bald zum Ortseingang von Nago.

Surfprofi am Strand von Torbole

Ein gewaltiges Unternehmen

In der ersten Hälfte des 15. Jh. rangen die Mailänder Visconti mit den Venezianern um die Herrschaft am Gardasee. Die Mailänder Flotte beherrschte damals die südliche Seehälfte und den Venezianern war es nicht möglich, ihre Kriegsschiffe aufs Wasser zu bringen – die Visconti hatten nämlich den Fluss Mincio, der vom Südende des Gardasees in den Po fließt, mit einem schweren Damm gesperrt (→ Borghetto di Valeggio sul Mincio, S. 137). So kam es im Februar 1439 zu einem schier unglaublichen Kraftakt: Die Venezianer bewegten ihre Flotte von Chioggia an der Adria die Etsch hinauf bis Mori in Höhe des nördlichen Gardasees – dort wollten sie quer über die Berge nach Torbole vorstoßen! Wo sich heute die SS 240 von der Autobahnausfahrt „Lago di Garda Nord" durchs Loppiotal zum See hinüberzieht, wurden zweitausend Ochsen und Pferde eingesetzt, um sechs Galeeren, zwei Fregatten und 25 Kriegsbarken zum Pass von Nago zu wuchten. Den Steilhang nach Torbole hinunter (die heutige Strada Santa Lucia) überwand die Flotte an Seilen hängend auf gefällten Baumstämmen und plumpste endlich glücklich in den See. Der immense Aufwand lohnte sich: Zwar wurde die venezianische Flotte in einer ersten Seeschlacht vor Desenzano fast völlig aufgerieben, doch gelang es den Mannschaften rasch, neue Galeeren zu bauen und im Frühjahr 1440 die Mailänder vor Riva entscheidend zu schlagen. Eine Dokumentation des Unternehmens ist in der Burg von Malcésine zu sehen (→ S. 108).

▸ **Marmitte dei Giganti**: Seitlich unterhalb der Straße nach Nago liegt ein so genannter „Topf der Riesen", ein Fußweg führt hinunter. Entstanden sind diese auch Gletschermühlen genannten, kreisrunden Vertiefungen in der Würm-Eiszeit. Durch die Bewegungen eines Gletschers entstanden tiefe Spalten im Eis, das Schmelzwasser stürzte in Wasserfällen hinunter, prallte gegen den Boden und bildete Strudel, die ins weiche Mergelgestein Löcher bohrten, während das härtere Gestein allmählich abgetragen wurde. Gleich hinter der Gletschermühle ist der Gang eines k.u.k.-Bunkers in den Fels gehauen, den man mit Taschenlampe begehen kann. Die Wand *Palestra di Roccia* ist heute einer der beliebtesten Kletterfelsen im Umkreis von Torbole, ganze kletterbegeisterte Familien üben hier das Abseilen und Aufsteigen. Oberhalb der Wand liegt ein Parkplatz mit Aussichtspunkt an der Straße, auf der anderen Straßenseite heizt die Bar „6 Grado" den Kletterern mit heißer Popmusik ein. Daneben geht der Fußweg nach Nago weiter.

Kletterer an der Palestra di Roccia

Torbole/Umgebung 105

> **Tipp**: Man kann beide Fußwege zwischen Torbole und Nago zu einer Rundwanderung verbinden, dafür braucht man etwa 1 Std. 40 Min. reine Gehzeit.

▶ **Corno di Bó**: An der Uferstraße südlich von Torbole passiert man relativ dicht hintereinander vier Tunnels. Genau über den zweiten Tunnel zieht sich eine etwa 200 qm große Felsplatte in starker Schräglage. Täglich treffen sich hier zahlreiche Kletterfans, die die Platte mit Seil und Haken oder sogar als „Freeclimber" bezwingen.

▶ **Spiaggia delle Lucertole**: Hinter der Kante des Corno di Bó erhebt sich dieser Felsen senkrecht über dem See. Hier wurden die meisten spektakulären Kletterfotos am Gardasee aufgenommen – mutige Könner klettern hoch über der Wasserfläche und können zum Abschluss einen Sprung ins kühle Nass wagen.

Achtung: Parkplätze sind hier kaum vorhanden – eine kleine Parkfläche findet man lediglich nach dem vierten Tunnel landeinwärts, bei der Punta Calcarolle.

Erlebnis Natur: Die „Strada del Monte Baldo"

Diese spektakuläre Straße beginnt mitten in Nago und führt in endlosen Serpentinen Richtung Süden hoch hinauf bis zu den nördlichen Ausläufern des *Monte Altissimo*, des höchsten Gipfels im Monte-Baldo-Massiv. Dort endet der Asphalt nach etwa 13 km unvermittelt in etwa 1400 m Höhe, der Wanderweg 632 führt weiter bergauf (→ unten). Angelegt wurde die Straße wohl für die Betreiber der Sennhütten, die die Straße in den höheren Lagen beidseitig flankieren. Selbst im Hochsommer ist es hier oben feucht und oft klirrend kalt. Unterwegs genießt man atemberaubende Panoramen vom nördlichen Gardasee und den umgebenden Gebirgsketten. Für PKW ist die Fahrt möglich, aber nicht uneingeschränkt zu empfehlen, denn die Straße ist sehr schmal und unübersichtlich, besitzt außerdem zahlreiche Serpentinen. Mountainbiker finden hier allerdings ihr Dorado – steil und schier endlos geht es bergauf, anschließend dann Schussfahrt nach Nago zurück. Vorsicht jedoch: Die ersten 300 m Höhenmeter vom Gipfel abwärts sind nur für Könner geeignet!

Wanderer könnten ab Asphaltende auf dem Weg 632 in etwa 2 Stunden bis zum Gipfel des *Monte Altissimo* weitergehen (2079 m) – ein breiter Panoramaweg mit toller Sicht auf den See führt über den Gipfelrücken hinauf, selbst im Sommer bleibt hier oben noch Schnee liegen. Das „Rifugio Damiano Chiesa" am Gipfel ist von Juni bis September tägl. geöffnet (April, Mai, Oktober und November nur am Wochenende), man kann dort übernachten (✆ 0464/867130). In etwa 3 Stunden kann man nun am Grat des Monte Baldo weiterlaufen bis zur Seilbahnstation oberhalb von Malcésine (→ S. 110).

Malcésine (ca. 3500 Einwohner)

Vielleicht der malerischste Ort am See, im üppigen Grün der Olivenhaine zusammengekauert am Fuß des majestätischen Monte Baldo, überragt von einem pittoresken Skaligerkastell. Sicherlich hat das auch Johann Wolfgang von Goethe so empfunden, als er sich hier niederließ, um die Burg zu skizzieren, und dabei beinahe als vermeintlicher österreichischer Spion verhaftet wurde. Die Stelle, wo der dichtende Geheimrat damals saß, ist heute mit einer Gedenktafel verziert.

Die weitläufige Festung der Skaliger thront auf einem Hügel, der zum See hin steil abfällt. Im Umkreis zieht sich der mittelalterliche Ortskern bis zu den Burgmauern hinauf. Das malerische Gewirr von engen, teils holprigen und sehr steilen Pflasterwegen, kleinen Plätzen und überwölbten Durchgängen reizt zum ziellosen Bummeln, immer wieder landet man unversehens in einer Sackgasse oder am Seeufer. Ganz

Bei Malcésine: Badestrand mit pittoresker Burgkulisse

Malcésine

zentral liegt das stimmungsvolle Hafenbecken, von dem man Bootsausflüge aller Art unternehmen kann, südlich schließt sich daran eine Seepromenade bis zur üppig grünen Halbinsel Val di Sogno an. Die Seilbahn auf den grandiosen Monte Baldo rundet die Palette der Unternehmungen eindrucksvoll ab.

Dank dieser Vorzüge ist Malcésine natürlich völlig im Tourismus aufgegangen. In den schmalen Gassen drängen sich die Urlauber zu tausenden, ein Shop reiht sich an den anderen und die Restaurants versuchen, sich gegenseitig durch noch „gemütlichere" Aufmachung zu übertrumpfen. Trotzdem wurde die dichte Atmosphäre des Orts durch den Massenbetrieb nur wenig angeknackst.

● *Anfahrt/Verbindungen* Das enge Zentrum ist für den motorisierten Verkehr gesperrt, eine Reihe gebührenpflichtiger **Parkplätze** liegt oberhalb der Durchgangsstraße um die zentrale **Busstation**.

● *Information* **IAT**, an der Via Capitanato 6–8, die vom Hafen nordwärts in die Altstadt führt. Stadtpläne mit Hotels und Campingplätzen, Wanderkarten, Veranstaltungskalender u. v. m. Mo–Sa 9–13, 16–19 Uhr, So 10–13 Uhr. ℡ 045/7400044, ℻ 7401633, www.malcesinepiu.it

Associazione Albergatori Malcésine, Unterkunftsvermittlung an der Gardesana beim Busstopp. Mo–Sa 9.30–20 Uhr, So 10–13, 16–19 Uhr. ℡ 045/7400373, ℻ 7401843.

● *Übernachten* Malcésine verfügt über zahlreiche, oft schön und ruhig gelegene Unterkünfte, die häufig einen Pool besitzen. Manche sind im örtlichen Hotelprospekt als „Bike Hotel" ausgewiesen, d. h. sie verfügen über Fahrradgarage, Werkstatt und Umkleideraum. Ohne HP oder VP ist in der Hauptsaison allerdings oft nichts zu machen, Ausnahme bilden natürlich die Garni-Hotels.

*** **Alpi**, Località Campogrande, beliebtes Haus in zentraler Lage, oberhalb der Durchgangsstraße, trotzdem ruhig. Geführt von einer freundlichen Südtirolerin, behagliche, rustikale Einrichtung, schöner Garten mit Olivenbäumen, großer Pool, Sauna. DZ mit Frühstück ca. 84–105 €, Halbpension meist obligatorisch. ℡ 045/ 7400717, ℻ 7400529, www.alpihotel.info

*** **Capri**, Loc. Madonnina, das moderne Hotel von Familie Bergonzini steht unterhalb der Strada Panoramica, herrlich unverbauter Seeblick, Dachterrasse, Pool, Parkplatz. Zimmer mit Balkon und TV, gute Küche, die auch Angebote für Vegetarier umfasst. DZ mit Frühstück ca. 66–108 €. ℡ 045/7400385, ℻ 7400825, www.malcesine.com/capri

** **Europa**, am Lido Paina, nördlich vom Zentrum, direkt am See. Ruhig, großer Garten, beliebt bei Wassersportlern (Surfen, Segeln). HP pro Pers. je nach Zimmerkategorie und Saison ca. 64–180 €, auch Apartments (3–4 Pers.). ℡ 045/7400022, ℻ 6570245, www.europa-hotel.net

** **Catullo**, Via Prori 11, wenige Schritte von der Seilbahnstation zum Monte Baldo, großer Olivengarten, ruhig, familiär geführt. DZ mit Frühstück 70–95 €. ℡ 045/7400352, ℻ 6583030, www.catullo.com

** **Casa Bianca**, Strada Panoramica 37, Garni-Haus mit Garten und Parkplatz, DZ mit Frühstück ca. 56–64 €. ℡/℻ 045/7400601, www.casa-bianca.com

* **Villa Nadia**, Via Carrera, ruhiges, familiär geführtes Haus mit Garten und Garage, Zimmer z. T. mit Balkon oder Terrasse, auch Apartments erhältlich. DZ mit Frühstück ca. 55–66 €. ℡ 045/7400088, ℻ 6583693, www.malcesine.com/villanadia

Im Umkreis von Malcésine gibt es zahlreiche Zeltplätze, **Camping Priori** liegt im unmittelbaren Ortsbereich, direkt unterhalb der Gardesana, weiter nördlich liegen **Tonini**, **Campagnola** und **Claudia**, Richtung Süden **Panorama** und **Bellavista**.

● *Essen & Trinken* Die Lokale sind durchweg äußerst touristisch aufgemacht, wirkliche Empfehlungen fallen schwer.

Vecchia Malcésine, Via Pisort 6, unterhalb der Gardesana, Nähe Pfarrkirche. Kleiner Feinschmeckertreff mit herrlicher Panoramaterrasse. Feine, ideenreiche Küche, nicht billig. Mittags und Mi geschl.

Agli Scaligeri, Via Caselunghe, ganz neu im Zentrum eröffnet, ausgezeichnete Küche zu angemessenen Preisen.

Osteria alla Rosa, Piazzetta Boccara 6, zwischen Gardesana und historischem Zentrum, schönes Restaurant, einfach, aber gut – zu empfehlen sind die hausgemachten Pastagerichte, vor allem die Seefischravioli. Bei schönem Wetter sitzt man im Freien unter Weinreben.

Al Gondoliere, an der Piazza Matteotti auf einer Terrasse im ersten Stock. Schmackhafte Fisch- und Fleischgerichte, dazu freundlicher Service. Von Lesern empfohlen.

Gardasee (Lago di Garda)

La Pace, im Porto Vecchio, an der kleinen Piazza Magenta direkt am See. Flinker, professioneller Service, mittlere Preise. Leider sehr voll, so dass die Rechnung betont rasch auf den Tisch kommt. Di geschl. Falls alles besetzt ist, findet man benachbart das Restaurant **Al Marinaio** und die Osteria **Porto Vecchio**.

Lido Sopri, einfaches Strandlokal in herrlicher Panoramalage am Ende der südlichen Uferpromenade (Beginn von Val di Sogno). Preiswerte Pizze, auf den satten Rasenflächen kann man Liegestühle und Sonnenschirme leihen.

Tiroler Speckstube, oberhalb von Campagnola im Grünen, eine Asphaltstraße zweigt etwas nördlich vom Hotel „Sailing Center" hügelwärts ab. Echte Alternative zur lauten Gardesana unten: rustikales Lokal im Olivenhain, große, grüne Wiese mit groben Holztischen und Kinderspielgeräten – ideal für Familien, viel Luft und Platz. Das Essen muss man sich selber an der Theke abholen: Hühnchen vom Spieß, Schweinshaxe, Würstel, Speck etc. Ab Mittag durchgehend geöffnet.

• *Weinstuben* (Enoteche): **Osteria da Lupo**, Piazza Don Qirico Turazza, Weinstube an einem stimmungsvollen Platz der Altstadt.

Bottega del Vino, Corso Garibaldi 19, gemütlicher Abendtreff, hier kann man Gardasee-Weine, Grappa und Liköre kaufen – oder sie gleich an Ort und Stelle trinken.

• *Nachtleben* Man trifft sich in den Cafés um das malerische Hafenbecken, danach geht's vielleicht noch in die lebhafte „In"-Disco **Corsaro** nördlich unterhalb der Burg, Via Paina 17, im Sommer tägl. bis 3 Uhr.

Rockcafé, Vicolo Porticchetti 16, kleiner, populärer Pub unter einem düsteren Torbogen, bis 2 Uhr.

Dream Pub, Rock-Treff südlich von Val di Sogno, Bierstube mit Hausmannskost und guten Spaghetti, gemütliche Terrasse, oft Livemusik. Tägl. 10–2 Uhr.

• *Shopping* **Markt** jeden Sa Vormittag an der zentralen Piazza Statuto unterhalb der Durchgangsstraße.

Enoteca Malcésine, Viale Roma 15, südlich vom alten Hafen im Zentrum. Riesenauswahl an Weinen verschiedener Regionen Italiens, sogar der rare Cinque-Terre-Wein (Riviera) ist zu haben.

Consorzio Olivicultori Malcésine, Via Navene Vecchia 21, Verkaufsstelle für Olivenöl mit D.O.P.-Klassifizierung (geschützte Herkunftsbezeichnung) der örtlichen Genossenschaft.

• *Sport* **Furioli**, Fahrradverleih wenige Meter von der Piazza Matteotti, gegenüber Albergo Lago di Garda. Ausgabe der Bikes auch oben am Monte Baldo (Reservierung nötig). ✆ 045/7400089.

Segeln im „Sailing Center Hotel", nördlich von Malcésine direkt am See, ✆ 045/740055, ✆ 7400392, www.malcesine.com/sailing

Tauchbasis beim „Dream Pub" (→ Nachtleben), südlich von Val di Sogno, guter Tauchplatz direkt davor.

Stickl Sportcamp, in Val di Sogno, direkt an der Uferstraße. Der mehrfache Europa- und Weltmeister Heinz Stickl bietet seit Mitte der siebziger Jahre Windsurf- und Segelkurse. Die ruhige Bucht ist auch für Kinder gut geeignet. ✆ 045/7401697, www.stickl.com

Lido Paina, Bade- und Surferstrand nördlich vom Zentrum.

Ein beliebter Surfspot ist auch der **Parkplatz** an der Gardesana nördlich vom Zentrum, bei der Anlegestelle der Autofähre zwischen Malcésine und Limone. Bereits morgens viel besucht, schattige Stellplätze für Autos und Wohnmobile unter Bäumen, 1–5 Std. kosten für PKW ca. 1–4 €, darüber 5 €.

Sehenswertes: Das *Skaligerkastell* ist die große Sehenswürdigkeit von Malcésine. Das weitläufige Gemäuer besteht aus Unter- und Oberburg, mehreren Innenhöfen und dem markanten, 33 m hohen Turm. Im unteren Komplex ist das sehr informative *Museo del Baldo e de Garda* untergebracht, das die Flora und Fauna des Monte-Baldo-Gebietes zeigt und mit vielen Fotos und Schautafeln Entstehung, Geologie und Geomorphologie des Gardasees erklärt. Als nächstes erreicht man an der Nordseite des Kastells einen *Aussichtsbalkon* mit herrlichem Blick seeaufwärts. Treppen führen hinauf zur ehemaligen Pulverkammer, heute als *Goethe-Zimmer* eingerichtet mit den Skizzen, die der Dichter hier angefertigt hat. Im oberen Saal sind Utensilien des Fischfangs und venezianische Schiffsmodelle ausgestellt, im hinteren Raum wird der spektakuläre Schiffstransport der Venezianer über den Pass von Nago dokumentiert (→ Kasten S. 104), der zur Vertreibung der Mailänder Visconti vom See führte.

Öffnungszeiten/Preise April bis Okt. tägl. 9–19 Uhr, Eintritt ca. 4 €, Kinder ermäßigt

Der Abstieg ist beschwerlich, das Panorama überwältigend

Monte Baldo

Mit über 2000 m Höhe, 37 km Länge und bis zu 11km Breite das größte und höchste Bergmassiv am Gardasee, lang gestreckt und mächtig flankiert es die gesamte obere Hälfte des Ostufers. Während die unteren Lagen dicht bewaldet oder mit Olivenhainen bedeckt sind, zeigen sich die Gipfelregionen vom Wind glatt geschoren und kahl. Nur eine dünne Gras- und Heidenarbe gibt es hier oben, jedoch gesprenkelt mit zahllosen Blumen. Das Besondere: Der Monte Baldo ragte in der Eiszeit aus dem umgebenden Gletschermeer heraus, war oberhalb von 1200 m nie von Eis bedeckt. Seine Hänge gelten als Pflanzenparadies – was hier wächst, hat teilweise Ursprünge, die Jahrmillionen zurückgehen.

Eine Fahrt mit der modernisierten, erst 2002 in Betrieb genommenen Kabinenbahn „Nuova Funivia Panoramica", zum Gipfel *Tratto Spino* („Dornbusch") in 1760 m Höhe ist ein Muss. Die Talstation liegt direkt in Malcésine, wenige Meter von der Durchgangsstraße. Während der Fahrt dreht sich die Kabine einmal um ihre Achse, so dass jede Perspektive einmal ins Blickfeld der Passagiere gerät. An der Mittelstation *San Michele* (572 m) muss man umsteigen – nicht wenige wandern von hier hinauf, andere machen den Rückweg vom Gipfel zu Fuß (Details siehe unten). Da die Hänge des Monte Baldo auch für Mountainbiker und Paraglider (Drachenflieger) geradezu prädestiniert sind, können diese ihre Sportgeräte per Lift hinauftransportieren lassen. In jedem Fall sollte man sich einen klaren Tag für die Tour aussuchen, denn bei diesigem Wetter – nicht selten am Gardasee – erblickt man oft nicht einmal den See unter sich, geschweige denn die majestätischen Bergketten im Norden.

Was nicht jeder weiß – den Monte Baldo kann man auf der „Strada Panoramica del Monte Baldo" auch mit dem eigenen Motorfahrzeug bezwingen. Die lang gezogene

Gardasee (Lago di Garda)

Bergfahrt beginnt allerdings nicht am Gardasee, sondern im Etschtal, an der Ostseite des Monte Baldo. Man startet in *Mori* an der SS 240 (Nähe Rovereto) und fährt über Brentonico und San Giacomo oder beginnt die Fahrt im weiter südlich gelegenen *Avio*. Etwas südlich vom Einschnitt *Bocca di Navene* (1425 m) zwischen Monte Altissimo und Monte Baldo führt eine etwa 2 km lange Schotterpiste zur Seilbahnstation hinauf, die zwar für den motorisierten Verkehr gesperrt ist, aber zu Fuß leicht zu bewältigen ist.

• *Anfahrt* Die **Seilbahn** verkehrt tägl. 8–19 (Anfang April bis Mitte Sept.), 8–18 Uhr (Mitte Sept. bis Mitte Okt.), 8–17 Uhr (Mitte Okt. bis Anfang Nov.). Abfahrten alle halbe Stunde. Hin/Rückfahrt ca. 14 € (einfach 9 €), nur bis Mittelstation ca. 7 € (einfach 4 €). Ermäßigung für Familien ab 4 Pers. (Ausweis), Kinder von 1–1,40 m und Gruppen ab 20 Pers.: hin/rück bis zum Gipfel ca. 11 €, einfach 7 €. Kinder unter 1 m Körpergröße fahren gratis. Mehrmals tägl. gibt es Sonderfahrten für Mountainbiker, Person mit Bike kostet einfach 15 €, nur das Bike 7 €. Auch Paraglider können ihr Fluggerät mitnehmen lassen. ✆ 045/7400206. Bis zur Mittelstation kann man auch mit dem **PKW** hinauffahren, bei der Weiterfahrt per Seilbahn spart man allerdings nur 1 € zur Abfahrt ab Talstation.

▸ **San Michele** (536 m): Benannt ist die Mittelstation nach der kleinen Kirche, die in der Nähe steht. Bei der Seilbahnstation kann man auf der Terrasse der aussichtsreich gelegenen „Locanda Monte Baldo" gemütlich eine Stärkung zu sich nehmen, gegebenenfalls auch dort übernachten.

▸ **Tratto Spino** (1760 m): Am Gipfel angelangt, ist die Sicht fast unbeschreiblich – wie auf dem Dach der Alpen fühlt man sich hier oben. Tief unten liegt das blaue Band des Sees, eingebettet in majestätische Bergketten, die bis zum Horizont reichen. Bunte Farbtupfer setzen oft die zahlreichen Drachenflieger, die die hervorragende Thermik an den Hängen des Monte Baldo nutzen und langsam zum See hinunterkreisen. Dazu die klare Luft, das Grün der Wiesen auf weiß-grauem Kalkfels, die intensive Sonneneinstrahlung – all das übt eine erhebende Wirkung aus. Einen besonders guten Seeblick hat man von dem felsigen Vorsprung, der unmittelbar nördlich der Seilbahnstation liegt. Wenn man stattdessen vom See weg nach Nordosten blickt, erkennt man eine Straße, die östlich unterhalb vom Monte Altissimo heraufkommt und als Schotterpiste bis zum Gipfel La Colma führt. Dies ist die oben erwähnte „Strada Panoramica del Monte Baldo", auf ihr erreicht man in etwa 40 Min. das Rifugio „Bocca di Navene" (→ Essen & Trinken).

Ein Schild lädt ein zum Panoramaspaziergang. Man geht dafür nach links (Norden) und erreicht bald eine lang gestreckte Bergwiese, die *Colma di Malcésine*. Im Gasthof „La Capaninna" versammeln sich alle, die ihre Füße nicht mehr weiter tragen und lassen sich stattdessen in Liegestühlen bräunen. Nach einigen hundert Metern bricht der Bergrücken abrupt zur darunterliegenden Bocca di Navene ab und man genießt den herrlichen Panoramablick auf das Nordende des Sees und die dahinter aufsteigenden Bergriesen – Adamello, Brenta u. a.

• *Essen & Trinken* **La Baia dei Forti,** rustikales Lokal, wenige Schritte von der Seilbahnstation. Tische im Freien, drinnen Bar mit Snacks und Getränken, lecker ist der Apfelstrudel. Auch Verleih von Mountainbikes. Ganzjährig geöffnet. ✆ 045/7400319.
La Capannina, Berggasthof mit großem Gastgarten am Beginn der *Colma di Macésine*, 300 m nördlich der Station. Kräftige Küche, z. B. *luganega con polenta* (gegrillte Salsiccia-Wurst), *coniglio con polenta* (Kaninchen), *spezzatino* (Gulasch) und *canerderli* (Knödel). ✆ 045/6570081.
Bocca di Navene, Rifugio mit Ristorante und Aussichtsterrasse am gleichnamigen Einschnitt zwischen Monte Altissimo und Monte Baldo, etwa 40 Fußminuten in Richtung Monte Altissimo (von der Seilbahnstation die Schotterstraße Richtung Nordosten hinunter). Nur Juni bis September. ✆ 045/7401794.

Monte Baldo/Wandern

Die Möglichkeiten sind in dem riesigen Massiv natürlich schier unerschöpflich. Sehr reizvoll und nicht übermäßig anstrengend ist die Wanderung auf den *Monte Altissimo* in Richtung Norden, aber auch der Abstieg nach Malcésine kann bewältigt werden. Der hochalpine Weg nach Süden zur *Cima Valdritta*, mit 2218 m der höchste Gipfel des Baldomassivs, und weiter zur *Punta Telegrafo* (2200 m) mit dem gleichnamigen Rifugio (eigentlich: Rif. Gaetano Barana) ist dagegen langwierig und vor allem für ausdauernde Bergwanderer geeignet.

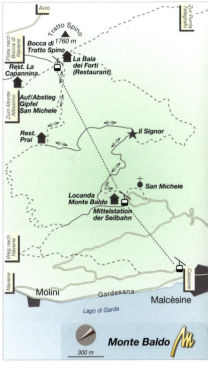

▸ **Vom Tratto Spino zum Monte Altissimo**: In Richtung Norden erreicht man in etwa 3 Std. das gemütliche und viel besuchte Rifugio „Damiano Chiesa" am *Monte Altissimo* (2079 m). Man geht zunächst über die *Colma di Malcésine* bis zum Ende, dort steigt rechts ein „Sentiero Naturalistico" zwischen seltenen Blumen den Hang hinab und trifft unten auf die Schotterpiste zur Bocca di Navene. Man folgt ihr ein Stück, bis in der ersten scharfen Rechtskurve ein markierter Weg geradeaus zur *Bocca di Navene* (1425 m) führt, die man nach ca. 45 Min. ab Seilbahnstation erreicht. Ein weiterer Weg führt nun parallel unterhalb der Asphaltstraße in weiteren 45 Min. zur *Bocca di Creer* (1617 m) mit dem „Rifugio Graziani" (✆ 0464/867005). Hier kann man das benachbarte, unter Naturschutz stehende Felsplateau *Corno Piana* besuchen, wo ein Großteil der vielfältigen Pflanzenwelt des Monte Baldo wächst. Ein Fahrweg (ehemaliger Militärweg) führt nun in Serpentinen zum Rifugio am *Monte Altissimo* hinauf, wo man sich ausgiebig stärken und am fantastischen Panoramablick erfreuen kann. Für die Rückkehr bietet sich der Weg 651 an, der von der heraufkommenden Fahrpiste nach der ersten starken Kurve rechts abzweigt und am Kamm entlang wieder zur Bocca di Navene hinunter führt. Von dort kann man die bequeme Schotterstraße zur Seilbahnstation zurück nehmen.

Übernachten/Essen & Trinken **Rifugio Damiano Chiesa**, Juni bis September tägl., außerhalb dieser Zeit nur Sa/So geöffnet. Es kann auch übernachtet werden. ✆ 0464/867130.

▸ **Abstieg vom Tratto Spino nach San Michele**: Man geht zunächst zum Sattel *Bocca di Tratto Spino* (auch: Bocca Tredes Pin) südlich unterhalb der Seilbahnstation, dort zeigt ein Wegweiser („San Michele", „Rist./Bar Prai", „Col di Crat") Richtung Nordwesten schräg den Hang hinunter. Man verfolgt den gut zu erkennenden Weg, der allmählich abfällt und die gesamte Westseite der Colma di Malcésine passiert.

Man unterquert die Seilbahn und erreicht nach ca. 20 Min. ein Waldstück. Kurz darauf trifft man auf die schöne Hochebene *La Prada*, die wie eine Höhenterrasse über dem See liegt. 40 Min. nach Aufbruch läuft der Weg jetzt parallel zum Hang über saftige Kuhweiden nach Norden, mehrere Gatter werden passiert. Nach 50 Min. erreicht man das Ristorante „Prai", das mit seiner einladenden Terrasse so richtig geeignet ist für eine ausgiebige Rast. Durch ausgedehnten Nadelwald geht es nun auf einem breiten Fahrweg hinunter in Richtung San Michele, allerdings ist er mit großen Steinen gepflastert und ziemlich unangenehm zu laufen. Unterwegs durchquert man den *Porticato de Il Signor*, einen über die Straße gebauten Torbogen, eine Art offene Kapelle. Kurz vor San Michele weist ein Wegweiser vom Hauptweg nach links zur „Funivia" in einen schmalen Pfad. Hier erreicht man in wenigen Minuten die Seilbahnstation (geradeaus geht es in 90 Min. nach Navene). Insgesamt braucht man etwa 2 bis 2 ½ Std. für die Strecke vom Gipfel nach San Michele. Von San Michele nach Malcésine ist man weitgehend auf Asphaltstraßen unterwegs (Dauer ca. 90 Min.) und kann bedenkenlos die Seilbahn nehmen.

Von Malcésine nach Torri del Benaco

Unmittelbar südlich von Malcésine passiert die Gardesana Orientale die malerische Halbinsel *Val di Sogno* mit ihren zwei vorgelagerten Inseln. Während im Folgenden landeinwärts die dicht begrünten Hänge des Monte Baldo ansteigen, verläuft die Straße bis Torri del Benaco fast durchweg nah am Wasser – begleitet von einer ununterbrochenen Folge kleiner Campingplätze, Pensionen und Hotels. Dazwischen liegt eine Reihe von kleinen Seeorten, die zur Gemeinde Brenzone zusammengefasst wurden, von denen vor allem *Casteletto* mit seinem malerischen Hafenbecken auffällt.

▸ **Cassone**: Das winzige, idyllische Dörfchen wird wie so viele Orte an dieser Seeseite brutal von der Gardesana durchschnitten. Doch ziehen sich landeinwärts enge Kieselgässchen den Hang zur achteckigen (!) Pfarrkirche hinauf und um die bescheidene Seepromenade und den hübschen kleinen Hafen mit seinen historischen Häusern ist es fast immer ruhig und menschenleer. Unter der Gardesana rauscht der Fluss *Aril* in Richtung See, bei der Brücke glitzern Münzen im Wasser. Das Kuriosum: Nur 175 m weiter oben entspringt er aus dem Berg – ist er also tatsächlich der kürzeste Fluss Italiens (oder sogar der Welt?) oder gebührt die Ehre dem Fiumelatte am Comer See (→ S. 190)?

● *Essen & Trinken* **Aril**, direkt unterhalb der Gardesana, neben dem gleichnamigen Flüsschen. Riesige, preiswerte Pizze, die Calzone wird auf zwei Tellern serviert ...

La Toresela, warme Leserempfehlung für dieses Restaurant neben der Kirche im oberen Ortsbereich. Mo geschl.

Torri del Benaco (ca. 2500 Einwohner)

Ein hübscher Ort und dazu erfreulich ruhig, kein Vergleich mit dem weiter südlich liegenden Garda. Selbst im Hochsommer geht es noch recht beschaulich zu.

Die alte langobardische Festungsstadt drängt sich seitlich der Gardesana lang gestreckt an den See, eine lange, malerische Hauptgasse durchzieht den historischen Kern, am Ufer verläuft eine breite Fußgängerpromenade. Am südlichen Ortsende liegt das intime Hafenbecken, daneben erhebt sich das Wahrzeichen der Stadt, eine

Torri del Benaco 113

Badevergnügen an der Baia dei Pini

stolze *Skaligerburg*, in der ein sehenswertes Museum untergebracht ist, außerdem an der Südmauer eins der letzten funktionsfähigen Zitrusgewächshäuser am See. Die Kirche *Santi Pietro e Paolo* am Nordende der Altstadt besitzt eine prächtige Orgel aus dem 18. Jh., benachbart steht der bullige *Berengar-Turm*.
Die Bademöglichkeiten sind gut, vor allem am baumbestandenen Nordstrand *Baia dei Pini*, an dem einige schmucke Palmen für mediterranes Flair sorgen.

- *Anfahrt/Verbindungen* Autofähren pendeln etwa im 40-Min.-Rhythmus nach **Maderno** am Westufer, in der Hochsaison mindestens 15 Min. vorher da sein, die Stellplätze sind schnell belegt. Auto kostet ca. 5,80–9,30 €, Motorrad 4,50–5,80 €, Fahrrad 4,20 €, Fahrer jeweils inkl. Mitfahrer 3,70 €.
- *Information* **IAT** in der Via Fratelli Lavanda 3, Nähe Skaliger-Kastell. Reichhaltige Auswahl an Prospekten. Mo–Sa 10–13, 16–19, So 10–13 Uhr. ✆ 045/7225120, ✉ 6296482, www.torridelbenaco.com
- *Übernachten* ***** Gardesana**, traditionsreiches Haus direkt am Hafenbecken, im 15. Jh. als Sitz der Ratsversammlung der umliegenden Gardasee-Gemeinden erbaut, vis-à-vis steht die Skaligerburg. Geschmackvoll nostalgisch eingerichtete Zimmer mit Aircondition, schöne Speiseterrasse, Parkplatz. DZ mit Seeblick (im obersten Stock am besten) und Frühstücksbuffet ca. 100–150 €, hinten hinaus günstiger. ✆ 045/7225411, ✉ 7225771, www.hotel-gardesana.com

** Baia dei Pini, nördlicher Ortsrand, geschmackvoll eingerichtetes Haus mit separatem Nebengebäude direkt am Strand, Restaurantterrasse zum See, schattiger Garten mit Zypressen, Zimmer mit Balkonen, schöner Blick. Parkplatz, Bike- und Surfbrettverleih im Garten. DZ mit Frühstück ca. 100–140 €, HP nur wenig teurer. ✆ 045/7225215, ✉ 72 25595, www.baiadeipini.com
** Villa Susy, direkt neben Baia dei Pini, etwas näher an der Straße, aber zum See hin genauso schön wie beim Nachbarn. Zimmer mit Balkonen, malerische Seeterrasse unter hohen Zypressen. DZ mit Frühstück 90–120 €. ✆ 045/7225965, ✉ 7225022, www.villasusy.com
* Onda, an der Straße nach Albisano, fünf Minuten vom Ortszentrum. Von Marco und Anselmo freundlich geführt, Marco spricht Deutsch. Sehr sauber, 26 Zimmer, alle mit Balkon oder Terrasse, außerdem 3 große Apartments. Sehr gutes Frühstücksbuffet auf einer Terrasse im Freien. Parkplatz und Tiefgarage. DZ mit Frühstück ca. 55–64 €. ✆/✉ 045/7225895, www.garnionda.com

114   Gardasee (Lago di Garda)

* Belvedere, ebenfalls an der Straße nach Albisano. netter Familienbetrieb mit großem Garten und schönem Blick, 21 Zimmer, Garage. DZ mit Frühstück 64–87 €.
✆/📠 045/7225088, www.belvederetorri.com
Die beiden einfachen Campingplätze **Oliveti** und **San Remo** liegen in Terrassen am südlichen Ortsausgang über der Gardesana.

• *Essen & Trinken* Vor der Altstadt kann man idyllisch direkt an der Seepromenade essen. Das Hotel **Gardesana** bietet zu gehobenen Preisen hervorragende Küche mit Blick auf Kastell und Hafen – Hummer, Fischsuppe, marinierte Krebse, Leber auf venezianische Art u. a. Di geschl. (außer im Sommer).
Berengario, Piazza Chiesa 3, bei der Kirche SS. Pietro e Paolo und Berengar-Turm, große Auswahl, auch an Pizza, sehr freundlich und gutes Preis-Leistungsverhältnis.
Osteria da Ago e Rita, etwas nördlich außerhalb, direkt an der Gardesana. Traditionelle Küche zu günstigen Preisen, z. B. *pinzimonio* (Dippschale mit Saisongemüse), danach leckere Pasta, zum Schluss Parmaschinken mit frisch gebackenen Brötchen. Nur abends, Mi geschl.
Panoramico, im winzigen Örtchen Crero, nördlich von Torri oberhalb der Gardesana. Herrlicher Seeblick, allerdings steile Zufahrt, nur wenige Parkplätze.

• *Markt* jeden Mo entlang der Hauptgasse.

Sehenswertes: Das *Museum* in der Burg beherbergt anschauliche Sammlungen zur traditionellen Gardasee-Fischerei (Netze, Reusen und andere Fanggeräte, dazu eine alte „Gardaseegondel") und zur Olivenverarbeitung (u. a. altrömische Ölpresse im Garten). Im Obergeschoss eine Dokumentation von Felszeichnungen aus prähistorischer und historischer Zeit mit umfangreichen Erläuterungen auf deutsch. Man hat Tausende dieser stilisierten Bilder auf den Bergen um den Gardasee entdeckt, u. a. beim nahen Örtchen Crero und am Monte Luppia bei Garda. Außer dem Museum kann man noch weitere Teile der Burg besichtigen und auf die Wehrmauern und Türme hinaufklettern.

In *Crero*, nördlich von Torri del Benaco, unmittelbar oberhalb der Gardesana (→ Essen & Trinken), ist ein Fußweg zu den Felszeichnungen markiert, man läuft nur wenige Minuten.

Öffnungszeiten/Preise **Skaligerkastell**, April/Mai und Okt. Di–So 9.30–12.30, 14.30–18 Uhr, Juni–Sept. Di–So 9.30–13, 16.30–19.30 Uhr, Mo geschl.; Eintritt ca. 3 €, ermäß. 2 €.

Torri del Benaco/Umgebung

▸ **Albisano**: Eine steile Serpentinenstraße führt durch Olivenhaine und Gärten in diesen kleinen Ort oberhalb von Torri del Benaco. Vom Kirchenvorplatz genießt man einen fantastischen Blick auf den See, das gegenüberliegende Brescianer Ufer und die Berge dahinter – „Balcone del Garda" nannte der Literat und Nationalheros Gabriele d'Annunzio diesen Aussichtspunkt. Im Hotel/Restaurant „Panorama" kann man den traumhaften Ausblick beim Essen genießen.

▸ **San Zeno di Montagna**: Diesen weit verstreuten Luftkurort in 585 m Höhe erreicht man, wenn man von Albisano etwa 5 km in Richtung Norden fährt. Hier oben gibt es sogar einen ganzjährig geöffneten Zeltplatz namens „Mamma Lucia" (✆/📠 045/7285038, beschildert) sowie eine Reihe recht günstiger Ein- und Zwei-Sterne-Unterkünfte für Sommerfrischler und Wanderer. Letztere nehmen dort gerne Quartier, um den Monte Baldo zu besteigen. Neuerdings kommen auch Familien mit Kindern, um den kürzlich eröffneten Abenteuerpark „Jungle Adventure" zu besuchen (Mai bis September tägl., ✆ 045/6289306, www.jungleadventure.it).

• *Verbindungen* **APTV-Bus 69** fährt 4–5 x tägl. von Verona am südlichen Ostufer des Gardasees entlang, von Garda oder Torri del Benaco (verschiedene Routen) über Costermano hinauf nach San Zeno und bis zur Prada-Hochebene.

• *Information* **IAT**, Nähe nördliches Ortsende. Unterkunftsverzeichnis, Wanderkarte. ✆ 045/7285076, 📠 7285222,
E-Mail: bibliotecas.zeno@libero.it

Grün und üppig: Punta San Vigilio bei Garda

• *Essen & Trinken* **La Casa degli Spiriti**, kurz vor San Zeno, erste Adresse für Gourmets, Wein- und Landschaftsliebhaber. Vom verglasten Restaurant im Untergeschoss des „Geisterhauses" aus dem 18. Jh. und der offenen Terrasse darüber genießt man einen weiten Blick über bewaldete Hügel zum See. Zu gehobenen Preisen bietet „Sir Frederic" leichte mediterrane Küche bester Qualität, dazu gibt es hervorragende Weine aus dem Valpolicella in der dazugehörigen Enoteca. Im Cafélokal „La Terrazza" in dem oberen Etage kann man etwas günstiger essen oder einfach nur einen Kaffee trinken. Mo geschl., www.casadeglispiriti.it

Giardinetto, Café-Restaurant direkt an der Hauptstraße in der Ortsmitte. Vom Gastgarten mit prächtigen Nadelbäumen genießt man auch hier einen herrlichen Blick auf den See.

Taverna Kus, Via Castello 14, rustikal-elegantes Restaurant mit überdachter Terrasse am nördlichen Ortsausgang, untergebracht in einem ehemaligen Bauernhaus. Traditionelle Küche, hausgemachte Pasta und beste Weine. Mi geschl.

▸ **Prada-Hochebene**: Auf steil ansteigender Straße geht es von San Zeno durch saftig grüne Gebirgsalmen weiter auf die Prada-Hochebene in 1000 m Höhe. Unterwegs genießt man herrliche Ausblicke – an klaren Tagen über den Süden des Sees und die Poebene sogar bis zum Apennin. Auf der Hochebene soll bald wieder die stillgelegte Costabella-Schwebebahn bis zum *Rifugio Fior del Baldo* (1815 m) auf dem Monte-Baldo-Kamm in Betrieb genommen werden.

Punta San Vigilio

Die markante Landzunge zwischen Torri del Benaco und Garda ist von der Durchgangsstraße durch eine schattige Zypressenallee zu erreichen (Auto am Parkplatz abstellen und zu Fuß weiter bis zum schmiedeeisernen Tor, dort links). In der exklusiven *Locanda San Vigilio* aus dem 16. Jh. mit einem der besten Restaurants am Gardasee übernachteten schon Otto Hahn, Winston Churchill und Prinz Charles. Wunderschön ist der kleine, steingefasste Hafen neben dem Haus, auf dessen schmaler Mole man beschaulich unter Weinranken sitzt und zu gehobenen Preisen die exquisiten Antipasti und Salate der hauseigenen Taverna „Il Torcolo" kosten kann (Di geschl.).

An der Nordseite der Landzunge liegt die *Baia delle Sirene*, ein 30.000 qm großer Park mit Rasen unter uralten Olivenbäumen und einem besonders schönen Kiesstrand. Der Eintritt kostet allerdings, je nach Jahreszeit, bis zu saftigen 9 € (Kinder 5 €), ab 14 Uhr ermäßigt. Zur Ausstattung gehören u. a. zwei Kioske, Sonnenliegen, Volleyballfeld, Tischtennis und Kinderspielplatz, außerdem Duschen, Umkleidekabinen und sogar ein Fernsehplatz.

• *Anfahrt/Verbindungen* An der Gardesana liegen zwei gebührenpflichtige Parkplätze einander gegenüber (Gäste der Locanda und Baia delle Sirene parken auf der Seeseite der Straße gratis). Die Zypressenallee darf man nur zu Fuß begehen, außer man wohnt im Hotel. Zu Fuß kann man von Garda in etwa 20 Min. zur Punta San Vigilio gelangen, indem man immer am Strand entlanggeht (→ Garda/Baden).

Südlich der Punta San Vigilio treten die Berge allmählich zurück und der Lago di Garda weitet sich zum breiten Südteil mit grünen Wiesen, Weinbergen, Olivenbäumen und sanften Hügeln. Gewaltig wie ein Meer wirkt hier der See – vom gegenüberliegenden Ufer sieht man nichts, falls nur etwas Dunst in der Luft liegt. Die Orte sind flach, ohne die verwinkelte Struktur von Malcésine.

Badestrand bei Garda

Garda (ca. 3300 Einwohner)

Viel besuchter Ferienort in einer sanft geschwungenen Bucht, nach Süden und Norden geschützt durch steile Bergrücken, das Ganze in einem Meer von Grün – üppig mediterrane Vegetation, Zypressen und Oliven bedecken alle Hänge und das Hinterland.

Seit alters her spielt Garda eine besondere Rolle am See, denn neben der idealen Lage und der natürlichen Schönheit der Bucht war es vor allem der markante Tafel-

Garda

berg weiter südlich davon, der für die frühmittelalterlichen Herrscher wichtig war. Bereits unter den Ostgoten im 5. Jh. stand hier oben eine Burg – angeblich war sie die Stammburg des berühmten Hildebrand aus der deutschen Heldensage. Nach Langobarden, Franken und Skaligern kamen schließlich die Venezianer und machten Garda zu ihrer Residenz am See. Mit zahlreichen stilvollen Palazzi prägten sie die Architektur des Ortes, wenngleich heute davon nur noch Bruchstücke erhalten sind.

Die Promenade von Garda ist eine der schönsten am See. Cafés, Restaurants und Gelaterie reihen sich aneinander, man sitzt behaglich mit viel Platz und herrlichem Seeblick. Gleich dahinter erstreckt sich der stimmungsvoll verwinkelte Altstadtkern mit überwölbten Wegen und zwei Tortürmen, zwischen denen die Hauptgasse verläuft. Sehenswert ist der Kreuzgang des früheren Klosters *Chiostro della Pieve*, angebaut an die Kirche Santa Maria Maggiore im südlichen Ortsbereich, direkt an der Durchgangsstraße.

Die Bademöglichkeiten gehören zu den besten am Ostufer – eine lange Strandzone zieht sich südlich bis ins benachbarte Bardolino, nördlich bis zur Landzunge San Vigilio.

- *Anfahrt/Verbindungen* großer gebührenpflichtiger Parkplatz an der Durchgangsstraße, von dort 2 Min. in die Altstadt.
- *Information* **IAT (Informazione e Accoglienza Turistica)**, Lungolago Regina Adelaide 13, zentrale Lage an der Uferpromenade. Mo–Mi 9–13, 15–19, Do 10–13, 15–20, Fr 9–13, 15–20, Sa 10–13, 15–20, So 8–14 Uhr. ✆ 045/6270384, 📠 7256720, www.aptgardaveneto.com
- *Übernachten* *** **Flora**, Via Giorgione 27, landeinwärts der Gardesana, sehr gepflegtes Haus mit großem Park, zwei Pools und zwei Tennisplätzen. Moderne Zimmer, guter Service, deutsch-italienische Leitung. DZ mit Frühstück ca. 100–135 €, auch Vermietung von Ferienwohnungen. ✆ 045/7255348, 📠 6277940, www.hotelflora.net

*** **Astoria**, Via Verdi 1, an der Uferpromenade, gepflegtes Haus mit gemütlichem Garten, hervorzuheben ist die Dachterrasse. DZ mit Frühstück ca. 75–86 €. ✆ 045/7255278, 📠 7255731, www.garda-tourist.com

** **San Marco**, Largo Pisanello, am Südende der Promenade, kurz vor dem Badestrand. Schmuckes Haus mit grünen Fensterläden, innen sehr behaglich, Frühstücks-/Aufenthaltsraum ähnelt einer Gemäldegalerie, davor die Terrasse. DZ mit Frühstück ca. 64–86 €. ✆ 045/7255008, 📠 7256749, www.hotelsanmarcogarda.it

** **Degli Ulivi**, Via Olivai 4. Das nette, kleine Haus liegt mitten im Grünen, landeinwärts der Durchgangsstraße. Neben Zimmern gibt es auch Apartments mit gedeckter Terrasse. DZ mit Frühstück ca. 70–82 €. ✆ 045/7255637, 📠 7255495.

La Filanda e San Carlo, in Costermano, Località Tavernole. Umgebaute Spinnerei des 18. Jh. inmitten eines großen Weinguts mit viel Grün. Gut eingerichtete Apartments für 2–6 Pers., Swimmingpool und Kinderbecken, Liegewiese, Spielplatz und Supermarkt. Günstiges und gutes Essen im hauseigenen Restaurant. Gut geeignet für Familien mit Kindern. Wochenpreis für 2–4 Pers. ca. 180–860 €. ✆ 045/7200977, zu buchen über Europlan (www.europlan.it).

Zwischen Garda und dem südlich benachbarten Bardolino liegen mehrere große und gut ausgestattete **Campingplätze** direkt am Strand (→ Bardolino).

- *Essen & Trinken* Garda ist kein Pflaster für Feinschmecker, besser isst man außerhalb.

Da Graspo, Piazzale Calderini 12, bei der Hauptkreuzung der Gardesana. Das vielleicht originellste Lokal am Gardasee: zwei kleine, dunkle Räume, ein paar Stühle vor der Tür, eine offene Küche, in der es dampft und brodelt – voilà, das ist das Reich von Luca del Graspo. Der sympathische, etwas beleibte Wirt winkt jeden herein, schnell hat man ein Gläschen Prosecco in der Hand. Es gibt keine Speisekarte – „Das Menü bin ich", sagt Luca in Anlehnung an das bekannte Zitat des Sonnenkönigs. Reservierung angebracht, ✆ 045/7256046, Di geschl.

Garda, Via Don Gnocchi 33, leckere und preiswerte Pizzen, guter offener Wein, Spielplatz für die Kids.

Ai Beati, Via Monte Baldo 28, die Straße nach Costermano nehmen und links in die Via Monte Baldo (beschildert). In dem umgebauten, alten Landwirtschaftsgut am Ende der Straße sitzt man in einem rundum verglasten Speiseraum mit herrlichem Seeblick und auf einer großen, im Grün versteckten Terrasse. Sehr gute Küche und ebensolcher Service, allerdings entsprechende Preise, Degustiermenü ab ca. 40 €. Nur abends, Mo geschl. ✆ 045/7255780.

Stafolet, Via Poiano 12 (Località Giare), die Straße nach Costermano nehmen, kurz vor dem Ort rechts ab (beschildert). Gemütlich speist man hier im Grünen, weitab vom Rummel am See. Geeignet auch für Familien, denn auf dem Rasenplatz können sich Kinder tummeln. Mo geschl.

Al Molini, im Valle dei Molini (kurz vor Costermano links), man sitzt im Garten neben einer alten Mühle, etwas einfacher, nette Bedienung und preiswert.

• *Nachtleben* **Osteria Can e Gato**, urgemütliche Wein- und Bierschenke beim nördlichen Stadttor, sehr beliebt.

Enoteca alla Calle, Calle dei sotto Portici, kleine, intime Weinbar in der Altstadt, wenige Meter von der Uferfront.

Weiterhin gibt es einige Kneipen und Pubs in Garda, z. B. die **Papillon Bar** außerhalb vom nördlichen Stadttor und die **Tavernetta** im Hotel Alla Torre beim südlichen Stadttor, wo oft Livemusik gespielt wird.

• *Markt* jeden Fr 6–15 Uhr an der Uferfront.

Spektakulär: Madonna della Corona

Die Wallfahrtskirche in schwindelnder Höhe über dem Etschtal ist von Garda aus über Costermano und den größeren Ort Caprino Veronese zu erreichen.

Wie ein Adlernest in der Felswand: die Kirche Madonna della Corona

Bis *Spiazzi* fährt man etwa 20 km, dort parkt man in langer Reihe entlang der Straße und steigt zur Kirche in ca. 20 Min. zu Fuß hinunter, vorbei an einer Reihe von Kreuzwegstationen mit lebensgroßen Figuren. Von Juni bis September gibt es auf dieser Straße auch Pendelbusverkehr (April, Mai und Oktober an Sonn- und Feiertagen). Pilger klettern dagegen in ca. 2 Std. vom tief unterhalb liegenden Örtchen *Brentino* einen anstrengenden Büßerweg hinauf.

774 m hoch über dem Etschtal klebt die Kirche mit Nebengebäuden wie ein Adlernest in der überhängenden Felswand. Als hier 1522 eine Marienstatue gefunden wurde, der schnell Wundertaten zugesprochen wurden, begann man mit dem Bau des Heiligtums, seitdem wurde es mehrfach umgestaltet und vergrößert. Doch auch schon viel früher wurde der abgelegene Ort bereits religiös genutzt, Eremiten lebten hier und sogar aus vorchristlichen Zeiten hat man Spuren entdeckt. Im Inneren stellt man beeindruckt fest, dass die Kirche direkt in den Fels hineingehauen ist. Die 70 cm hohe, aus Stein gehauene Statue der Madonna, die den toten Jesus beweint, thront über dem Hauptaltar. An der rechten Seitenwand zeigen schlichte Ölbilder hinter Glas, wo die Madonna schon überall geholfen hat. Mehrmals tägl. gibt es Gottesdienste, auch in deutscher Sprache. Vom Untergeschoss der Kirche führt eine „heilige Treppe" nach oben, die Bußfertige auf Knien hinaufrutschen. Ebenfalls unter der Kirche liegt der *Sepolcreto degli Eremiti*, hier ruhen die Knochen verstorbener Mönche in durchsichtigen Glasvitrinen.

Garda/Umgebung

Hübsche Seespaziergänge kann man in beide Richtungen machen – mit Fahrrad oder zu Fuß lohnt der Uferweg („Passeggiata Rivalunga") ins 3 km entfernte *Bardolino*, zur 2 km entfernten *Punta San Vigilio* im Norden geht man besser zu Fuß, da der Weg im letzten Teil sehr steinig wird.

▶ **Rocca di Garda**: Auf dem 249 m hohen Tafelberg südlich vom Ort findet man nur noch spärliche Mauerreste der großen frühmittelalterlichen Burg von Garda, denn Anfang des 16. Jh. schleiften die Venezianer die veraltete Festung. Im 5. Jh. war sie in Besitz von Hildebrand, dem Heerführer des Theoderich, bei uns besser bekannt als Dietrich von Bern (Bern = Verona). Später folgten die Langobarden, dann die Franken, letztendlich die Skaliger. Im Jahr 951 spielt in der Rocca von Garda die abenteuerliche Geschichte der jungen burgundischen Königstochter Adelheid, die zwangsweise mit einem Langobardenkönig verheiratet werden sollte und hier eingekerkert war, schließlich flüchten konnte und stattdessen den deutschen König Otto I. ehelichte. Ein eigentümlich geformter Felsblock wird heute „Thron der Adelheid" genannt.

- *Hinkommen* Ein schöner **Spazierweg** führt aufs Plateau: Man startet links von der Pfarrkirche in **der Via San Bernardo**, geht vor dem Friedhof rechts und gleich wieder rechts in die **Via degli Alpini** – rechts kleiner Abstecher zur Statue der Madonna del Pino, die über dem See thront und die Schutzpatronin Gardas ist. Etwa 40 Min. läuft man bis zum **Sattel** zwischen Monte San Giorgio und der Rocca. Unterwegs passiert man einige so genannte „Canevini", in den Fels gehauene, ehemalige Weinkeller. Ein breiter Weg führt schließlich hinauf zum Plateau.

▶ **Eremo di Monte San Giorgio**: Von der Rocca läuft man etwa 20 Min. auf markiertem Waldweg hinüber zum Zwillingsberg *Monte San Giorgio* (305 m). Dort steht seit dem 17. Jh. ein Kamaldulenser-Kloster, dessen schlichte Kirche dem Ordensgründer Romuald geweiht ist. Eine Besichtigung des Klosters ist mehrmals wöchentlich möglich und seit einigen Jahren auch Frauen gestattet, früher mussten sie vor der Tür warten.

- *Öffnungszeiten* tägl. 9–12.30, 15–18.30 Uhr, ✆ 045/7211390. Am Eingang klingeln.
- *Hinkommen* mit **PKW** am nördlichen Ortsausgang von Bardolino einbiegen, bis Cortelline fahren, dort links den Weg zur „Eremo" nehmen und bis zum Ende fahren. **Zu Fuß** ab Garda etwa eine Stunde, im Sattel zwischen Rocca und Monte San Giorgio links halten.

Pietra delle Griselle, eine von vielen Felszeichnungen am Monte Luppia

▶ **Felszeichnungen am Monte Luppia**: Der 416 m hohe Monte Luppia schließt die Bucht von Garda nach Norden ab. An seinem Hang wurde ein Großteil der berühmten, z. T. bis in prähistorische Zeiten zurückreichenden Zeichnungen entdeckt, die von Malcésine bis Garda in zahlreiche Felsen des Monte-Baldo-Massivs eingeritzt sind. Seit Anfang der sechziger Jahre hat man etwa 3000 davon entdeckt (→ Crero, S. 114), die aus den verschiedensten Epochen stammen. Einige sind mehrere tausend Jahre alt, andere stammen aus dem Mittelalter oder sind sogar noch jünger. Warum hier diese Vielzahl von Zeichnungen? Die einleuchtendste Vermutung ist vielleicht, dass es weitgehend einfache Hirten waren, die ihre Herden auf die Hochalmen am Monte Baldo trieben und sich an den vielen Felsplatten künstlerisch versuchten, um sich die Zeit zu vertreiben – sie ritzten vor allem das ein, was sie gut kannten und vielleicht tagtäglich von ihrer hohen Warte aus sahen: Schiffe nämlich. Aber auch Reiter auf Pferden, bewaffnete Krieger, Lanzen, Menschen und Ornamente sind thematisiert. Leider ist keines der Bildwerke vor Witterungseinflüssen geschützt, sodass es wirklich verwundert, dass sie nicht längst von Niederschlägen verwaschen sind. Ein scharfes Auge braucht man gelegentlich, um sie zu entdecken – bei manchen sind aber die Konturen mit Kreide nachgezogen.

In einer anregenden kleinen Wanderung kann man einige der Steinzeichnungen besuchen, hin und zurück braucht man etwa 90 Min. reine Gehzeit.

• *Hinkommen* Wir starten unsere Wanderung am landseitig gelegenen **Autoparkplatz** bei der Punta San Vigilio (in der Hauptsaison gebührenpflichtig). Hier steigt ein Weg südostwärts zwischen Ölbäumen leicht den Hang hinauf, nach 5 Min. hält man sich links, kurz danach nochmals links. Nach wenigen Minuten treffen wir auf einen gepflasterten Fahrweg, die **alte Straße** (Strada dei Castei) von Garda nach Torri del Benaco.

Es geht die Straße nach links, nach einigen Kurven trifft man rechts auf einen Abzweig, der mit einer **Metallschranke** gesichert ist. Diesen Weg hinauf bis zu einem Querweg, dort links durch dicht wuchernde Waldvegetation, entlang einer 90 cm hohen, efeuüberwachsenen Mauer. Wir treffen auf eine **Kreuzung**, hier den schmalen Weg halbrechts hinauf zu den „Rupestri".

Nach wenigen Minuten passiert man links ein Haus, kurz danach liegt der erste Bilderfels rechts am Weg, die **„Pietra delle Griselle"** – Blickfang ist hier das große Schiff mit Masten und Strickleitern (Griselle). Weiter oben auf der Platte findet man schwerttragende Menschen und Lanzen eingraviert. Es folgen noch mehrere Felsplatten mit Schiffszeichnungen und anderen kleinen Einritzungen, berühmt ist die „Pietra dei Cavalieri" mit einer Reihe von reitenden Kriegern, die Lanzen tragen.

Tipp für den Rückweg: Wenn man wieder auf der „Strada dei Castei" ist, kann man sie in Richtung Garda bis zum Ende verfolgen – durch schöne Olivenhaine steigt sie hinunter und mündet etwa 700 m östlich vom Parkplatz, der der Ausgangspunkt unserer Wanderung war, auf die Gardesana (rot-weiß-rot beschildert: Crero, Castei, Monte Luppia). Von hier kommt man entlang der viel befahrenen Gardesana zum Parkplatz oder nach Garda.

Bardolino (ca. 5300 Einwohner)

Das touristische Zentrum am Südostufer. Der populäre Ferienort besitzt eine freundliche, angenehm offen gebaute Altstadt, in den breiten, weitgehend rechtwinkligen Gassen läßt es sich gemütlich bummeln. Der gleichnamige Rotwein gedeiht im hügligen Hinterland, dort kann man ihn überall im Direktverkauf erwerben.

Im rückwärtigen Bereich des Ortes steht direkt an der Gardesana die schlichte romanische Kirche *San Severo* aus einfachen Bruchsteinquadern, im Inneren sind zahlreiche verblasste Fresken aus dem 12. Jh. erhalten. Am See erstreckt sich eine lange Promenade zwischen zwei weit vorspringenden Halbinseln, Richtung Norden kann man am Wasser entlang bis Garda laufen oder radeln, in der anderen Richtung sogar bis Peschiera am Südende des Sees. Wie im benachbarten Garda sind die Bademöglichkeiten sehr gut – Strände gibt es zu beiden Seiten des Orts, außerdem zwei gebührenpflichtige Strandbäder.

● *Anfahrt/Verbindungen* großer Parkplatz an der Durchgangsstraße, bei der Kirche San Severo.

● *Information* **IAT**, direkt an der Gardesana, Piazzale Aldo Moro 5. Mo–Sa 9–13, 15–19 Uhr, So 9–13 Uhr. ✆ 045/7210078, ✉ 7210872, www.aptgardaveneto.com

Associazione Albergatori Bardolino, Unterkunftsvermittlung gleich neben der Informationsstelle. Mi–So 10–12.40, 15.30–19.30 Uhr, Di geschl. ✆ 045/6210654, ✉ 6228014, www.ababardolino.it

● *Übernachten* *** **Quattro Stagioni**, Borgo Garibaldi 25, mitten in der Altstadt, doch sehr ruhig, herrlicher Garten mit üppiger mediterraner Vegetation und hübschem Pool, großer, schattiger Parkplatz. Einrichtung z. T. mit Antiquitäten, gemütlich. DZ mit Frühstück ca. 84–125 €. ✆ 045/7210036, ✉ 7211017, www.hotel4stagioni.com

*** **Villa Letizia**, Lungolago Cipriani, an der Uferstraße südlich vom Zentrum, kürzlich komplett renoviert, aufmerksam geführt, gute Küche. Über die Straße zum Strand, hölzerner Badesteg. DZ mit Frühstück ca. 82–135 €, meist Pflicht zur HP. ✆ 045/ 7210012, ✉ 6210650, www.hotelvillaletizia.com

** **Fiorita**, Via Solferino 49, ruhig gelegenes Haus in einer engen Seitengasse, 100 m von der Anlegestelle. Mit Garage. DZ mit Frühstück ca. 60–85 €. ✆ 045/7210197, www.hotelfiora.it

* **Valbella**, Via San Colombano 38, nette Pension mit Garten in den Hügeln 2 km vom Zentrum. Wunderschöner Seeblick, Parkplatz. DZ mit Frühstück ca. 47–65 €. ✆ 045/6212483.

Vor allem nördlich von Bardolino liegen einige große und gut ausgestattete Campingplätze mit langen Badezonen:

Comunale San Nicolò, der stadtnächste Platz, schmaler Strand mit Badesteg, nur z. T. schattige Stellplätze. ✆ 045/7210051, ✉ 72 10488, ragioneria@gardanews.it

Continental, schattiger Platz mit Pappeln und Ölbäumen, davor schöne Strandzone mit Grasböschung. ✆ 045/7210192, ✉ 7211756.

Serenella, großes Gelände, gut beschattet durch Laubbäume, großer Pool mit Kinderbecken, Kinderspielplatz, 250 m langer Strand.

Keine Motorräder! ☎ 045/7211333, ℻ 7211552, www.camping-serenella.it

La Rocca, riesiger Platz südlich unterhalb der Rocca von Garda, durch die Gardesana in zwei Teile getrennt. Großer Pool und Kinderbecken, 300 m Strand. ☎ 045/7211111, ℻ 7211300, www.campinglarocca.com

● *Essen & Trinken* **La Loggia Rambaldi**, Piazza Principe Amedeo 7, einen Katzensprung vom See entfernt. Ein ehemaliges Adelspalais des 16. Jh. wurde in den neunziger Jahren in ein geschmackvolles Restaurant umgebaut. Vor dem Haus Sitzplätze mit Seeblick. Etwas höhere Preise. Di geschl.

Al Giardino delle Esperidi, Via Goffredo Mameli 1, kleine, feine Enoteca mit Verkaufsraum, Dachgarten und Plätzen im Hinterhof unter einer Pergola. Einfallsreiche Gerichte, die häufig wechseln, zum Dessert Leckereien mit diversen Käsesorten und Honig. Gehobene Preise. Mi mittags und Di geschl.

La Lanterna, Via Goffredo Mameli 18/a, hier legt man vor allem Wert auf die Zubereitung von Pasta in allem Variationen, es gibt aber auch Pizza und Fisch. Preislich okay und sehr lecker.

Il Portichetto, Piazza Catullo, wenige Meter vom Hafen bei kleinem Torbogen. Bekannt für seine leckeren, selbst gemachten Nudeln und die Fleischgerichte vom Grill, als Secondo z. B. *brasato con polenta* (Schmorbraten) oder *tagliata con rucola e grana* (Entrecôte mit Rukola und Parmesan). Mi geschl.

La Formica, Piazza Luigi Lenotti 11, aufmerksam geführte Pizzeria/Ristorante mit viel Auswahl – Pizza, Pasta, Fisch oder Fleisch. Leserzuschrift: „Eine angenehm runde Sache – sowohl Küche und Bedienung wie auch Ambiente und Preisniveau." Mo geschl.

Le Palafitte, Pizzeria/Ristorante in schöner Lage am Seeufer südlich vom Zentrum. Relativ preiswert, Plätze im Freien, Seeblick. Di geschl.

● *Nachtleben* **Hollywood**, Via Montavoletta 11, populäre Disco etwas landeinwärts vom Zentrum. Do–So. ☎ 045/7210580, www.hollywood.it

Orange Garden Disco, Via Monsurei 1 (Via Croce hinauf und zweite rechts), weitere populäre Disco mit Restaurant, gelegentlich Livemusik. Geöffnet Mi–So. ☎ 045/6212711.

Primo Art Café, direkt am Kreisel an der Gardesana. Cocktailbar mit Tanzfläche und meist freiem Eintritt, Cocktails ca. 5–6 €, auch hier ab und an Livemusik. Disco von Do bis So, außerdem große Außenterrasse. ☎ 045/6210177, www.primoartcafe.it

● *Shopping* jeden Do riesiger **Markt** an der Promenade.

Il Coccio, Borgo Garibaldi 52, bei Sergio und Riccardo Vellini werden Keramikkacheln, Vasen und Teller fantasievoll bemalt.

Guerrieri-Rizzardi, Piazza Guerrieri 1, alteingeführte Weinkellerei am Platz vor dem südlichen Stadttor. Mo–Fr 8–12, 14.30–17.30, Sa 8.30–12.30 Uhr. ☎ 045/7210028, www.guerrieri-rizzardi.com

Bardolino/Umgebung

Hinter Bardolino und Cisano beginnt das Weinland, die kleinen, schmalen Straßen sind überall von Rebfeldern flankiert und nennen sich oft „strada del vino" (beschildert).

Zunächst kann man aber dem „Museo dell'Olio" im südlichen Nachbarort *Cisano* einen Besuch abstatten, anhand vieler Exponate präsentiert es die Geschichte der Olivenölgewinnung. Fahren Sie anschließend hinauf nach *Calmasino*, dort kann man in zahlreichen Kellereien den Bardolino und andere Tropfen erwerben. Von der Straße nach Calmasino zweigt gleich im ersten Teil der Straße links die Via Costabella ab. Dort liegt das Weingut der Gebrüder Zeni, deren „Museo del Vino" alle Utensilien zur Weinherstellung zeigt. Über *Cavaion* kommt man schließlich nach *Affi* beim Autobahnanschluss „Lago di Garda Sud", bekannt für sein riesiges Shopping-Center „Grand'Affi", das größte am ganzen See.

Wenn man stattdessen am nördlichen Ortsrand von der Gardesana landeinwärts auf einer Serpentinenstraße in die Weinberge Richtung Albarè abbiegt (beschildert: „Istituto Salisiano"), durchfährt man eine ruhige Landschaft mit Weinbergen, Olivenhainen, vereinzelten Landhäusern und Bauernhöfen. Mehrere empfehlenswerte Lokale liegen an dieser Straße, außerdem kann man eine leichte Wanderung zur

Rocca, dem Wahrzeichen von Garda unternehmen und das Kamaldulenser-Kloster *Eremo di Monte San Giorgio* besuchen (→ S. 119).

- *Öffnungszeiten/Preise* **Museo dell'Olivo**, 9–12.30, 15–19, So 9–12.30 Uhr, Eintritt frei. **Museo del Vino**, Mitte März bis Okt. tägl. 9–13, 14–18 Uhr; Eintritt frei, www.zeni.it.
- *Essen & Trinken* **Al Torcolo**, Via Torcolo 5, am Weg von Calmasino nach Cavaion rechter Hand in den Weinbergen. Gute Qualität zu günstigen Preisen, vor allem mittags. **Locanda al Bersagliere**, an der Straße nach Albarè, nach etwa 2–3 km linker Hand. Stimmungsvolle Terrassentaverne mit schattenspendender Weinlaube. Hervorragende regionale Küche – besondere Empfehlung für die geräucherte Gänsebrust (Antipasto), als Secondo diverse Fischgerichte und Fleischspeisen, von Lamm bis Pferd. **La Dacia**, etwas zurück von der derselben Straße, noch ein Stück weiter. Großer Landgasthof mit schattigem Garten und Blick ins Grüne.

Hübsches Fleckchen: der Hafen von Lazise

Lazise

(ca. 5500 Einwohner)

Ein ganz besonders malerischer Ort innerhalb einer prächtig erhaltenen Stadtmauer mit Wehrtürmen und drei Toren. Das Ensemble der Altstadt gehört heute zu den reizvollsten am See – enge Straßen öffnen sich zu kleinen Plätzen, mitten darin zieht sich das schmale Hafenbecken tief landeinwärts. Außerhalb der Altstadt thront in einem üppig grünen Park eine große Skaligerburg (keine Besichtigung möglich).

Viel Luft und Platz hat man auf der breiten Promenade vor der Altstadt. Ein langer Strand (im Sommer mit Eintritt) liegt südlich vom Ort, Richtung Norden kann man von Holzstegen aus gebührenfrei ins Wasser hüpfen. Lazise ist außerdem eins der Campingzentren im unteren Seebereich – südlich vom Ort findet man eine ganze Reihe teils komfortabler Zeltplätze mit hervorragenden Bademöglichkeiten.

- *Information* **IAT** am Hafen rechts, neben Hotel Alla Grotta. Mo–Do 10–13, 15–19, Fr/Sa 10–13, 15–20, So 8–14 Uhr. ✆ 045/7580114, 📠 7581040, www.aptgardaveneto.com

Gardasee (Lago di Garda)

- *Übernachten* ***** Miralago**, Lungolago Marconi 16, gepflegtes Haus am See, von den Zimmern mit kleinen Balkonen herrlicher Seeblick, Parkplatz, Ristorante. DZ mit Frühstück ca. 75–120 €. ℅ 045/7580015, ℻ 7581189.
** Alla Grotta, wunderbare Lage im Hafen, schlichte, saubere Zimmer, im Gewölbe unten beliebtes Ristorante. DZ mit Frühstück ca. 85 €. ℅/℻ 045/7580035, www.allagrotta.it
** Sirena, Via Roma 4/6, großes Haus am Nordende der Promenade, Pool im Garten, Parkplatz, Ristorante, Seeblick. DZ mit Frühstück ca. 66–93 €. ℅ 045/7580094, ℻ 6470597, www.gardalake.it/hotelsirena
** Santa Marta, Via Sentieri 13, ca. 1 km südlich vom Ortszentrum, Einfahrt von der Gardesana aus, Garage. Das üppig grüne Anwesen liegt zwischen Weinreben und Obstbäumen, solide eingerichtete Zimmer, nette Frühstücksterrasse, schnell ist man am Strand unten. DZ mit Frühstück ca. 66–106 €. ℅ 045/7580026, ℻ 7580639.
Im Umkreis liegen außerdem zahlreiche Campingplätze:
Municipale, der einzige Platz nördlich vom Zentrum, durch die Promenade vom See getrennt. ℅ 045/7580020, ℻ 7580549.
Du Parc, unmittelbar südlich vom Ortskern, direkt am 300 m langen Strand, großer Poolbereich. ℅ 045/7580127, ℻ 6470150, www.campingduparc.it

Vergnügungsparks und andere Attraktionen im Südosten des Gardasees

Gardaland: Der abwechslungsreiche, Disneyland nachempfundene Vergnügungspark nördlich von Peschiera ist **der** Anziehungspunkt am südlichen Gardasee – Achterbahnen, Karussells und Wildwasserfahrten zwischen Tal der Könige, Grand Canyon, Merlins Burg, Flying Island und Korsarenschiff. Geöffnet 1. April bis 30. Sept. tägl. 9.30–18.30 Uhr, Ende Juni bis Mitte Sept. bis Mitternacht, dann mit nächtlichen Lasershows; Eintritt ca. 22 € (Erw.) bzw. 18,50 € (Kind über 1 m Größe bis zu 10 Jahren). ℅ 045/6449777, www.gardaland.it

Canevaworld: Der größte Wasserpark im Gardaseegebiet liegt zwischen Lazise und Pacengo direkt an der Gardesana. Kernbereich ist die so genannte „Wasserzone" mit Riesenrutschen, Sandstrand und zahlreichen Pools verschiedener Art und Größe. Daneben gibt es die „Mittelalterliche Zone", wo man im Rahmen eines mittelalterlichen Turniers zu Abend essen kann, den „Movie Studios Park", wo man spannende Filme und Stuntshows erleben kann, das „Rock Star Café" und die „Festival Zone" mit allabendlicher Disco im Juli/August. ℅ 045/75 90622, ℻ 7590799, www.canevaworld.it

Rio Valli Parco Acquatico: Wasserpark bei Cavaion Veronese, 2 km von der Autobahnausfahrt Affi. Rutschbahnen, Schwimmbecken, Fitness, Tennis, Beach Volley u. a. Geöffnet Ende Mai bis Anfang Sept. tägl. 9–19.30 Uhr. Eintritt für Erw. an Werktagen ca. 10 € (Kind 6 €), an Feiertagen 12 € (Kind 7 €).

Parco Termale del Garda: 5000 qm großer Thermalsee mit 37 Grad warmem Wasser bei Colà di Garda, südwestlich von Lazise. Park mit jahrhundertealten Bäumen, Grotte mit Unterwassermassagen, Picknickbereich am See, abends illuminierte Springbrunnen. Informationen unter ℅ 045/7590988, ℻ 6490382, www.villadeicedri.com

Parco Natura Viva: 40.000 qm großer Zoologischer Park südlich von Pastrengo, etwa 8 km landeinwärts von Lazise. Im Safaripark fährt man mit dem PKW zwischen Löwen, Giraffen, Nashörnern, Zebras und Schimpansen hindurch, der Tierpark beherbergt zahlreiche seltene Spezies, darunter viele Wildtiere, außerdem ein großes tropisches Vogel- und Gewächshaus und einen Saurierpark mit Rekonstruktionen der gewaltigen Urwelttiere in natürlicher Größe. Geöffnet Anfang März bis Ende Okt. tägl. 9 Uhr bis eine Stunde vor Sonnenuntergang, November Mi geschl., im Februar nur an Sonn- und Feiertagen geöffnet. Eintritt für beide Parks zusammen 13 €, einzeln 9 € (Kinder 3–12 J. 10,50 € bzw. 7 €). ℅ 045/7170052, ℻ 6770247, www.parconaturaviva.it

Spiaggia d'Oro, kein Pool, besandeter Strand vor dem Gelände, top renovierte Sanitäranlagen. ✆ 045/7580007, ℻ 7580611, www.campingspiaggiadoro.com
Weiter südlich findet man die besonders großen und gut ausgestatteten Plätze **La Quercia** und **Ideal**, auf denen keine Motorräder erlaubt sind.
Piani di Clodia, erst vor wenigen Jahren angelegter Vier-Sterne-Platz, modern und großzügig, tolle Poollandschaft. ✆ 045/ 7590 456, ℻ 7590939, www.pianidiclodia.it

• *Essen & Trinken* **Il Porticciolo**, Lungolago Marconi 22, Fischrestaurant mit großer, schattiger Terrasse an der nördlichen Promenade. Di geschl.
La Forgia, Via Calle 1, Seitengasse der Uferpromenade, Fischspezialitäten, gegrillt auf einer alten schmiedeeisernen Herdplatte. Mo geschl.
Al Castello, Pizzeria in einer schönen Loggia neben dem historischen Südtor, Sitzplätze in einem großen Garten, oft bis auf den letzten Platz belegt..

• *Shopping* **L'Arte del Bere**, Via Cansignorio 8/10, Weinhandlung am nördlichen Stadttor, riesige Auswahl an Tropfen aus ganz Italien.

Südufer (Ost nach West)

Flache Wiesen- und Waldlandschaft und drei Ortschaften mit der Tendenz zur Zersiedlung – besonders um Sirmione. Wegen der leichten Erreichbarkeit von den Städten Verona und Brescia sowie aus der Poebene sind im Sommer die Strände überfüllt.

Größter Anziehungspunkt ist zweifellos das Städtchen *Sirmione* in seiner unvergleichlichen Lage an der Spitze eines schmalen Sporns, der sich kilometerweit in den See schiebt und das Südufer gleichsam in zwei Abschnitte teilt. Schon in der Antike kurten hier die alten Römer und heute gilt Sirmione als Aushängeschild des gesamten Gardasee-Tourismus, die feinen Hotelanlagen in den Olivenhainen nördlich der Altstadt sind sicherlich Garant für gelungene Ferienfreuden. Die anderen

Badestrand am Südufer, im Hintergrund die Landzunge von Sirmione

126 Gardasee (Lago di Garda)

zwei Orte *Peschiera* und *Desenzano* sind zwar keine ausgesprochenen Urlaubsorte, verfügen aber über interessante architektonische Eigenheiten. Da die einzige Bahnlinie am See am Südufer verläuft, fungieren sie auch als wichtige Knotenpunkte für Bahnreisende.

Gut geeignet ist das flache Südufer für Camper, die hier zahlreiche gut ausgestattete Plätze finden, vor allem zwischen Peschiera und Sirmione. Weite Wiesenflächen reichen bis zum See hinunter, wunderschön ist an klaren Tagen der Blick auf die Berge in Richtung Norden, das flache Uferwasser nimmt dann oft eine leuchtende Türkisfärbung an.

Ein großes Plus ist auch das interessante Hinterland – so kann man in ausgedehnten Fahrten die Kunstzentren *Verona*, *Mantua* und viele weitere Ziele in Alpenvorland und Poebene erreichen, besucht sicher einmal *Solferino*, wo das Rote Kreuz „geboren" wurde, oder degustiert die Weine der von den Gletschern der Eiszeit aufgehäuften Moränenhügel. Familien mit Kindern haben es zudem nicht weit ins legendäre „Gardaland" und ins Wassersportzentrum „Caneva".

Peschiera del Garda (ca. 9000 Einwohner)

Geschäftiges Städtchen am Mincio, dem einzigen Abfluss des Gardasees. Die kleine Altstadt liegt in einer mächtigen Festung mit baumbewachsenen Bastionen und Mauern in Form eines fünfeckigen Sterns und ist völlig von Wasser umgeben. Im 19. Jh. hielt sich hier der letzte österreichische Widerstand gegen die Freiheitskämpfer in Oberitalien.

Abgesehen von den eindrucksvollen Militäranlagen (weitgehend Sperrgebiet) gibt es zwar nur wenige ausgesprochene Sehenswürdigkeiten, doch die Fußgängergassen mit ihren netten Geschäften lohnen einen Bummel. Die Bademöglichkeiten sind recht gut, einen langen Kiesstrand findet man westlich vom Ortskern, weitere Strände gibt es im nördlichen Ortsbereich.

- *Anfahrt/Verbindungen* **Bahn**, Peschiera liegt an der Bahnlinie Venedig–Verona–Milano (ab Verona ca. 20 Min.).
- *Information* **IAT**, Piazzale Betteloni, zentral am Hafen, viel Prospektmaterial, Stadtpläne. Mo–Do 10–13, 16–19, Fr/Sa 10–13, 15–20, So 9–13 Uhr. ✆ 045/7551673, ✉ 7550381, www.aptgardaveneto.com
- *Übernachten* ** **Campanello**, ruhige Lage beim Camping dell'Uva, direkt am Kiesstrand, ca. 3 km nördlich vom Zentrum. DZ mit Frühstück ca. 60–85 €. ✆ 045/7550253, ✉ 6446182, www.hotelcampanello.it

** **Peschiera**, Via Parini 4, in einem Wohnviertel 3 km westlich vom Zentrum, nur durch Campinggelände vom schmalen Strand getrennt. Schöner Garten mit Pool. DZ mit Frühstück ca. 70–85 €. ✆ 045/7550526, ✉ 7550444.

* **Al Pescatore**, im winzigen Porto Fornaci, 4 km westlich vom Zentrum. Einfaches Haus direkt am See, familiär und locker geführt, herrlicher Blick, Zimmer z. T. mit Balkonen, besonders schön der große Gemeinschaftsbalkon vorne raus. Die weinüberrankte Restaurantterrasse ist ein Gedicht, allerdings gelegentlich etwas unaufgeräumt. DZ mit Frühstück ca. 75–85 €. Auf separatem Grundstück auch Apartments. ✆ 045/7550281, ✉ 6400316.

Etwa zehn Campingplätze liegen im näheren Umkreis – der nächste ist **Camping Cappuccini** am Strand westlich vom Zentrum, weitere Plätze benachbart und nördlich der Stadt.

Camping Bella Italia, 1 km westlich vom Zentrum, sehr weitläufiges Gelände, komfortabel, großer Pool, guter Kinderspielplatz, langer Strand mit Liegewiese. Mit zahlreichen Bungalows, die auch pauschal gebucht werden können. ✆ 045/6400688, ✉ 6401410, www.camping-bellaitalia.it

* **Wien**, 3 km westlich, unter österreichischer Leitung, Wiesengelände mit Bäumen, Pool mit Kinderbecken, davor kleiner Kiesstrand, benachbart die hübsche Porto Fornaci. ✆ 045/7550379, www.campingwien.it

Peschiera del Garda

- *Essen & Trinken* **L'Osteria**, Via Cavallotti 3, von der Gardesana kommend, gleich am Eingang der Altstadt. Zwei große, gemütliche Innenräume mit viel Holz, auch einige Tische auf der schmalen Fußgängergasse. Tipp sind z. B. die *gnocchi della nonna al tartufo* (Gnocchi mit Trüffeln nach Großmutterart).
Bellavista, schönes Gartenlokal am Beginn der Uferstraße Richtung Westen (wenige Meter von der Altstadt). Es gibt u. a. Pizza, Fisch und *zuppa d'orzo* (Gerstensuppe).
La Barcaccia, Hausboot am östlichen Mincio-Ufer, an der Straße nach Valeggio. Fisch- und Meeresspezialitäten.
- *Weinlokale* **Enoteca Baccus**, Via Bergamini 26, hinter dem Dom. Gemütlich-rustikale Weinstube mit ein paar Bänken vor der Tür. Lino Olivetti bietet 150 Weine, dazu kann man gefüllte Fladen oder Bruschette kosten. Di und im September geschl.

▶ **Santuario Madonna del Frassino**: Das bekannte Wallfahrtszentrum liegt wenige Kilometer südlich der Stadt (gut beschildert). Die prunkvoll ausgestattete Kirche wurde im 16. Jh. zum Dank für die Muttergottes errichtet, die hier als lichtumflutete Statue in einem Eschenbaum erschien und damit einen Bauern vor einer Giftschlange gerettet haben soll. Angeschlossen ist ein Franziskanerkloster mit zwei großen Kreuzgängen, die mit Szenen aus dem Leben verschiedener Heiliger bemalt sind und die die Gläubigen über und über mit rührenden Danksagungen an die Muttergottes bedeckt haben.
Öffnungszeiten tägl. 6.20–12, 14.30–19.30 Uhr.

Franzosen, später Österreicher bauten Peschiera zur massiven Festung aus

Gardasee (Lago di Garda)

Sirmione
(ca. 5000 Einwohner)

Einer der meistbesuchten Orte am See, bis zu 10.000 Besucher überfluten täglich die kleine, liebevoll herausgeputzte Altstadt. Sirmione liegt malerisch am Ende einer steil ins Wasser ragenden Halbinsel und ist ein echtes Städtchen für Fußgänger: Nur wenige autorisierte Fahrer dürfen ihre Bezinkutschen durch die engen Kopfsteinpflastergässchen bugsieren. Abends ist alles festlich beleuchtet, man schlendert an Boutiquen und Souvenirläden vorbei oder sitzt auf der Mauer am Wassergraben des Kastells, schleckt Eis und fühlt sich pudelwohl.

Der Zufahrtsdamm wirkt allerdings zunächst wenig erhebend – kilometerlang reiht sich ziemlich kunterbunt Hotel an Hotel. Den Eingang zur Altstadt bildet dann ein imposantes *Skaliger-Kastell*, das ganz von Wasser umgeben ist. Hinter dem kompakten *centro storico* erstrecken sich baumreiche Gärten bis zur Spitze der Landzunge, ganz am Ende liegen die Überreste der so genannten „Grotten des Catull", eine palastartige Villa aus der römischen Kaiserzeit. Schön zum Spazierengehen ist besonders die Via Punta Staffalo nach Westen (Passeggiata Panoramica), auf der man an einer der zwei großen Thermalanlagen von Sirmione vorbeikommt – die 70 Grad heißen Schwefelquellen entspringen draußen im See in 19 m Tiefe, etwa 350 m vom Ufer entfernt.

Wer genug hat von Sightseeing und Spazierengehen, findet gute Bademöglichkeiten an mehreren kleinen und großen Stränden rund um die Stadt (→ Baden).

Anfahrt/Verbindungen/Information

• *Anfahrt/Verbindungen* Am Zufahrtsdamm, ca. 500 m vor der Altstadt, liegen mehrere große Parkplätze mit hohen Preisen. Direkt vor der Altstadt gibt es weitere Parkbuchten mit Parkuhren. Vorsicht – es wird intensiv kontrolliert, die Strafzettel bringen viel Geld ein.
• *Information* **APT**, Viale Marconi 2, am Zufahrtsdamm, wenige hundert Meter vor der Skaligerburg. ✆ 030/916114, ✉ 916222, www.bresciaholiday.com
Associazione Albergatori, Auskunftsbüro der Hoteliersvereinigung am Beginn vom Damm rechts, Località Colombare (nur im Sommer). ✆ 030/919322, www.sirmionehotel.com

Übernachten

Die gehobenen Hotels verstecken sich an der Spitze der Halbinsel im Grünen, am Zufahrtsdamm liegen auch einfachere Quartiere. Besonders stimmungsvoll wohnt man direkt in der Altstadt (An- und Abfahrt für Hotelgäste nur mit Passierschein vom Tourist-Info). Jedoch Vorsicht: Hotels und Pensionen sind in der Saison weitgehend ausgebucht.

• *Im Zentrum* *** **Marconi**, Via Vittorio Emanuele II 51, in der Altstadt, direkt am See. Sehr ruhig, zuvorkommender und freundlicher Service, großes Frühstücksbuffet. DZ mit Frühstück ca. 65–95 €. ✆ 030/916007, ✉ 91 6587, www.gardalake.it/hotelmarconi
** **Grifone**, Via delle Bisse 5, in der Gasse hinter der Burg, freundliche Herberge aus Bruchsteinmauern, innen vollständig renoviert, gefliese Zimmer mit modernem Mobiliar, herrlicher Blick auf See und Kastell. DZ ca. 55–70 €, Frühstück extra. ✆ 030/916014, ✉ 916548.
** **Degli Oleandri**, Via Dante 31, wenige Schritte vom Grifone, hübsche Herberge mit geschmackvoll-antiker Einrichtung, Speisesaal mit gewölbter Decke, kleine Dachterrasse. HP pro Pers. ca. 47–57 €. ✆ 030/9905780, www.hoteldeglioleandri.it
• *Außerhalb vom Zentrum* *** **Garten Lido**, Via XXV Aprile 4, am Zufahrtsdamm, Westseite, 15 Fußminuten ins Zentrum. Ruhig

Sirmione 129

Ein pittoreskes Skaligerkastell bildet den Eingang zur Altstadt von Sirmione

gelegenes Haus mit eigenem kleinem Strand, Badesteg und Garten, vor dem Haus Parkplatz. Restaurant und Bar. Zimmer mit TV, z. T. Balkon. DZ mit Frühstück ca. 65–95 €. ✆ 030/916102, ℻ 916170, www.hotelgartenlido.com

** Bagner, Via G. Leopardi 1, in Colombare Nähe Sporthafen, nicht weit vom Wasser. Ruhig gelegenes, familiär geführtes Albergo mit kleinem Pool und Garten. DZ mit Frühstück ca. 55–70 €. ✆ 030/9196146, ℻ 9904208, E-Mail: albergo.bagner@tiscali.it

• *Feriendörfer* **The Garda Village**, Via Coorti Romane, westlich von Colombare am Fuß der Halbinsel, neben Camping San Francesco. Großzügig und überlegt konzipierte Feriensiedlung direkt am See. Hübsche, allerdings nicht allzu groß geschnittene Reihenbungalows (jeweils TV mit deutschem Programm) und geräumige Mobile Homes inmitten satter Wiesenflächen. Vor der Anlage Kiesstrand und viel Platz zum Spazierengehen am Seeufer. Schöne Poolanlage, Kinderspielplatz, Sportmöglichkeiten, großzügiges Restaurant mit Seeblick, allabendliche Performance im Amphitheater. Im Hochsommer durch Reiseveranstalter belegt, in der Nebensaison aber auch Platz für Individualbucher. Standardbungalow ca. 53–131 €, Komfortbungalow 63–155 €, Mobile Home 43–106 €. ✆ 030/9904552, ℻ 9904560, www.gardavillage.it

• *Camping* **San Francesco**, großer, aufmerksam geführter und bestens bewachter Platz westlich vom Zufahrtsdamm nach Sirmione. Dichte Pappeln ziehen sich bis zum Wasser hinunter, dort schattiges Baden möglich. Große Poolanlage, Sporteinrichtungen, Restaurant. ✆ 030/9110245, ℻ 9119464, www.campingsanfrancesco.it

Sirmione, Via Sirmioncino 9, in Colombare, Lido Galeazzi (bei Tourist-Info in Colombare östlich abzweigen). Großer, gut ausgestatteter Platz mit Bungalows, Pools, Strand und Surfschule. ✆ 030/9904665, ℻ 919045, www.camping-sirmione.com

Tiglio, 3,5 km vom Zentrum, bei der Halbinsel Punta Grò, ebenfalls gut ausgestattet, Pool, Kinderspielplatz, Kiesstrand, die nahe SS 11 hört man allerdings herüber. ✆ 030/9904009.

*E*ssen & *T*rinken

In zahllosen Restaurants, Eisdielen und Bars kann man sich verwöhnen lassen, zahlt aber oft reichlich für eher mittelmäßige Qualität.

Gardasee (Lago di Garda)

La Rucola, Vicolo Strentelle 7, etwas versteckt gelegenes Feinschmeckerlokal in unmittelbarer Burgnähe. Beim jungen Chef Gionata und seiner Schwester Miriam gibt es interessante Gerichte der gehobenen Preisklasse. Keine Sitzplätze im Freien. Do geschl.
Al Grifone, Gardasee, Via delle Bisse, gleich nach dem Kastell die Gasse rechts. Ein echter „Klassiker", wunderbare Lage direkt am See, Blick rüber zum Ostufer, Fischspezialitäten, darunter natürlich Lachsforelle. Auch als Hotel ein Tipp (→ Übernachten). Mi geschl.
La Botte, Via Antiche Mura 27, gegenüber vom hohen Glockenturm, bei Carlo stimmt alles – riesige Pizze, gut zubereitete Nudel- und Fleischgerichte, dazu ausgezeichneter Hauswein. Aufmerksame Bedienung, preislich im Rahmen. Di geschl.
Al Torcol, Osteria in sehr hübscher Lage mitten im Ort, man sitzt terrassenförmig abgestuft an einigen Tischen vor dem Haus oder gegenüber im idyllischen kleinen Garten unter Weinranken. Leckere hausgemachte Pasta, Fischgerichte und gute Weine.

• *Außerhalb* **Vecchia Lugana**, in Lugana am Seeufer (östlich der Halbinsel), elegantes Lokal mit abgeschirmten Sitzecken, besonders schön ist die bewachsene Terrasse am See. Sehr feine Gardasee-Küche. Zu empfehlen z. B. die Seefisch-Terrine, gehobene Preise. Abends früh kommen, wird schnell voll, Reservierung unter ℡ 030/919012 (www.vecchialugana.com). Mo und Di geschl.

Sonstiges

• *Shopping* **Montagsmarkt** vormittags an der Piazza Mercato im Ortsteil Colombare am Beginn der Halbinsel.
Freitagsmarkt in Lugana (Richtung Peschiera), ebenfalls nur vormittags.

• *Sport* **Centro Surf Sirmione**, am ruhigen Lido Brema(→ Sirmione/Baden), geleitet von Dr. Claudio Lana, einem Windsurf-Pionier des Gardasees. Geboten sind Windsurfkurse und Vermietung von Segelbooten, Kajaks, Tretbooten und Mountainbikes.
℡ 0338/6243650.
Fahrrad-/Motorrad-/Autoverleih, „Adventure Sprint" in Colombare, Via Brescia 9 (Straße nach Desenzano), ℡/℡ 030/919000. Nur Fahrräder bei „Sirmio Trans", Viale Marconi, kurz vor dem Kastell, ℡ 030/919272.
Tennis, im „Sporting Club Sirmione", Lungolago Diaz 3, vom Kastell ca. 1 km die Zufahrtsstraße zurück und rechts, dort auch **Minigolf**.
Tretboote an verschiedenen Stellen, z. B. Lido delle Bionde und Lido Brema.
Wassersportpark Waterland bei San Martino della Battaglia, wenige Kilometer südlich von Sirmione. Mehrere Becken mit Rutschen, außerdem Tennis, Minigolf, Kinderspielplatz, Restaurant, Disco. Vom letzten So im Mai bis zum ersten So im Sept. tägl. 9–19 Uhr, Eintritt am Wochenende ca. 10 €, sonst 8 €. ℡ 030/9910414.

Sehenswertes: Leider gibt es im Inneren des Skaliger-Kastells nichts, was den hohen Eintrittspreis rechtfertigt – aber immerhin kann der höchste Turm bestiegen werden, interessant ist auch der große, ummauerte Hafen der Burg. Nördlich der Altstadt erstrecken sich malerische Olivenhaine. Auf einem Hügel linker Hand der Via Catullo steht die mittelalterliche Kirche *San Pietro in Mavino* mit Fresken aus dem 13.–14. Jh.

Am äußersten Ende der Halbinsel lohnen die so genannten *Grotten des Catull* einen Besuch: Bei dem erstaunlich weitläufigen Komplex mit seinen aufwändigen Thermalanlagen und hohen Gewölben handelt es sich um das größte bekannte römische Landhaus in Oberitalien. Der Dichter Catull stammt zwar aus dieser Gegend, hat aber mit der Villa nichts zu tun. In einem *Antiquarium* am Eingang sind Mosaike und Freskenreste zu sehen. Tipp: Da der Weg von der Stadt ziemlich weit ist, kann man im Hochsommer auch mit einer Elektrobahn zu den Grotten des Catull fahren. Unterhalb der Ausgrabung findet man reizvolle Badestellen mit flachen Kalkplatten (→ Baden).

Öffnungszeiten/Preise **Burg**, Di–So 8.30–19.30, Mo bis 13 Uhr; Eintritt ca. 6 €. **Grotten des Catull**, Di–So 8.30–19 Uhr, Mo geschl.; Eintritt ca. 6 €.

Sirmione/Baden

Um Sirmione gibt es eine ganze Reihe von teils recht schönen Stränden.

- **Spiaggia Parrocchiale**: breite Kiesfläche mit kleinem Strand und der Bar „La Torre", direkt im Ort – man geht die Via Antiche Mura an der Pfarrkirche vorbei bis zum Ende. Richtung Norden beginnt hier ein Panoramaweg am Ufer entlang.
- **Lido delle Bionde**: breiter Kiesstrand unterhalb der Olivenbaumterrassen am Ende der Via Gennari, am Nordende begrenzt von einem senkrechten Uferabbruch. Hier gibt es einen sehr langen Badesteg, Restaurant/Bar, außerdem Tret- und Ruderbootverleih.
- **Lido di Grotte**: reizvolle Badestelle westlich unterhalb der Grotten des Catull. Flache Felsplatten aus Kalk, die nicht einmal einen halben Meter unter dem Wasserspiegel liegen, bilden dort die Uferlinie. Wegen der geringen Tiefe zeigt sich das Wasser, das die Kalkplatten überspült, je nach Sonneneinstrahlung in den faszinierendsten Türkistönen
- **Lido Galeazzi**: an der Ostseite von Colombare. Kein eigentlicher Strand, sondern Uferpromenade mit einigen Einstiegen, dahinter Liegewiese und diverse Sportmöglichkeiten (Basketball, Trampolin, Tischtennis). Kleiner Sporthafen benachbart. Weiterhin Surfschule, Campingplatz, mehrere Hotels und Restaurants.
- **Spiaggia Brema**: westlich vom Fuß der Halbinsel, besonders angenehme und entspannende Ecke. Eingelagert zwischen weiten Rasenflächen und Schilfzonen liegt der kleine ruhige Kiesstrand westlich vom Sporthafen von Colombare. Liegestühle, Sonnenschirme, Surfschule (→ Sirmione/Sport), Vermietung von Kajaks und Tretbooten, nette Bar „Il Fiore". Auch gut geeignet zum Spazierengehen.

Desenzano (ca. 20.000 Einwohner)

Größte Stadt am See, sehr lebendig und ausgesprochen städtisch wirkend. Tourismus spielt noch nicht die Hauptrolle.

Die lange Durchgangsstraße läuft unmittelbar am See entlang, dort liegen der große neue Hafen und das intime alte Hafenbecken, um das sich Cafés gruppieren. Wenige Schritte landeinwärts findet man den Dom *Santa Maria Maddalena* mit zahlreichen großflächigen Gemälden, von denen die meisten vom venezianischen Künstler Andrea Celesti (17. Jh.) stammen, aber auch ein leidenschaftliches „Abendmahl" von Tiepolo in der Kapelle des heiligen Sakraments, sowie die geräumige Fußgängerzone mit tiefen Laubengängen, in deren Schatten man gemütlich sitzt. Unmittelbar dahinter beginnt eine völlig andere Welt – steile Gässchen winden sich zwischen hohen Mauern und kleinen Gärtchen den Hang hinauf. An der Spitze steht ein mittelalterliches *Castello*, von dem nur die äußeren Mauern und Türme unversehrt erhalten sind.

Größte Sehenswürdigkeit sind westlich vom Dom die weitläufigen Ausgrabungen einer prunkvollen *römischen Villa* aus der Spätantike (3. Jh. n. Chr.). Damals (wie heute) war der Südrand des Gardasees beliebtes Wohngebiet der Besserverdienenden, die sich aus den Städten zurückzogen und hier feudale Gutshöfe erbauen ließen. Die Villa von Desenzano gilt als die wichtigste ihrer Art in Norditalien. Die erstaunlich geräumige Anlage ist vor allem für ihre hervorragend erhaltenen Mosaikböden bekannt, mehr als 200 qm sind es. Weiterhin bemerkenswert sind die kunstvollen Hohlraumheizungsanlagen, die unter verschiedenen Fußböden entdeckt wurden. In einem kleinen Antiquarium am Eingang sind Funde ausgestellt.

Gardasee (Lago di Garda)

- *Öffnungszeiten/Preise* **Römische Villa**, März bis Okt. 8.30–18.30 Uhr, Nov. bis Feb. 8.30–16.30 Uhr (nur Antiquarium); Eintritt ca. 4 €.
- *Anfahrt/Verbindungen* **PKW**, im Bereich der Uferstraße kaum Parkmöglichkeiten, ein Parkplatz neben der Busstation. Zwei gebührenpflichtige Parkplätze liegen an der Via Antonio Gramsci westlich vom Hafen, Nähe römische Villa.
Bahn, Desenzano liegt an der Bahnlinie Venedig–Verona–Milano (ab Verona ca. 30 Min.). Der Bahnhof liegt etwas südlich vom Zentrum, der Viale Cavour und seine Fortsetzung führen genau geradeaus zum Alten Hafen.
- *Information* **IAT** im Palazzo Todeschini am Alten Hafen. Viel Prospektmaterial, auch zur Umgebung. Mo–Fr 9–12.30, 15–18 Uhr, Sa 9–12.30 Uhr. ✆ 030/9141510, ✉ 9144209, www.bresciaholiday.com
- *Übernachten* ***** Piroscafo**, Via Porto Vecchio 11, idyllische Lage am alten Hafen, geschmackvolle Rezeption unter Arkaden mit Gewölbebögen, Zimmer mit schönem Blick. Ristorante im breiten Arkadengang. DZ mit Frühstück ca. 80–105 €.
✆ 030/9141128, ✉ 9142586, www.hotelpiroscafo.it
*** Mayer e Splendid, altehrwürdiges Haus am Hauptplatz beim Hafen, schon länger nicht modernisiert, aber gerade deswegen mit gewissem Charme. Breite Treppenaufgänge und ordentliche Zimmer mit TV, teils Balkon mit schönem Blick auf Platz und See. DZ mit Frühstück ca. 70-75 €.
✆ 030/9142253, ✉ 9142324.
- *Camping* **** Italia** bei Rivoltella, östlich von Desenzano, schönes Gelände mit hohen Zypressen, direkt am Strand. Mit Pool (auch für Öffentlichkeit zugänglich), Restaurant und Kinderspielgeräte. ✆ 030/9110277, ✉ 9110832.
**** Villaggio Turistico Vò, in Richtung Salò, lang gestrecktes, grünes Gelände zwischen Uferstraße und See, Lärmbelästigung möglich. Kinderspielplatz, kleiner Pool. Angeschlossen ein Bungalowdorf. ✆ 030/9121325, ✉ 9120773, www.voit.it
- *Essen & Trinken* **Esplanada**, Via Lario 3, östlich außerhalb der Altstadt, direkt am See. Elegante Terrasse mit Panoramablick, Schwerpunkt liegt bei Meeresküche, aber auch einige Seefische werden zubereitet. Ein Michelinstern. Menü um die 40–60 €. Reservierung unter ✆ 030/9143361. Mi geschl.
La Bicoca, Vicolo Molini 6, gemütliche und familiär geführte Altstadttrattoria, zwei Innenräume, keine Plätze im Freien. Gute Fisch- und Fleischgerichte nach Brescianer Art. Seit Michelin aufmerksam geworden ist, haben die Preise deutlich angezogen. Do geschl.
Osteria La Contrada, Via Girolamo Bagatta 15, kleines, gepflegtes Lokal mit intimgediegener Wohnzimmeratmosphäre, nur eine Handvoll Tische, keine Plätze im Freien. Serviert werden typisch lombardische Gerichte wie *ossobuco* (Kalbshaxe) und *baccalà con polenta* (Stockfisch), dazu gute Weinauswahl. Auch hier höheres Preisniveau. Mi geschl.
Alla Corte del Re, Via Castello 36, man sitzt zwar nur auf Bierbänken, Essen und Atmosphäre entschädigen dafür aber reichlich – leckere Fischgerichte und Pizzen, dazu prima Salat. Faire Preise.
- *Außerhalb* **Antica Hostaria Il Massadrino**, Via Massadrino 1, im westlichen Ortsbereich, zu erreichen über Viale Ettore Andreis. Großes Lokal im Grünen mit Blick auf den Monte Corno (Punta del Vò). Rustikale regionale Küche, Fleisch und Fisch vom Grill. Im Sommer oft Livemusik. Do geschl.
- *Cafés/Bars* Unter dem Laubengang der Piazza Malvezzi sind drei ganz unterschiedliche Lokale angesiedelt.
Italia (Nr. 19), großes, geschmackvoll aufgemachtes Bistrolokal, im Laubengang werden auch warme Gerichte serviert. Ansonsten liegt der Schwerpunkt auf dem Weinangebot (mehr als 300 Sorten italienische und französische Weine), die Weinstube hinten ist ein Treffpunkt für Genießer. Im Sommer Mi und Do Abend Pianomusik live. Mo geschl.
Agorà (Nr. 10), gepflegtes Café mit ausgezeichnetem Eis.
Bosio (Nr. 5), Pasticceria und Gemäldegalerie in einem, Spezialität unter den leckeren Kuchen ist die *torta delle Rose* aus Hefeteig.
- *Nachtleben* Im Umfeld von Desenzano liegen die meisten Diskotheken am See, im Sommer macht hier die einheimische Jugend aus der Poebene, Brescia und Mailand die Nacht zum Tag.
Sesto Senso, Viale Tommaso dal Molin 99, Straße nach Sirmione. Schicke Disco, die ab 1 Uhr nachts zu vollen Touren aufläuft, auch VIPs lassen sich manchmal sehen. In der gemütlichen Piano-Bar nebenan kann man abkühlen. ✆ 030/9142684.
Biblo Club, Via Colli Storici 2, Tanzclub mit exklusivem Touch in Rivoltella (an der Straße, die von der Uferstraße landeinwärts nach San Martino della Battaglia abzweigt). ✆ 030/9110397, www.biblo.it

Dehor (früher: Genux), Via Fornace dei Giorghi 2, ultramoderne, top gestylte Edeldisco mit großem Park und mehreren gediegenen Restaurants fürs gepflegte Candle-Light-Dinner an der Straße nach Castiglione delle Stiviere (SS 567), südlich der Autobahn. Viele Touristen. Eintritt ca. 13–18 €, Getränke 5–8 €. ✆ 030/9919948, www.dehor.it

• *Markt* jeden Di um den **Alten Hafen**.

Desenzano/Umgebung

▸ **Lonato**: Das Städtchen 6 km südlich von Desenzano wird von einer gewaltigen *Burgruine* überragt. In ihrer brisanten Grenzlage zwischen Venedig und Mailand war sie immer wieder hart umkämpft, außer eindrucksvollen Mauern ist nichts erhalten geblieben – allerdings wurde ein *Vogelkundemuseum* mit 700 Exemplaren eingerichtet. Besonders schön ist von hier oben der Blick auf die umgebenden Moränenhügel und hinüber zum See. Auf halber Höhe zum Burghügel steht die *Casa del Podestà*, das mittelalterliche Haus des Bürgermeisters. Der Senator Ugo da Como richtete darin eine große Bibliothek mit 50.000 Bänden ein, darunter mehr als 400 wertvolle Inkunabeln (Wiegendrucke, hergestellt nach einem Verfahren, das der mittelalterliche Vorläufer der Buchdruckerei war). Das prächtig restaurierte Haus ist mit wertvollem Mobiliar, Fresken und Gemälden außerordentlich reich ausgestattet.

Öffnungszeiten **Burg** und **Casa del Podestà**, im Sommer Sa/So 10–12, 14.30–19 Uhr, sonst bis Sonnenuntergang. Eintritt zusammen 7 €, einzeln je 5 €. ✆/✆ 030/9130060, www.fondazioneugodacomo.it

▸ **Parco La Quiete**: Erholungspark mit kleinem See bei der Località Passo dei Corvi, Nähe Centenaro, südlich der Autobahn. Auf über 100.000 qm Spielplätze für Kinder, Swimmingpools, Minigolf, Volleyball, Tennis u. a, fürs leibliche Wohl ein Restaurant, Snackbars, Picknick- und Barbecue-Plätze.

Information Eintritt ca. 9 €, ✆ 030/9103171, www.parcolaquiete.it

> Besichtigungstipp im nahen Brescia: das neue **Museo di Santa Giulia**, → S. 99.

Südlich vom Gardasee

„Colline Moreniche Mantovane del Garda" – Moränenhügel im Raum Mantua – nennt sich die ruhige hüglige Landschaft mit üppigen Wiesen und Weinfeldern südlich von Sirmione, Peschiera und Desenzano. Entstanden sind sie vor einer guten Million Jahren als Ablagerungen des Gardasee-Gletschers. Das friedliche Erscheinungsbild lässt heute nicht mehr ahnen, dass hier vor über hundert Jahren erbitterte Kämpfe stattfanden – die italienischen Befreiungskriege gegen die Österreicher.

Auf Spuren der Schlachten trifft man noch überall, vor allem im kleinen Örtchen *Solferino*, das zum Symbol geworden ist. Ein mahnendes Zeichen setzt der 64 m hohe Turm von *San Martino della Battaglia*, der an klaren Tagen viele Kilometer weit zu sehen ist. Einen ganzen Tag muss man mindestens einplanen, wenn man alles Wichtige in dem weitläufigen Landstrich am Nordrand der Poebene kennen lernen will. Die Straßen sind schmal und oft verwirrend beschildert, dazu kommt die Siesta, die über Mittag keine Besichtigung erlaubt. Wer noch über etwas mehr Zeit verfügt: Keine 40 km sind es vom Gardasee in die Kunststadt *Mantua* (→ S. 137).

Südlich vom Gardasee

▶ **San Martino della Battaglia:** Etwas außerhalb thront auf einer Anhöhe der *Monumento della Battaglia*, ein 74 m hoher, trutziger Turm, der in eindrucksvollen Wandgemälden die Geschichte der italienischen Einigungsbewegung darstellt und von dessen Plattform man an klaren Tagen eine herrliche Fernsicht hat. Hinter dem Turm steht das Kriegsmuseum *Museo della Battaglia* (dieselben Öffnungszeiten) und vorne an der Zufahrtsstraße kann man zum *Ossario* (Gebeinhaus) hinübergehen, wo über tausend Gefallene der Schlacht von San Martino ruhen. Die Soldaten der Vielvölkermonarchie Österreich stammten u. a. aus Russland, Rumänien, Ungarn, Polen, Jugoslawien und der Tschechoslowakei.

Öffnungszeiten/Preise **Monumento & Museo della Battaglia,** Juni bis Sept. tägl. 9–12.30, 14–19 Uhr, März bis Mai 8.30–12.30, 14–18.30 Uhr, Eintritt ca. 3,20 €, Kinder 1,60 €.

▶ **Solferino:** „Hier wurde die Idee des Roten Kreuzes geboren" steht auf den Ortsschildern zu lesen. Im Juni 1859 tobte um den Ort die blutige Schlacht von Solferino, in der die piemontesischen (italienischen) und französischen Truppen die Österreicher entscheidend schlugen. Nach dem Kampf lagen außer den 25.000 Toten etwa 10.000 Schwerverwundete hilflos und ohne hinreichende Versorgung auf dem Schlachtfeld – dieses schreckliche Erlebnis rüttelte den damals gerade dreißigjährigen Schweizer Kaufmann *Henri Dunant* so auf, dass er fortan hartnäckig und voller Engagement die Gründung einer internationalen Hilfsorganisation verfolgte. Die Idee des „Roten Kreuzes" war geboren.

Im Ortskern steht ein *Museo Storico Risorgimentale* mit den Relikten des Krieges von 1859. Daneben führt eine Zypressenallee hinauf zur *Chiesa Ossario* (Beinhaus), bis zur Decke gestapelt ruhen darin die Gebeine der Gefallenen aller Nationen („Feinde im Kampfe, im Frieden des Grabes wie Brüder"), Büsten erinnern an die bei Solferino gefallenen französischen Generale Augier und Dieu sowie weitere Offiziere.

Auf den Burghügel zieht sich eine steile Straße hinauf, oben liegt die große rechteckige *Piazza Castello*, umgeben von neueren Burggebäuden, mittendrin die Kirche *San Nicola*. Etwas erhöht erhebt sich die *Rocca*, ein mittelalterlicher Vierecksturm mit Kriegsrelikten. Er wird „Spia d'Italia" (Spion von Italien) genannt, denn von der exponierten Hügelspitze konnte man weit ins österreichisch besetzte Gebiet hineinsehen. Durch eine Zypressenallee kommt man hinüber zum *Memoriale croce rosso internazionale*, an dem auf Marmortafeln sämtliche Mitgliedsländer des Roten Kreuzes eingraviert sind.

Öffnungszeiten/Preise **Museo Storico Risorgimentale,** Di–So 8.30–12.30, 14–18.30 Uhr, Mo geschl., Eintritt ca. 3 €, Kinder 1,50 €; **Rocca,** Di–So 9–12, 14–18 Uhr. Mo geschl., Eintritt ca. 1,60 €, Kind 0,80 €.

Reiches Innenleben: der Turm von San Martino della Battaglia

Im Schatten des Ponte Visconti lässt es sich wunderschön speisen

▶ **Castiglione delle Stiviere**: Industriestädtchen mit ansehnlichem historischem Kern. Hier gibt es in der Via Garibaldi 50 ein *Rotes-Kreuz-Museum* zu besichtigen. <u>Öffnungszeiten/Preise</u> April bis Okt. Di–So 9–12, 15–18 Uhr, Mo geschl., übrige Zeit 9–12, 14–17 Uhr. Eintritt ca. 2 €, Kinder 1 €. ✆ 0376/638505, www.micr.it

Valeggio sul Mincio (ca. 11.000 Einwohner)

Die kleine, im Zentrum recht hübsche Stadt liegt am Ostufer des Mincio, etwa 8 km südlich von Peschiera del Garda. Nach einer Legende wurden hier die mit Kürbisbrei gefüllten „Tortellini di Valeggio" erfunden, die heute in jedem der zahlreichen Restaurants auf der Speisekarte stehen.

Eine große Skaligerburg dominiert das Ortsbild. In den malerischen Ortsteil Borghetto auf der anderen Flussseite führt der „Ponte Visconti", ein einzigartiges Relikt aus dem Mittelalter. Hauptsehenswürdigkeit ist jedoch der 500.000 qm große „Parco Giardino Sigurtà".

> ### Festa del Nodo d'Amore: Schlemmerei mit Tortellini
> Die Idee zum größten kulinarischen Event südlich vom Gardasee entstand 1993 anlässlich der 600-Jahr-Feier des Ponte Visconti. Seitdem wird das Festmahl alljährlich Mitte Juni wiederholt: An einer etwa 1,5 km langen Doppelreihe von Tischen, die die gesamte Länge der Brücke einnimmt, werden mehr als 4000 Personen opulent verköstigt, die dabei u. a. 600.000 „Tortellini di zucca" (mit Kürbisbrei gefüllte Tortellini) verspeisen. Keine Frage, dass das höchst eindrucksvolle Spektakel stets monatelang im Voraus ausverkauft ist (Auskünfte und Reservierung im Informationsbüro).

> **Acquapark Alto Mincio:** Wasserspaß für die ganze Familie – Rutschen aller Art, diverse Pools, Babybecken und olympischer Pool, Minigolf, Fußball etc. Ende Mai bis Anfang September, Eintritt ca. 10 €, ab 15 Uhr 6 €. ✆ 045/7945 131, ✆ 7945928, www.altomincio.com.

- *Information* **Pro Loco** an der Piazza Carlo Alberto. ✆ 045/7951880, ✆ 6370560, www.valeggio.com
- *Übernachten* **** Faccioli**, Via Tiepolo 8, idyllisch ruhige Lage mitten im Weiler Borghetto. Die historische Herberge wurde schon in den Risorgimento-Kriegen als Truppenquartier genutzt. DZ mit Frühstück ca. 90 €. ✆ 0456/370605, ✆ 6370571, www.valeggio.com/faccioli
*** Eden, Via Don G. Beltrame 10, modernes Haus mit gut eingerichteten Zimmern und Restaurant. DZ ca. 62–90 €. ✆ 045/6370850, ✆ 6370860, www.valeggio.com/eden
La Staffa, ca. 5 km westlich von Valeggio, Località Ariano. Umgebautes Landgut aus dem 19. Jh., fünf Zimmer und Apartments, jeweils mit Klimaanlage und TV, angeschlossen ist ein Reitstall. DZ ca. 52–66 €, Apt. ca. 60–70 €. ✆/✆ 045/7950204, www.agriturismolastaffa.com
Camping Alto Mincio, bei Salionze, ca. 8 km nördlich von Valeggio. Der kleine Platz gehört zum gleichnamigen Wasserpark (→ Kasten). Im Übernachtungspreis ist der Eintritt zum Park inbegriffen. Es werden Bungalows und Mobil Homes vermietet. ✆ 045/7945131, ✆ 7945146.
- *Essen & Trinken* **San Marco**, direkt unterhalb der Visconti-Brücke, schattige Terrasse unter alten Bäumen am östlichen Flussufer. Die Portionen fallen allerdings manchmal etwas klein aus. Mo und Di geschl.

Antica Locanda del Mincio, ebenfalls im Ortsteil Borghetto, ein echtes Stück Tradition, von Luchino Visconti im Film „Sensi" unsterblich gemacht und – zu Recht – viel gelobt in zahlreichen Gourmetführern. Das weithin bekannte Ristorante liegt ein Stück weiter flussabwärts, noch jenseits der Mühle, jedoch auf der Westseite (Brücke benachbart). Man sitzt an einem sehr lauschigen Fleckchen unter Linden direkt am Fluss – oder bei schlechtem Wetter im prachtvollen historischen Innenraum, an dessen Wänden die Geschichte des Flusses dargestellt ist. Zu den Spezialitäten zählen Mincio-Aal und andere Flussfische, außerdem natürlich die handgefertigten *tortellini di zucca*. Mi Abend und Do geschl.
Alla Borsa, in Valeggio, Via Goito 2, Familienbetrieb seit 1959, sehr populäres Stadtlokal mit ausgezeichneter Küche, ebenfalls bekannt für seine vielfältigen Tortelllini. Der Name erinnert daran, dass sich hier früher vor allem die Händler der Stadt zum Essen trafen. Di Abend und Mi geschl.
- *Shopping* großer **Antiquitätenmarkt** jeden vierten Sonntag auf der Piazza Carlo Alberto. Auch die Läden haben an diesem Tag geöffnet, so dass man sich auch die leckeren Tortellini mitnehmen kann.
Bottega Osteria al Ponte, Via M. Buonarroti 6, in Borghetto. Kleines, stilvolles Delikatessengeschäft mit 130-jähriger Tradition und opulenter Auswahl. Mi geschl. ✆ 045/6370070, www.bottegaosteriaalponte.com

Sehenswertes

Parco Giardino Sigurtà: Anfang der 1940er Jahre erwarb der Pharmaindustrielle Dottore Giuseppe Carlo Sigurtà (1898–1983) am Nordrand von Valeggio preisgünstig ausgedehnte Ländereien, die damals sehr trocken und unfruchtbar waren. Laut der Gründungslegende stieß er durch reinen Zufall darauf, dass er mit dem Kauf auch das hundertjährige Recht erworben hatte, das Land mit Wasser aus dem Mincio zu bewässern. So gelang es dem Dottore in vierzigjähriger Arbeit, das hügelige Terrain in eine wunderschöne Abfolge fruchtbarer mediterraner Landschaften mit prächtiger Wald- und Wiesenflora und kleinen Teichen zu verwandeln. Besonders malerisch ist dabei auch der Blick auf die nahe Skaligerburg. Signore Sigurtà starb 1983, der Park wird nun von Familienangehörigen geführt. Besichtigung zu Fuß, per Fahrrad, Golfmobil oder mit einer Bimmelbahn, die das Gelände in einer guten halben Stunde durchquert. Auf einigen ausgeschilderten Plätzen ist das Betreten der Grünflächen sowie Picknick erlaubt.

Öffnungszeiten/Preise März bis Nov. tägl. 9–19 Uhr, Eintritt ca. 8,50 €, Kind (6–14 J.) ca. 6 €, Senioren (über 65 J.) ca. 7 €, Bahnfahrt ca. 2 € (bis 5 J. gratis). 045/6371033, 6370959, www.sigurta.it

Borghetto di Valeggio sul Mincio: Der winzige historische Vorort am Westufer des Mincio besitzt ein eindrucksvolles Monument des ausgehenden 14. Jh. – der 600 m lange *Ponte Visconti* zieht sich als gewaltiges Backsteinbauwerk über den Mincio, die Straße nach Solferino führt darüber. Was heute als Brücke dient, war allerdings ursprünglich ein gigantischer Staudamm. Der Visconti-Herrscher Giangaleazzo hatte nämlich 1393 die perfide Idee, das Wasser des Mincio zu stauen und so den schützenden See um die weiter südlich gelegene Gonzaga-Stadt Mantua trocken zu legen. Der Plan wurde damals aus bis heute ungeklärten Gründen nicht vollendet. Doch nicht einmal fünfzig Jahre später erwies sich der Damm als unüberwindliches Bollwerk gegen die Venezianer, die ihre Kriegsflotte den Mincio hinauf in den Gardasee schicken wollten. Die Kriegsherren der Serenissima mussten sich deshalb einen ziemlich tollkühnen Plan ausdenken, um ihre Schiffe dennoch in den See zu bekommen (→ Kasten S. 104).

Doch das ist nicht alles, weswegen ein Stopp lohnt: Unterhalb der Brücke liegt eine malerische alte Mühle, mittelalterliche Häuschen begrenzen den Wasserlauf – und in gleich zwei Flusslokalen kann man idyllisch essen.

Mantua (Mantova): Zentrum der Renaissancekunst

Nur noch wenige Kilometer sind es von Valeggio nach Mantua, in die ehemalige Residenzstadt der Gonzaga-Herzöge, die auf einer Halbinsel im Flussknie des Mincio liegt. Kunstliebhaber sollten einen Abstecher einplanen, denn die verschwenderisch geschmückten Palazzi waren seinerzeit bedeutende Zentren der Renaissance und noch heute sind hier einige der schönsten Meisterwerke dieser Epoche zu bewundern: die herrlichen Fresken von Andrea Mantegna (1431–1506) im Palazzo Ducale und die fantastisch-allegorische Ausstattung des Palazzo del Te.

Palazzo Ducale: Die gewaltige Ausdehnung des Komplexes mitten im Stadtzentrum, der aus zahlreichen Gebäudeflügeln verschiedenen Alters besteht, ist rein äußerlich kaum zu erahnen. Eine Besichtigung ist teuer, lohnt aber dennoch, um einen Eindruck von der Prachtentfaltung der Renaissance- und Barockfürsten zu bekommen. Nur ein Bruchteil der vielen hundert Räume kann besucht werden, unbestrittener Höhepunkt ist die „Camera degli Sposi" mit den Fresken Mantegnas. Zwei Großbilder mit Themen aus dem Leben der Gonzaga beherrschen die Wände des Raums, doch man sollte auch nach oben blicken – dort sieht man in verblüffender Perspektive eine kreisrunde Öffnung, von deren Rand freundlich lächelnde Mädchen und Puttenengel auf den Betrachter herunterschauen.

Am Marktplatz von Mantua

Palazzo del Te: Der im 16. Jh. weit außerhalb der damaligen Stadt erbaute Palast (ca. 20 Min. zu Fuß ab Palazzo Ducale) sollte ursprünglich nur eine Villa werden, in der sich Federico II di Gonzaga zu vergnügen gedachte. Der Architekt und Innenausstatter Giulio Romano aber schoss weit über dieses Ziel hinaus – er entwarf einen eleganten, für seine Zeit hochmodernen Palast, dessen lang gestreckte Flügel sich heute inmitten eines großen grünen Parks ausbreiten.

Im Inneren schuf Romano eine Vielzahl fantastisch-allegorischer Fresken, die zu den Glanzstücken des italienischen Manierismus gehören. Faszinierend ist vor allem die nach oben wie eine Kuppel zusammenlaufende „Sala dei Giganti", die von einem einzigen großen Gemälde eingenommen wird, der „Rebellion der Giganten" (nach Ovid): Die Giganten, riesige, bärbeißige Knurrhähne mit finsteren Gesichtern, werden unter einem Inferno zusammenstürzender Bauten begraben, ausgelöst durch den Blitze schleudernden Zeus. Von einem Rundbau hoch oben blicken die olympischen Götter fasziniert auf das himmlische Strafgericht herunter.

Öffnungszeiten/Preise **Palazzo Ducale**, nur mit Führung, Dauer ca. 1 Std., Di–So 9–19 Uhr, Mo geschl., Eintritt ca. 6,30 €.; Palazzo del Te, Di–So 9–18 Uhr, Mo 13–18 Uhr, Eintritt ca. 6,30 €, Stud. ermäß.

Badewiese am Ledro-See

Seen um den Gardasee

In den Bergen nördlich und westlich oberhalb des Lago di Garda liegen einige reizvolle kleine Gewässer, die sich gut als Ausflugsziele eignen, aber auch beschauliche Alternativen zum Rummel weiter unten bieten. Die kühleren Wassertemperaturen sorgen dafür, dass nur im Hochsommer größerer Betrieb herrscht.

> **Hinweis**: Die Seen in Richtung Trento (Lago di Cavédine, Lago di Toblino u. a.) finden Sie im Abschnitt „Seen um Trento".

Lago di Tenno (Tenno-See)

Fast unwirklich grün leuchtet das glasklare Wasser des annähernd kreisrunden Sees in 570 m Höhe, umgeben ist er von dichten Nadelwäldern. Da er winzig ist, kann man ihn in einer knappen Stunde zu Fuß umrunden.

Vom Parkplatz bei den Hotels führt ein Stufenweg zum teilweise recht steil abfallenden Kiesufer hinunter. An warmen Tagen tummeln sich hier hunderte von Badegästen, beliebteste Badestelle ist die Südostecke des Sees.

● *Anfahrt/Verbindungen* im Bereich der Hotels liegen gebührenpflichtige Parkplätze, tägl. 8–18 Uhr, ca. 1 €/Std.

● *Übernachten/Essen & Trinken* *** **Club Hotel Lago di Tenno**, wenige Meter oberhalb vom See, elegantes und stilvolles Haus, interessante Kombination von alpenländischen Elementen und Moderne. Pool mit Kinderbecken, mehrere Tennisplätze, Sauna (gegen Gebühr). Im hauseigenen Restaurant **Mama Gioisi** mit weitläufiger Terrasse und davorliegender Wiese kann man ausgezeichnet speisen. Sehr gute Weinkarte, außerdem leckerer Kuchen. DZ mit Frühstück ca.

Lago di Tenno: leuchtendes Grün inmitten dunkelgrüner Wälder

100–120 €, auch Suiten (1/2/3 Zimmer) sind zu haben. ✆ 0464/502031, ✆ 502101, www.clubhoteltenno.com
*** **Stella Alpina**, gleich benachbart, etwas schlichter, DZ mit TV, Bad und Frühstück ca. 60 €, auch Apartments. ✆ 0464/502121.
* **Camping Lago di Tenno**, terrassenförmiges Gelände an der Straße nach Pranzo, etwa 200 m vom See. Einfach und preiswert. ✆ 0464/502127.

▶ **Canale del Monte:** Ein perfektes Idyll – das kleine Bergdorf südlich vom Lago di Tenno gilt als eins der schönsten im Trentino und hat sein mittelalterliches Erscheinungsbild bestens erhalten können. Entlang der steilen Pflasterwege stehen liebevoll instand gehaltene Bruchsteinhäuser, oft sind sie über die engen Gassen gebaut, kleine Plätze, versteckte Winkel und düstere Gewölbe laden zum Entdecken ein. Im Rahmen des alljährlichen Sommerfestes „Rustico Medioevo" in der ersten Augusthälfte wird das Mittelalter wieder lebendig. Im Künstlerhaus *Casa degli Artisti Giacomo Vittone* finden in den Sommermonaten regelmäßig Ausstellungen statt, doch auch das Haus selber lohnt den Besuch. Gleich gegenüber ist ein anschauliches Landwirtschaftsmuseum untergebracht, die *Mostra degli Attrezzi Agricoli di Tenno*.

> **Pitture al Vento** („Malerei im Wind"): In den Sommermonaten ist der ganze Ort mit fantasievollen farbigen Standarten geschmückt, gefertigt von den Schülern der Accademia di Brera (Mailand).

• *Öffnungszeiten/Preise* **Casa degli Artisti Giacomo Vittone**, 15. Juni bis 30. September tägl. 10–12, 15–19 Uhr, sonst nur Sa/So 10–12, 14.30–18 Uhr, Eintritt frei.

Landwirtschaftsmuseum, Mitte Juni bis Mitte September tägl. 10–12, 14–18 Uhr, Eintritt frei.

Lago di Ledro (Ledro-See)

Kleiner, malerischer Alpensee inmitten dichter Bergwälder, fast 600 m höher als der Gardasee und deutlich ruhiger als dieser. Von Riva führt eine gut ausgebaute Straße mit zwei langen Tunnels hinauf.

Bis dato völlig abgeschieden, sorgte der stille, tiefblaue See 1929 für eine archäologische Sensation: Als man damals den hoch gelegenen See für die Wasserversorgung von Riva anzapfte, sank der Wasserspiegel und die Reste einer fast 4000 Jahre alten Pfahlbausiedlung kamen zum Vorschein. Ein Museum in Molina di Ledro beherbergt die zahlreichen Funde. Es gibt vier Örtchen am See, touristisches Zentrum ist *Pieve di Ledro* am Westende, die Hauptstraße führt am Nordufer entlang. Man kann den See aber auch auf schmaler Straße zur Gänze umrunden. Über Bezzecca kommt man schnell weiter zum kleinen Lago d'Ampola und zum nahen Idro-See. Molina und Pieve sind stark auf Ausflourismus eingerichtet, es gibt große Geschäfte mit lokalen und Trentiner Spezialitäten, darunter den „Picco Rosso", einen tiefroten, 60%igen Schnaps aus Erdbeeren und Himbeeren.

▸ **Molina di Ledro**: verstreuter Ortskern entlang der Hauptstraße. Ein *Parco Botanico* mit verschiedenen Baumarten und Picknickbänken liegt am Steilhang unweit vom Pfahlbaumuseum. Neben dem Campingplatz ein schönes Badegelände mit großzügiger Wiese.

Ob die Pfahlbauten hier wirklich so aussahen, ist umstritten

Museo delle Palafitte: Pfahlbauten im Ledro-Tal

Das Pfahlbaumuseum steht in Molina di Ledro direkt am Seeufer. Ein Großteil der Funde dieser prähistorischen Zivilisation ist hier untergebracht und ansprechend präsentiert. Der Bau der Pfahlsiedlungen am Ledro-See begann wahrscheinlich zwischen 2000 und 1800 und endete 1500–1200 v. Chr. Mehr als 10.000 Pfähle hat man im Torf bergen können, auch Fragmente von

Bretterwänden und Verputz aus Lehm. Anhand der Exponate kann man erkennen, dass die Bronze-Metallurgie voll entwickelt war, auch die Weberei war bekannt (Webrahmen, Spulen, Gewichte etc.). Weiterhin gefunden wurden bearbeitete Knochen und Horn, Holzgegenstände (Werkzeug- und Waffengriffe, Bögen, Tassen u. a.), Steingeräte, Keramik und Nahrungsreste, außerdem künstlerische kleine Ornamentsteine und (importierter) Bernsteinschmuck. Ein Höhepunkt ist das *Kanu*, das aus einem einzigen Baumstamm gearbeitet ist – sein Alter nach der Radiocarbon-Datierung: 3642 Jahre plus/minus 36 Jahre.

Am Seeufer kann man den Nachbau einer *Pfahlhütte* betrachten, mangels genauer Vorbilder ist er allerdings einem Pfahlhaus am Bodensee nachempfunden. Im Umkreis sieht man noch zahlreiche Pfähle im Schlamm stecken.
Öffnungszeiten/Preise Mitte Juni bis Mitte September tägl. 9–13, 14–18 Uhr; Mitte Sept. bis Mitte Juni Di–So 10–13, 14–17 Uhr (Dez. nur Sa/So 9–13, 14–17 Uhr. Eintritt ca. 2,50 €, von 12–18 und über 60 Jahre ca. 1,50 €, Familienkarte ca. 5 €.

- *Übernachten* ** **San Carlo**, neben dem Museum direkt am See. Gepflegt und wohnlich. DZ mit Bad und Frühstück ca. 70 €. ✆ 0464/508115, ✆ 508818. Ferienwohnungen im gesamten Valle di Ledro vermittelt **Agenzia Ledro Service**

Tours, ✆ 0464/508276, ✆ 508501, www.valledilledroinfo.com
Camping al Sole, großes Gras- und Baumgelände am See, steil abfallender Kiesstrand, ca. 100 m lang. Die Straße nach Pieve verläuft unmittelbar hinter dem Platz.
✆/✆ 0464/508496, www.campingalsole.it

▶ **Pieve di Ledro**: weitflächig auseinandergezogen, am Seeufer viel Platz, mehrere große Lokale, riesiger Supermarkt und Parkplätze. Schöne Badezone mit Liegewiesen und Kiesstrand. Tret- und Ruderboote, Surfbretter, Mountainbikes, Minigolf.

- *Information* Via Nuova 9, an der Durchgangsstraße. Mo–Fr 8.30–12.30, 14–18 Uhr, Sa 9.30–12.30, 15–18 Uhr, So 9.30–12.30 Uhr. ✆ 0464/591222, ✆ 591577, www.valledilledro.com
- *Übernachten* *** **Lido**, sehr ansprechendes Haus mit Blumenschmuck, ideale Lage direkt neben dem Strand, großer, gemütlicher Garten, Ristorante, Zimmer mit TV, Teppichboden und schmiedeeisernen Balkons. DZ mit Frühstück ca. 85–110 €. ✆ 0464/591037, ✆ 591660,

www.hotellido-ledro.it
Camping Azzurro, am Zufluss in den See, mehrere kleine Badebuchten mit Steilufer. ✆ 0464/591276, ✆ 508150, www.campingazzurro.net
Camping Al Lago, seit 30 Jahren in Familienbesitz, schöne Lage unter dichten Bäumen, Strand und Liegewiese.
✆/✆ 0464/591250, www.camping-al-lago.it
- *Essen & Trinken* **Da Franco e Adriana**, großes Ausflugslokal am See, u. a. Pizza und Brathähnchen.

▶ **Lago d'Ampola**: malerischer, kleiner See inmitten dichter Nadelwälder und Wiesen direkt an der Straße zum Idro-See, umgeben von einem Schilfgürtel. Seit 1989 ist er als Naturschutzgebiet ausgewiesen, mit Bretterstegen wurde ein begehbarer Weg angelegt (Seeumrundung ca. 40 Min.). Ein Besucherzentrum liegt an der Rückseite des Biotops.

- *Öffnungszeiten/Preise* **Besucherzentrum Lago d'Ampola**, Juni bis Mitte Sept. Di–So 9–13, 15–19 Uhr, Mai und zweite Septemberhälfte Sa/So 9–13, 15–19, Ostern Fr–Mo 9–13, 15–19 Uhr. Eintritt ca. 1 €.
- *Essen & Trinken* **Baita Santa Lucia „Da Fritz"**, charakteristische Berghütte mit „Locale Tipico" auf der Ebene Santa Lucia, wo 1866 Garibaldi mit den österreichischen Truppen eine Schlacht austrug. Seit über dreißig Jahren im Besitz der Familie Pregl, die unverfälschte alpenländische Küche bietet, z. B. Specknödel, Polenta mit Pilzen und Gulasch. Anfahrt: von Bezzecca die

Straße nach Tiarno nehmen und nach einigen hundert Metern links abzweigen. Mo geschl. ℡ 0464/591290.

Marina, Tiarno di Sotto, Via Roma 4. Herrliche Pizze, die bis zu 3 cm über den Tellerrand ragen und gut belegt sind.

„Obbedisco": Ich gehorche

Während des preußisch-österreichischen Krieges von 1866 hatte sich Italien mit Preußen verbündet, in der Hoffnung das Veneto und Trentino von den Habsburgern zurückzugewinnen. Mitte des Jahres drang Garibaldi mit 40.000 Freiwilligen vom Ampolatal aus ins Ledrotal ein. Am 21. Juli 1866 kam es bei und in *Bezzecca* zur Schlacht gegen die österreichischen Truppen, in deren Verlauf sich die Österreicher in die umgebenden Berge zurückzogen. Garibaldi wollte weiter in Richtung Gardasee ziehen, doch just hier erreichte ihn die Nachricht vom Waffenstillstand zwischen Italien und Österreich und der Befehl, sich aus dem Trentino zurückzuziehen. Auf dem Dorfplatz von Bezzecca, vor der Pfarrkirche, soll er das berühmte Wort gesprochen haben: „Obbedisco" (Ich gehorche). Das Trentino blieb so ein weiteres halbes Jahrhundert – bis 1918 – bei Habsburg. Auch im Ersten Weltkrieg lag das Valle di Ledro im Frontgebiet zwischen Österreich und Italien. Die Österreicher hielten die nördlichen Berge, die Italiener zunächst die im Süden, dann besetzten sie den Talgrund. Vorher schon hatten die österreichischen Behörden die gesamte Bevölkerung nach Böhmen und Mähren evakuiert, viele ließ man auch verhaften wegen des Verdachts der Parteinahme für Italien. In den folgenden zahlreichen Kämpfen und Bombardierungen wurden das Tal und seine Orte völlig zerstört.

An beide Ereignisse erinnert das *Sacrario Militare* auf einem Hügel am Ortsausgang von Bezzecca in Richtung Concei. Der gesamte Berg ist hier mit Schutzgräben, Laufgängen und Truppenunterkünften ausgehöhlt, man kann in dem weitläufigen System herumlaufen und auf einer eisernen Wendeltreppe bis zum Hügelplateau hinaufsteigen. Oben steht die kleine Gedenkkirche *Santo Stefano* mit einem Denkmal für den unbekannten Soldaten.

Lago d'Idro (Idro-See)

Obwohl keine Autostunde vom Gardasee entfernt, tut sich hier eine andere, ruhige und erholsame Welt auf. Der mit 368 m höchstgelegene See der Lombardei liegt eingebettet in bergige Hänge inmitten üppig grüner Wälder und Wiesen. Bis auf einige gut besuchte Campingplätze findet man nur wenige touristische Einrichtungen. Das Wasser ist allerdings kälter als am tiefer liegenden Lago di Garda.

Eine rund um den See führende Straße gibt es nicht. Die Durchgangsstraße Richtung Norden führt mit tollen Ausblicken malerisch über dem Westufer entlang, man passiert Idro und Anfo und endet im Doppelort Ponte Cafarro/Lodron. Am Ostufer kann man über Vantone bis Vesta fahren, im Nordosten verhindern mächtige Steilhänge die Trassenlegung.

Der Idro-See ist fischreich und ein gutes Revier für Hobbyangler, die einmal stattliche Forellen an den Haken bekommen möchten. Erlaubnisschein gibt's in der Präfektur, das Angeln ist nur vom Boot aus gestattet.

Beschauliches Refugium: der Idro-See westlich vom Gardasee

▸ **Idro**: weit auseinander gezogenes Städtchen am Südende des Sees, recht geschäftig und lärmend, nicht die attraktivste Ecke am See.
Übernachten **Camping Venus**, hübsche Lage auf einer Wiese am Westufer, Tretboote können kostenlos benutzt werden, engagierte und hilfsbereite Inhaberin. ✆ 0365/83190, ✉ 839838, www.campingvenus.it

▸ **Anfo**: ruhiges Dörfchen, das von einer mächtigen venezianischen Festung überragt wird, 1866 benutzte sie Garibaldi als zentralen Stützpunkt. Begehrte Anlaufstellen für Camper sind die beiden Zeltplätze „Pilù" (✆ 0365/809037, ✆ 809207, www.pilu.it) und „Palafitte" (✆/✉ 0365/809051) direkt am Kiesufer. Am Wasser stehen schattige Bäume, auch eine Surfschule gibt es.

▸ **Ponte Caffaro**: weit auseinandergezogener Ort mit viel Grün, etwas zurück vom Ufer, hinter der Schwemmlandebene Pian d'Oneda. Am See unten langer Kiesstrand, dahinter ruhige Wiese mit schattigen Bäumen und eine Forellenzucht.

• *Information* **Pro Loco**, an der Durchgangsstraße, Via Caduti 22. Nur Juni bis August Mo–Sa 9.30–12.30, 16–19, So 9.30–12.30 Uhr. ✆ 0365/990152, www.prolococaffaro.it
• *Übernachten/Essen & Trinken* ** **Al Pescatore**, empfehlenswertes Albergo mit gutem Restaurant mitten im Grünen, nahe der Mündung des Flusses Chiese, etwa 100 m vom See. DZ ca. 40 €, HP ca. 35 € pro Pers. ✆ 0365/990192, www.lagodidro.it/pescatoreted.htm

Camping Pian d'Oneda, geräumiger Platz mit schönem Pool und gutem Ristorante/Pizzeria. ✆ 0365/990421, ✉ 990365, www.piandoneda.it
Camping Miramare, kleinerer Platz mit hübschem Kiesstrand an der nordöstlichen Seeecke, unterhalb der Auffahrt ins Bergdorf Bondone.
Al Lago, einfaches Restaurant am Hauptstrand, gute und nicht zu teure Fischküche.

▸ **Vantone**: größte Campingzone am Westufer, mehrere Plätze dicht nebeneinander. Sehr beliebt und entsprechend überfüllt ist der unter deutscher Leitung stehende Camping „Azur Idro Rio Vantone" mit Surfschule, Disco, Kinderspielplatz, Anima-

tionsprogramm und Mountainbike-
verleih (℡ 0365/83125, ℻ 823286,
www.azur-camping.de/idro). Weitere
Plätze sind „Belvedere" (www.camping-
belvedere.com) und „Vantone Pineta"
(www.vantonepineta.it).

▶ **Vesta**: Die kleine Ortschaft am Ende der
Ostuferstraße besteht praktisch nur aus
Ferienhäusern. Nettes Fleckchen mit
einigen Restaurants, Strand und Tretbootverleih.

● *Übernachten* Ferienhäuser und Wohnun-
gen vermittelt der freundliche Holländer
Martin H.J. Vos, der seit über 30 Jahren in
Vesta lebt, Wochenpreis je nach Saison ca.
380–620 €. ℡/℻ 0365/823032,
www.lagodidro.com
Ferienwohnungen kann man auch über **Azur
Freizeit GmbH** mieten, der auch der Cam-
ping Azur in Vantone gehört (deutsche
Adresse: Azur Freizeit GmbH, Kesselstr. 36,
D-70327 Stuttgart, ℡ 0711/4093510, ℻ 4093580;
www.azur-fewo.de).

Lago di Valvestino

Beim Camping Miramare am Nordufer

Einsamer Stausee mit imposanter
Staumauer, der sich über mehrere
steilwandige Schluchten verteilt. Die dicht bewaldeten Ufer sind nahezu
unzugänglich, eine enge Straße führt am Ostufer entlang und überquert auf
Brücken zwei Seitenarme. Am Nordende kann man in einer Bar Rast machen.

Fünf-Seen-Tour: Lago di Garda, Lago di Valvestino, Lago d'Idro, Lago d'Ampola, Lago di Ledro

Die Fahrt vom Gardasee zum Lago d'Idro läßt sich gut als **Rundtour** unternehmen, denn es gibt mehrere Anfahrtswege, die sich problemlos miteinander
kombinieren lassen.

- Bequem und schnell erreicht man den Idro-See in etwa dreiviertelstündiger Fahrt auf der Straße von **Salò** über Vobarno und Vestone.
- Ebenfalls möglich ist die Anfahrt auf der SS 240 ab **Riva del Garda**. Diese Straße führt am **Lago di Ledro** entlang (→ S. 141) und passiert kurz darauf den unter Naturschutz stehenden **Lago d'Ampola** (→ S. 143).
- Besonders eng, steil und kurvig ist schließlich die Straße ab **Gargnano**, die den Stausee Lago di Valvestino in voller Länge passiert. Zunächst geht es mit großartigen Blicken zurück auf Gardasee und Monte Baldo-Massiv nach **Navazzo** in knapp 500 m Höhe. Anschließend fährt man das Tal des Flusses Toscolano entlang, bis man auf die 124 m lange Staumauer des **Lago di Valvestino** trifft. Nach dem Nordende des Sees durchfährt man das **Valle dei Molini**, danach das **Valle dei Fondi** – und nach einem Tunnel öffnet sich der herrliche Panoramablick auf den Lago d'Idro.

Täglicher Markt auf der Piazza delle Erbe

Verona (ca. 262.000 Einwohner)

Die weltberühmte Stadt von Romeo und Julia ist eine der elegantesten Norditaliens. Das alte Zentrum schmiegt sich in einen tiefen Bogen der Etsch und steht seit dem Jahr 2000 als „Kulturerbe der Menschheit" unter dem Schutz der Unesco. Mit den malerischen Mittelalter-Gässchen, prächtigen Kirchen und historischen Palazzi ist es zum Spazierengehen wie geschaffen, weite Teile der Innenstadt wurden zu Fußgängerzonen umgewandelt.

Zentraler Platz und immer belebter Treffpunkt ist die Piazza Bra mit ihrer gewaltigen altrömischen Arena, in der allsommerlich weltbekannte Opernaufführungen stattfinden: Die unvergleichliche Stimmung unter freiem Himmel, die hervorragende Akustik und tolle Beleuchtung garantieren ein unvergessliches Kunsterlebnis. Weiterer Konzentrationspunkt ist die altertümliche Piazza delle Erbe mit ihrem sehenswerten Markt. Gleich nebenan liegt die Piazza dei Signori, das mittelalterliche Verwaltungszentrum, umgeben von der prunkvollen Szenerie alter städtischer Repräsentationsbauten. Nur ein paar Schritte sind es von hier zur Etsch, die mit ihrem breiten Bett das historische Zentrum von drei Seiten begrenzt. Auch den Hügel von San Pietro auf der anderen Seite sollte man unbedingt mal erklimmen und den herrlichen Blick auf die Stadt genießen.

Anreise/Verbindungen

• *PKW* Verona liegt nur wenige Kilometer vom Gardasee entfernt und ganz zentral im Schnittpunkt der Autobahnen A 22 vom Brenner (Ausfahrt Verona Nord) und der A 4 Mailand–Venedig (Ausfahrt Verona Süd).

An vielen Stellen der Innenstadt kann man an Parkuhren oder mit Parkscheibe bis zu einer Stunde parken, z. B. an der schattigen Alleestraße **Corso Porta Nuova** oder am **Stradone Porta Palio** beim Skaliger-Kastell.

Kostenlos und ohne Zeitbeschränkung kann man seinen PKW an der Stadtmauer in der **Via Città di Nimes** beim Bahnhof (15 Min. ins Zentrum) und beim weiter westlich gelegenen **Stadion** abstellen. Für die Besichtigung von **San Zeno Maggiore** kann man direkt vor der Kirche gebührenpflichtig parken. **Parkhäuser** gibt es an der Piazza Citadella (Nähe Piazza Bra) und in der benachbarten Via Bentegodi. Die Altstadt darf nicht befahren werden, ausgenommen ist lediglich die einmalige Zufahrt zu einem Hotel.

● *Bahn* Verona ist wichtiger Verkehrsknotenpunkt für die Linien Brenner–Bologna–Florenz und Mailand–Venedig. Häufige Verbindungen dorthin (stündlich IC-Züge), auch über die Alpen nach Innsbruck und München. Der Bahnhof **Stazione Porta Nuova** liegt ca. 20 Fußminuten von der zentralen Piazza Bra (den Corso Porta Nuova entlang). Die Busse 11, 12, 13 (sonntags 91 und 98) fahren ab Plattform A zur Piazza Bra.

● *Flug* Der Flughafen **Aeroporto Valerio Catullo di Villafranca/Verona** liegt 10 km südwestlich von Verona, an der Straße nach Villafranca (Nähe Autobahn). Vom Flughafen fährt man per APTV-Bus (alle 20 Min. von 6.10–23 Uhr, ca. 4 €) oder Taxi zur Busstation Porta Nuova beim Hauptbahnhof in Verona. Auskunft Flughafen ✆ 045/ 8095666, www.aeroportoverona.it

● *Bus* **AMT-Busse** verkehren in der Stadt, Info-Material im Tourist-Büro und auf der Website www.amt.it. Bustickets für ca. 0,95 € an allen Tabacchi-Ständen, bei den Kiosken im Bahnhof gibt es Tagespässe für ca. 3,10 €. In der Innenstadt wird man allerdings meist zu Fuß laufen. Sonntags verkehren andere Busse als werktags. **APTV-Busse** fahren ab Bahnhofsvorplatz in die Umgebung, z. B. zum Gardasee und nach Brescia.

● *Taxi* rund um die Uhr zu buchen unter ✆ 045/532666. Standplätze am **Hauptbahnhof** (✆ 045/8004528) und an der **Piazza Bra** (✆ 045/8030565).

● *Fahrradverleih* **El Pedal Scaligero**, an der Ecke Piazza Bra/Via Roma (Südwestecke der Piazza). ✆ 3335367770.

Information

Die **APT Verona** (Azienda Promozione Turistica) hat drei ganzjährig geöffnete Informationsstellen:
1) Via degli Alpini 9, in der Stadtmauer an der Südseite der Piazza Bra, Nähe Rathaus. Mo–Sa 9–19, So 9–15 Uhr. Man spricht Deutsch. ✆ 045/8068680, 🖷 8003638;
2) Piazza XXV Aprile (Bahnhof Porta Nuova), ✆/🖷 045/8000861;
3) Aeroporto di Verona (Flughafen), ✆/🖷 045/8619163.

www.tourism.verona.it

Übernachten (siehe *Karte S. 149*)

Die Veroneser Hotelpreise sind hoch, vor allem in der Opernsaison und wenn Messen stattfinden. Trotzdem sind in diesen Tagen die Unterkünfte häufig ausgebucht, die Zimmervermittlung der „CAV" hilft vielleicht weiter. Auch Privatzimmer werden vermietet, aufgeführt im Unterkunftsverzeichnis des Informationsbüros.

*** Giulietta e Romeo (24), Vicolo Tre Marchetti 3, direkt hinter der Arena, historischer Palazzo mit modernem Innenleben, schallgedämpfte Zimmer mit Kirschholzmobiliar, Teppichboden, Aircondition, Mini-Bar, TV und Telefon, von einigen Zimmern Blick auf die Arena. Mit Garage. DZ mit Frühstück ca. 115–180 €. ✆ 045/8003554, 🖷 8010862, www.giuliettaeromeo.com

** Aurora (17), ideale Lage direkt an der Piazza delle Erbe, einfach und sauber, mittlerweile fast vollständig renoviert. Große Frühstücksterrasse mit Blick auf die malerische Piazza. 22 Zimmer mit modernen Bädern, ebenfalls großteils mit Blick auf den Platz. Das Ehepaar, das den Betrieb führt, ist liebenswürdig und spricht Deutsch. DZ mit Bad und üppigem Frühstücksbuffet ca. 85–125 €, mit Etagendusche etwas günstiger. ✆ 045/594717, 🖷 8010860, www.hotelauroroa.biz

** Sanmicheli (28), Via delle Valverde 2, etwas außerhalb der Altstadt, 5 Min. zur Arena, vor dem Haus nicht ganz leise Verkehrsstraße und kleine Grünanlage, sehr anständige und solide Ausstattung, unten nette Frühstücksecke. DZ ca. 55–106 €, Frühstück extra. ✆ 045/ 8003749, 🖷 8004508.

** Mazzanti (12), Via Mazzanti 6, Seitengässchen der Piazza dei Signori, mitten im Herzen der Altstadt, malerisch-verwinkeltes Haus mit engen Treppen, kleine, schlichte Zimmer, sauber, unten gut geführtes Ristorante. DZ mit Frühstück ca. 52–105 €.
✆ 045/8006813, ℻ 8011262.
** Locanda Armando (29), Via Dietro Pallone 1, östlich der Arena, 20 Zimmer mit TV, Parkmöglichkeit. DZ mit Bad ca. 85–105 €.
✆ 045/8000206, ℻ 8036015.
* Cavour (26), Vicolo Chiodo 4/b, ruhige Seitengasse zwischen Arena und Skaliger-Kastell, sympathisches Haus mit ordentlicher Ausstattung, sogar mit Parkplatz. Kleine, aber gemütliche Zimmer mit TV. DZ mit Frühstück ca. 90–140 €. ✆ 045/590166, ℻ 590508.
* Ciopeta (27), Vicolo Teatro Filarmonico 2, ebenfalls zwischen Arena und Kastell, freundlich geführt, nur acht Zimmer mit Etagendusche. DZ mit Frühstück ca. 45–78 €.
✆ 045/8006843, ℻ 8033722,
E-Mail: ciopeta@iol.it
* Locanda Catullo (23), Via Valerio Catullo 1, Seitengasse der Fußgängerzone Via Mazzini, preiswerte, alteingeführte Pension im dritten Stock eines Altstadthauses, Travellertipp und wegen des vergleichsweise günstigen Preises oft ausgebucht. Spartanisch eingerichtet, Wirtin vom alten Schlag. DZ mit Bad ca. 40–65 €, mit Etagendusche 32–55 €, kein Frühstück. ✆ 045/8002786, ℻ 596987,
E-Mail: locandacatullo@tiscali.it
• *Jugendherbergen* **Ostello Verona** (IYHF) **(4)** in der Villa Francescati, Salita Fontana del Ferro 15. Alte Renaissance-Villa mit Fresken und schönem Palmengarten auf der anderen Seite der Etsch am Hang unterhalb vom Castell San Pietro, sehr sauber, gut in Schuss und freundliche Atmosphäre, Übernachtung incl. Frühstück ca. 13 €/Pers., Schließzeit 23.30 Uhr (für Opernbesucher länger), Schlafsäle werden um 17 Uhr geöffnet (man kann sich aber schon früher anmelden und Gepäck abgeben). Abends gutes und preiswertes Essen (für Vegetarier Sondermenüs). Zu Fuß über den Ponte Nuovo und links halten, dann der Beschilderung folgen und Straßenverlauf über Treppen abkürzen. Ab Bhf. Bus 73 über Ponte Nuovo bis Piazza Isolo, dort beschildert (abends 20–23 Uhr und sonntags Bus 90 Richtung San Michele). 100 Betten, ganzjährig geöffnet. ✆ 045/590360, ℻ 8009127, www.ostelli-online.org
• *Camping* *** Castel San Pietro (1)**, an der Nordseite der Etsch beschildert, kleiner Platz in idyllischer Lage in den Mauern des Kastells hoch über der Stadt, zwei große Terrassen, von der oberen Blick über das historische Verona. Stellplätze stufig versetzt, alles grün überwuchert, viel Baumschatten, sehr ruhig. Für Wohnmobile nur beschränkte Platzmöglichkeiten. Im Haus drei geräumige Nasszellen, jeweils mit Dusche und Toilette (Warmwasser nur vormittags und abends), alles pikobello gepflegt. Der Platz gehört einem älteren Veroneser Ehepaar, an der Rezeption arbeitet ein engagiertes, junges französisches Paar. Ab Bahnhof werktags Bus 41, abends und sonntags Bus 95, jeweils bis Via Marsala, zum Platz noch zehn Minuten zu Fuß. Ins Zentrum 15 Fußminuten. Mitte Mai bis Mitte Oktober. ✆/℻ 045/592037, www.campingcastelsanpietro.com
*** Romeo e Giulietta, Via Bresciana 54, ca. 5 km außerhalb Richtung Gardasee an der SS 11, großer Rasenplatz unter hohen Bäumen, gute Sanitäranlagen, Swimmingpool (nur im Sommer geöffnet). Ohne eigenes Fahrzeug ungünstig, Schließzeit strikt 23 Uhr (bei Opernaufführungen muss man das Auto auf einem Parkplatz vor der Schranke abstellen). Sehr organisationsfreudiger Besitzer. APT-Bus ab Bahnhof Richtung Peschiera (Haltestelle gegenüber vom Platz, dem Fahrer Bescheid sagen), der letzte Bus fährt aber schon gegen 20 Uhr. ✆ 045/8510243,
E-Mail: camping_verona@tin.it

Essen & Trinken/Unterhaltung

Verona verfügt über eine beachtliche Gastronomie mit einigen Spitzenlokalen, die schon vom Michelin mit Sternen bedacht wurden. In der Altstadt findet man aber auch einige preisgünstige Trattorie bzw. Osterie, in denen man häufig die besondere Veroneser Spezialität *pastissada de caval* (Gulasch aus Pferdefleisch) kosten kann. Ihre Ursprünge gehen angeblich zurück auf einen legendären Zweikampf zu Pferd zwischen Ostgotenkönig Theoderich und Germanenführer Odoaker.

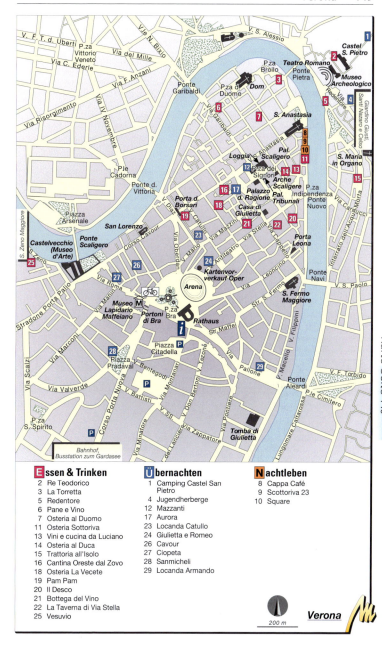

E ssen & Trinken
- 2 Re Teodorico
- 3 La Torretta
- 5 Redentore
- 6 Pane e Vino
- 7 Osteria al Duomo
- 11 Osteria Sottoriva
- 13 Vini e cucina da Luciano
- 14 Osteria al Duca
- 15 Trattoria all'Isolo
- 16 Cantina Oreste dal Zovo
- 18 Osteria La Vecete
- 19 Pam Pam
- 20 Il Desco
- 21 Bottega del Vino
- 22 La Taverna di Via Stella
- 25 Vesuvio

Ü bernachten
- 1 Camping Castel San Pietro
- 4 Jugendherberge
- 12 Mazzanti
- 17 Aurora
- 23 Locanda Catullo
- 24 Giulietta e Romeo
- 26 Cavour
- 27 Ciopeta
- 28 Sanmicheli
- 29 Locanda Armando

N achtleben
- 8 Cappa Café
- 9 Scottoriva 23
- 10 Square

Verona

Verona

Il Desco (20), Via Dietro San Sebastiano 7 (zu erreichen ab Via Cappello, Nähe Piazza Indipendenza). In einem restaurierten Benediktinerkloster des 17. Jh. wird leichte und elegante Küche in der Art der „nuova cucina italiana" kredenzt. Das Gebotene hat seinen Preis, Menü um die 70–100 €. Reservierung unter ℡ 045/595358. So/Mo (im Sommer nur So) und zweite Junihälfte geschl.

Re Teodorico (2), elegant und ebenfalls nicht billig, aber die schönste Lage der Stadt, große Terasse direkt am Castel Pietro auf der nördlichen Flussseite. Menü um die 40–70 €. Mi geschl.

Pane e Vino (6), Via Garibaldi 16, behaglich eingerichtete Osteria mit Schwerpunkt auf Fleischgerichten. Traditionelle Küche, z. B. *faraone* (Perlhuhn) in Amarone oder *risotto* mit Parmesan und Amarone. Mittags und abends (warme Küche bis 22.30 Uhr), leider keine Sitzplätze im Freien. So geschl.

Bottega del Vino (21), Via Scudo di Francia 3, nur wenige Schritte seitlich der Fußgängerzone Via Mazzini, eins der interessantesten und gemütlichsten Lokale Veronas, wunderschöne alte Weinprobierstube, holzgetäfelt und farbenfroh ausgemalt. Vorne treffen sich die Männer zu einem Glas Wein und lesen in Ruhe ihre Zeitung, während man hinten an einigen wenigen, weiß gedeckten Tischen essen kann – Tortellini, Polenta, Risotto, dazu einen Schluck aus dem mehr als üppigen Weinkeller, in dem auch seltene Tropfen aus aller Welt vorrätig sind. Nicht billig, aber sein Geld wert. Di geschl., außer Juli/ August.

La Torretta (3), Piazza Broilo 1, wenige Meter vom Ponte Pietra, sympathisches Terassenlokal auf einer ruhigen Piazza, schön zum Sitzen. So geschl. (Mo in Juli/ August).

La Taverna di Via Stella (22), Via Stella 5, volkstümliche Osteria in zentraler Lage um die Ecke vom Haus der Julia, fröhliche und lebendige Atmosphäre. Man kann zum Wein Kleinigkeiten vom Tresen kosten, aber auch vollständige Menüs einnehmen, z. B. diverse Polentavariationen und *baccalà*. Mo geschl.

Pam Pam (19), gemütliche Trattoria direkt neben der römischen Porta Borsari, schöne Plätze im hohen Laubengang, drinnen stützt eine Säule die niedrige Holzbalkendecke. Seit kürzlichem Pächterwechsel bei der Jugend beliebt, große Auswahl an Pizza, aber auch Bruschette, Risotto und Pastagerichte. Mittlere Preise.

Osteria al Duca (14), Via Arche Scaligeri 4, im angeblichen Haus des Romeo, gepflegte Osteria der alten Art, ausgesprochen gemütlich, Sitzplätze auf zwei Stockwerken. Sehr erfreuliche Küche mit großer Auswahl, serviert wird u. a. die Veroneser Spezialität *pastissada de caval con polenta*. Große Weinkarte und süffiger roter Hauswein, Festpreismenü (ohne Wein) um die 13 €. So geschl.

Vini e cucina da Luciano (13), Via Trota 3/a, von der Piazzetta Chiavica ein paar Schritte nach rechts. Einfacher Speiseraum und viele (hauptsächlich junge) Gäste, da wirklich unübertrefflich billig. So und im Juli geschl.

Vesuvio (25), Piazzetta Portichetto/Rigaste San Zeno, einfache und preisgünstige Pizzeria westlich vom Castelvecchio, Tische direkt an der Etsch, sehr beliebt an heißen Tagen, viele junge Leute.

Redentore (5), Via Redentore 15/17, Ristorante/Pizzeria im Stadtteil Oltre d'Adige nordöstlich der Etsch (→ Sehenswertes), originelle „Location" in der aufgelassenen Redentore-Kirche. Leserempfehlung: „Ausgezeichnetes und reichliches Essen zu vernünftigen Preisen." Sitzplätze vor der Tür etwas vom Verkehr der beiden vorbeiführenden Straßen beeinträchtigt.

Trattoria all'Isolo (15), Piazza Isolo 5/a, kleine, bodenständige Trattoria an einer lang gestreckten Piazza an der Ostseite der Etsch, nicht weit von der Jugendherberge. Traditionelle Küche zu angemessenen Preisen, z. B. *pastissada di cavallo* und *baccalà alla Vicentina con polenta* (Stockfisch). Außenplätze allerdings auch hier nahe der lauten Straße. Mi-Abend geschl.

• *Cafés/Bars* hauptsächlich an der Piazza Bra und der Piazza delle Erbe.

Dante, Piazza dei Signori, Veronas Traditionscafé, ehrwürdiger Innenraum mit Marmortischchen, dunkelroten Samtpolstern, schwarzem Lack und viel Stuck. Auch draußen viel Platz. Mo geschl.

Al Ponte, Via Ponte Pietra 26/a, wenige Meter vom Ponte Pietra, gemütliche Bar mit kleiner, blumengeschmückter Terrasse direkt an der Etsch. Mi geschl.

• *Weinstuben* (Osterie/Enoteche) Die Umgebung von Verona gehört zu den größten Weinbaugebieten im Veneto. Dementsprechend besitzt Verona eine ganze Menge kleiner, ursprünglicher Osterie, in denen sich hauptsächlich Einheimische auf einen Schluck treffen.

Bottega del Vino (21), herrliche Inneneinrichtung, exzellente Auswahl und zentrale Lage (→ oben).
La Taverna di Via Stella (22) , Via Stella 5, populär und stimmungsvoll (→ oben).
Osteria al Duomo (7), Via Duomo 7/a, hübsche Einheimischenkneipe, in der es oft hoch her geht, mittwochs Livemusik, zum Essen Polenta, Tortellini und Gnocchi. Geöffnet 10 Uhr vormittags bis 1 Uhr nachts. Do geschl.
Osteria La Vecete (18), Via Pellicciai 32, alteingesessene, jedoch jüngst modernisierte Osteria in zentraler Lage. Nett zum Sitzen im Gewölbe, auch von Einheimischen gerne besucht. So geschl.
Osteria Sottoriva (11), urige Osteria unter den Arkaden der Via Sottoriva (Nr. 9/b), vor allem am Samstagvormittag trinkt hier jeder Mann des volkstümlichen Viertels sein Gläschen. So-Abend und Mo geschl.
Enoteca/Cantina Da Oreste dal Zovo (16), Vicolo San Marco in Foro 7, etwas versteckt südwestlich der Piazza delle Erbe, sympathische, kleine Weinhandlung mit Stehtresen und einer Handvoll Sitzgelegenheiten, zur Straße hin weit offen. Weine aller Preisklassen. Mo geschl.

*N*achtleben

Spielt sich im historischen Zentrum bevorzugt an der etwas versteckt gelegenen Via Sottoriva und Umgebung ab.

Square (10), Via Sottoriva 15, trendy Café-Bar, die sich in mehreren Stockwerken ins Kellergeschoss öffnet. Schicke Einrichtung, fast schon zu cool für eine Kneipe. Internetzugang, Verkauf von CDs, Keramik und Mobiliar, www.squaresite.net
Sottoriva 23 (9), unter eben dieser Hausnummer zu finden, populäre Kneipe, studentisches Publikum.
Cappa Café (8), Piazzetta Bra Molinari, wenige Schritte weiter, ebenfalls sehr angesagt, der Innenraum zeigt sich mit Polstersitzen orientalisch angehaucht, gelegentlich Jazzmusik live.

„Arena di Verona": Opernerlebnis unter freiem Himmel

Weltgeltung hat das 1913 zum hundertsten Geburtstag von Giuseppe Verdi gegründete Opernfestival, das seitdem alljährlich in der Arena von Verona stattfindet. Von Ende Juni bis Anfang September kommen hier alle zwei bis drei Tage die großen Klassiker zur Aufführung: Von Verdi z. B. Aida, Rigoletto, La Traviata und Nabucco, von Puccini Turandot und Tosca, Bizet ist meist mit Carmen vertreten, während Prokofievs Ballett Romeo e Giulietta sozusagen am Originalschauplatz aufgeführt wird. Die Vorstellungen beginnen um 21 Uhr und dauern bis zu vier Stunden und länger! Ausgeruht kommen, Sitzpolster mitbringen und viel Ausdauer (Polster kann man auch gegen Gebühr ausleihen). Nach jedem Akt ca. 20 Min. Pause. Glasflaschen und Getränke in Dosen darf man nicht mitnehmen, Plastikflaschen sind erlaubt. Getränke werden auch für teures Geld in der Arena angeboten. Falls es regnet, werden Eintrittskarten nur zurückerstattet, wenn mit der Aufführung nicht begonnen werden kann. Sobald ein paar Takte gespielt wurden, gibt es kein Rückgaberecht mehr. Tipp: die billigsten Plätze sind nicht unbedingt die schlechtesten, denn dort bekommt man viel mehr von der volkstümlichen, lebendig-italienischen Atmosphäre mit als im eher steifen Parkett.
Preise: von ca. 21–26 € für *gradinata non numerata* (unnummerierte Stufenplätze aus Stein ganz hinten und oben) über 90–100 € für *gradinata numerata* (nummerierte Rangplätze näher am Geschehen) bis zu den teuren Plätzen im „Parkett": *poltrona numerata* (2. Parkett) bzw. *poltronissima numerata* (1. Parkett) für 110–120 bzw. 140–155 € (Freitag/Samstag jeweils die teureren Preise). Bis 24 Stunden vor Beginn kommen auf alle Preise 15 % Vorverkaufsgebühr dazu.

Informationen Ente Arena, Piazza Bra 28 (direkt am Torbogen Portoni di Bra), ☎ 045/8005151, 🖷 8013287, www.arena.it und& www.arena-verona.de
Vorbestellung/Kartenvorverkauf Theaterkasse in der Via Dietro Anfiteatro 6/B (schmale Gasse hinter der Arena). Mo–Fr 9–12, 15.15–17.45, Sa 9–12 Uhr. Vorbestellung mit Kreditkarten über ☎ 045/8005151, unter Beifügung des entsprechenden Betrags (Scheck oder Postanweisung) und Angabe des Termins, des gewünschten Platzes und der Anzahl der Personen auch schriftlich.
Abendkasse Ebenfalls Via Dietro Anfiteatro 6, jedoch immer mit dem Risiko, dass ausverkauft ist! Ende Juni bis Ende August an Tagen ohne Vorstellung 10–17.45 Uhr, an Tagen mit Vorstellung 10–21 Uhr. Auf jeden Fall schon vormittags kommen, nummerierte teure Plätze sind dann oft noch vorhanden. Die preiswerten unnummerierten Plätze sind meist von Schwarzhändlern aufgekauft, die die Karten vor dem Büro für ca. 30–35 € anbieten.

Sehenswertes

Bereits in römischer Zeit war Verona dank seiner beherrschenden Lage am Fuß der Alpen ein wichtiger Stützpunkt. Auf Reste von Toren, Straßen und Gebäuden aus dieser Zeit trifft man immer wieder. Im Mittelalter baute das Geschlecht der Skaliger Verona zu seiner Residenzstadt aus, die Venezianer prägten mit aufwendigen Palästen und massiven Verteidigungsanlagen die folgenden Jahrhunderte. Später kamen die Österreicher, die die Stadt zum wichtigsten Stützpunkt ihres Festungsvierecks in Oberitalien (Verona, Mantua, Legnago und Peschiera) machten.

Das alte Zentrum wurde im Weltkrieg zwar schwer beschädigt (u. a. sprengten die fliehenden deutschen Truppen alle Brücken), danach aber wieder sorgfältig restauriert und ist von modernen Zweckbauten fast völlig verschont geblieben. Dank aufwendiger Pflege der historischen Bausubstanz wirkt die Innenstadt sehr gepflegt und geschmackvoll.

- Für ca. 8 € kann man die **Verona Card** erwerben. Sie gilt einen Tag lang und bietet freien Eintritt in allen Museen und Kirchen sowie kostenfreie Benutzung der Stadtbusse. Eine Karte für drei Tage (nicht übers Wochenende) kostet ca. 12 €.
- Für alle wichtigen **Kirchen** Veronas muss Eintritt gezahlt werden. Etwa 2 € kostet jeweils die Besichtigung von Dom (mit Baptisterium und Ausgrabung), Sant'Anastasia, San Zeno, San Fermo und San Lorenzo. Für ca. 5 € erhält man ein Sammelticket, das zum Eintritt in alle fünf genannten Kirchen berechtigt. Die Kirchen sind geöffnet Mo–Sa 10–18 Uhr (San Zeno ab 8.30 Uhr, Sant'Anastasia ab 9 Uhr), So 13–18 Uhr (Dom 13.30–17 Uhr).
- **Stadtrundfahrten** mit Bus „Romeo" Anfang Juni bis Ende September 3-mal tägl. außer Montag (Dauer ca. 90 Min., ca. 13 €, unter 18 J. ca. 5,30 €), Treffpunkt vor dem Palazzo Gran Guardia (Piazza Bra). Weitere Infos in Ihrem Hotel, im Tourist-Büro oder unter ☎ 045/8401160.

Auf der Piazza Bra: Blick auf die mächtige Arena

Piazza Bra: am Eingang zur Altstadt, wunderbar weiter Platz mit großflächigen Straßenlokalen, Palästen aus mehreren Epochen und der prächtigen Arena, dem größten Amphitheater nach dem Kolosseum in Rom. Trotz der völlig unterschiedlichen Bauten, die von der Antike bis zum 19. Jh. reichen, ist es immer wieder ein Erlebnis die großzügige Konzeption des Platzes zu genießen – 2000 Jahre Geschichte vom Kaffeetisch aus! Abends ist alles festlich illuminiert, ein kräftiger *Springbrunnen* sprudelt in der zentralen Parkanlage.

Die äußere Mauer der *Arena* war ursprünglich drei Stockwerke hoch, sie wurde durch Erdbeben fast vollständig zerstört, nur an der Nordwestecke steht noch ein kleines Stück mit vier Arkadenbögen. Ausgezeichnet erhalten ist dagegen der zweistöckige Innenring. Das Amphitheater bietet mit seinen zahlreichen Sitzreihen Platz für über 22.000 Zuschauer, im Sommer finden weithin berühmte Opernaufführungen statt (→ oben). Vom obersten Rang herrlicher Blick auf die malerisch vergammelten Häuser mit Schindeldächern und kleinen Gärten, an der kleinen *Piazza Mura Gallieno* ein Rest der alten römischen Stadtmauer.

Der Torbogen *Portoni del Bra*, der dunkle klassizistische Palazzo *Gran Guardia*, das archäologische *Museo Maffeiano Lapidario* in der Nr. 28 gleich nach dem Torbogen und Reste der mittelalterlichen Stadtmauer schließen die Piazza nach Süden hin ab. Im Südosten hinter der Parkanlage steht das große ockerfarbene *Rathaus* mit seiner klassizistischen Säulenfassade (unter österreichischer Regierung erbaut), auf den Stufen kann man das Platzpanorama kostenfrei genießen. Im Norden beginnt neben der Arena die *Via Mazzini*, die wichtigste Fußgängerzeile Veronas, und führt zur Piazza delle Erbe.

● *Öffnungszeiten/Preise* **Arena**, Di–So 8.30–19.30 Uhr (Mo ab 13.30 Uhr), in der Opernsaison nur 8–15.30 Uhr. Eintritt ca. 3,20 €, Schül./Stud. ca. 2,10 €.

Museo Lapidario Maffeiano, Di–So 8.30–14 Uhr, Mo 13.30–19.30 Uhr, Eintritt ca. 2,10 €, Schül./Stud. 1 €.

Verona

Via Mazzini, Via Cappello & Via Leoni: der größte Fußgängerbereich der Stadt. Die *Via Mazzini* ist sozusagen das Schaufenster Veronas, allabendlich lebendige „Passeggiata", vorbei an Edel-Boutiquen. Nach etwa 400 m trifft man auf die *Via Cappello* – linker Hand liegt die Piazza delle Erbe, rechts trifft man unter Nr. 23 auf die ständig umlagerte Casa Capuletti, besser bekannt als *Casa di Giulietta*. Hier, so wird kolportiert, lebte die Familie des (historisch nicht überlieferten) Mädchens, das Shakespeare in seinem Schauspiel „Romeo und Julia" verewigte. In Wirklichkeit handelte es sich bei dem Haus wohl nur um ein ehemaliges Gasthaus, dessen Name „Cappello" lediglich dem Familiennamen „Capuletti" Julias so ähnlich war, dass die Stadtväter beschlossen, hier der alten Legende ein Denkmal zu setzen. Durch einen von ganzen Touristengenerationen bis zur Unkenntlichkeit verschmierten – und mittlerweile zusätzlich mit Kaugummis und Bittzetteln garnierten – Durchgang gelangt man in den hübschen gotischen Hof mit einer Bronzestatue der Julia. Besucher aus aller Welt posieren neben der Schönen und betatschen dabei die rechte Brust, die von den zahllosen Touristenhänden blitzblank gerieben ist. Darüber kann man andachtsvoll den berühmten Balkon der Julia bestaunen (übrigens ein moderner Anbau des frühen 20. Jh.), den Romeo einst im Mondschein auf einer Leiter erklettert haben soll, um Julia seine Liebe zu gestehen. Das Innere des Hauses lohnt weniger, wurde aber kürzlich umfassend restauriert.

Weiter in Richtung Fluss wird die Via Cappello zur *Via Leoni*. Man kommt an der römischen *Porta Leona* vorbei und sieht im Untergrund *römische Ausgrabungen*. Am Ostende der Via Leoni direkt an der Etsch (Nähe Ponte Navi) steht *San Fermo Maggiore*, eine eindrucksvolle gotische Kirche mit kunstvoller Holzdecke in Form eines umgedrehten Schiffskiels und zahlreichen Resten von mittelalterlichen Wandfresken, über die ein deutschsprachiges Faltblatt Auskunft gibt. Die blutrünstigen Szenen rechts hinten zeigen das Martyrium von Franziskanermönchen in Indien. Im Untergrund eine ältere romanische Kirche, auf die der gotische Bau aufgesetzt wurde. Am fünften Pfeiler von links die pittoresken Fresken „Taufe Jesu Christi" und „Stillende Madonna".

Öffnungszeiten/Preise **Casa di Giulietta**, Di–So 8.30–19.30 Uhr, Mo 13.30–19.30 Uhr. Eintritt ca. 3,10 €, Schül./Stud. 2,10 €.

Piazza delle Erbe: malerischer Mittelpunkt der Altstadt, Obst- und Gemüsestände unter pittoresken Sonnenschirmen, dazu Tauben-, Ziervögel- und Kaninchenzüchter. An der Ostseite Cafés und Pizzerien, an einigen Fassaden erkennt man noch alte Hochwassermarken von Überschwemmungen durch die Etsch.

Im Marktgewühl fallen einige historische Denkmäler auf: Ständig umlagerter Mittelpunkt ist das *Capitello*, ein Marmorbaldachin auf vier Säulen, unter dem früher die Ratsherren und der Bürgermeister gewählt wurden – heute vor allem als Ruhepunkt erschöpfter Touristen begehrt, die sich mit dem eiskalten Wasser, das hier hervorsprudelt, geschwollene Füße und trockene Gaumen kühlen. An der südlichen Schmalseite steht eine hübsche gotische *Marktsäule*, am Nordende eine venezianische *Herrschaftssäule* mit dem Markuslöwen, die anzeigt, dass Verona unterworfen war. Interessant außerdem der schöne *Marktbrunnen* mit der Madonna Verona, einer grazilen Frauenstatue, die ein Spruchband aus Metall in Händen hält, das die Pracht Veronas preist.

Von den Palästen ringsum beachtenswert sind der *Palazzo Maffei* an der Nordseite mit barocken Statuen auf der Balustrade und die benachbarte *Torre del Gardello* aus dem 14. Jh. (wenn man hier den geschäftigen Corso Porta Borsari Richtung

Westen geht, kommt man zum alten römischen Stadttor *Porta Borsari*). An der Ostseite verblasste Fresken an den Fassaden der *Case Mazzanti*. Ein hoher Durchgang, in dessen Wölbung eine einsame Walrippe (!) baumelt, führt zur Piazza dei Signori. Die 83 m hohe *Torre dei Lamberti* überragt die Szene.

Piazza dei Signori *(Piazza Dante)*: das frühere Machtzentrum der Stadt mit den wichtigsten öffentlichen Gebäuden – Rathaus, Skaliger-Residenz, Gerichtsgebäude und Sitz des Stadtrats. Ein äußerst stil- und würdevoller Platz, der von den alten Palazzi vollständig eingeschlossen ist und fast wie ein Innenhof wirkt. Im Zentrum mit strenger Denkermiene, Adlerblick und markantem Profil *Dante*, der berühmte Dichter der „Divina Commedia" („Göttliche Komödie"). Er selbst nannte sie übrigens nie die Göttliche, sondern einfach La Commedia. Dante war Gast der Skaliger, nachdem er als kaisertreuer Ghibelline aus dem guelfischen (päpstlich gesinnten) Florenz fliehen musste. Benannt nach ihm ist das älteste Café Veronas in der Nordwestecke der Piazza.

Rechter Hand steht der *Palazzo della Ragione* mit seiner markanten Streifenfassade aus hellem Tuff und Ziegelstein, in dessen harmonischem Innenhof eine

Kühle Erfrischung auf der Piazza delle Erbe

verwitterte gotische Freitreppe zum Portal der Amtsräume im ersten Stock führt (nicht zugänglich). Unter dem hohen Laubengang im Erdgeschoss liegt der Zugang zur 83 m hohen *Torre dei Lamberti*, schweißtreibend ist der Aufstieg auf 368 Stufen oder man fährt bequem per Lift. Von oben herrlicher Blick über Verona.

Durch einen Bogen mit dem Palazzo verbunden ist das benachbarte Gerichtsgebäude, der *Palazzo dei Tribunali*, mit massivem Backsteinturm. Im Durchgang unter dem Bogen hat man beim Bau einer Tiefgarage die Reste einer römischen Straße entdeckt und mit Glas überdacht. Auch im Innenhof des Gerichts sind Rundöffnungen im Boden verglast, man erkennt einen römischen Mosaikboden und Reste eines mittelalterlichen Turms.

An der rückwärtigen Seite der Piazza steht der zinnengekrönte *Palazzo Scaligero*, früher die Residenz der Skaliger, heute Sitz der Präfektur und Polizei. Die daneben sich anschließende *Loggia del Consiglio* gilt als schönste Säulenhalle ihrer Art, hier versammelte sich im 15. Jh. der Rat der Stadt.

Ein ganz kurioses Schmuckstück ist die kleine versteckte Seitengasse *Via Mazzanti* (links vom Caffè Dante). Inmitten abenteuerlicher Hausungetüme steht hier ein

Brunnen aus römischen Säulen. Mittels noch teilweise erhaltener Seilkonstruktionen wurden hier von den umliegenden Wohnungen Eimer hinuntergelassen, um das kostbare Nass zu schöpfen.
Öffnungszeiten/Preise **Torre dei Lamberti**, Di–So 9.30–19.30 Uhr, Mo 13.30–19.30 Uhr. Mit Lift ca. 2,10 €, zu Fuß 1,50 €. Sammelticket zusammen mit „Arche Scaligeri" siehe nächster Abschnitt.

Skaliger-Gräber und Casa di Romeo: Gegenüber vom Palazzo Scaligero thronen die reich verzierten gotischen Gräber der Skaliger, des einflussreichsten Herrschergeschlechts der Region. Über hundert Jahre hielten sie die Stadt unter ihrer Knute, nicht viel Gutes wird von den wohledlen Herren mit ihren bezeichnenden Hundenamen berichtet.

Hinter dem schmiedeeisernen Gitter, in dem das Symbol der Skaliger, die „Scala" (Leiter) eingearbeitet ist, sieht man die Gräber von *Mastino II* („Dogge") und *Cansignorio* („Leithund"), gotisch himmelstürmend mit zahlreichen Spitzbögen, Baldachinen und Statuen. Über dem Eingang der kleinen romanischen Kirche *Santa Maria Antica* befindet sich das Grab von *Cangrande I* („Großer Hund"), gekrönt von einer eindrucksvollen Reiterstatue, dessen Pferd bis zu den Knöcheln mit einer schweren Kampfdecke verhüllt ist. Die Statue ist allerdings nur eine Kopie, das Original steht im Skaliger-Kastell (→ unten).

Eine Ecke weiter, Via Arche Scaligeri 4, steht das angebliche *Haus des Romeo*, ein düsterer Backstein-Palazzo mit Zinnen und einer hübschen Osteria (→ Essen & Trinken).

Öffnungszeiten/Preise **Torre dei Lamberti und Arche Scaligeri**, Di–So 9.30–19.30 Uhr, Mo 13.30–19.30 Uhr. Mit Lift ca. 2,60 €, zu Fuß 2,10 €.

Grab der Julia: etwas ungünstige Lage südlich der Altstadt, Via del Pontiere. In der Krypta der ehemaligen Kirche *San Francesco al Corso* mit schönem Kreuzgang steht der so genannte „Sarkophag Julias". Romantiker aus aller Welt kratzen sich hier gerne ein Krümelchen ab, um es als Souvenir mitzunehmen. Benachbart das *Museo degli Affreschi*, in dem von Wänden abgelöste Fresken aus dem 14.–16. Jh. aufbewahrt werden.

Öffnungszeiten/Preise: Di–So 9–18.30 Uhr, Mo geschl., Eintritt ca. 3,10 €, Stud. 2,10 €, Schüler 1 €.

Nördliche Altstadt

Das Viertel im Etsch-Bogen ist touristisch noch kaum entwickelt. Als schönster und ursprünglichster Straßenzug zieht sich die *Via Sottoriva* parallel zum Fluss. Auf der einen Seite befindet sich ein breiter Laubengang, in dem sich eine urige Weinkneipe versteckt (→ Essen & Trinken/Weinstuben), gegenüber haben die Antiquitätenhändler Veronas ihre Läden. An der Flusspromenade machen Schautafeln darauf aufmerksam, dass hier im Mittelalter dutzende von „schwimmenden Mühlen" in der Etsch verankert waren und die starke Strömung für das Mahlen von Korn nutzten.

Sant'Anastasia: mächtige gotische Backsteinkirche im Bogen der Etsch, von Dominikanern im 13.–15. Jh. erbaut, die Fassade jedoch unvollendet, verblasste Fresken im Torbogen. Das Innere ist düster, mächtig und hoch, Rundsäulen tragen das Kreuzrippengewölbe. An den ersten Pfeilern krümmen sich schmerzverzerrte Bucklige unter der Last der Weihwasserbecken, in den Seitenkapellen reich ausgestattete Altäre mit Fresken und Skulpturen. In der zweiten Chorkapelle rechts ein Fresko des Giotto-Schülers Altichiero: „Madonna mit drei Heiligen und Familie Cavalli", an der rechten Chorwand großes Fresko „Das Jüngste Gericht", in der *Cappella Giusti* (linkes Querschiff) das berühmte Fresko „Der heilige Georg und die Prinzessin" von Pisanello mit verblüffend realistischer Darstellung der spätmittelalterlichen Welt.

Über dem Tor an der linken Seite des Vorplatzes befindet sich das *gotische Grabmal des Castelbarco*, eines Adligen des 14. Jh., daneben die kleine Kapelle *San Pietro Martire* (auch: San Giorgetto), die vollständig mit Fresken ausgemalt ist. Gewidmet ist sie dem heiligen Peter von Verona, der im 13. Jh. lebte und Schutzpatron der Kölner Bierbrauer ist.

Öffnungszeiten **San Pietro Martire**, Di–So 10–12.30, 16–19.30 Uhr, Mo geschl., Eintritt ca. 2 €.

Duomo Santa Maria Matricolare: nicht weit von Sant'Anastasia. Der ursprünglich romanische Bau wurde später gotisch umgebaut, der strahlend weiße Turm erst im 20. Jh. fertig gestellt. Das Fassadenportal besitzt bemerkenswert schöne Reliefs. Im hohen dreischiffigen Innenraum gibt es viele architektonische Details und Wandmalereien, in der ersten Kapelle links „Mariä Himmelfahrt" (1535) von Tizian.

Links vom Dom liegt ein romanischer Kreuzgang mit römischen Fußbodenmosaiken im Untergrund, außerdem die kleine Kirche *Sant'Elena* und das Baptisterium *San Giovanni in Fonte* mit einem herrlichen achteckigen Taufbecken.

Ruhepause vor dem Dom

Westlich vom Zentrum

Am Rand der mittelalterlichen Stadt sorgte das große Skaliger-Kastell für Schutz. Die Stadtmauer zog sich von dort südlich entlang der Piazza Bra bis zur Etsch auf der Ostseite Veronas.

Porta di Borsari: Das römische Stadttor aus weißem istrischem Kalk am Corso Porta Borsari war einst das Haupttor der Stadt und wirkt in seiner filigranen Gestaltung mit Durchgängen, Fenstern und Säulen, als sei es einem Holywoodfilm über das alte Rom entsprungen.

San Lorenzo: Die romanische Kirche zwischen Etsch und Corso Cavour erreicht man durch einen gotischen Torbogen mit der Statue des Heiligen. Die schmale Fassade ist flankiert von zwei Rundtürmen. Im dreischiffigen, der Abteikirche von Cluny nachempfundenen Inneren mit fünf Apsiden gibt es Freskenfragmente und Steinsarkophage, alle Apsiden sind nach Osten ausgerichtet.

Castelvecchio: Das große mittelalterliche Backstein-Kastell der Skaliger wurde 1354 unter dem tyrannischen Cangrande II am Rande der mittelalterlichen Stadt direkt ans Ufer der Etsch gebaut. Es war allerdings nicht etwa als Bollwerk gegen Feinde von außen gerichtet, sondern wendete sich gegen die eigene aufbegehrende Stadtbevölkerung, die in der zweiten Hälfte des 14. Jh. das despotische Regime der Skaliger nicht mehr ertragen wollte. Der eindrucksvolle, 120 m lange *Ponte Scaligero* sorgte dafür, dass die Skaliger jederzeit die Kontrolle über den wichtigen Etschübergang hatten, aber auch umgehend die Flucht ergreifen konnten. Die massive Backsteinbrücke mit beiderseitigen Zinnenbastionen wurde im Zweiten Weltkrieg von fliehenden deutschen Truppen gesprengt und musste völlig neu aufgebaut werden. Das Kastell beherbergt heute das *Museo di Castelvecchio*, eine bedeutende und umfangreiche Kunstsammlung mit Skulpturen, Gemälden und Fresken der Veroneser und Venezianischen Schule, darunter Pisanello, Bellini, Tintoretto, Mantegna und Tiepolo (bemerkenswert z. B. „Madonna mit der Wachtel" von Pisanello), aber auch die eindrucksvolle Originalstatue vom Grab des Cangrande I.

Öffnungszeiten/Preise   Di–So 8.30–19.30 Uhr, Mo 13.30–19.30 Uhr. Eintritt ca. 3,10 €, Schül./Stud. ca. 2,10 €.

San Zeno Maggiore: an einem weiten, freien Platz (Parkplatz) eine der schönsten romanischen Kirchen Oberitaliens, ausgesprochen ästhetischer Bau, elegant und leicht. Die Fassade ist in einem warmen Gelbton gehalten, die Längsseite rot-weiß gestreift. Links befindet sich der Turm der angeschlossenen Abtei, rechts der hohe, frei stehende Glockenturm.

Das Portal ist von prächtigen Steinreliefs umrahmt, die bekannte Szenen aus der biblischen Geschichte und der Schöpfungsgeschichte darstellen, links oben z. B. der Judaskuss und die Reise nach Bethlehem. Das berühmte *Bronzeportal* stammt aus dem 12. Jh. und besitzt 48 Relieffelder, die auf den hölzernen Untergrund genagelt sind (Altes und Neues Testament, Wunder des heiligen Zeno).

Das tiefer liegende Innere ist feierlich und fast leer, massive Pfeiler und Säulen stützen das hohe Kielgewölbe, Licht fällt fast nur durch die Rosette in der Fassade. Überall an den Wänden findet man Reste von *Fresken*, die leider teilweise von Besuchern voll gekritzelt sind, vor allem im erhöhten Chor über der Krypta. Der *Chor* ist zum Hauptraum durch Statuen von Christus und den Aposteln abgeschlossen, über dem Altar ist ein berühmtes *Triptychon* von Mantegna zu sehen. Links steht die berühmte, verschmitzt schmunzelnde Statue des dunkelhäutigen (?) heiligen Zeno (14. Jh.), genannt „San Zeno che ride" („der lacht").

Seitlich der Kirche gibt es einen schönen *Kreuzgang* mit filigranen Doppelsäulen und zahlreichen Grabmälern.

Nördlich der Etsch

Mit wenigen Schritten kommt man vom Dom zum großen Etschbogen an der Nordspitze der Landzunge – herrlicher Blick auf den zypressenbestandenen Hügel an der anderen Flussseite. Hinüber über den *Ponte Pietra*, die einzige erhaltene römische Brücke (von deutschen Truppen gesprengt, jedoch wieder rekonstruiert) und auf steilem Treppenweg hinauf zum *Kastell San Pietro* aus dem 19. Jh. (nicht zu besichtigen). Für die Mühe wird man mit einem wunderschönen Blick über ganz Verona belohnt.

Blick über Verona in der Morgensonne

An den Hang unterhalb des Kastells schmiegt sich ein *römisches Theater* mit seinen noch erhaltenen Bühnenaufbauten. Das ehemalige Kloster San Girolamo darüber ist vom Theater mit Lift zu erreichen und beherbergt in den Räumen um den Kreuzgang ein bescheidenes *Archäologisches Museum* mit Skulpturen und einigen schönen Mosaiken.

Etwas südlich vom Hügel steht die gotische Kirche *Santa Maria in Organo*. Die untere Hälfte der unvollendeten Fassade ist ganz mit Marmor verkleidet, im Inneren reiche Renaissance-Ausstattung, Fresken und frühmittelalterliche Krypta. Berühmt sind die einzigartigen Intarsienarbeiten am Chorgestühl, geschaffen vom Mönch Fra Giovanni da Verona.

Etwa 200 m weiter versteckt sich hinter dem abgasbraunen Palazzo Giusti der berühmte *Giardino Giusti*, von dem sich schon Goethe beeindruckt zeigte. Der hervorragend erhaltene Renaissancegarten wird beherrscht von einer schnurgeraden Zypressenallee, auf mehreren Terrassen erstreckt sich ein Labyrinth aus Kieswegen, sorgfältig beschnittenen Buchsbaumhecken, schlanken Säulenzypressen und Marmorskulpturen.

• *Öffnungszeiten/Preise* **Römisches Theater und Archäologisches Museum**, Winter Di–So 8.30–19.30 Uhr, Mo 13.30–19.30 Uhr. Eintritt ca. 2,60 €, Schül./Stud. ca. 1,50 €.

Santa Maria in Organo, Mo–Sa 8–12, 14.30–18 Uhr (Messe um 10 Uhr).
Giardino Giusti, Winter tägl. 9 Uhr bis Sonnenuntergang, Sommer tägl. 9–20 Uhr. Eintritt ca. 5 €.

Palmen und Blütenduft: an der Uferpromenade von Iseo

Iseo-See (Lago d'Iseo)

Der kleinste der vier großen oberitalienischen Alpenseen ist auch der am wenigsten bekannte. Und das ist gut so, denn ein Rummel à la Gardasee würde dem Iseo-See ganz und gar nicht bekommen.

Die Orte, die für einen Urlaubsaufenthalt in Frage kommen, sind jedoch beschränkt – im Norden rahmen weitgehend steile Felsufer die schmale Wasserfläche ein, bei Lóvere dominieren Fabrikanlagen, die natürlich auch die Wasserqualität beeinträchtigen. Der breite Süden mit seiner mediterran anmutenden Vegetation ist das eigentliche Touristenzentrum. Vor allem um das freundliche Städtchen *Iseo* liegen zahlreiche Hotels und Campingplätze, letztere so gut wie immer direkt am See und meist mit guten Bademöglichkeiten. Größter Leckerbissen für Individualisten ist *Monte Isola*, eine steil aufragende und vollständig bewaldete Insel dicht vor dem Ostufer, in deren Umkreis auch das sauberste Wasser des Sees zu finden ist.

• *Anfahrt/Verbindungen* **PKW**, am besten auf der Autobahn A 4 von Verona oder Mailand nach Iseo am Südende vom See. Die SS 42 ab Bolzano führt das Valcamonica hinunter und trifft in Lóvere ans Nordende des Sees, ist aber langwierig.

Bahn, ab Brescia privat betriebene Nebenlinie **FNM** (Ferrovie Nord Mailand) über Iseo am Ostufer entlang bis Pisogne und weiter das Valcamonica hinauf bis Édolo. Verbindungen etwa stündl.

Schiff, die Fähren der **Navigazione sul Lago d'Iseo** (www.navigazionelagoiseo.it) laufen etwa stündl. die meisten Orte am See an, außerdem die Insel Monte Isola (→ unten). Detaillierter Fahrplan an jeder Anlegestelle erhältlich. Verschiedene Ausflugs- und Kreuzfahrten (z. T. mit Lunch an Bord) können gebucht werden.

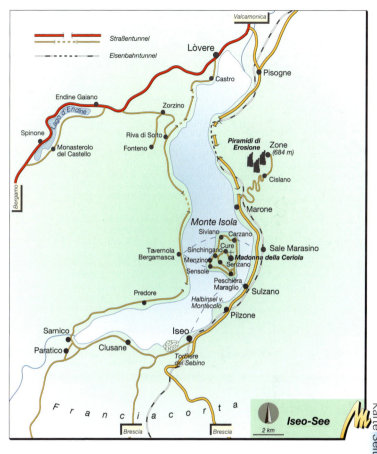

Iseo (ca. 8000 Einwohner)

Rundum gemütliches Urlaubsstädtchen, bei weitem das beste Standquartier am See. Beliebt bei Deutschen und Niederländern, an Wochenenden auch Ausflugsziel für die Bewohner der nahen Städte Bergamo und Brescia. Nicht immer geht es daher leise und beschaulich zu.

Hinter der Uferpromenade mit frisch gepflanzten Palmen, an der sich tagsüber Angler und Spaziergänger treffen, erstreckt sich ein kleines Altstadtviertel mit engen Gassen und der zentralen Piazza Garibaldi, auf der ein moosbewachsener Steinklotz mit der Statue des Risorgimento-Helden steht. Wochentags findet hier der Markt statt. Im Café unter den Arkaden kann man in Ruhe die neuesten deutschen Zeitungen lesen. Ein Freibad liegt westlich vom Ort.

Iseo-See (Lago d'Iseo)

Information/Übernachten

- *Information* **IAT**, am See, Lungolago Marconi 2. Hotelverzeichnis, exzellente Seekarte mit Fußwegen und diverses Prospektmaterial. Es wird Deutsch gesprochen. Mo–Sa 9–12.30, 15.30–18.30, So 9–12.30 Uhr. ℡ 030/98209, ℻ 981361, www.bresciaholiday.com
- *Übernachten* Nur zwei der über zehn Hotels liegen im unmittelbaren Zentrum, dazu gibt es über ein Dutzend Campingplätze unterschiedlicher Qualität.

**** **Iseo Lago Hotel Resort (7)**, komfortable Anlage westlich von Iseo, nahe Camping Sassabanek. Pool mit zwei Becken, Fitness-Center mit Sauna und Solarium, Tennis, Garage. Zimmereinrichtung gehobener Qualität, jeweils TV, schöne Bäder. DZ mit Frühstück ca. 130–170 €. Auch Apartments werden vermietet. ℡ 030/98891, ℻ 9889299, www.iseolagohotel.it

*** **Ambra (5)**, Porta G. Rosa 2, ganz zentral an der Uferpromenade, wenige Meter von der Schiffsanlegestelle. Ordentliches Haus mit gutem Service, Zimmer mit TV und Balkon und teilweise Seeblick. DZ ca. 80–100 €, Frühstück extra, kein Ristorante. ℡ 030/980130, ℻ 9821361, www.ambrahotel.3000.it

** **Milano (3)**, Lungolago Marconi 4, gepflegtes Haus direkt am See, breite Gänge und komfortable Zimmer mit Teppichböden, TV und geschmackvoll-rustikalem Mobiliar. Niederländisch-italienische Leitung. Zimmer nach hinten wegen der dortigen Nachtbars recht laut. DZ mit Frühstück ca. 74–84 €. ℡ 030/980449, ℻ 9821903, www.hotelmilano.info

** **Arianna (12)**, Via Roma 78, an der Durchgangsstraße gelegen, ca. 600 m vom See, dafür relativ günstig. DZ ca. 50–70 €, Frühstück extra, ℡ 030/9922082, ℻ 9821804, E-Mail: ariannahoteliseo@tin.it

Camping Del Sole, ca. 1 km westlich von Iseo, einer der besten Plätze am See, flaches Wiesengelände mit Bäumen, Stellplätze teils direkt am See, Bungalows, Tennis, Pool, ℡ 030/980288, ℻ 9821721, www.campingdelsole.it

Caravan Camping Sassabanek, westlich benachbart zu Del Sole, Wiesenfläche mit Bäumen, benachbart großes Sportzentrum mit mehreren Tennisplätzen und drei großen Pools (für Camper gratis). ℡ 030/980300, ℻ 9821360, www.sassabanek.it

Camping Iseo, unmittelbar östlich von Iseo, Wiese mit Weinstöcken und Bäumen zwischen wenig befahrener Bahnlinie und Ufer, neue Sanitäranlagen. ℡/℻ 030/980213, www.campingiseo.it

Weitere Plätze in Richtung Clusane sind **Le Bettulle**, **Clusane** und **Girasole**, östlich von Iseo liegen u. a. die Plätze **Quai**, **Punta d'Oro** und **Covelo** zwischen See und Bahnlinie.

Essen & Trinken/Nachtleben/Sport

Il Bruco (2), Lungolago Marconi 20, schöner Blick aufs Wasser, dazu gute Pizza, *gnocchi* (Teigklößchen) oder Forelle aus dem See.

Ai Platani (1), großes Freiluftlokal an der Uferpromenade, herrlicher Seeblick, Küche bisher besser, als die Lage vermuten lässt, große Portionen und ebensolche Pizzen.

Il Volto (4), Via Mirolte 33, etwas zurück vom See an der Hauptstraße landeinwärts. Schöne Osteria mit rustikalem Ambiente, wunderbarer Küche (ein Michelinstern) und exquisiter Weinauswahl – in jeder Hinsicht zu empfehlen. Mi und Do-Mittag geschl.

Osteria del Doge (9), Vicolo della Pergola 7, schräg gegenüber vom Il Volto ein Gässchen hinein, im schönen Kellergewölbe und im Stockwerk darüber werden zum Festpreis von ca. 23 € (ohne Getränke) bevorzugt neapolitanische Spezialitäten serviert, denn Chef Antonio Massaro stammt aus der Stadt am Vesuv. Essen und Service laut Leserzuschrift hervorragend. Mo/Di geschl.

Al Castello (11), Via Mirolte 53, ebenfalls nur wenige Meter vom Il Volto entfernt, weitere gute Adresse, Eingang im Innenhof, wo im Sommer auch Tische stehen. Im Nachbarhaus eigene Pasticceria. Mo-Abend und Di geschl., im Sommer nur abends geöffnet.

Ca' de Cindri di Pezzotti Riccardi, Via Duomo 46, schlichte, kleine Osteria mit nettem Wirt, lecker sind die hausgemachten Nudeln.

- *Weinlokale* Südlich des Iseo-Sees erstreckt sich das Weinbaugebiet Franciacorta, Enoteche sind deshalb in Iseo nicht rar.

Enoteca Teatro Eden (6), in einem ehemaligen Kino unter den Arkaden der Piazza Garibaldi, vorne klassisches Café, hinten gemütliche Enoteca, wo man sich in Ruhe in die

Übernachten
3 Hotel Milano
5 Hotel Ambra
7 Iseo Lago Hotel Ressort
12 Hotel Arianna

Essen & Trinken
1 Ai Platani
2 Il Bruco
6 Enoteca Teatro Eden
8 Il Volto
9 Osteria del Doge
10 Enoteca Iseo
11 Al Castello

Nachtleben
4 Barrier's

Weine der Franciacorta „einarbeiten" kann. **Enoteca Iseo (10)**, Via Mirolte 41, kurz vor dem Restaurant „Al Castello" – ein Tresen, eine Handvoll Tische und viel Wein.

• *Eis* **Leon d'Oro**, an der Anlegestelle, fantastisches Eis in riesiger Auswahl.

• *Nachtleben* **Barrier's (4)**, neben dem Hotel Milano, zentral gelegene Gewölbebar mit Tanzfläche.

• *Sport* **Sassabanek**, großes Sportzentrum westlich vom Ort, mehrere Schwimmbecken, Tennis, Liegewiese, Badestrand, Sauna, Wasserski-, Segel- und Windsurfschule, Tretboote u. a. Eintritt je nach Saison ca. 7,50–12 €.
Lido Belvedere, Freibad westlich vom Ort, 150 m Strand, Liegewiese, Pool mit Rutsche und Kinderspielplatz. Mai bis September, Eintritt je nach Saison ca. 7,50–10 €.

Sehenswertes: Wo die Via Mirolte an der Piazza Garibaldi beginnt, steht das von außen gänzlich unscheinbare Kirchlein *Santa Maria del Mercato*, errichtet im 14. Jh. von der Adelsfamilie Oldofredi. Eine Überraschung bietet der Innenraum, denn dort findet man gut erhaltene Fresken verschiedenen Alters, nämlich aus dem 15., 16. und 18. Jh., die sich stilistisch deutlich unterscheiden. Die wuchtige *Burg der Olofredi* aus dem 11. Jh. steht ebenfalls noch, nämlich am Ende der Via Mirolte, dort ist heute die städtische Bücherei untergebracht.

Etwas abseits vom Zentrum steht an der gepflasterten Piazza Sagrato di Sant'Andrea die Kirche *Sant'Andrea* aus dem 11. Jh. mit eindrucksvollem Glockenturm und dem Grab von Giacomo Oldofredi in der Fassade. Der Innenraum besitzt eine reich verzierte Gewölbedecke aus der Renaissance, neben dem Altar fällt die prächtige Orgel auf, dahinter ein Abendmahlsgemälde in ungewöhnlicher illusionistischer Perspektive.

Riserva Naturale delle Torbiere del Sebino
Zwischen Iseo und dem Nachbarort Clusane (→ S. 167) erstreckt sich am Seeufer ein etwa 2 qkm großes Torfmoor, das zu Fuß bequem vom Zentrum aus zu erreichen ist. Das Feuchtraumbiotop bietet interessante Spaziergänge auf schilfgesäumten Wegen abseits der Uferstraße, im Frühjahr blühen hier tausende von Seerosen. Überblicken kann man das Sumpfgebiet am besten vom Vorplatz der Cluniazenserklosterkirche *San Pietro in Lamosa*, deren wunderbare romanische Substanz schon allein einen Besuch wert ist.

Im Ortszentrum von Iseo

Seerundfahrt (von Iseo nach Norden)

Anfangs ist immer wieder der Klotz der Monte Isola im Blickfeld, im Norden rücken dann die steilen Felswände beider Ufer enger zusammen. Leider herrscht viel Durchgangsverkehr, denn ein nicht abreißender Strom von Schwerlastern pendelt zwischen Brescia und dem industrialisierten Valcamonica nördlich vom See. Alternative: Bis Pisogne (und weiter das Valcamonica hinauf bis Édolo) kann man auch mit den schmucken Züglein der FNM fahren.

▶ **Halbinsel von Montecolo**: steiles, grünes Kap, sehr ruhig, dichter Baumbestand, hauptsächlich Zypressen und Oliven, um Pilzone jedoch durch Ferienhäuser zersiedelt. Am Fuß der Halbinsel mehrere einfache Campingplätze.

- **Sulzano**: Hauptfährhafen für die gegenüberliegende Insel Monte Isola (ca. 2,60 € hin und zurück, Überfahrten etwa alle 15 Min.).
- **Sale Marasino**: ebenfalls häufige Überfahrten nach Monte Isola. Die klassizistische Pfarrkirche *San Zenone* gegenüber der Anlegestelle ist vollständig mit Wand- und Deckenmalereien bedeckt.

Laune der Natur: „Piramidi di Erosione" bei Cislano

- **Marone**: größerer Ort mit historischem Kern, dahinter erhebt sich der *Monte Guglielmo* (1949 m), am Seeufer liegen Campingplätze. Eine 8 km lange, extrem enge und steile Serpentinenstraße zweigt hier nach *Zone* ab. Nach etwas mehr als der Hälfte der Strecke kommt man nach *Cislano*, wo linker Hand die erodierten Felsspitzen der „Piramidi di Erosione" einen interessanten Blickfang bieten.

Nördlich von Marone beginnt eine ausgedehnte Tunnel- und Galerienstrecke bis kurz vor Pisogne. Wunderschöne Ausblicke auf die gegenüberliegende Steilküste von Castro.

Pisogne

Industriestädtchen mit engen Gassen, Laubengängen und Torbögen im altem Ortskern, davor eine schöne, breite Seepromenade.

Am zentralen Uferplatz steht die 1250 erbaute *Torre del Vescovo*, ein bewaffneter Stützpunkt des Bischofs von Brescia, um von den Stadtbewohnern Abgaben einzutreiben. Säumige Zahler wurden in Käfigen öffentlich zur Schau gestellt, 1518 sollen hier acht der Hexerei bezichtigte Frauen verbrannt worden sein. Die klassizistische Kathedrale *Santa Maria Assunta*, ein wenig weiter landeinwärts, besitzt eine unvollendete „Kreuzigung" von Poggi im Presbyterium und die Gebeine des römischen Märtyrers San Constanzo (zweite Kapelle rechts).
Größte Sehenswürdigkeit ist die Kirche *Santa Maria della Neve* am nördlichen Stadtrand, deren Wände und Gewölbe ein herrlicher Freskenzyklus von Romanino bedeckt, entstanden 1534. Fern der Adelshöfe hatte Romanino hier so malen können,

166 Iseo-See (Lago d'Iseo)

wie er selber es sich wünschte. Sehr realistisch, teils auch ins Groteske und Maskenhafte verzerrt, ist die Passion Christi dargestellt, eine große Kreuzigungsszene beherrscht die innere Frontseite.

- *Öffnungszeiten* **Santa Maria della Neve**, Di–So 9.30–11.30, 15–18 Uhr.
- *Übernachten* **Camping Eden**, schönes, grünes Gelände fast direkt im Zentrum, davor ein schmaler Badestrand. ✆/📠 0364/880500, www.comune.pisogne.bs.it/alberghi/eden.htm

Lóvere (ca. 5500 Einwohner)

Größter Ort am See, schöne Piazza mit hohen, übereinandergestaffelten Hausfassaden, davor lange, teils von Nadelbäumen beschattete Seepromenade. Herrlicher Blick aufs gegenüberliegende Ufer, das Panorama in Richtung Süden verunstalten allerdings die ausgedehnten Fabrikanlagen auf der Halbinsel von Castro – dafür gibt es eine schöne Badezone und das Sportcenter „L'Ora" mit Schwimmbädern und Nautikcenter.

Die Renaissancekirche *Santa Maria in Valvendra* aus dem 15. Jh. nördlich vom Zentrum beeindruckt durch ihre schiere Größe, damals war Lóvere unter dem Schutz Venedigs ein bedeutendes Handelszentrum für Wolle. Ein Palazzo an der südlichen Uferstraße beherbergt die *Galleria Tadini*, eine Gemäldesammlung venezianischer und lombardischer Maler des 15.–18. Jh., u. a. Werke von Tiepolo und Bellini, dazu Wandteppiche, Porzellan und Miniaturen.

Bei der weiteren Seeumrundung den Abzweig nach *Castro* nicht verpassen, die Hauptstraße SS 42 führt weiter zum nahe gelegenen *Lago d'Endine* (→ Lago d'Iseo/Umgebung).

- *Öffnungszeiten/Preise* **Santa Maria in Valvendra**, tägl. 10–12, 16–18 Uhr; **Galleria Tadini**, Ende April bis Ende Okt. Di–Sa 15–19, So 10–12 und 15–19 Uhr, Mo geschl. (außer August), Eintritt 5 €. ✆ 035/960132, www.accademiatadini.it
- *Information* in der Fähranlegestelle, tägl. 9–12, 14.30–18 Uhr. ✆ 035/962178, 📠 962525, www.apt.bergamo.it
- *Übernachten* ***** San Antonio**, Piazza XIII Martiri 2. Einfaches Mittelklassehotel direkt am Hauptplatz, von der Terrasse schöner Seeblick. DZ ca. 60–68 €, Frühstück extra. ✆/📠 035/961523.
Giardino sul Lago, Via Bergamo 10/12, Nähe Sportzentrum. Im Grünen gelegenes Bed & Breakfast mit Sicht auf den Iseo-See. DZ ca. 52–72 €. ✆ 035/960767, www.giardinolago.com

Zwischen Castro und Riva di Solto schönstes Streckenstück der Seeumrundung – mächtige Steilküste mit turmhohen Wänden, fast senkrecht, z. T. sogar überhängend.

▸ **Riva di Solto**: schmal an den See gebaut, die Straße führt direkt am befestigten Ufer entlang. Auf einem Plateau hoch über Riva di Solto schwebt gleichsam das altertümliche Örtchen *Zorzino* mit herrlichem Panoramablick.

- *Übernachten/Essen & Trinken* **Castello di Zorzino**, in Zorzino, urige Unterkunft in einem turmartigen Gemäuer mit Nebengebäude. Drei große Apartments (im Haupthaus jeweils mit Kamin), rustikal-gemütlich eingerichtet, ruhige, grüne Umgebung. Im nahe gelegenen Hotel/Restaurant **Miranda** kann man essen und den Swimmingpool benutzen. Nur wochenweise Vermietung, ca. 200–700 €. ✆/📠 035/982437, http://web.tiscalinet.it/zorzino
Camping Trenta Passi, nicht direkt am See, ganzjährig geöffnet. ✆ 035/986000.

▸ **Tavernola Bergamasca**: Die Durchgangsstraße verläuft direkt am Wasser, oberhalb davon schöne Häuserfronten. Dahinter die Dorfkirche, die mit ihrem warmen, dämmrigen Licht zu einem Moment der Besinnung einlädt. Ein Großteil der Häuser

Anlegestelle in Lóvere

liegt am Berghang weit oberhalb vom See. Neben dem Ort die aufgerissenen Felsflanken von Kalksteingruben und ein lautes Schotterwerk.

▸ **Predore**: kleines Dörfchen mit wenigen Gassen und mächtiger Pfarrkirche. Hoch über dem Ort befindet sich die weiße Kirche *San Gegorio*, beschilderter Fußweg ab der Piazza an der Durchgangsstraße. Das Restaurant „Il Cantiere" liegt in einem kleinen Garten direkt am See.

▸ **Sarnico**: Das Städtchen am schlauchförmigen Ausfluss des Sees wirkt wenig anheimelnd, es herrscht viel Durchgangsverkehr, man lebt von der Herstellung von Motorbooten. Die Werft „Riva" (www.riva-yacht.com) an der Straße nördlich vom Ort zählt zu den exklusivsten Sportbootherstellern der Welt, legendär sind vor allem ihre Boote aus Mahagoniholz, die aber seit zehn Jahren nicht mehr hergestellt werden. Das kleine Altstadtviertel kann man auf einer hübschen Fußgängergasse durchqueren.

▸ **Clusane**: Knapp unterhalb von Iseo gelegen winkelt sich eine kleine Altstadt mit handtuchschmalen Gassen um den verfallenen Palazzo Carmagnola. Davor erstreckt sich eine moderne Uferpromenade, im Umkreis liegen fünf Campingplätze zwischen Straße und Seeufer. Clusanes Dreh- und vor allem Angelpunkt ist der Fisch. Allmorgendlich stechen die Fischer mit ihren traditionellen Kähnen in See, nachmittags verarbeiten sie den Fang und hängen die Fische zum Lufttrocknen an der Hafenmole auf. Abends kommen dann Gäste aus der ganzen Region, um in einem der zahlreichen Restaurants zu essen. „Non solo tinca!" („Nicht bloß Schleie!") – so bekannt ist Clusane in Italien für seine Spezialität „Tinca al forno", also im Ofen gebackenen Schleie, dass man im November ein ganzes kulinarisches Fest unter diesem Motto ins Leben gerufen hat, außerdem im August die „Woche der Schleie" feiert.

Daneben gibt es aber auch ein Seesardinenfest, ein Fest des getrockneten Fischs und ein „Kastanien & Vino Novello"-Fest.

• _Essen & Trinken_ **El Gallo**, Via Risorgimento 46, gemütliches und authentisches Restaurant an der Einfahrt in die Altstadt. Gutes und mächtiges Essen, dessen Qualität sich herumgesprochen hat, immer gut besucht. Menü um die 20 €. Di geschl. ✆ 030/9829200.
Osteria del Conte, Via Ponte 58, Fisch und Meeresgetier in etwas aufgesetzter Atmosphäre, schöne Terrasse. Nicht billig, Menü ab 35 €.
Taverna del Merchante, Largo Piazza Vecchia, kleines, intimes Ristorante mit einigen Gästezimmern, Menü um 20 €. Mi geschl. ✆ 030/9829202.
Sole, Via Risorgimento 70, preisgünstiges, trotzdem recht gutes Touristenlokal an der Durchgangsstraße, ab 15 €.

Punta dell'Est: Restaurant mit Blick

Fast verführerisch schön liegt dieses Drei-Sterne-Hotel/Restaurant am Ende der Uferpromenade direkt am See. Vor dem Haus sitzen die Essensgäste am Beginn einer langen Mole mit herrlichem Seeblick, hinten auf einer blumengeschmückten Terrasse, die nur wenige Zentimeter über den Seespiegel hinausragt. Der Service ist aufmerksam, die Küche hervorragend, das Bemühen um Qualität überall erkennbar. Zum Hotel gehört auch ein großer Garten mit Parkplatz. DZ ca. 57–75 €, Frühstück extra, Restaurant Mo geschl.
Kontakt *** Punta dell'Est, Via Ponta 163, ✆ 030/989060, 🖷 9829135, www.hotelpuntadellest.com

Monte Isola (ca. 1800 Einwohner)

Das Juwel am Iseo-See, eine dicht bewaldete, steil aufragende Insel mit mehreren Ortschaften – die größte in einem europäischen Binnengewässer. Ideal zum Wandern und Relaxen, denn Autos sind verboten.

Schon die Überfahrt macht viel Spaß, zwischen Sulzano und Peschiera Maraglio pendeln hauptsächlich Inselbewohner. Zum Arbeiten und Einkaufen fährt man aufs Festland, zur Mittagspause mal eben zurück, dann geht's wieder hinüber. Eine Straße umrundet das ganze Massiv, jeder Insulaner besitzt ein Mofa oder einen Roller. Abgesehen von dem sporadischen Geknatter herrscht himmlische Ruhe, denn Touristen dürfen nur Fahrräder benutzen. Da auf Monte Isola weitgehend Steilküsten vorherrschen, gibt es kaum richtige Badestrände, aber doch immer wieder Stellen, wo man ins Wasser steigen kann. Die Wandermöglichkeiten sind dagegen vielfältig. Eine Inselumrundung dauert ca. 2,5–3 Std. (9 km) und von allen Orten führen Wege hinauf zur Wallfahrtskirche *Santuario di Madonna della Ceriola*, die in 600 m Höhe auf der Spitze der Insel thront.

Monte Isola war früher das Zentrum der italienischen Netzweberei. Fast 90 Prozent aller Fischernetze („rete") wurden hier hergestellt. Heute gibt es noch zwei Webereien, eine in Porto und eine in Peschiera Maraglio. Hergestellt werden allerdings nur noch Sportnetze und Hängematten.

● *Anfahrt/Verbindungen* Die kürzeste Verbindung besteht ab **Sulzano** am Ostufer nach **Peschiera Maraglio**, eine Fähre pendelt auf der nur 800 m langen Strecke alle 15 Min. Etwa stündlich gibt es außerdem Verbindungen von **Sale Marasino** nach **Carzano**, außerdem am Westufer etwa stündlich von **Tavernola** nach **Sensole** und **Porto Siviano**. Im Übrigen laufen fast alle sonstigen Seefähren die Insel an. Mehrmals täglich gehen z. B. Schiffe direkt ab **Iseo**, **Sarnico** und anderen Küstenorten.

● *Unterwegs auf Monte Isola* In der Saison verkehrt mindestens stündlich der Inselbus **Pulmino**. Die Routen sind auf den vor Ort erhältlichen Karten rot eingezeichnet, z. B. die Strecke von Peschiera über Sensole, Menzino und Siviano nach Carzano. Die anderen eingezeichneten Straßen sind für Motorroller ausgelegt.
Im Sommer dürfen keine **Fahrräder** vom Festland auf die Insel gebracht werden, es gibt aber mehrere **Verleihstationen**.

Ziele auf der Insel

▸ **Peschiera Maraglio**: Hauptort der Insel, steil an einen Hang gebaut. Hinter der schlichten Uferpromenade mit einer Handvoll Shops und zwei, drei Fischtrattorie findet man handtuchschmale Gassen und winklige Treppen. Stützbögen, Balkone und Wäscheleinen prägen das Bild, wie man es sonst nur von Bildern aus Neapel kennt. Es gibt einige Stadtpaläste mit schönen Säulenfronten, auch die klassizistische Pfarrkirche mit ihren Wand- und Deckengemälden ist einen Blick wert. Spaziert man von der Anlegestelle nach links, kommt man an Ferienhäusern mit idyllischen Gärten vorbei und erreicht schnell das einzige Hotel. *Strada dei Pittori*, Straße der Maler, wird dieser Weg nach Sensole genannt, da hier am sonnenbeschienenen Südufer häufig Hobbykünstler anzutreffen sind.

- *Information* in Peschiera Maraglio, 030/9825088.
- *Übernachten* * **La Foresta**, in Peschiera Maraglio von der Anlegestelle ca. 200 m nach links. Familiäres Haus mit schattigem Garten direkt am Wasser, zehn Zimmer, große Balkons mit Seeblick, wunderbar ruhig, mit Ristorante (Mi geschl.). DZ mit Frühstück 73 €.
030/9886210, 030/ 9886210, 9886455.
Je ein weiteres Hotel gibt es in Sensole, Peschiera Maraglio und Siviano, in Sensole außerdem noch Apartments.

- *Essen & Trinken* Fisch aus dem See wird in allen Insellokalen angeboten. Eine besondere Spezialität ist *sardine alla griglia* – bis zu zehn Fischsorten, tagelang an der Sonne getrocknet und in Öl eingelegt.
Del Pesce, an der Seepromenade, von den Schwestern Archetti geführte Trattoria in einem Palazzo aus dem 15. Jh. mit schönem Portico.
La Spiaggetta, am Südufer, kurz nach dem Albergo La Foresta. Wunderschön überwachsene Terrasse am See, leckere Fischspezialitäten, z. B. *sarde con polenta*. Di geschl.
- *Sonstiges* **Bank** mit Bancomat vorhanden.

▸ **Sensole**: von Ferienwohnungen und Restaurants geprägte Ufersiedlung. Vorgelagert liegt die kleine *Isola San Paolo*, seit langem im Besitz der Brescianer Waffenfabrikantendynastie Beretta.

Fischer in Peschiera Maraglio

- *Übernachten* **Sensole**, gut ausgestattetes Haus mit Restaurant (Do geschl.) an der Uferstraße, an der Seeseite der Garten des Hauses. DZ ca. 65–75 €, Frühstück extra. ✆/📠 030/9886203, www.paginegialle.it/sensole
Vittoria, Neubau am Seeufer, Ein-Zimmer-Apartments (28 qm), eigene Badestelle und Restaurant am See. Vermietung wochenweise (Sa bis Sa) für ca. 285–375 € oder übers Wochenende (Fr bis So). ✆/📠 030/9886222, www.monteisola.com/vittoria
- *Essen & Trinken* Besonders schön, allerdings nicht billig, speist man im Gartenlokal **Del Sole** direkt am See, Mi geschl.

▶ **Menzino**: Große Terrassen erlauben hier eine moderne Ferienarchitektur. Optisch recht imposant ist die Ruine des *Castel Oldofredo* aus dem 15. Jh. (keine Besichtigung). Aufstieg: Von Sensole kommend vor der Ortstafel Menzino den Fahrweg bergauf abbiegen, ca. 10 Min.

▶ **Siviano**: der zentrale Inselort, Schule und Gesundheitsstation befinden sich hier. Das organisch gewachsene Zentrum ist für Autos fast zu eng. Die im 18. Jh. erbaute Dorfkirche besitzt Wandmalereien, Seitenaltäre und Weihwasserbecken zeigen Marmorintarsien.

Am See unterhalb liegen die wenigen Häuser des Hafenörtchens **Porto** mit einem netten kleinen Albergo/Ristorante.

- *Übernachten/Essen & Trinken* **Canogola**, kleines Haus mit nur 7 Zimmern. Schön überwachsene Speiseterrasse mit Seeblick und eigenem Badeplatz. Sehr ruhig. DZ ca. 55–60 €, Frühstück extra. Restaurant Di geschl., um Reservierung wird gebeten. ✆/📠 030/9825310.

▶ **Carzano**: an der Nordostecke der Insel. Frachthafen, Müllumladestation und Tankstelle sind hier zu finden, aber auch ein schöner *Parco Pubblico* direkt am See und der einzige Zeltplatz der Insel. In der Werft „Cantiere Nautico Ercole Archetti" werden in traditioneller Weise Holzboote gefertigt.
Nördlich vorgelagert liegt die mit einer schlossähnlichen Villa bebaute *Isola di Loreto*, ebenfalls in Privatbesitz der Familie des bekannten Waffenherstellers Beretta.

- *Übernachten* **Camping Monte Isola**, ansprechender Platz am westlichen Ortsende, unmittelbar hinter dem Parco Pubblico am Seeufer. Auf den Hangterrassen stehen Wohnwagen, für Zelte gibt es ein eigenes Rasenstück weiter außerhalb. Vermietung von Bungalows, Restaurant. Zur Anlage gehört auch ein Bogensportgelände, hier kann man auf fest stehende Plastiktiere schießen. Der Platzbetreiber und seine Frau sprechen Deutsch. April bis Okt. ✆ 030/9825221.
- *Essen & Trinken* Besonders hübsch sitzt man in der Bar **Chiosco** im Parco Pubblico direkt am Seeufer.

▶ **Santuario Madonna della Ceriola**: Von allen Richtungen gelangt man auf schönen Wegen zum Inselheiligtum auf dem 600 m hohen Gipfelberg. Von der im 15. Jh. erbauten Kirche hat man bei klarem Wetter einen prächtigen Rundumblick über den Iseo-See. Im Inneren sind Votivtafeln ausgestellt, die von geheilten Gläubigen gestiftet wurden. Unterhalb der Anlage liegt neben einem verlassenen Bauernhof ein ausgedehnter Picknickplatz. Im Kirchhof bietet eine Pilgerstube einen bescheidenen Imbiss an.

> ### Wanderung von Peschiera Maraglio zum Santuario
> Die Straße nach Senzano nehmen, der Abzweig zum Santuario ist beschildert. In etwa 50 Min. kommt man über die höchstgelegene Ortschaft Cure zur Kirche an der Spitze der Insel. Im Sommer sind auf diesem Weg ständig Wanderer unterwegs.

Kaum bebaut und herrlich grün: der Lago d'Endine beim Iseo-See

Iseo-See/Umgebung

Lago d'Endine

Der idyllisch anmutende Badesee liegt wenige Kilometer östlich von Lóvere (→ S. 166). Die herrlich üppige Vegetation ist fürs Auge ein Genuss, es existiert kaum Tourismus, nur an verschiedenen Stellen am See herrscht regionaler Badebetrieb. Es gibt kaum Hotels und gerade mal einen einzigen Campingplatz. Nettester Ort ist das ruhige *Monasterolo del Castello* am südlichen Ostufer, dort liegt auch eine einladende Badewiese mit schattigen Weiden und Picknickbänken.

• *Übernachten* **** Locanda del Boscaiolo**, solides Haus mit Seegrundstück in Monasterolo, Via Monte Grappa 41. DZ mit Frühstück ca. 60 €. ✆ 035/814513, ℻ 814513.
Camping La Tartufaia, kleines Gelände oberhalb der Durchgangsstraße am Westufer. ✆ 035/819259.

• *Essen & Trinken* **La Monasterola**, im gleichnamigen Ort direkt am See, man speist unter einem elegant geschwungenen Segeltuchdach inmitten saftig-grüner Rasenflächen.

Franciacorta

Die hüglige Moränenlandschaft südlich vom Iseo-See ist eins der kleinsten Weinbaugebiete Oberitaliens, bekannt vor allem für ihren moussierenden Weißwein (Spumante), der als einziger der italienischen Schaumweine bisher ein DOCG-Prädikat erhalten hat. Ziel einer ausgedehnten Radtour, aber auch motorisiert gut zu befahren, ist die *Strada del Vino Franciacorta*, die zu zahlreichen Restaurants und Weingütern führt. Über 50 Weinbaubetriebe haben sich hier zu einem önologischen Lehrpfad zusammengeschlossen und bieten Kellerführungen und Weinproben an (Vorsicht beim Degustieren: Die Navigation auf den kleinen Sträßchen in den Weinbergen ist trickreich!). Zwischen zwei Gläschen kann immer wieder eine Kirche oder ein Kloster besucht werden, z. B. die *Abbazia Olivetana* in Rodengo Saiano oder die *Abbazia dell'Annunciata* in Rovato am Fuss des Monte Orfano. Auch einige der alten Villen, die hier seit der Renaissance entstanden sind, können besichtigt werden, allen voran die *Villa Orlando* in Bornato, die innerhalb des mittelalterlichen Schlosses *Castello di Bornato* erbaut wurde. Sie besitzt prächtig ausgestattete Säle mit Fresken des 19. Jh. und ist von einem großen Garten umgeben, bei klarem Wetter genießt man einen herrlichen Blick auf die Poebene. Im Schlosskeller wird seit fast 800 Jahren Wein gekeltert, Verkauf beim Eingang.

• *Öffnungszeiten* **Villa Orlando/Castello di Bornato**, Mitte März bis Mitte Nov. sonn- und feiertags 10–12, 14.30–17.30 Uhr (August 15.30–18 Uhr).

• *Information* **Promozione Franciacorta**, Piazza San Giovanni Bosco 1, Corte Franca. ✆ 030/9826861, ✆ 9826954. **Assiociazone Strada del Vino Franciacorte**, Via Giuseppe Verdi 53, Informationen über Besichtigung von Weingütern und Kellereien. ✆ 030/7760477, ✆ 7760467, www.stradadelfranciacorte.it

• *Übernachten/Essen & Trinken*
***** **L'Albereta**, historische Landvilla auf dem Panoramahügel Bellavista bei Erbusco, nicht weit von der Autobahn (Ausfahrt Rovato), Via Vittorio Emanuele 11. Blick auf den See, geräumige, stilvoll mit Antiquitäten eingerichtete Zimmer. Im ganzen Haus sind Kunstwerke verteilt. Großer Garten, prächtiger Pool, Sauna, Tennis – und das landesweit anerkannte Spitzenrestaurant **Gualtiero Marchesi** (zwei Michelinsterne), in dem der gleichnamige Starkoch seines Amtes waltet. Menü ca. 75 € aufwärts. Gäste des Hauses können die Kellerei Bellavista besichtigen, in deren Stollen der berühmte Franciacorta-Schaumwein lagert. DZ mit Frühstück ab 250 €, Suiten deutlich teurer. ✆ 030/7760550, ✆ 7760573, www.albereta.it

*** **Cappuccini**, Via Cappuccini 54, Cologne Franciacorta. Ehemaliges Kloster in schöner Hügellage, eingerichtet in schlicht-elegantem Stil, sehr gute Küche (Mi geschl.), Wellnesszentrum. Nur sieben Zimmer (jeweils TV, Minibar), ca. 160 €. ✆ 030/7157254, ✆ 7157257, www.cappuccini.it
Al Rocol, Via Provinciale 79, Ome. Wunderbar am Rand der Franciacorta in den Weinbergen gelegener Agriturismo-Betrieb. Sechs ausgezeichnete Zimmer und zwei Apartments, dazu hervorragende ländliche Küche, eigene Weine und andere landwirtschaftliche Produkte, Kochkurse, Kellereibesichtigungen, Bogenschießen und Angebote für Kinder. DZ mit Frühstück ca. 60 €, Reservierung empfehlenswert.
✆/✆ 030/6852542, www.alrocol.com
Agritur Solive, Via Calvarole 15, Nigoline di Corte Franca. Großzügiger Landsitz mit enormer Restaurantkapazität und einigen wenigen, aber ansprechenden Zimmern. DZ mit Frühstück 70 €, vielgängiges Menü um 35 €. Restaurant Mo-Abend und Di geschlossen, außerdem zwei Wochen Anfang Juli. ✆ 030/9884201, www.agriturismosolive.com

• *Sport* **Franciacorta Golf Club**, Corte Franca, schöner Golfplatz mit künstlichem See. ✆ 030/984167.

Valcamonica

Im breiten Tal, das sich vom Iseo-See nach Norden fortsetzt, finden sich in mehreren Nationalparks und Museen über 100.000 prähistorische Felszeichnungen von den keltischen Camunen der Jungsteinzeit bis zur Besetzung durch die Römer. Diese einzigartigen Zeugnisse der frühen Bevölkerung des Tals werden seit 1979 von der UNESCO als Erbe der Menschheit geschützt. Einer der Fundorte befindet sich beispielsweise oberhalb des Thermalbadeorts *Boario Terme* am südlichen Talbeginn, dessen Zeiten als mondäner Kurort allerdings vorüber zu sein scheinen. Im *Parco Incisioni i Rupestri delle Crape e delle Luine* kann man auf einem langen

Felszeichnungen in Valcamonica

Lehrpfad wandern, der zu den Sgraffiti aus prähistorischen Zeiten führt. Eine Dokumentation der Grabungen und Rekonstruktionen befindet sich in einem kleinen Museum auf dem Gelände (nur auf Italienisch). Im Sommer werden auch – ebenfalls nur in italienischer Sprache – Führungen angeboten. Weitere Fundstätten, Nationalparks und Museen finden sich bei den Dörfern *Capo di Ponte*, *Cimbergo*, *Paspardo* und *Cerveno* etwa 25 km weiter nördlich an der SS 42.

• *Öffnungszeiten* **Parco Archeologico Comunale Crape Luino**, Parkplatz an der SS 294 am Ortsausgang Boario Terme Richtung AngoloTerme. Im Sommer Di–So 9–12 und 14–18 Uhr, im Winter 10–12 und 13–17 Uhr, Mo geschl., Eintritt frei.

• *Information* **Informazioni Turistiche** im Busbahnhofsterminal von Boario Terme. Mo–Fr 9–14.30 und 15–18 Uhr, Sa 9–14 Uhr, So geschl.

Archeopark: Auf den Spuren der Steinzeitmenschen

In diesem großen Freilichtmuseum bei Boario Terme hat man versucht, die vorgeschichtlichen Verhältnisse im Valcamonica zu rekonstruieren. So kann man u. a. eine Grotte mit Felszeichnungen, einen Bauernhof der Jungsteinzeit, ein Wehrdorf sowie ein Pfahldorf besuchen. Für Kinder gibt es ein museumsdidaktisches Erlebnisprogramm.
Wegbeschreibung/Öffnungszeiten/Preise Località Gattaro 4, Ausfahrt Boario Sud an der SS 42 Richtung Passo Tonale, dann der Beschilderung folgen (nicht einfach); Di–So 9–17.30 Uhr, Eintritt ca. 8 €, ermäß. 7 €. ✆ 0364-529552, www.archeopark.net

Bergamo (ca. 125.000 Einwohner)

Historisches Zentrum mit einigen hochkarätigen Sakralbauten in den hügligen Ausläufern der Südalpen, etwa 25 km westlich vom Iseo-See. Bergamo besteht aus zwei völlig getrennten Bereichen: Die Altstadt ist perfekt erhalten und thront auf einem hohen Plateau („citta alta"), darunter in der Ebene liegt die geschäftige Neustadt („città bassa"). Besonders reizvoll: Man kann mit einer Standseilbahn hinauffahren.

Das *centro storico* ist für den Autoverkehr weitgehend gesperrt und erholsam ruhig geblieben. Mailand liegt jedoch nur einen Katzensprung entfernt und an Wochenenden wimmelt es von Städtern, die aus der stickigen Poebene anreisen, um hier die frische Bergluft zu genießen. Viele Betuchte und Prominente, z. B. der Gourmetpapst Veronelli und der Modeschöpfer Krizia, haben sich hier im schönen Al-

Bergamo 175

penvorland auch dauerhaft niedergelassen. Auf Touristen ist man eingerichtet, die Ristoranti übertrumpfen sich gegenseitig mit kitschiger (Alpen-)Folklore, die alten Pflastergassen sind mit stilvollen Cafés, Enoteche und Boutiquen gesäumt. Trotzdem ist Bergamo nun auch als Ziel für weniger betuchte Gäste eine echte Option geworden, denn der ehedem recht überschaubare Provinz-Airport *Orio al Serio*, wenige Kilometer südöstlich der Stadt, hat sich als Zielflughafen zahlreicher Billigfluglinien in ein brummendes Wespennest verwandelt und Bergamo zu einer wichtigen Drehscheibe im Reiseverkehr an die oberitalienischen Seen gemacht. Nach kurzem Transfer zum Bahnhof im Stadtzentrum stehen verhältnismäßig gute Möglichkeiten zur Weiterreise in die Urlaubsorte zur Verfügung. Backpacker sollten aber die Stadt trotzdem besser nur im Rahmen eines Tagesausflugs erkunden – das Preisniveau ist hoch und billige Schlafplätze sind rar.

Anfahrt/Verbindungen/Information

• *Flugzeug* Bergamos Flughafen **Orio al Serio**, in Fluplänen häufig geführt als Milano/Orio al Serio (✆ 035/326111, ✉ 326339, www.sacbo.it), wird mehrmals täglich aus Deutschland von verschiedenen Low-Cost-Carriers angeflogen: **Hapag Lloyd Express** bedient Bergamo von Hannover, **Ryanair** kommt aus Frankfurt (Hahn) und Hamburg (Lübeck), **Air Berlin** aus Berlin und Düsseldorf. Preise je nach Buchungszeitpunkt ab ca. 29 € incl. Tax. Vom Flughafen fährt 2–3 x stündl. ein Shuttlebus der Gesellschaft ATB zum Hauptbahnhof in der Stadt (ca.1,50 €), Fahrtzeit ca. 10 Min. Von hier fahren zahlreiche Busse und Bahnlinien an die Seen. Die Beförderungstarife sind niedrig, dafür dauert alles ziemlich lange (z. B. 8,60 € für die 2 Std. bis Como).
Am Flughafen befinden sich auch Filialen aller großen Autovermieter.

• *PKW* in der Unterstadt Parkhaus in der **Via Paleocapa**, gebührenpflichtig parken kann man auch auf der **Piazza della Libertà**. Auf halbem Weg in die Oberstadt liegt am Viale Vittorio Emanuele die Talstation der **Standseilbahn** (dort im Umkreis nur wenige Stellplätze). Man kann aber auch den langen, gebogenen Viale Vittorio Emanuele II direkt in die Città Alta hinauffahren und dort an der **Piazza Mercato di Fieno** gebührenpflichtig parken.

• *Bahn* Vom Bahnhof führt der Viale Giovanni XXIII (wird später zum Viale Vittorio Emanuele II) geradeaus ins Zentrum der Neustadt. Wer direkt in die Altstadt will, nimmt Bus 1 oder 3, dieser stoppt unterwegs an der Talstation der Standseilbahn (→ Sehenswertes).

• *Information* **APT**, Viale Vittorio Emanuele II 20, vom Bhf. 15 Min. geradeaus in Richtung Oberstadt. Mo–Fr 9–12.30, 14–17.30 Uhr.
✆ 035/210204, ✉ 230184,
www.apt.bergamo.it
IAT, Vicolo Aquila Nera 2, in der Altstadt in einem kleinen Seitengässchen der zentralen Piazza Vecchia (beschildert). Dieselben Öffnungszeiten wie bei der APT, aber auch am Wochenende offen. ✆ 035/242226, ✉ 242994.

• *Internet* Zahlreiche Internetcafés und Callshops mit Terminals in der Via Quarenghi.

Übernachten

Die stilvolleren Möglichkeiten findet man in der Oberstadt, mehrere Ein-Stern-Hotels liegen verstreut in der Unterstadt.

*** **Piemontese**, Piazzale G. Marconi 11, großes, komfortables Haus vis-à-vis vom Bahnhof, Zimmer mit TV, allerdings laut, DZ mit Frühstück ca. 85–115 €. Garagenplatz gegen Gebühr. ✆ 035/242629, ✉ 230400,
www.hotelpiemontese.com

*** **Arli**, Largo Porta Nuova 12, gut ausgestattetes Stadthotel in ganz zentraler und ebenfalls lauter Lage, in den modernen Zimmern TV und Minibar. DZ ca. 109–130 €, Frühstück extra. Garagenplatz gegen Gebühr.
✆ 035/222077, ✉ 239732, www.arli.net

** **Agnello d'Oro**, Via Gombito 22, an der Hauptgasse der Oberstadt, nicht zu übersehen, schmales, historisches Haus aus dem 17. Jh., unten viel gelobtes Ristorante (→ Es-

Bergamo

sen & Trinken), plüschig eingerichtet, Zimmer mit TV, am besten eins vorne raus nehmen. DZ um die 102 €, Frühstück extra. ✆ 035/249883, ✉ 235612.

** Sole, Via Colleoni 1/Ecke Piazza Vecchia, ebenfalls Città Alta, originelles Haus, ausstaffiert wie ein Museum, unten Ristorante (→ Essen & Trinken), dahinter das verwinkelte Innenleben mit ordentlichen Zimmern und guten Bädern. DZ ca. 75 €. ✆ 035/218238, ✉ 240011.

* Quarenghi, Via Quarenghi 33, Via Paleocopa nehmen und rechts. Mäßig ordentliche Zimmer mit TV, jedoch nur Etagendusche, sehr laut. DZ ca. 50–70 €. ✆ 035/320331, ✉ 319914.

* San Giorgio, Via San Giorgio 10, Verlängerung der Via Paleocopa, Nähe Bahnstrecke, deshalb nicht ganz leise. Einfach, solide und sauber, Zimmer mit TV. DZ mit Bad ca. 60 €, mit Etagendusche 50 €, kein Frühstück. ✆ 035/212043, ✉ 310072.

• *Jugendherberge* **Nuovo Ostello di Bergamo (IYHF)**, Via Gallileo Ferraris 1, etwas außerhalb, sehr schöne Lage mit Blick auf die Altstadt, Garten, 84 Betten, alle Zimmer mit Bad. Ab Flughafen Bus 1 C bis Porta Nuova, weiter mit Bus 6 in Richtung Stadion (aussteigen an der vorletzten Haltestelle). Verbindung von und zur historischen Oberstadt Bus 3. Übernachtung im Schlafsaal etwa 15 € pro Pers., es gibt auch DZ und Dreibettzimmer für ca. 20 € pro Pers., Preis jeweils mit Frühstück. ✆/✉ 035/361724, www.ostellodibergamo.it

Essen & Trinken

Kulinarisch ist dank der idealen Lage zwischen Poebene und Alpen viel geboten, die Preise sind gehoben. Die Restaurants in der Oberstadt reihen sich an der langen Hauptgasse aneinander, sind durchweg einladend und hübsch eingerichtet, viele haben nach hinten einen Garten. Eine Bergamasker Spezialität sind die leckeren *casoncelli (casonsei) alla bergamasca*, eine Art gefüllter Ravioli, und Risotto mit Steinpilzen (*funghi porcini*). Die berühmte Leckerei *polenta e öseii*, eine Kalorienbombe aus gelbem Teig, gekrönt von Schokoladenvögeln, ziert die Auslagen zahlreicher Konditoreien.

• *Città Alta* **Antica Osteria del Vino Buono**, Piazza Mercato della Scarpa, gleich am Platz bei der Funicolare-Station. In mehreren kleinen Speiseräumen wird gute lokale Küche serviert, z. B. die leckeren *casoncelli alla bergamasca* und Polenta mit kräftigen Fleischgerichten. Günstiges Mittagsmenü. Mo geschl.

Agnello d'Oro, Via Gombito 22, an der Hauptgasse, urig-gemütlich, selbst gemalte Bilder und Kupferarbeiten des Besitzers bedecken die Wände, im Angebot diverse Risotti und Bergamasker Spezialitäten. Mo geschl.

Taverna del Colleoni dell'Angelo, teures Terrassenlokal an der zentralen Piazza Vecchia, vielseitige Speisekarte. Mo und im August geschl.

Sole, Via Colleoni 1, an der Hauptgasse/Ecke Piazza Vecchia, ein weiteres Schmuckstück, zwischen unzähligen Bildern, eingelegten Pilzen, alten Uhren und anderen mechanischen Geräten Marke Uralt speist man gepflegt, hinten eine große Terrasse unter schattigem Dach. Do geschl.

Da Franco, Via Colleoni 8, Ristorante/ Pizzeria auf einer kleinen Piazza an der Hauptgasse, etwas einfacher gehalten als der Großteil der anderen Lokale, Spezialität sind die Pizzen und *risotto ai funghi porcini*.

Antica Trattoria della Colombina, Via Borgo Canale 12, alteingesessene Trattoria etwas außerhalb der Stadtmauer, schöne Terrasse mit Panoramablick. Typische bergamaskische Küche. Mo geschl.

Il Gourmet, Via San Vigilio 1, sehr gutes Restaurant in einer alten Villa hoch über der Oberstadt, Terrasse mit Panoramablick, gehobene Preise. Es werden auch sieben komfortable Zimmer vermietet. Di geschl. DZ ca. 94 €, Frühstück extra. ✆/✉ 035/4373004, www.gourmet-bg.it

• *Città Bassa* **Da Vittorio**, Viale Papa Giovanni XXIII 21, weit bekannter Gourmettipp mit zwei Michelin-Sternen, man speist zu stolzen Preisen auf samtbezogenen Stühlen hervorragenden Fisch, aber auch gute Nudelgerichte mit frischen Pilzen. Menü ab 80 € aufwärts, mittags günstiger. Mi und August geschl.

Airoldi, Viale Papa Giovanni XXIII 18, Delikatessengeschäft mit einer Auswahl, dass einem das Wasser im Munde zusammenläuft. An den Tischen im Souterrain kann man dann das oben Erspähte gleich verspeisen. Nur mittags, So geschl.

- *Cafés & Bars* **Vineria Cozzi**, Via Colleoni 22 (Oberstadt), ein echtes Schmuckstück mit prächtiger altertümlicher Einrichtung, man trinkt sein Gläschen an der Theke, oft geht es hoch her. Mi geschl.
Donizetti, Via Gombito 17/a, Enoteca mit schönen Plätzen im Laubengang, riesige Weinauswahl, leckere Snacks. Fr geschl.
Café Funicolare, in der Funicolare-Station (Oberstadt), wunderbarer Blick über die ganze Stadt. Di geschl.

Sehenswertes

Um in die Altstadt zu kommen, hat man mehrere Möglichkeiten: mit Wagen oder Bus 1a direkt hinauf, mit der Funicolare ab Station am Viale Vittorio Emanuele II (alle 10 Min., 1 € einfach, letzte Fahrt hinunter ca. 19.30 Uhr) oder den Treppenweg nehmen, der unmittelbar hinter der Talstation beginnt (ca. 15 Min.).

Città Alta

Hügliges Auf und Ab durch die mit dunkelrotem Stein gepflasterten Gassen. Die venezianische Stadtmauer aus dem 16. Jh. ist noch vollständig erhalten.

Die Funicolare endet am *Mercato delle Scarpe*, dem früheren Marktplatz. Vom Café in der Station nicht den herrlichen Blick auf die Unterstadt versäumen. Beim Bummel entlang der langen Hauptgasse fallen die vielen gepflegten, oft altertümlich eingerichteten Läden, Cafés und Pasticcerie auf.

Piazza Vecchia: Das harmonische Zentrum der Altstadt zeigt sich kleinstädtisch ruhig. In der Mitte steht ein Brunnen, wenn spätnachmittags die heiße Sonne verschwindet, spielen überall die bambini. Dominierend ist der quer gestellte gotische *Palazzo della Ragione*, das frühere Rathaus, mit einer breiten Säulenhalle im Erdgeschoss, die man durchquert, um auf den Domplatz zu gelangen. Quer durch die Halle zieht sich eine Art *Sonnenuhr* mit Tierkreiszeichen und ellipsenförmigen Bögen. Die Zeit konnte man mit Hilfe eines Apparats ablesen, der unter den Arkaden aufgehängt war. Seitlich steht die exakt 52,76 m hohe *Torre Civica*. Ihre schwere Glocke, die von den deutschen Besatzern im Zweiten Weltkrieg beinahe eingeschmolzen worden wäre, um daraus Waffen zu gießen, läutet allabendlich um 22 Uhr den Beginn der Nachtruhe ein.

Öffnungszeiten **Torre Civica**, Mai bis Mitte Sept. Mo–Sa 10–20 Uhr (Fr/Sa bis 22 Uhr), So 9–20 Uhr; März/April tägl. 10.30–12.30, 14–18 Uhr; Mitte Sept. bis Okt. nur Mo–Fr.9.30–19 Uhr; Nov. bis Feb. nur Sa/So 10.30–12.30, 14–16 Uhr; Eintritt ca. 1,50 €.

Piazzetta del Duomo: prächtiger, kleiner Platz mit zwei Kirchen, Baptisterium und der Grabkapelle der Colleoni. Linker Hand steht der klassizistische, im Inneren großzügige und helle *Dom*. Neben den reichlichen Goldverzierungen, darunter eine große Krone über dem Altar, gibt es zahlreiche Gemälde, in der Apsis hängt z. B. ein Werk von Tiepolo.

Die romanische Kirche *Santa Maria Maggiore* geradeaus ist ungleich monumentaler als der Dom. Die Fassade fehlt, man betritt den imposanten Innenraum von der Seite durch einen reich geschmückten Torbau. Wertvolle Teppiche schmücken die Wände (am beeindruckendsten die gewaltige Kreuzigungsszene an der Rückwand), die Gewölbe sind über und über mit Stuckengeln, Gold und Gemälden verziert, an der Decke ein monumentales Fresko „Krönung der Jungfrau", links und rechts vom Altarraum zwei vergoldete Fürstenlogen. Besonders beachtenswert sind die geschnitzten Chorschranken, deren herrliche Intarsien eine Bilderfolge mit Themen aus der Bibel zeigen (u. a. „Sintflut" und „Arche Noah"), geschaffen vom gebürtigen Venezianer Lorenzo Lotto (ca. 1480–1557), und die ältesten Wandmalereien der

Kirche aus dem 14. Jh.: „Szenen aus dem Leben des heiligen Eligio" und „Das Letzte Abendmahl" gleich beim Eingang sowie genau gegenüber „Der Stammbaum der heiligen Bonaventura". Im hinteren Bereich der Kirche wurde für den beliebten Bergamasker Opernkomponisten *Gaetano Donizetti* (1797–1848) ein Grabmal errichtet. Angebaut an die Kirche ist die Renaissance-Fassade der *Cappella Colleoni*, eine fantastische Filigranarbeit aus weißem und rosa Marmor mit zahllosen Details und Dekorationsformen, ähnlich der berühmten Certosa di Pavia, die vom selben Künstler, Giovanni Antonio Amadeo, bearbeitet wurde. In Auftrag gegeben hat die Grabkapelle im 15. Jh. Bartolomeo Colleoni, ein einheimischer Söldnerführer, der in Diensten Venedigs stand. Er und seine Tochter Medea (gestorben mit 15 Jahren) ruhen im Innenraum, Blickfang ist die vergoldete Reiterstatue des Recken, in der Kuppel Fresken von Giambattista Tiepolo.

Das *Baptisterium* rechter Hand stammt aus dem 14. Jh., besteht aber nur noch in Teilen aus dem originalen Mauerwerk. Ursprünglich stand es innerhalb der Kirche Santa Maria Maggiore, als aber die Taufen in den Dom verlegt wurden, baute man die funktionslos gewordene Taufkapelle 1660 ab und erst 200 Jahre später draußen wieder auf. Das Innere kann nicht besichtigt werden.

Ein paar Ecken weiter, in der Via Arena 9, steht der Palazzo della Misericordia, das frühere Wohnhaus von Gaetano Donizetti, das heute als reichhaltig bestücktes *Museo Donizettiano* eingerichtet ist. Das Geburtshaus des Komponisten, der aus ärmlichen Verhältnissen stammte, 75 Opern schrieb und zum geachteten Bürger aufstieg, ist von Juni bis September ebenfalls zu besichtigen: *Casa Natale di Gaetano Donizetti*, Via Borgo Canale 14, oberhalb der Città Alta.

- *Öffnungszeiten* **Dom**, tägl. 7.30–11.45, 15–18.30 Uhr;
Santa Maria Maggiore, Mai bis Sept. 9–12, 15–18, Okt. bis April 9–12, 15–16.30, sonntags 8–10.30 und 15–18 Uhr
Cappella Colleoni, März bis Okt. Di–So 9–12.30, 14–18.30 Uhr, übrige Monate nur bis 16.30 Uhr, Mo geschl.;
Museo Donizettiano, Di–Sa 9-12, 14–17, So 10–12, 14–16 Uhr, Mo geschl., Eintritt frei;
Casa Natale di Gaetano Donizetti, Juni bis Sept. Sa/So 11–18.30 Uhr, sonst nach Vereinbarung, ✆ 035/244483.

Museo Storico und Rocca: Zurück auf der Piazza Vecchia kann man die Hauptgasse ein Stück nach Osten gehen und gelangt über die lang gestreckte Piazza Mercato del Fieno zum früheren Kloster San Francesco, in dem nun das kleine *Stadtmuseum* eingerichtet ist. Rechter Hand davon kann man durch den Parco delle Rimembranze zur *Rocca* hinaufklettern und den Blick über die Stadt genießen.
Öffnungszeiten **Museo Storico della Città**, 9.30-13, 14-17.30 Uhr, sonn- u. feiertags länger geöffnet; Eintritt frei. **Rocca**, Mai bis Sept. Sa/So 10–20 Uhr (Mai bis Sept.), 10–18 Uhr (März, April, Okt.), 10.30–16 Uhr (Nov. bis Febr.), Eintritt ca. 1 €.

Citadella und San Virgilio: Wenn man von der Piazza Vecchia die Hauptgasse Via Colleoni weiterläuft, kommt man am *Luogo Pio Colleoni* vorbei (Nr. 9–11), wo der Söldnerführer eine Herberge für bedürftige Frauen einrichtete, die besichtigt werden kann. In einem kleinen Museum sind außerdem Erinnerungsstücke und Waffen Colleonis untergebracht. Am Ende der Altstadt trifft man auf die Reste der *Cittadella*, von der noch ein Turm steht. Im Inneren ein kleines *Naturgeschichtliches Museum* und ein *Archäologisches Museum*.

An der Außenseite der Burg liegt der *Largo Colle Aperto*, ein größerer, schattiger Platz mit weitem Blick in die Hügel, wo sich abends die Einheimischen treffen.

Filigranes Meisterwerk:
die Cappella Colleoni in der Oberstadt von Bergamo

Einige Schritte entfernt fährt eine Funicolare nach *San Virgilio* hinauf (etwa alle 15 Min., ca. 1,60 € hin und zurück). Man kann aber auch den Wagen nehmen bzw. einen schönen Spaziergang zu Fuß machen. Oben stehen die Ruinen des viertürmigen *Castello di San Vigilio*, wo man gleichzeitig einen herrlichen Blick auf Bergamo Alta und Bergamo Bassa hat.

• *Öffnungszeiten/Preise* **Luogo Pio Colleoni**, Sa 10–13, So 15–18 Uhr, sonst nach Vereinbarung, ✆ 035/218568, Eintritt ca. 1 €.
Archäologisches Museum, Di–Do 9–12.30, 14.30–18, Fr–So 9–18 Uhr, Mo geschl., Eintritt frei.

Naturgeschichtliches Museum, Di–Fr 9.30–12.30, 14.30–18, Sa/So 9–19 Uhr, Eintritt frei.
Castello di San Vigilio, April bis Sept. 9–20 Uhr, Okt. 10–18 Uhr, Nov. bis Feb. 10–16 Uhr, März 10–18 Uhr.

Città Bassa

Zentraler Platz und Schauplatz der abendlichen Passeggiata ist die weite *Piazza Matteotti* mit Arkadengängen. Am Ostende steht die Kirche *San Bartolomeo* mit einer herrlichen „Madonna mit Kind" von Lorenzo Lotto. Für Interessierte lohnt ein Besuch der *Accademia Carrara* an der gleichnamigen Piazza Carrara, knapp unterhalb der Altstadt. Der prächtige Palast besitzt eine große Gemäldesammlung venezianischer, florentinischer und lombardischer Meister, darunter Bellini, Botticelli, Raffael, Carpaccio, Lotto, Pisanello, Tizian, Tintoretto und Tiepolo, aber auch einige Werke von Dürer, Brueghel, Holbein, Rubens, El Greco und Velasquez.

Öffnungszeiten/Preise **Accademia Carrara**, April bis Sept. Di–So 10–13 und 15–18.45 Uhr, übrige Zeit 9.30–13, 14.30–17.45 Uhr, Mo geschl.; Eintritt ca. 3 €, unter 18 und über 60 J. frei, sonntags frei.

Im Valle Brembana: Arlecchino und Taleggio

Ein kleines buntes Männchen tanzt durch das Logo der Stadt Bergamo: Der *Arlecchino*, Urahn aller Clowns, Bühnennarren und des deutschen Hanswurst. Dabei gehört er eigentlich zu den Zugereisten, denn ursprünglich entstammt das Vorbild für diese zentrale Figur der Commedia dell'Arte aus den Bergen nördlich der Stadt. Seine Heimat ist *San Giovanni Bianco*, etwa 30 km von Bergamo entfernt, zu erreichen über winkligen Bergstraßen. Hier hat man ihm auch ein kleines Museum gebaut. Freilich werden nur echte Fans den Weg ausschließlich seinetwegen auf sich nehmen, alle anderen können sich aber im benachbarten *Taleggio* in die Geheimnisse der Käseherstellung einweihen lassen oder das weltberühmte Milchprodukt einfach nur vor Ort erstehen. Wer um seine Figur fürchtet, kann sich anschließend auf die Mountainbike-Tour „Strade del Formaggio" machen, bei der Topografie sollte kein Gramm Fett dranbleiben. Gespült wird dabei mit Wasser aus der Quelle von San Pellegrino, noch ein kulinarisches Spitzenprodukt des Valle Brembana.

Öffnungszeiten Casa di Arlecchino, San Giovanni di Bianco, Località Oneta, April bis Oktober 10–12, 15–18 Uhr, November bis März 10–12, 14–17 Uhr, Mo geschl., Eintritt frei. ✆ 0345/43262, www.arlecchino.info
Information Pro Loco Peghera in Tallegio, Località Peghera. ✆ 0335/5754212 oder Touristeninformation Bergamo (s.o.). Beide vermitteln Führungen durch Käsereien oder direkt bei der „Cooperativa San Antonio" in Vedegeta anfragen (✆ 0345/47467).

Märchenhafter Ausblick von der Villa Monastero (Varenna)

Comer See (Lago di Como)

Schon in der Antike „besungen" wie kein zweiter Alpensee, ist der von den Einheimischen Lario (vom lateinischen „Lacus Larius") genannte See seit Jahrhunderten Refugium der Schönen, Reichen und Dichter. Kardinäle, gekrönte Häupter, Unternehmer und Hollywoodstars ließen sich Schlösser an seinen Gestaden erbauen, prachtvolle Villen mit opulenten Gartenanlagen verstecken sich überall an den steilen Hängen und Seeufern. Sprichwörtlich ist sein mildes Klima mit der üppigen mediterranen Vegetation, die vor allem die Seemitte prägt, während sich der Norden eher rau und alpin zeigt.

Noch immer besticht die natürliche Schönheit des 55 km langen, fjordartig eingeschnittenen Alpensees, der mit 410 m einer der tiefsten in Europa ist und einen sehr ungewöhnlichen „Grundriss" besitzt. Etwa in der Mitte spaltet er sich wie ein umgekehrtes Y unversehens in zwei gleich lange Ausläufer, an deren Enden die beiden größten Städte Lecco und Como liegen. Der Tourismus hat eine lange Tradition, in den Informationsbüros wird man deutsch beraten, Service und Standard der Unterkünfte sind hoch, die Preise ebenfalls gehoben. Waren es seit dem 19. Jh. vorwiegend Briten, die den Orten an der Seemitte und im Süden ihren Stempel aufdrückten, sind es mittlerweile vorwiegend Italiener, die hier Urlaub machen. Die Nähe zu Mailand macht sich vor allem im Hochsommer bemerkbar, wenn der nostalgische Belle-Epoque-Charme mancher Küstenstädtchen – vor allem in der Südhälfte vom See – von den Massen überrannt wird und die Uferstraßen völlig vom Durchgangsverkehr verstopft sind. Doch der Comer See ist beileibe nicht nur Feriengebiet. Vor allem um Como und Lecco im Süden des Sees ballt sich auch Industrie.

Comer See
Karte Seite 185

Weltberühmt sind vor allem die Seidenmanufakturen, die früher einen Großteil der gesamten Weltproduktion herstellten, insgesamt drei einschlägige Museen können besichtigt werden.

Im Grunde gibt es nur eine Handvoll Orte, die wirklich zu einem Aufenthalt verlocken. Im touristisch weniger „hochgerüsteten" Norden um *Domaso* treffen sich die deutschen Camper und Surfer, während die Seemitte auch am Comer See die goldene Mitte ist: In *Menaggio* am Westufer kann man sogar im August noch frei atmen und die Atmosphäre eines freundlichen, gut ausgestatteten Touristenorts verspüren, während im weiter südlich liegenden *Lenno* die Ruhe fast schon gepachtet scheint. Überhaupt lohnt der Westen mehr als der Osten, schon allein, weil man sich vormittags bereits von Sonnenstrahlen wärmen lassen kann, während das gegenüberliegende Ufer noch im Schatten liegt. Doch sollte man sich deswegen keinesfalls das idyllische Örtchen *Varenna* am Ostufer entgehen lassen. Und auch *Bellagio* in traumhafter Lage an der Spitze der Halbinsel zwischen den beiden Seearmen ist einen Tagesausflug wert, denn so viel (liebenswerten) Kitsch der guten alten Zeit erlebt man nicht mehr häufig. Wer mehr sehen will, kann dank der gut organisierten Seeschifffahrt per Fähre oder Tragflügelboot bequem und schnell so gut wie alle Küstenorte besuchen.

Anfahrt/Verbindungen

- *PKW* von der Schweiz kommend, am schnellsten über St. Moritz und Chiavenna. Von Mailand Autobahnzubringer nach Como und Lecco. Die autobahnähnlich ausgebaute SS 36 läuft das gesamte Ostufer entlang (→ Ostufer).
- *Bahn* von der Schweiz die viel befahrene **Gotthard-Linie** nach Como: Basel–Luzern–Bellinzona–Lugano–Chiasso–Como. Von **Mailand** nach Como entweder die staatliche FS nehmen oder mit der privaten „Ferrovie Nord Milano" fahren. Am Ostufer entlang führt eine Strecke von **Chiavenna** nahe der ital./schweiz. Grenze nach **Lecco**, von dort häufige Verbindungen nach Mailand.
- *Schiff* Zwischen allen wichtigen Orten am See verkehren die Fähren und (teureren) Tragflügelboote der **Navigazione Lago di Como** (www.navigzionelaghi.it), Abfahrten mindestens 1-mal stündl. Zwischen Varenna, Bellagio, Cadenabbia und Menaggio im Zentrum des Sees pendeln ebenfalls fast stündl. **Autofähren** bieten eine gute und obendrein reizvolle Möglichkeit, den See zu überqueren ohne ihn ganz umfahren zu müssen. Preis der einfachen Überfahrt für PKW ca. 6–11 €.

An allen Anlegestellen sind detaillierte Fahrpläne mit Preisen erhältlich. Für Senioren über 60 gibt es Mo–Fr 20 % Ermäßigung.

Im Sommer organisiert die Fährgesellschaft **Tag- und Nachtkreuzfahrten**, z. T. mit Essen und Musikgruppen.

Nördlich vom Comer See

▶ **Pian di Spagna**: An der Nordspitze des Comer Sees erstreckt sich zwischen den Mündungen der Flüsse Adda und Mera das Naturschutzgebiet Pian di Spagna, eins der letzten Sumpfgebiete Italiens. Benannt nach den spanischen Heerlagern, die sich hier im 17. und 18. Jh. befanden, ist die baumreiche Ebene heute Schutzgebiet für zahlreiche Zugvögel (u. a. Schwäne) und einheimische Wasservögel.

▶ **Lago di Mezzola**: Nördlich vom Naturschutzgebiet bildet die Mera einen kleinen See. Die Ufer sind weitgehend verschilft, das Westufer bilden hohe Steilhänge fast ohne Besiedlung, nur das Dörfchen *Dascio* liegt hier mit zwei kleinen, aber ganzjährigen geöffneten Familienhotels. An der Ostseite gibt es immerhin drei Orte, dort verläuft auch die viel befahrene Durchgangsstraße. Zum Baden gibt es nur sehr beschränkte Möglichkeiten, z. B. am Ortseingang von *Novate Mezzola* beim Camping „El Ranchero", ein Wiesengelände unter Bäumen direkt am See. Bahnlinie und Straße führen dicht am Platz vorbei. Von Novate Mezzola führt ein Fußweg in das reizvolle, weil völlig autofreie *Val Codera* mit den beiden kleinen Weilern *San Giorgio di Cola* und *Codera*.

Der „Lariosaurus": Nessie am Comer See

1946, die Italiener waren gerade ein Jahr zuvor ein anderes Ungeheuer am Comer See losgeworden (→ S. 203), tauchte im See vor Cólico ein weit harmloseres auf und füllte im November die Schlagzeilen der Lokalzeitung „Corriere Comasco". „2 bis 3 m lang", sei es gewesen, „mit starren Augen und einer Krause oder einem Kamm, von rosiger Farbe und mit einem Mund voller Zähne." Das sei doch kalter Kaffee, konterte wenige Tage später das Konkurrenzblatt „Corriere Lombardo", das Monster „Lariosaurus" sei schon 1940 beobachtet worden. Damals seien Ausflügler bei Varenna in einen Sturm geraten und hätten in einem Wellental eine gewaltige, 10 m lange Schlange mit grüner Haut und schwarzen Streifen gesehen. Nun geht es Schlag auf Schlag. Am 21. November 1946 schreibt der „Corriere Lombardo" über drei Angler, die das Ungeheuer nahe ihres Bootes bei Varenna gesichtet hätten. Nach der Zeitung „entspricht ihre Beschreibung fast völlig der vor Cólico" – diese Meldung war sogar den New Yorker Zeitungen eine Schlagzeile wert. Aber schon am 22. November meldete die Presse, dass zwei junge Männer den Lariosaurus gefangen hätten: Es sei aber nur „ein riesiger, schrecklicher Stör" gewesen. Damit wollte man die schöne Monstergeschichte wohl sterben lassen, von der viele vermuteten, dass sie nur eine erfolgreiche Presseente gewesen sei.

Doch so einfach war der Lariosaurus nicht tot zu kriegen! Am 31. August 1954 sahen ihn Palmiro Bianchi und sein Sohn Sergio bei Argegno erneut: „Es war real, das kann ich bezeugen. ... Es war 3 oder 4 m entfernt ... Es war 80 oder 90 cm lang ... Das Hinterteil glich mehr oder weniger einem Schwein. Ich habe sogar Tatzen gesehen. Die Tatzen waren wie die einer Ente." Die nächste Beobachtung stammt vom August 1957. Nach Zeitungsberichten sollen zahllose Menschen am Ufer zwischen Musso und Dongo ein 6 m langes Tier gesichtet haben. Bei Sonnenuntergang sei „zwischen den Wellen ein ungeheurer Kopf" aufgetaucht, „von dreieckiger Form und mit leuchtenden Augen". Sein Körper war von „zylindrischer Form, er hatte Flossen und einen Schwanz, der breit war wie der eines Wals. Sein Maul stand stets offen, mit vielen scharfen weißen Zähnen darin." Man rief nach Fischern, die das Monster fangen sollten, doch die einbrechende Dunkelheit verhinderte dies. Einen Monat später befand sich ein Tauchboot in 90 m Tiefe vor Dervio auf der Suche nach der Leiche einer Frau, die bei einem Autounfall in den See gefallen war. Sie erblickten „ein seltsames Tier, das an einem Felsen lehnte. ... Es hatte einen Krokodilkopf und eine Zunge wie ein Reptil." 1965 ließ sich der Mailänder Bildhauer Romano Rui von den Berichten inspirieren und baute ein Gummiungeheuer, das er bei Ossuccio in den See setzte und das so lebensecht war, dass es sowohl Einheimische wie Touristen erschreckte ...

Die jüngsten Sichtungen sind dagegen eher unspektakulär. Um 1998 soll ein Hobbytaucher vor Menaggio „eine Begegnung mit einem großen Schatten von einem riesigen Fisch" gehabt haben. Anfang August 2002 sahen zwei

Angler im Intelvi-Tal einen kleinen Alligator mit kurzem, trapezförmigen Kopf und zahnbewehrtem Maul. Und schließlich sichtete der Paddler Ferdinando Viti im März 2004 zwischen Carate Urio und Moltrasio eine riesige Luftblase im See, „die einen Durchmesser von mehr als einem halben Meter hatte." Der Zeuge distanzierte sich aber von „allen seltsamen und riesigen Wesen, die der Legende nach den Lario bevölkern sollen".

Zwei Bücher gibt es mittlerweile zum Thema – Giovanni Gallis Roman „Il Lariosauro" (2000), der die Ereignisse von 1946 Revue passieren lässt, und Gregor von Laufens „Lariosauro. C'è un mostro nel lago?" (2003), ein geschickt gemachter Schwindel mit erfundenen Augenzeugenberichten. Man hat einen Song dem Untier gewidmet („El mustru" von Davide Van den Sfroos) und es besetzt eine Hauptrolle in „L'inglesina in soffitta" von Luca Masali (2004), einem Roman, der zur Zeit des Faschismus spielt – das Monster stellt sich darin als geheimes Boot heraus. Diese neue Popularität hat dafür gesorgt, dass mittlerweile sogar „Fotos" des Monsters auf der Internet-Seite der Jugend von Dervio veröffentlicht wurden: Die sehr schön gemachten Bilder zeigen ein Nessie-ähnliches Wesen mit Höcker und langem Hals – so ist aus dem Riesenfisch mit Krause ein ganz traditionelles Ungeheuer geworden ...

(Text und Recherche: Ulrich Magin)

Ostufer (Nord nach Süd)

Touristisch wird der Osten insgesamt eher mäßig frequentiert. Eine Ausnahme bildet lediglich das Dörfchen Varenna, dessen malerisches Ortsbild zu den schönsten am See gehört.

Während der Nordosten bezüglich Vegetation und Ambiente noch vergleichsweise alpin wirkt, ist der südöstliche Seearm in Richtung Lecco von steilen Felsen eingerahmt und dünn besiedelt. Das wohlhabende *Lecco* selber ist städtisch, z. T. industriell geprägt und kein Ferienort. Einen Abstecher wert – auch für Durchreisende – ist wenige Kilometer südlich von Cólico die *Halbinsel von Piona* mit der gleichnamigen Abtei.

Quer durch die bewaldeten Hänge entlang des Ostufers verläuft mit zahlreichen Tunnels die autobahnähnlich ausgebaute SS 36 in Richtung Mailand. Wer will, kann so in einer halben Stunde den gesamten See entlanggrasen, ohne irgendetwas Besonderes zu sehen. Die alte Uferstraße (SP 72) ist da entschieden interessanter. Deswegen Vorsicht: Wenn man erst auf der SS 36 ist, kommt man nur an ganzen drei Abfahrten wieder herunter: Nord, Mitte und Süd.

Cólico

Nah an der Mündung des Flusses Adda, nördliche Endstation der Seeschifffahrt. Hat bezüglich Ortsbild nicht allzu viel zu bieten. Jedoch zeigt sich nach der Alpendurchquerung erstmals das mächtige Seepanorama in voller Schönheit.

Am öffentlichen Badestrand im nördlichen Ortsbereich warten täglich viele Surfer auf den regelmäßig wehenden Südwind Breva, am Wochenden wird es hier oft sehr eng. Ein weiterer Strand namens *Lido di Cólico* mit Strandbad und Campingplatz liegt

CÓLICO 185

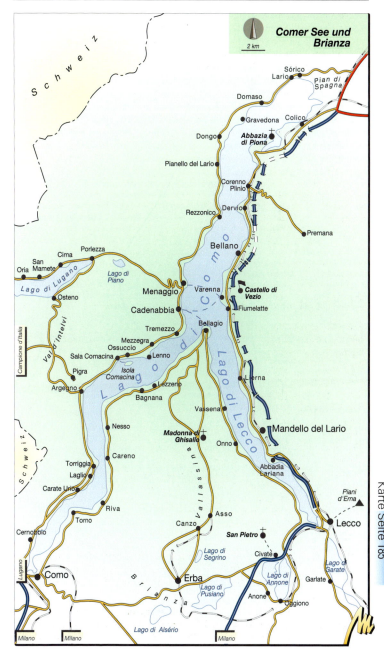

südlich der Anlegestelle. Einige Kilometer weiter kommt man zum *Laghetto di Piona*, einer natürlichen Bucht, die fast wie ein eigener See wirkt – für Camper ein besonders schönes Fleckchen (→ unten), vom Zentrum in 30 Fußminuten zu erreichen. Hinter Cólico erhebt sich majestätisch der *Monte Legnone* (2609 m), beliebt bei Wanderern, aber auch bei Drachenfliegern, die sich hier hoch über dem See kühn in die Lüfte stürzen und sich von den thermischen Luftströmen der Breva in die Höhe treiben lassen.

Zwei Sehenswürdigkeiten findet man außerhalb: Zur Verteidigung gegen die Eidgenossen erbauten die Spanier Anfang des 17. Jh. auf einem Hügel am Flusslauf der Adda das *Forte di Fuentes*, von dem heute nur noch Ruinen erhalten sind. Nicht weit entfernt wurde vor dem Ersten Weltkrieg das *Forte Montecchio* errichtet, dessen mächtige Kanonen eine Reichweite von 14 km hatten.

- *Öffnungszeiten* **Forte di Fuentes**, Juli bis Sept. So. 14–18 Uhr, Eintritt frei; **Forte Montecchio**, April bis Okt. Sa 14–17 Uhr, Juli/August tägl. 14–18 Uhr, Eintritt 5 €, ermäß. 3 €, ✆ 0341/941688, www.fortemontecchio.it
- *Information* **Info-Kiosk** am Parkplatz, etwa 100 m landeinwärts der Schiffsanlegestelle. Gut ausgestattet und freundliche Auskünfte, auch Infos für Wanderer.
- *Übernachten* *** **Conca Azzurra**, schöne, alte Villa im Weiler Olgiasca auf der Halbinsel von Piona, abgelegen und ruhig, herrlicher Blick. DZ mit Frühstück 70–83 €. ✆ 0341/931984, ✆ 931994.
Camping Lido, großer Platz südlich vom Ort direkt am See, gute Bademöglichkeiten. ✆ 0341/941393, www.lidocolico.it
- *Essen & Trinken* **La Vecchia Osteria**, kleine, hübsche Osteria in zentraler Lage an der Piazza Garibaldi, sowohl draußen wie drinnen schön zum Sitzen. Mehrere Menüs zur Auswahl, auch mit nur einem Gang für den kleinen Hunger.
Il Faro, gut besuchte Pizzeria östlich der Piazza Garibaldi, man sitzt unter einem großen Segeltuchdach.

> Gepflegte Ferienhäuser und Wohnungen im Umkreis von Cólico und Piona, aber auch an anderen Stellen des Comer Sees, vermietet die deutschsprachige Eigentümergemeinschaft **La Breva**, Info-Hotline in Deutschland ✆ 08178/3764 (tägl. bis 21 Uhr), Schweiz ✆ 081/2505044, www.labreva.com

Von Cólico nach Varenna

▶ **Laghetto di Piona**: Die weit in den See vorspringende, dicht bewaldete Halbinsel von Piona bildet fast einen kleinen abgeschlossenen See. Am Ufer gegenüber der Halbinsel liegen drei große und schön begrünte Campingplätze: „Piona", „Green Village" und „Baia di Piona". Der Strand ist etwa 800 m lang und besteht aus Sand- und Kieselgemisch, dahinter liegt eine große Rasenfläche. Der flache Seezugang ist für Familien mit Kindern besonders geeignet.

▶ **Abbazia di Piona**: Am südlichen Ende der Halbinsel weist an der Uferstraße ein Schild zur *Abbazia di Piona*. Das große Kloster aus dem 13. Jh., das nach seiner Auflösung im Jahr 1798 über hundert Jahre verlassen war, wird seit 1938 von den Zisterziensern geführt. Es ist heute ein populäres Ausflugsziel, die Mönche verkaufen in einem großen Shop am Eingang selbst gebrannte Kräuterliköre, verschiedene Tees, antirheumatische Öle, Honig etc. Das prächtige Anwesen ist gut restauriert, sehenswert sind der hübsche Kreuzgang und der Kapitelsaal mit seinem wertvollen Gestühl. In der Apsis der schlichten Kirche sind schöne alte Fresken erhalten, in der Grotta di Lourdes im Garten wird unter frommen Gesängen vom Band die Muttergottes verehrt.

Öffnungszeiten tägl. 9–12 und 14–18.30 geöffnet.

▶ **Corenno Plinio**: kleines Dörfchen mit intaktem, altem Ortskern. An der Straße steht das *Castello Andreani* aus dem 14. Jh., von dem noch die Umfassungsmauern und ein Turm erhalten sind, an der Seeseite der Anlage die Kirche *San Tommaso* mit Fresken, in deren Fassade die gotischen Grabmäler der Andreani eingelassen sind. Besonderer Tipp sind die schmalen, kiesgepflasterten Treppenwege, die sich steil zum See hinunterziehen. Wenn man die Via Giuseppe Candiani nimmt, kommt man zum idyllischen kleinen Hafenbecken.

▶ **Dervio**: größerer Ort, der in der grünen Schwemmlandebene des Flusses Varrone liegt und dank seines Wasserreichtums hauptsächlich von der Papierfabrikation lebt. Am See eine Promenade mit Platanen, südlich davon der gut beschattete Zeltplatz „Turisport", nur durch eine wenig befahrene Straße vom Ufer getrennt, daneben Segelbootverleih. Kiesstrand ohne Einrichtungen.

▶ **Premana**: Wenn man das fruchtbare *Valle Varrone* landeinwärts verfolgt, kommt man nach etwa 20 km ins Bergdorf *Premana*, gelegen in etwa 1000 m Höhe. Die ehemalige Bergwerkssiedlung hat sich durch die Eisenverarbeitung einen Namen gemacht. In vielen Häusern sind Messer- und Scherenwerkstätten ansässig, bisweilen kann man den Handwerkern zuschauen. Das *Museo Etnografico Comunale* in der Via Roma 18 gibt Einblicke in das oftmals harte Leben der Bergbewohner.
Öffnungszeiten Museo Etnografico Comunale, April bis Okt. Sa/So 15–18, August tägl. 15–18 Uhr; ✆ 0341/890175, www.museo.premana.lc.it

Bellano

(ca. 3.300 Einwohner)

Freundliches Kleinstädtchen, das nicht vom Tourismus lebt. Hinter der großzügigen Uferpromenade mit Kastanienbäumen, der Schiffsanlegestelle und einem mauergefassten Hafen münden handtuchschmale Gässchen in die winklige Altstadt, die sich steil den Berg hinaufzieht.

Ein Stückchen echtes Italien – Treppen, überwölbte Gassen und kleine Brunnen, an denen man sich im Vorbeigehen erfrischt. Die Fußgängerzone ein schmaler Schlauch, in die kaum ein Sonnenstrahl fällt. Ebenfalls in der Altstadt steht die romanische Kirche *Santi Nazaro e Celso* im typischen Zebrastreifenmuster, im Inneren herrscht allerdings ein ziemliches Durcheinander der Stile: Kreuzrippengewölbe, barock geschwungene Beichtstühle, Fresken modernen Datums.

Beschildert ist der Weg ab Kirche zum *L'Orrido*, einem eindrucksvollen Wasserfall, der in einem dicken Strahl gleich hinter dem Ortskern aus dem Fels bricht. In einem tief eingeschnittenen Flussbett strömt das Wasser in Richtung See und wird mittels Rohrleitung in ein Turbinenwerk geleitet. Ein betonierter Weg führt in halber Höhe der bis zu 20 m hohen Felswände durch die Schlucht, große Farne und wuchernder Efeu gedeihen hier prächtig. Die Treppen, die zum Wasserfall führen, kann man noch ein Stück weiter zum wunderbar angelegten *Friedhof* über der Stadt hinaufsteigen und den traumhafter Seeblick genießen.

• *Öffnungszeiten/Preise* **L'Orrido**, April bis Sept. tägl. 10–12 und 14–13 Uhr; Eintritt 2,50 €. **Friedhof**, im Sommer tägl. bis 18 Uhr.
• *Übernachten* *** **Meridiana**, exponiert stehende Villa am Nordende des Orts, direkt an der Durchgangsstraße, Garten am See und Garage. Angenehme Zimmer mit schmiedeeisernen Betten, Bäder mit Badewanne. DZ um die 60 €, Frühstück extra.

✆ 0341/821126, ✉ 821261, www.meridianotel.it
* **Cavallo Bianco**, Via Vittorio Veneto 29, durchschnittliches Stadthotel zentral am See, vorne raus schöner Blick, aber laut wegen der Straße, ordentliches Ristorante (→ Essen & Trinken). DZ mit Bad ca. 50 €, mit Etagendusche ca. 35 €, Frühstück extra.
✆ 0341/810307, ✉ 820170.

- *Essen & Trinken* **Cavallo Bianco**, vor dem Hotel isst man direkt am See preiswert, gut und reichhaltig. Große Pizzen und *insalatone*, eine üppige Salatschüssel. Mo geschl.
Pesa Vegia, beliebtes Lokal am Südende der Promenade, schön zum Sitzen, vielleicht mal die Fische aus dem See kosten, aber auch vegetarische Küche. Degustationsmenü ca. 30 €. Mo geschl.

Del Ponte, Via Cavour 14, schräg gegenüber der Anlegestelle, Gastraum ganz hübsch mit Kupfergeschirr, dahinter kleiner Hof, mittlere Preise.

- *Bars/Cafés* **Arrigoni**, nettes Eiscafé unter Kastanienbäumen neben der Anlegestelle der Seeschifffahrt, innen Stucksäulen und Marmortische.

Zeitlose Idylle: das Örtchen Varenna in der Seemitte

Varenna (ca. 800 Einwohner)

Kleiner, verschlafener Urlaubsort mit viel Flair. Alte Villen zwischen üppigen Zypressen, autofreie Kieselgässchen, ein idyllischer Fischerhafen, fröhlich bunt gestrichene Häuser, großartiger Seeblick. Ein Refugium für Ruhe Suchende, lediglich im August verliert sich die Beschaulichkeit im Rummel der Tagesausflügler.

Vom Hauptplatz an der Durchgangsstraße zieht sich eine Handvoll verwinkelter Gassen hinunter zum halbrunden Hafenbecken mit zwei traumhaft gelegenen Cafés. Oberhalb der Piazza steht die gekonnt restaurierte Pfarrkirche *San Giorgio* aus dem 12. Jh. (Überreste von Fresken rechts vorne), an der Seeseite der Piazza die Kapelle *San Giovanni Battista* aus dem 10./11. Jh. Auf der Straße wenige Schritte nach Süden kommt man zur *Villa Cipressi* (heute als Hotel genutzt) und gleich darauf zur Eingangsloggia der *Villa Monastero*, ein früheres Zisterzienserkloster und spätere Adelsresidenz, mit großartigem Blick auf die Uferberge weiter südlich. Die Gärten beider Häuser können besichtigt werden, auf jeden Fall lohnt der Besuch des Gartens der Villa Monastero, der sich mit seiner üppigen Vegetation weit nach Süden zieht. Unterwegs kommt man an der Villa vorbei, die eine beachtliche historische Ausstattung besitzt und heute als international bekanntes Kongresszentrum genutzt wird.

Varenna 189

Castello di Vezio: Logenplatz über dem Comer See

Hoch über Varenna liegt das Örtchen *Vezio*, zu erreichen per PKW auf kurviger Straße oder zu Fuß (Einstieg bei Hotel Montecodeno an der Uferstraße nördlich von Varenna, Dauer etwa 40 Min.). Vor dem Ortseingang muss man sich einen Parkplatz suchen, läuft dann durch den Ort und kommt bald zum Eingang des Castello di Vezio. Erhalten sind nur ein Mauerviereck und ein Turm, den man auf einer Art Zugbrücke erreicht und erklimmen kann. Dass die Burg an einem strategischen Platz allererster Güte erbaut ist, erkennt man dann von der oberen Plattform aus, denn bei klarem Wetter genießt man hier einen schier überwältigenden Blick über alle drei Arme des Comer Sees!

Öffnungszeiten/Preise tägl. 10–19, im Hochsommer bis 20/21 Uhr, Eintritt ca. 4 €.

• *Öffnungszeiten/Preise* **Villa Monastero**, im Sommer tägl. 9–19 Uhr, Eintritt 2 €, zusammen mit **Villa Cipressi** 3,50 €.

• *Anfahrt/Verbindungen* Varenna ist ein wichtiger Anlaufpunkt für Autofahrer. Fähren mit PKW-Transport pendeln hinüber nach **Menaggio** am Westufer, außerdem nach **Bellagio** an der Spitze der Halbinsel zwischen den beiden Seearmen. Der Fährhafen liegt nördlich vom Fischerhafen und ist mit diesem durch einen befestigten Uferweg verbunden.

• *Information* Piazza Venini 1, neben der Kirche am Hauptplatz an der Durchgangsstraße. Di-Sa 10–12, 14.30–17.30, So 10–12 Uhr, im Winter nur Sa 10–17 Uhr. ✆ 0341/830367, ✆ 831203, www.varennaitaly.com

• *Internet* am Hauptplatz gegenüber der Kirche.

• *Übernachten* **** **Du Lac**, Via del Prestino 4. Varennas Vorzeigehaus, 1823 im schlichten, edlen Stil direkt am See erbaut, ehemalige Sommerresidenz der lombardischen Königin Teodolinda. Sparsam möbliert, kommt die historische Struktur der Villa umso besser zur Geltung. Eigene Bootsgarage und -Parkplatz. DZ mit Frühstück je nach Saison und Blick ca. 140–180 €. ✆ 0341/830238, ✆ 83 1081, www.albergodulac.com

*** **Milano**, Via XX Settembre 29, am See zwischen Fähranleger und Ortszentrum, beschildert ab Hauptplatz. Von Signora Amelia freundlich und aufmerksam geführt. Saubere Zimmer, alle mit Seeblick, z. T. Terrasse oder

Balkon, moderne Bäder. Sehr gutes Frühstück auf einer Terrasse mit herrlichem Seeblick, serviert werden Leckereien wie *bacio* (mit Schokocreme gefüllte Kekse) und *biscotto*, außerdem Käse etc. Positive Leserkommentare. DZ mit Frühstück ca. 125–140 €. ✆/✉ 0341/830298, www.varenna.net

*** **Villa Cipressi**, Via IV Novembre 18, wenige Schritte vom Hauptplatz nach Süden. Historische Villa mit herrlichem Garten, der auch besichtigt werden kann (□ Sehenswertes). Blick von den sehr geräumigen Zimmern aus auf den See traumhaft, Einrichtung dafür wenig stilgerecht. DZ mit Frühstück ca. 100–140 €. ✆ 0341/830113, ✉ 83 0401, www.hotelvillacipressi.it

Olivedo, direkt am Fähranleger, leuchtend ocker gestrichenes Haus aus dem 19. Jh., herrlicher Seeblick, altmodische Einrichtung, Zimmer okay. Service und Ausstattung laut Leserzuschrift verbesserungswürdig, auf Kinder kaum eingerichtet. Essen teuer. DZ mit Frühstück ca. 100–125 €, in der Saison Pension obligatorisch. ✆/✉ 0341/830115, www.olivedo.it

● *Essen & Trinken* **Vecchia Varenna**, Contrada Scoscesa 10, am Uferweg vom Fischerhafen zum Fährhafen. Originelle Lage im Laubengang, davor Terrasse mit Seeblick, traditionelle Seeküche. Preislich gehoben, Menü um die 35 €. Mo geschl.

Cavallino, schöne Kiesterrasse mit wildem Wein am Fähranleger, Barsch, Forelle und Blaufelchen aus dem See, dazu hausgemachte Pasta, z. B. *gnocchetti di patate*. Mittlere Preise.

Die zwei sonnigen Cafés **Porto** und **Molo** liegen am winzigen Fischerhafen – schöner kann man kaum sitzen.

Fiumelatte: Der Milchfluss von Varenna

Knapp 2 km südlich von Varenna überquert die Uferstraße einen heftig schäumenden, milchweißen Wildbach, der hier im See mündet. Seine Farbe rührt vom brösligen Kalkgestein her, das er aus den Tiefen des Bergs mit sich bringt. Da er nur von März bis Oktober aktiv ist und dann plötzlich versiegt, wird vermutet, dass er quasi der Überlauf eines großen Beckens ist. Und weil er nur 250 m lang ist, wird er gerne als „kürzester Fluss Italiens" bezeichnet – er tritt damit allerdings in Konkurrenz zum nur 175 m langen Flüsschen Aril am Gardasee (→ S. 112).

Die Stelle, wo der Fiumelatte aus dem Berg tritt, kann man im Rahmen eines schönen Spaziergangs besuchen, unterwegs passiert man den Aussichtspunkt „Baluardo". Nach dem Ortsausgang von Varenna führt gleich gegenüber der Villa Monastero eine schmale Straße zum Friedhof hinauf (keine Parkplätze!), wo man am kleinen Vorplatz linker Hand eine steile Treppe emporsteigt. Am Ende der Stufen führt ein Weg parallel zum Seeufer nach Süden, bis man nach etwa 1 km auf eine Eisenbrücke über den Fluss trifft und über Stufen zur Quelle hinuntersteigen kann.

Von Varenna nach Lecco

Der schmale südöstliche Arm des Sees, *Lago di Lecco* genannt, hat dem Besucher insgesamt nicht allzu viel zu bieten. Schroffe, teils dicht bewaldete und alpin anmutende Steilhänge drängen von Osten her zum See und haben die Ansiedlung von größeren Ortschaften fast unmöglich gemacht, auch Bademöglichkeiten und Zeltplätze gibt es nur wenige. Viel schöner als die SS 36, die mit zahlreichen Tunnels quer durch die Berge geschlagen ist, ist jedoch die alte Uferstraße, die sich am See entlangschlängelt. Ab Abbadia-Lariana gerät man in den Sog der Industriestadt Lecco mit breit ausgebauten Straßen und heftigem Verkehr.

Wanderer finden hier allerdings ihr Dorado, nämlich im bis über 2400 m ansteigenden *Grigna-Massiv*, dem südwestlichen Ausläufer der Bergamasker Alpen, das sich durch seine reichhaltige Flora mit zahlreichen Endemiten und ungewohnten Vegetationstypen auszeichnet. Von Varenna kann man mit dem Wagen die serpentinenreiche Straße über *Esino Lario* bis zum Straßenende Vò di Moncódeno fahren und von dort in etwa 2 ½ Std. zum *Rifugio Bogani* in 1816 m Höhe aufsteigen, wo an Wochenenden von Mai bis Oktober übernachtet werden kann, im Sommer auch täglich (✆ 348-2131436).

▸ **Lierna**: Prächtige Villen säumen das Ufer, sehr schön sitzt man auf der überwachsenen Säulenterrasse des Restaurants „La Breva" neben der Fähranlegestelle.

▸ **Mandello del Lario**: große, labyrinthisch anmutende Altstadt mit Laubengängen und schlichten Steinhäusern. Außer einigen wenigen Restaurants ist kaum etwas für Touristen aufbereitet, das Viertel gehört noch ganz den Einheimischen.

Mandello del Lario ist Stammsitz der *Moto-Guzzi-Werke*, die hier seit 1921 ihre legendären Motorräder produzieren. Im ziemlich prosaischen, modellgeschichtlich aber enzyklopädischen Werksmuseum (Via Parodi 57–61, gleich hinter dem Bahnhof) steht unter anderem ein Exemplar der mythenumwobenen V8-Rennmaschine von 1955. Lustiger Guzzi-Devotionalienshop.

● *Öffnungszeiten* **Moto-Guzzi-Museum**, Mo–Fr Führung um 15 Uhr, Eintritt frei, August geschl., für Gruppen ab 10 Personen auch Termine außerhalb der Öffnungszeiten. ✆ 0341/709304.

● *Übernachten/Essen & Trinken* **Camping Continental**, uriger und preiswerter Platz mit zwei Moto Guzzi in der Rezeption. Viele Häuschen, die an eine Schrebergartensiedlung erinnern. Nur wenige Stellflächen für Durchreisende, sanitär bescheiden. Tipp ist das große, volkstümliche Restaurant, wo sich abends alles trifft. ✆/✆0341/731323.

Le Piramidi, Piazza Garibaldi 4, solide Pizzeria am Nordrand der Altstadt, moderate Preise.

Grigna, Via Statale, schräg gegenüber vom Bahnhof, günstige, gute und abwechslungsreich belegte Pizza zum Mitnehmen.

Il Ricciolo, gutes Fischlokal im nördlich benachbarten Örtchen Ólcio, schöne Kiesterrasse am See. Mo-Abend und So geschl.

▸ **Abbadia-Lariana**: Der auf einer grünen Halbinsel gelegene Vorort von Lecco ist Standort des *Civico Museo Setificio Monsì* (Seidenmuseum) in einer ehemaligen Seidenspinnerei. Prunkstück der Ausstellung ist eine große, runde Zwirnmaschine aus dem Jahre 1818, die größte ihrer Art in Europa.

Öffnungszeiten/Preise **Civico Museo Setificio**, sonn- und feiertags 10–12, 14–18 Uhr oder nach Vereinbarung unter ✆ 0341/700381; Eintritt ca. 2,60 €, www.museoabbadia.it

Lecco (ca. 46.000 Einwohner)

Die lärmende Industrielandschaft zwischen Lago Lecco und dem südlich anschließenden kleinen Lago di Garlate kann zunächst wie ein Schock wirken. Rasende Autos und dröhnende Schwerlaster signalisieren die Nähe des Großraums Mailand, immer wieder kommt es zu Staus. Das Zentrum Leccos zeigt sich dagegen beeindruckend mondän, strahlt Gediegenheit und Wohlstand aus.

Am See verläuft eine lange Promenade mit Bäumen. Die Gassen dahinter sind weitgehend Fußgängerzone – schön gestaltet, mit vielen schicken Geschäften und edlen Cafés. Von der *Piazza Cermenati* nahe beim Dom kommt man zur lang gestreckten, dreieckigen *Piazza XX Settembre*, flankiert von einem breiten Säulengang mit großen Terrassenbalkons. Hier findet mehrmals wöchentlich der Markt statt, abends trifft sich die Jugend in den Cafés. Die *Torre Viscontea* am Südende des Platzes ist der letzte Rest eines Kastells der Visconti. Geht man noch ein wenig weiter, trifft man auf die *Piazza Garibaldi*, von der sich die Geschäftszeile *Via Cavour*

Hafen und Promenade von Lecco

kerzengerade zum Bahnhof hinaufzieht. Parallel zur Uferfront verläuft die Fußgängerzone *Via Roma* bis zur *Piazza Manzoni* mit dem Denkmal des berühmtesten Sohnes der Stadt (→ Kasten).

Der äußerlich schlichte klassizistische Dom *San Nicolò* mit seinem freistehenden Rundturm wirkt riesenhaft, da zur Hälfte leer. Das breite Schiff steigt nach links geneigt leicht an. Der elfbogige *Ponte Azzone Visconti* über die Adda wurde im 14. Jh. ebenfalls unter den Visconti erbaut und war damals noch von mächtigen Türmen gekrönt.

Die Villa Manzoni: Dichterdomizil und Kunstmuseum

Der Dichter Alessandro Manzoni (1785–1873) wuchs in Lecco auf und hat seinen in Italien berühmten Roman „I Promessi Sposi" („Die Verlobten") hier und in den Orten der Umgebung angesiedelt. Interessierte können die **Villa Manzoni** in der Via Don Guanella besichtigen, in der der Dichter mit seiner Familie wohnte. Es beherbergt heute das **Museo Manzoni** mit Erstausgaben, Manuskripten, historischem Mobiliar und Erinnerungsstücken an den Dichter sowie die **Galleria Comunale d'Arte** mit Gemälden und Drucken einheimischer bzw. in Lecco ansässiger Künstler vom 16. bis zum 20. Jh. Tipp: Im Informationsbüro von Lecco wird Material bereitgehalten, mit dem man den Spuren des Romans in der Stadt folgen kann – allerdings hat sich Lecco seitdem durch die Ansiedlung von Industrie völlig verändert.

Öffnungszeiten/Preise Di–So 9.30–17.30 Uhr, Mo geschl., Eintritt ca. 4 €, www.museilecco.org

Südufer (Lecco bis Como)

- *Anfahrt/Verbindungen* **Bahn**, der Bahnhof liegt ein Stück landeinwärts vom See, häufige Verbindungen nach Mailand, Bergamo und das östliche Seeufer entlang bis Chiavenna, kurz vor der Schweizer Grenze. Stadtbusse starten vor dem Bahnhof, dort gibt es auch einen großen Stadtplan, die Fußgängerzone Via Cavour führt ins Zentrum.
- *Information* **APT**, Via Nazario Sauro 6, am Hotel Larius von der Uferfront abbiegen. 9–12.30, 14.30–18 Uhr. ✆ 0341/362360, ℡ 286231, www.provincia.lecco.it
- *Internet* in der Via Nazario Sauro gegenüber der APT.
- *Übernachten* *** **Alberi**, Via Lungo Lario Isonzo 4, gepflegtes Haus mit Seeblick, allerdings an der verkehrsreichen Uferstraße gelegen. DZ mit Frühstück ca. 70–90 €. ✆ 0341/350992, ℡ 350895, www.hotelalberi.lecco.it
- *Essen & Trinken* **Al Porticciolo**, Via Valsecchi 5, bekanntes Fischlokal, in dem man neben Seefisch auch hervorragendes Meeresgetier kosten kann. Nicht billig, Menü um die 40 €. Nur abends, Mo/Di geschl. Reservierung unter ✆ 0341/498103.
L'Azzecagarbugli, zentral gelegene Osteria an der Piazza XX Settembre, neben der Pasticceria Frigerio. Kalte Platten und Menüs zum Festpreis.
Antica Osteria „Casa di Lucia", Via Lucia 27, im Ortsteil Acquate, etwa 2 km vom Zentrum. Historische und rundum gemütliche Trattoria mit hervorragendem Weinkeller und vielen leckeren, kleinen Gerichten: Polenta, Pasta, Käse, natürlich auch Fisch. Der Lokalname spielt auf Lucia an, die Heldin des Romans „I Promessi Sposi", denn vermutlich war es dieses Haus, das Manzoni als ihr Wohnhaus beschrieben hat. Sa-Mittag und So geschl.
- *Cafés* **Colonne Commercio**, Piazza XX Settembre 8, viel besuchte Kneipe, abends der Treff, Tische auf der Piazza, drinnen Kronleuchter, alte Holztische und Spiegel.
Caffè del Teatro, um die Ecke an der Piazza Garibaldi, neben dem Denkmal des Risorgimento-Helden, Abendcafé zum Draußensitzen, englisches Bier.
Frigerio, edle Pasticceria, bereits seit 1906 unter dem Säulengang an der Piazza XX Settembre, im Sommer auch zum Draußensitzen. Ihre *tipici dolcetti di Lecco* sind weithin berühmt.
- *Shopping* Viele Feinkostläden lassen das Herz der Gourmets höher schlagen, z. B. **Il Maialino goloso** in der Via Cavour 104 und **Saverio Frutta e Verdura** an der Piazza XX Settembre 47.

▶ **Lecco/Umgebung:** Eine Seilbahn führt von *Malnago* (ca. 5 km östlich vom Stadtzentrum) auf die *Piani d'Erna*, ein Hochplateau unter den Zinnen des *Monte Resegone*. Den fantastischen Blick auf Stadt, See und Berge teilt man sich hier allerdings mit zahllosen Ausflüglern.

In *Garlate* am gleichnamigen See wurde in einer ehemaligen Spinnerei der Schweizer Familie Abegg ein weiteres *Seidenmuseum* eingerichtet, das anschaulich über die traditionelle Seidenherstellung informiert.

Öffnungszeiten/Preise Museo della Seta „Abegg", Via Statale 490, So 10–12 und 14–18 Uhr, an Feiertagen nach Vereinbarung, Eintritt 5 €, ermäß. 2,70 €. ✆ 0341/681306.

Südufer (Lecco bis Como)

Abgesehen vom traditionsreichen Fremdenverkehrsort Bellagio wird das Dreieck zwischen den beiden Seearmen vom Urlaubsgeschehen nur wenig beeinflusst. Die Ostseite zwischen Lecco und Bellagio ist kaum besiedelt, die wenigen Orte an den Steilhängen zwischen Bellagio und Como wirken altertümlich und bescheiden.

▶ **Von Lecco nach Bellagio:** Küstenstraße sehr eng und kurvig, immer hart am Wasser entlang, dichter Baumwuchs. Etwa 1 km vor Onno bietet das Ristorante „Paradiso" eine schöne Raststelle mit Blick auf das gegenüberliegende Ufer, Zutritt zum kleinen Privatstrand mit Wiese und Fächerpalmen kostet ca. 5 €. *Onno* ist ein kleines Örtchen unter hohen Felswänden, kurz danach passiert man den Camping „La Fornace" unter kräftigen Nadelbäumen direkt am See. Nach dem lang gezogenen Villendorf *Vassena* nähert man sich Bellagio.

▶ **Von Como nach Bellagio**: ebenfalls sehr enge und kurvenreiche Straße hoch über dem See, langsam fahren. Mehrere größere Orte ohne jeglichen Tourismus, extrem steil die Hänge hinuntergebaut. Immer wieder prächtiger Blick aufs gegenüberliegende Ufer, reizvoll zum Durchfahren.

Torno, knapp 10 km nördlich von Como, besitzt zwei besonders schön am See gelegene Hotels (→ Como/Übernachten) und bietet sich als ruhiges Standquartier für das nahe Como an.

In *Nesso* bricht sich der Fluss Nosé seinen Weg mitten durch den Ort. In mehreren Fallstufen stürzt er durch die steilwandige Klamm *Orrido di Nesso* unter der Autostraße hindurch zum See. Die überwucherte Zinnenmauer eines mittelalterlichen Kastells ist oberhalb der Straße erhalten (beschildert).

In *Lezzeno* gibt es einen Bootsverleih und eine schöne Wassersportanlage.

Bellagio (ca. 3500 Einwohner)

Ein Hauch von Belle Epoque schwebt über dem ehemaligen Fischerdörfchen im geografischen Zentrum des Comer Sees. Große Hotels mit klangvollen Namen nutzen bereits seit dem 19. Jh. die wundervolle Lage (bellagio = bello lago = schöner See) an der Spitze zwischen den beiden Seearmen, um Prominenz anzuziehen.

Bis heute hat sich hier eine heile Welt des Tourismus alter Schule erhalten – an der Promenade breite Laubengänge und Traditionscafés, in denen man sich in Ruhe die Times, Le Monde und das Wall Street Journal zu Gemüte führen kann, dahinter enge Treppengässchen, in denen sich Boutiquen, Souvenirshops und Restaurants reihen. Insgesamt ein Örtchen mit Stil und ein sehr beliebtes Ziel für Ausflugsbusse, deren Insassen in Scharen durch das winklige Dorf schwärmen. Vor allem US-Amerikaner zählen zu den häufigen Gästen – laut Statistik kommt jeder zweite Gast aus Übersee. Die Liebe zum schönen Dorf am Comer See geht dort sogar soweit, dass ein amerikanischer Milliardär Bellagio in Las Vegas nachgebaut und die Kopie in einem 36-stöckigen Hotelkomplex gleichen Namens untergebracht hat – samt künstlichem Comer See daneben.

Anfahrt/Verbindungen/Information

- *Anfahrt/Verbindungen* **PKW**, der Ortskern ist für den Durchgangsverkehr gesperrt. Wer jedoch ein Hotel ansteuert, kann mit dem PKW die handtuchschmale Hauptstraße benutzen, die im Bogen zur Promenade hinunterführt. Parkmöglichkeit auf dem Kirchplatz im oberen Ortsbereich.
Schiff, häufige Autofähren pendeln hinüber nach Varenna, Cadenabbia und Menaggio.

Taxi, Piazza Mazzini (Uferpromenade), ✆ 031/950913.
- *Information* an der Piazza della Chiesa, gegenüber der Kirche. Guter Ortsprospekt „Bellagio Dove" und viel Prospektmaterial über den gesamten Comer See. Mo u. Mi–Sa 9–12, 15–18 Uhr, Di u.So 10.30–12.30, 15.30–17.30 Uhr. ✆ 031/950204, ✆ 951551, www.bellagiolakecomo.com

Übernachten

Am Schönsten (und teuersten) sind die Hotels an der Promenade mit prächtigem Seeblick.

***** **Grand Hotel Villa Serbelloni**, herrschaftlicher Komplex am Nordende der Uferpromenade, nach der Villa d'Este in Cernobbio das exklusivste Refugium am Comer See. Taugt allerdings mit seinen je nach Kategorie ca. 250–635 € pro Tag und Zimmer nur als

Präsidentenunterkunft bzw. für Bosse von Automobilkonzernen und deren Formel-1-Piloten. Im Garten großer Swimmingpool, Privatstrand vor der Tür. ✆ 031/950216, 📠 95 1529, www.villaserbelloni.it

*** **Florence**, am Nordende der Promenade, das Haus aus dem 18. Jh. ist seit über 100 Jahren in Besitz der Familie Ketzlar. Rezeption in einem Gewölbe mit dorischen Granitsäulen, abgeschabten Polstermöbeln, schweren Holzbalken und Kamin. Auch in den Zimmern Holzbalkendecke, teils mit historischem Mobiliar, die schicke Cocktailbar im vorgelagerten Rundbau ist ebenfalls mit viel Holz ausgestattet, Restaurant/Frühstücksterrasse am See. DZ mit Frühstück je nach Ausstattung und Blick ca. 135–195 €. ✆ 031/950342, 📠 951722, www.bellagio.co.nz

*** **Du Lac**, neben Florence, ebenfalls historisches Haus, gepflegte Einrichtung, Restaurant im ersten Stock, großer, sonniger Dachgarten mit herrlichem Seeblick, hübsch eingerichtete Zimmer mit TV. DZ mit Frühstück je nach Blick ca. 120–210 €. ✆ 031/950320, 📠 951624, www.bellagiohoteldulac.com

*** **Excelsior Splendide**, herrschaftliches Haus im südlichen Bereich der Promenade, klassizistischer Stil, viel Stuck, Marmor und geschwungene Geländer aus Schmiedeeisen, Zimmer mit Parkettboden, hinter dem Haus kleiner Garten mit Pool. DZ mit Frühstück ca. 90–120 €, HP erwünscht. Auch über Reiseveranstalter zu buchen. ✆ 031/950225, 📠 951224, www.hsplendide.com

* **Suisse**, wer weniger Geld ausgeben, aber trotzdem an der schönen Promenade wohnen will, ist hier richtig. Älteres Haus, zehn Zimmer, Ausstattung einfach. DZ mit Frühstück ca. 70–100 €. Ohne Vorreservierung im Sommer wenig Chancen. ✆ 031/950335, 📠 951755, www.bellagio.co.nz

* **Giardinetto**, Via Roncati 12, im oberen Ortsbereich, bei der Tourist-Info eine kleine Gasse hinein, tolle und ganz ruhige Lage mit herrlichem Seeblick, Zimmer durchgängig renoviert, teils sehr geräumig, auch die Bäder, freundliche Wirtsleute. DZ ca. 45–52 €, Frühstück extra. ✆ 031/950168.

* **Roma**, Salita Grandi 6, einfaches Haus hinter dem Hotel Suisse, z. T. schöner See-

Treppengasse in Bellagio

blick. DZ mit Bad ca. 57 €, mit Etagendusche ca. 47 €, jeweils mit Frühstück. ✆ 031/950424, 📠 951966, E-Mail: prombell@tin.it

• *Außerhalb vom Zentrum* ** **Silvio**, in Loppia, Via Carcano 12, südwestlich von Bellagio, schräg oberhalb der Villa Melzi (→ Sehenswertes). Schlichtes, sauberes Albergo mit herrlichem Seeblick, ruhige Lage, seit vier Generationen im Besitz einer ehemaligen Fischerfamilie, freundliche Aufnahme. Silvio geht auch heute noch gelegentlich fischen. Zimmer z. T. mit Balkon. Zum Haus gehört ein gutes Fischrestaurant mit großer, offener Terrasse. DZ mit Frühstück ca. 75–90 €. ✆ 031/950322, 📠 950912, www.bellagiosilvio.com

• *Camping* **A. A. Clarke**, in Visgnola, in Hügellage einige Kilometer südlich von Bellagio. Kleiner Agriturismo-Hof mit Zeltmöglichkeit, geführt von Elisabeth Clarke. Ganzjährig. ✆ 031/951325.

Essen & Trinken

Barchetta, Salita Mella 13, von der Uferpromenade neben Hotel du Lac hinauf, blumengeschmückter Dachgarten, gute Küche mit interessanten Rezepten z. B. *trota al*

Comer See (Lago di Como)

Hotelpromenade von Bellagio

cartoccio (Forelle im Backofen) für 2 Pers. Reservierung sinnvoll, ✆ 031/951389. Di geschl. (außer Juni bis Sept.).
Bilacus, Salita Serbelloni 9, schöner, großer Terrassengarten, sehr großer Andrang, worunter die Küche manchmal leidet. Mo geschl. (außer Juni bis Sept.).
Carillon, Ristorante/Pizzeria im Südteil der Promenade, dank des schönen Gartens am See sehr populär.
● *Außerhalb* **La Pergola**, im Fischerdörfchen Pescallo, 500-jähriges Haus mit kleiner, idyllischer Terrasse direkt am See, spezialisiert auf Fisch. An Wochenenden besser reservieren: ✆ 031/950263. Auch Zimmervermietung: DZ mit Frühstück ca. 74–90 €.
Bella Vista, in Visgnola, Via Nuova 2. Pizzeria mit guten Pizzen und preiswertem Wein, gemütliche Atmosphäre, teilweise schöner Blick auf den See.
● *Cafés/Bars* **Pasticceria & Bar Rossi**, im breiten Laubengang des Hotel Du Lac, prächtiger Innenraum mit geschnitzten Holzvitrinen und Stuckdecke, draußen gemütliche Korbstühle.
Pasticceria San Remo, südlicher Bereich der Uferpromenade, ausgesprochen hübsch unter dichtem Laubdach und Markise, Korbstühle direkt am Wasser.
Caffè Vecchio Borgo, Via Garibaldi 47, Café/Birreria/Paninoteca an der schmalen Hauptgasse im oberen Ortsbereich. Hübsch gemacht: vorne Zigarettenverkauf und Bartresen, hinten abgeteilt der Speise- und Trinkbereich – *trota, pasta e fagioli, lasagne, polpa* ...

Nachtleben/Sport

● *Nachtleben* **La Divina Commedia**, Salita Mella 43/45, in dieser Cocktailbar im Ortszentrum geht es eher menschlich als göttlich zu, ein Türsteher wacht darüber, dass hier das richtige Publikum zusammenkommt.
● *Sport* Mountainbikes verleiht der **Cavalcalario Club** in der Località Gallasco 1 bei Guello (3 km südlich von Bellagio). ✆/📠 031/964814, E-Mail: cavalcalario@tiscalinet.it
Lido, Strandbad südlich der Uferpromenade, Betonplattformen zum Sonnen, 3-Meter-Sprungbrett.

Sehenswertes: An der Piazza della Chiesa im oberen Ortsbereich steht die romanische Basilika *San Giacomo* aus grobem Bruchstein. Auffallend ist der große goldene

Altar. In den drei Apsiden schöne Mosaiken auf Goldgrund vom Anfang des 20. Jh. Im Turm San Giacomo an der oberen Platzkante ist die Tourist Information untergebracht, oberhalb davon erstreckt sich die *Villa Serbelloni*, die der Rockefeller Foundation gehört. Ihre kunstvoll gestalteten Gartenanlagen können zweimal täglich (außer Mo) im Rahmen einer Führung besichtigt werden. Dabei genießt man einen herrlichen Blick auf beide Arme des Sees.

Südlich der Uferstraße mit den Hotels schließt sich eine wunderbare *Promenade* an, landeinwärts flankiert von der mächtigen Ruine des ehemaligen Grandhotels „Grande Bretagne", wo man zwischen Rosenbeeten, üppigen Oleanderbäumen und Geranien lustwandeln kann. Danach folgt das Strandbad „Lido" und dann die *Villa Melzi*, zu Napoleons Zeit im klaren klassizistischen Stil erbaut als Sommerresidenz des Vizepräsidenten der italienischen Republik. Sie ist ebenfalls von einer großzügigen Gartenanlage mit herrlichen Azaleen und Riesenalpenrosen, Teichen und Statuen umgeben, die täglich zur Besichtigung offen steht.

Hübsch sind außerdem die kleinen Fischerdörfchen, die zwischen 15 und 30 Fußminuten vom Zentrum entfernt sind: *Pescallo* an der Ostseite sowie *San Giovanni* an der Westseite der Halbinsel.

- *Öffnungszeiten/Preise* **Villa Serbelloni**, Führungen jeweils April bis Nov. Di–So 11 und 16 Uhr, Mo geschl.; Eintritt ca. 6,50 €, Kinder (7–13 J.) 3 €, Tickets erhält man in der Torre San Giacomo (im Stockwerk über Tourist-Info). **Villa Melzi**, März bis Anfang Nov. tägl. 9–18 Uhr, ca. 5 €, Kinder 3 €.

Westufer (Nord nach Süd)

Im Westen spielt sich der Großteil des Urlaubsgeschehens am Comer See ab. Doch der eher bodenständige Norden, die mondäne Seemitte und das wohlhabende Como haben nicht viel miteinander gemein.

Der Norden von Sórico bis Menaggio ist die weniger hochgestochene Ecke des Sees. Hier gibt es keine Grand Hotels, dafür reichlich Campingplätze und Ferienwohnungen. Wegen der zuverlässigen Windverhältnisse ist die Gegend bekannt als **das** Surfrevier am Comer See.

Die Seemitte um Menaggio und Tremezzo, die so genannte *Tremezzina*, bietet dagegen das mildeste Klima und die üppigste Vegetation, die mit Palmen, blühenden Azaleen und Rhododendren teils subtropisch anmutet. Dementsprechend war dieser Seeabschnitt schon im 19. Jh. viel besuchtes Reiseziel begüterter Mitteleuropäer und Briten. Bei Tremezzo liegt auch der berühmte Park der *Villa Carlotta*, vor dem sich täglich japanische, britische und deutsche Reisegruppen stauen.

Im Süden verfügt *Cernobbio* über eines der exklusivsten Hotels der oberitalienischen Seenlandschaft und auch *Como* selber wendet sich mit seinem hochpreisigen Hotelangebot eher an eine begüterte Klientel, ist aber auch seit Jahrhunderten das wichtigste Zentrum der europäischen Seidenverarbeitung.

▶ **Sórico**: Die nördlichste Ortschaft am See liegt im Grünen an der Mündung des Flusses Mera, südöstlich davon schließt sich das Naturschutzgebiet *Pian di Spagna* an (→ S. 182). Es gibt mehrere Zeltplätze, z. B. den Camping „Au Lac de Como" mit angeschlossenem Hotel und Pool. Gut essen kann man in der Pizzeria „Spluga", die seit langem einen ausgezeichneten Ruf genießt, sowie in der schön am Fluss gelegenen Pizzeria „L'Isole".

▸ **Gera Lario**: altes Fischerörtchen mit neuem Jachthafen, daneben weitläufiger Sandstrand mit schönen Sandbänken, großer Liegewiese und Kinderspielplatz, sowie Surfschule mit Brettverleih.

Domaso

Um das schlichte Dorf mit seinen schönen, alten Hausfassaden an der Uferstraße treten die Berge weit vom See zurück. Dementsprechend ist die Ecke bei Windsurfern überaus beliebt, der Südwind Breva und der böig-heftige Föhnwind Tivano aus Norden bieten hier durchaus eine Alternative zum Gardasee.

Nördlich von Domaso mündet der Fluss Livo. Am Ufer des Schwemmlands erstreckt sich ein langer Strand mit Laubbäumen und Wiesenflächen, dahinter drängen sich ein Dutzend Campingplätze aneinander. Strandtipp: Je weiter nördlich, desto schöner und ruhiger. Bei den Campingplätzen bieten zwei Surf-Center ihre Dienste an, außerdem gibt es eine Wasserski-Schule und Minigolf.

Tipp: Eine Herausforderung für Surf-Profis ist bei Nordwind der Trip zum schönen Kloster auf der Halbinsel Piona am anderen Seeufer (→ S. 186), das nur rund 2 km entfernt in südlicher Richtung liegt. Bei Südwind kann man von dort dann wieder bequem zurücksurfen.

• *Information* an der Uferstraße im Ort, einige Meter nördlich vom Laubengang. 10–12, 16–19, 20–23 Uhr. ✆ 0344/96322, 96088, ✉ 83363, www.promodomaso.it
• *Übernachten* * **Madonnina**, Albergo mit Pizzeria am gleichnamigen Campingplatz, etwas nördlich vom Ortskern, zwischen Straße und See. DZ mit Bad ca. 35 €. ✆ 0344/96294.
Ansonsten viel Zimmervermietung, meist mit Küche, Strandzutritt etc., z. B. recht schön am **Camping Gardenia** direkt am See (→ unten) und in der gut eingerichteten **Residence Cedro & Cios** hinter dem alten Ortskern, in der Nähe der Pfarrkirche (2- und 3-Zimmerwohnungen mit Garten und Pool), ✆ 0344/96010, ✉ 83437, www.lariores.com; weitere Möglichkeiten in der Campingzone am See sind **Residence Windsurf** (✆/✉ 0344/96122) und **Residence Geranio** (✆ 0344/95031, ✉ 96313).
Jugendherberge La Vespa, Via Carse Sparse 4, freundliches, bunt ausstaffiertes Haus direkt am See, es wird Pizza serviert, Tischtennis, gelegentlich Veranstaltungen. Zimmer mit großer Gemeinschaftsterrasse, 30 Betten, Übernachtung ca. 10 €. März bis Okt. ✆ 0344/96396.
Zwölf Campingplätze am See bieten Platz, sind aber z. T. recht klein und beengt, im Sommer zudem oft gnadenlos überfüllt. Größter und schönster Platz ist **Gardenia** mit gut sortiertem Lsaden und Zimmervermietung in einem Haus direkt am Strand. ✆ 0344/96381, ✉ 83381, www.domaso.biz
• *Essen & Trinken* **Pescatori**, am nördlichen Ortsausgang, preislich gehobenes Fischlokal, schöne Lage am See, gute Weine.
Da Mario, im Zentrum an der Uferstraße, gemütlich im Laubengang, lockere Atmosphäre, familiär geführt, exquisiter Fisch.
Ruffino, Via Venini 2, alteingesessene Trattoria im Ortskern, man isst im Innenhof, Treffpunkt der Fischer. Mo geschl.
Da Angela, Trattoria direkt am Strand, neben Surf-Center „Surfin' Progress" (→ Sport). Hauptsächlich Surfer verzehren hier griechischen Salat, Steak und Polenta sowie den beliebten Surfteller (Grillteller auf Salat).
• *Unterhaltung* **Enoteca del Porto**, gute Weine und Essen im Laubengang an der Durchgangsstraße.
Caffè Concerto am Hafen, im Sommer oft Livemusik.
Gelateria Monti, neben der Tankstelle in der Campingzone – Café, Eisdiele, Bar und Enoteca zugleich, zu jeder Tageszeit ein gemütlicher Treffpunkt.
Windsurfcenter Domaso, am Strand vor Camping Paradiso, geführt von Isabel und Ralf Hartmann aus der Schweiz. Bietet im Juli/August Kinderbetreuung an („Piraten-Club"). ✆ 0344/97490, ✉ 97519, www.breva.ch

Surfin' Progress, am Strand neben Camping Quiete e Letizia. ☏/🖷 0344/96208, www.chiccasport.com

Von Domaso nach Menaggio

▸ **Gravedona**: kleines Städtchen mit schöner Seepromenade. Das Zentrum liegt geschützt vor dem Durchgangsverkehr in einer Bucht unterhalb der Westuferstraße. Mittelalterliches Schmuckstück ist die Kirche *Santa Maria del Tiglio* südlich vom Zentrum direkt am Seeufer. Erbaut im 11./12. Jh. auf einem frühchristlichen Baptisterium, besitzt sie einen hohen Glockenturm und einen streng symmetrischen Innenraum, den die Reste schöner großflächiger Fresken schmücken. Links vorne ist, geschützt durch ein Gitter, ein Stück des ehemaligen Mosaikbodens erhalten. Benachbart steht die Kirche *San Vincenzo*, deren romanische Ursprünge durch barocke Umbauten zerstört wurden.

• *Übernachten* *** **La Villa**, Via Regina Ponente 17, gepflegte Unterkunft mit Pool in einer alten Villa an der Durchgangsstraße. DZ ca. 90 €. ☏ 0344/89017, 🖷 89027, www.hotel-la-villa.com

Ca' del Lago, Località Consiglio del Rumo, Via Poncia 12. Neuer Agriturismobetrieb mit umfangreichem Wellnessangebot; nicht unmittelbar am See gelegen, dafür kulinarisch lohnend. DZ mit Frühstück ca. 70–90 €, Familienzimmer ca. 100 €. ☏ 0344/82735, 🖷 90951, www.agriturismocadellago.com

Camping Serenella, kleines Gelände mit schönem Wiesenufer an der Mündung des Flusses Liro südlich vom Ort. Ristorante/Bar direkt am See. ☏ 0344/89452.

• *Essen & Trinken* **Osteria Ca' de' Mätt**, Via Castello 2, verstecktes Lokal in einer engen Gasse im Zentrum, keine Plätze im Freien, aber das Richtige für Regentage. Die Schweizerin Rita Siegenthaler ist verantwortlich für die hervorragende Weinauswahl, ihr Gatte Pierangelo Gurini fürs Menü. Mi geschl.

▸ **Pianello del Lario**: Camper finden nebeneinander am leidlich sauberen Kiesstrand die beiden kleinen Plätze Laguna Beach und MEC.

• *Übernachten* **Locanda La Felice**, Via Statale Regina 9, die langjährige Osteria wurde in ein Bed & Breakfast umgewandelt, prächtige Lage etwas südlich vom Ort, direkt unterhalb der Durchgangsstraße am grünen Seeufer. DZ mit Frühstück ca. 60–70 €. April bis Mitte Okt. ☏/🖷 0344/87167.

▸ **Rezzonico**: Das verwinkelte Dorf kauert sich in den Schatten einer romantischen Burgruine mit trutziger Mauer, zwei Türmen und einem malerisch überwucherten Hof. Alte Kieswege führen zum Seeufer hinunter, ein rostiges Schild weist den Weg zum „Beach".

Menaggio

(ca. 3100 Einwohner)

Einer der nettesten Orte am See, nicht aufgemotzt, trotz der beiden Grand Hotels, die dezent am Rande bleiben. Bei deutschen Urlaubern ist Menaggio beliebt, doch auch im August bleibt es erfreulich ruhig.

Am Wasser unten bietet sich viel Platz – ein Bummel an der gepflegten Promenade mit schattigen Bäumen, Rasen und Blumenbeeten, anschließend das edle Grand Hotel Victoria, davor ein schmaler Kiesstrand. Etwas weiter nördlich findet man eine Minigolfanlage und den *Lido Giardino*, ein gut eingerichtetes Strandbad mit großem Pool. Landeinwärts kommt man durch einige Altstadtgassen zur Hauptkirche von Menaggio, links davon auf rundem Kieselsteinpflaster hinauf zum *Castello* auf der Hügelspitze. Dort liegt der verwinkelte alte Ortskern mit Bruchsteinhäusern, die nahtlos mit den Mauern der Burg zusammengewachsen sind. Auch sportlich ist einiges geboten: Im hoch gelegenen Ortsteil *Loveno* liegen ein Reiterhof und ein Sportzentrum mit Tennisplätzen, einen Golfplatz gibt es an der Straße zum Luganer See (→ S. 216), dafür muss man in Croce abbiegen.

• *Information* **IAT**, zentral an der Piazza Garibaldi, wenige Schritte hinter der Promenade. Sehr freundlich und hilfsbereit, engagierte Auskünfte in Deutsch. Infos über Wanderwege, Ausflugsmöglichkeiten per Auto und Schiff. Mo–Fr 9–12, 15–18 Uhr, So geschl. ✆/✉ 0344/32924, www.menaggio.com

• *Übernachten* *** **Bellavista**, großer Kasten direkt am See neben dem Jachthafen. Die Einrichtung ist schon etwas in die Jahre gekommen, die Zimmer sind nicht sonderlich geräumig, aber sauber, der Umgangston der Patronin ist laut Leserzuschrift gewöhnungsbedürftig, dafür genießt man den herrlichen Blick und hat ein Terrassenrestaurant direkt am Wasser, Pool und Garage. DZ mit Frühstück ca. 90–120 €. ✆ 0344/32136, ✉ 31793, www.hotel-bellavista.org

** **Corona**, neben der Tourist-Information, ganz zentral am Wasser. Geräumige Zimmer, die meisten mit Balkon und Seeblick, gute Betten. Freundlich geführt, es wird auch Deutsch gesprochen. DZ mit gutem Frühstücksbuffet ca. 73–86 €. ✆ 0344/32006, ✉ 30564, www.hotelgarnicorona.com

* **Il Vapore**, einfache Pension neben Corona, Seeblick, zeitweise etwas laut, unten Restaurant, Speiseterrasse vor dem Haus. Kleine Zimmer, vorher ansehen. Die junge Wirtin spricht Deutsch. DZ mit Bad ca. 50–55 €, Frühstück extra. ✆ 0344/32229, ✉ 34850, www.italiaabc.it/a/ilvapore, E-Mail: il.vapore@email.it

* **Vecchia Menaggio**, Via 4 Novembre 38, etwas versteckt in einer Gasse der Altstadt, beim Turismo hinein und links. Zimmer über einer Pizzeria, einfach und sauber, DZ mit Frühstück ca. 50–55 €. ✆ 0344/32082, www.vecchiamenaggio.com

Jugendherberge La Primula, modernes, ockerfarbenes Haus am südlichen Ortsausgang, direkt am See. Volle Mahlzeiten, Fahrradverleih, Waschmaschine. Übernachtung mit Frühstück ca. 13,50 € pro Pers. März bis November. ✆ 0344/32356, ✉ 31677, www.menaggiohostel.com

Camping Lido, umfunktioniertes Fußballfeld im nördlichen Ortsbereich, zwar kein Quäntchen Schatten, trotzdem nicht unangenehm. Heiße Duschen im Umkleideraum für Fußballer, am Eingang Bar. Pool des nahe gelegenen Strandbads „Lido Giardino" kann benutzt werden. ✆ 0344/31150.

Camping Europa, direkt am Wasser, allerdings großteils von Dauercampern belegt. ✆ 0344/31187.

Ruhiges Plätzchen an der Promenade von Menaggio

- *Essen & Trinken* **Il Ristorante**, gepflegtes Ristorante mit Terrasse im Hotel Corona, leckere Gerichte gehobener Preisklasse, Ober in schwarzer Livree. Wenn nicht zu voll, guter und freundlicher Service. Im Sommer Reservierung nötig, ✆ 0344/32133. Di geschl.
Il Vapore, in der Pension neben Hotel Corona, einfache, typische Gerichte in familiärer Atmosphäre, man kann auch problemlos nur einen primo piatto (z. B. nur Spaghetti) bestellen. Mi geschl.
Le Sorelle (Da Gino), Via Camozzi 16, etwas zurück vom See, in einer gemütlichen Seitengasse neben einem Torbogen, schön zum Sitzen, nicht teuer. So geschl.
Osteria il Pozzo, beliebt, weil locker geführt bei guter lokaler Küche, Tipp sind z. B. die leckeren *pizzoccheri della Valtellina*. Mi geschl.

▸ **Von Menaggio zum Luganer See**: Direkt im Zentrum windet sich eine Straße hoch den Hang hinauf, in einer knappen halben Stunde kommt man hinüber zum nahen Luganer See (→ unten).

Riviera Tremezzina (Cadenabbia bis Lenno)

Hier im klimatisch wärmsten Gebiet des Sees reihen sich zahlreiche prächtige Villen und Paläste des 17. und 18. Jh. inmitten von Gärten und Parkanlagen mit üppigster Vegetation. Viele von ihnen haben eigene Anlegestellen, denn eine Straße gab es damals hier noch nicht.

▸ **Cadenabbia**: Ortsteil von Tremezzo an der engsten Stelle in der Seemitte, Anlegeplatz der Autofähren nach Bellagio und hinüber nach Varenna am Ostufer. Alt-Bundeskanzler Adenauer vertrieb sich hier jahrelang seine Urlaubszeit mit Bocciaspielen. Er wohnte in der hügelwärts wunderschön gelegenen *Villa La Collina* mit herrlichem Garten, die heute im Besitz der Konrad-Adenauer-Stiftung ist, für Seminare und Fortbildungsveranstaltungen genutzt wird, aber auch Zimmer vermietet (→ Übernachten). Ihre Besichtigung ist nach Anmeldung möglich.
Ein rau gepflasterter Pilgerpfad führt zur Kapelle *San Martino* hinauf, ausgeschildert ab Rogaro, Dauer etwa 90 Min. Oben unvergleichlicher Blick auf Cadenabbia, den See und das gegenüberliegende Bellagio.
Übernachten *** **Villa La Colina**, Via Roma 11, 34 Zimmer in stilvoll-nostalgischem Ambiente, großer Garten, Bocciaplatz, Pool. DZ mit Frühstück ca. 134 €. ✆ 0344.44111, ✉ 41058.

Tremezzo (ca. 1.400 Einwohner)

Mittelpunkt der Riviera Tremezzina, herrlicher Panoramablick auf den See und hinüber nach Bellagio. An der Straße ein Café und „Tea Room" neben dem anderen, dahinter einige Treppengässchen den Hang hinauf.

▸ **Villa Carlotta**: Eine großzügige Freitreppe steigt von der Uferstraße zu dem klassizistischen Herrschaftshaus hinauf, das Ende des 17. Jh. von einem Mailänder Bankier erbaut wurde und später lange im Besitz der preußischen Prinzessin Charlotte war, worauf sich auch der Name der Villa bezieht. Seit 1927 ist sie Staatseigentum und wird von einer Stiftung unterhalten. In den Innenräumen finden sich monumentale Ölgemälde, historische Uhren, Marmorskulpturen und -reliefs (u. a. von Canova und Thorvaldsen) sowie Wandteppiche. Das obere Stockwerk ist mit elegantem Mobiliar im französischen Empirestil eingerichtet.
Unbedingt einen ausgedehnten Spaziergang ist der weitläufige *Botanische Park* der Villa wert, in dem u. a. Palmen, Mammutbäume, riesige Gummibäume, Bambus, Zedern, Azaleen, Seerosen und Orangen gedeihen. Eindrucksvoll ist neben vielem anderen das *Valle delle Felci*, ein tief eingeschnittener Bachlauf mit Rhododendren und mächtigen Farnen, flankiert von Fächerpalmen und gewaltigen Platanen. Im

Farbenpracht im Garten der Villa Carlotta

nördlichen Bereich des Gartens wurde eine kleine Ausstellung von alten landwirtschaftlichen Gerätschaften eingerichtet.

• *Öffnungszeiten/Preise*   April bis Sept. tägl. 9–18 Uhr, März und Okt. tägl. 9–11.30, 14–16.30 Uhr; Eintritt ca. 7 €, Stud. und Senioren über 65 Jahre die Hälfte, www.villacarlotta.it

• *Übernachten/Essen & Trinken* ***** Villa Edy**, gemütliche Anlage etwas oberhalb der Durchgangsstraße, Blick über die Dächer auf die hohen Berge am Ostufer. Schlichtelegantes Haus mit schattiger Terrasse und 12 Zimmern (jeweils TV und modernes Bad), sehr ruhig. Davor hübsch geschwungener Pool, umgeben von Liegewiese und Fächerpalmen. In einem Nebengebäude beim Pool 4 Apartments. DZ ca. 75–85 €, Apt. ca. 105–130 €, Frühstück ca. 10 € pro Pers. Angeschlossen ans Hotel ist der **Camping degli Ulivi**. ☎ 0344/40161, ✆ 40015, www.villaedy.com

*** Rusall, hoch über Tremezzo, am Rand des kleinen Weilers Rogaro, sehr ruhig mit großartigem Seeblick, DZ ca. 90 €, im Ristorante vorzügliches Essen mit üppigen Portionen. ☎ 0344/40408, ✆ 40447, www.rusallhotel.com

▶ **Lenno**: Kleiner, ruhiger Ort in schöner Lage am Fuß der bewaldeten Halbinsel Punta Balbianello. Einen Besuch wert ist die vollständig ausgemalte Pfarrkirche *Santo Stefano* mit ihrer Krypta und dem benachbarten romanischen Baptisterium (geschl.). Danach bietet sich die nahe Seepromenade zum Bummel an.

Auf der Punta Balbianello steht die *Villa del Balbianello* aus dem 18. Jh., eine ehemalige Kardinalsvilla mit herrlichem Terrassengarten. Im Inneren kann man chinesische, afrikanische und präkolumbische Kunstwerke besichtigen, außerdem hat der letzte Besitzer Stücke von seinen Nordpol- und Everest-Expeditionen ausgestellt. Und, was man kaum glauben mag – auf diesem schönen Fleckchen Erde drehte George Lucas im Frühherbst 2000 Szenen aus dem Kultfilm „Star Wars", nämlich die romantische Hochzeit von Anakin und Amidala. Taxiboote fahren an Besuchs-

28. April 1945: Der letzte Tag des „Duce"

In den kleinen Ort Giulino di Mezzegra führt von Mezzegra unten am See eine schmale Straße hinauf (ab Durchgangsstraße beschildert). Nach etwa 300 m erblickt man direkt rechts neben der Straße ein oft mit frischen Blumen bestecktes Kreuz. Hier, vor der Villa Belmonte, sollen Benito Mussolini (61) und seine Geliebte Claretta Petacci (33) am Nachmittag des 28. April 1945 vom Partisanen Walter Audisio erschossen worden sein („Ich schoss fünf Kugeln auf Mussolini, der auf die Knie fiel, während sein Kopf auf die Brust sank. Dann war die Petacci dran. Gerechtigkeit war getan."). Einen Tag zuvor war der Duce in Dongo gefasst worden, als er in der Uniform eines deutschen Offiziers versucht hatte, in einem deutschen Lastwagen in die Schweiz zu fliehen.

Diese Darstellung der Exekution, jahrzehntelang Teil der offiziellen Geschichtsschreibung, hat eine Augenzeugin Ende der neunziger Jahre widerlegt – nachdem sie jahrzehntelang anonym gewarnt worden war, über den tatsächlichen Vorgang zu schweigen. Nach ihrer Aussage ist Mussolini bereits vormittags im Hof des Bauernhauses der Familie De Maria erschossen worden. Täter war wahrscheinlich Luigi Longo, ein führender Politiker der kommunistischen Partei Italiens (KPI) und später ihr Generalsekretär. Claretta Petacci wurde währenddessen wahrscheinlich vergewaltigt (Indiz dafür sind u. a. ihre dokumentierten Hilfeschreie sowie die Tatsache, dass sie unter ihrem Kleid nackt war), bevor man sie in den Rücken schoss. Die beiden Leichen wurden dann vor die Villa Belmonte geschleift, wo nochmals von vorne auf die Toten geschossen wurde, um eine „ehrenwerte" Hinrichtung durch den „richtigen Mann" vorzutäuschen. Audisio war nämlich Verbindungsmann zur Kampftruppe des gesamten italienischen Widerstands (Resistenza). So konnte die von den Kommunisten eigenmächtig durchgeführte Erschießung – die im Übrigen gegen eine eindeutige Absprache mit den Alliierten verstieß, die den Duce vor Gericht stellen wollten – als eine Aktion der gesamten Resistenza hingestellt werden – und nebenbei die Vergewaltigung Claretta Petaccis unter den Tisch gekehrt werden.

Am 29. April wurden die beiden Leichen auf dem Piazzale Loreto in Mailand an den Füßen aufgehängt und öffentlich zur Schau gestellt. Ein Priester erbarmte sich vorher und band das Kleid der nackten Toten zusammen. Nur einen Tag später beging Hitler im Führerbunker von Berlin Selbstmord.

tagen etwa alle 30 Min. ab Lenno und Sala Comacina (✆ 0334/57093, www.taxiboat.net) hinüber, Di, Sa und So kann man auch zu Fuß laufen, ab Kirchplatz in Lenno sind es etwa 800 m, der Weg ist ausgeschildert.

- *Öffnungszeiten/Preise* **Villa del Balbianello**, Di, Do und Fr 10–12.30 und 15.30–18.30 Uhr, Sa/So 10–18 Uhr Mo und Mi geschl.; Eintritt ca. 5 €, Kinder (4–12 J.) ca. 2,50 €.
- *Übernachten* *** **San Giorgio**, Via Regina 81, erbaut nach dem Ersten Weltkrieg und seitdem in mittlerweile vierter Familiengeneration als Hotel geführt. Wunderbarer Garten direkt an der Wasserfront, nostalgische Einrichtung und viel Ruhe. DZ mit Frühstück ca. 120–145 €. ✆ 0344/40415, 🖷 41595.

** **Plinio**, an der Promenade, von der Anlegestelle nach links. Gemütliches und familiär geführtes Albergo/Ristorante mit gerade mal sieben Zimmern, zum Essen kann man direkt am Wasser sitzen. DZ ca. 55 €. ✆ 0344/55158.

- *Essen & Trinken* **Antica Trattoria Santo Stefano**, gleich bei der Pfarrkirche, neben dem Lokal ein romanisches Baptisterium. Kleine, gepflegte Trattoria mit hausgemachter Pasta und Fisch aus dem See.

Isola Comacina: einzige Insel im Comer See

Die Isola Comacina liegt dicht vor der Westküste, zu erreichen ist sie mit kleinen Motorbooten, die ständig von Sala Comacina aus hinüberpendeln. Eine Handvoll Kirchen und Reste alter Festungsmauern verbergen sich im dichten Grün. In den Zeiten der Völkerwanderung war die Insel immer wieder Rückzugsort vor Eroberern, doch 1169 machte die Stadtrepublik Como auf der mit Mailand verbündeten Insel alles dem Erdboden gleich.

Ein Rundgang auf der kleinen Insel dauert etwa eine halbe Stunde, von der Anlegestelle wendet man sich nach links, läuft erst am Wasser entlang und steigt dann hinauf zur Nordspitze der Insel mit der *Chiesa dei Santi Pietro e Paolo* (auch: *San Giovanni*) aus dem 16. Jh. Links dahinter findet man die Grundmauern einer frühchristlichen Kirche mit Doppelapsis und schönem Mosaikboden (5.–9. Jh.), rechts der Kirche die malerischen Überreste der romanischen Basilika *Sant'Eufemia* (11. Jh.). Über dem Ostufer der Insel läuft der Pfad nun zurück nach Süden, unterwegs trifft man auf die spärlichen Reste der Kirche *Santa Maria col Portico* (12. Jh.), kurz darauf auf drei Bruchsteinhäuser, die Anfang des 20. Jh. als Künstlerdomizile dienten. Auf der Hügelkuppe kann man noch überwucherte Grundmauern der Kirche *San Pietro in Castello* entdecken, ansonsten geht es wieder hinunter zur Anlegestelle, vorbei am Inselrestaurant „Locanda dell'Isola Comacina", das seit 1947 allabendlich ein unverändertes Sechs-Gänge-Menü aus Seeforelle, Gemüse, Brathähnchen, Schinken, Parmesankäse, Orangen und flambiertem Brandy serviert (Menü ca. 50 € pro Pers., à la carte speisen kann man mittags; geöffnet März bis Oktober, in den Sommermonaten tägl., sonst Di geschl., ✆ 0344/55083).

Am letzten Samstag im Juni findet die erlebenswerte *Sagra di San Giovanni* statt, eine Johannisnacht auf dem Wasser mit großer Bootsprozession und anschließendem Festessen. Ihre Ursprünge reichen bis ins 16. Jh. zurück.

Von Lenno nach Como

▸ **Ossuccio**: Direkt an der Durchgangsstraße fällt die Kirche *Santa Maria Maddalena* auf, deren Turm mit seinem eigenwillig geformten Glockenstuhl eine Art Wahrzei

Von Lenno nach Como

chen in dieser Ecke des Sees geworden ist. Vom oberhalb der Straße liegenden Ort führt ein 300 m langer Fußweg mit 14 Kreuzwegkapellen zur barocken Wallfahrtskirche *Santuario della Beata Vergine del Soccorso* in 419 m Höhe, wo man einen wunderbaren Panoramablick genießt.

▸ **Argegno**: kleines Örtchen an der Mündung des Flusses Telo. An der Flussmündung ein Strandbad mit schön gelegener Pizzeria, daneben ein Bootshafen. Wassersportler mit Tiefenangst sollten sich allerdings besser einen anderen Ort als Standquartier aussuchen, denn vor Argegno erreicht der Comer See seine Maximaltiefe von 410 m. Eine Seilbahn geht ins 881 m hoch gelegene *Pigra* (ca. halbstündlich, 8–12, 14–18 Uhr, Juli/August bis 19 Uhr, ca. 3 € hin und zurück), von dort führt eine kleine Bergwanderung auf den 1331 m hohen *Monte Pasquella*, gemütlichere Naturen essen ein Eis und genießen das Seepanorama. Außerdem kann man von Argegno ins Val d'Intelvi fahren sowie zum Luganer See (→ unten).

● *Essen & Trinken* **Crotto dei Platani**, Via Regina 73, etwas unterhalb der Uferstraße zwischen Argegno und Brienno. Bildhübsche Kiesterrasse und ein alter, in die Felsen getriebener „Crotto", also ein Felsenkeller, in dem Vorräte gelagert wurden und wie man sie im Tessin noch häufig findet. Gute Seeküche. Di geschl.

▸ **Val d'Intelvi**: Zwischen den Urlaubsorten am Westufer des Comer Sees und dem Luganer See eröffnet sich auf der Hochebene entlang des Flüsschens Telvo eine ganz andere, beinahe alpine Dimension. Ein dichtes Netz von Wanderwegen und Mountainbike-Touren führt bis auf den 1702 m hohen *Monte Generoso*, der im Winter auch ein nennenswertes Skigebiet ist. Reiterhöfe und ein Golfplatz runden das Aktivangebot ab, weniger Mobile finden Erholung in Sanatorien und Kurstätten. Kunsthistorisch kommt dem Val d'Intelvi durch seine berühmten Söhne, die „Magistri intelvese", besondere Bedeutung zu, die im 15. bis 17. Jh. als Architekten, Stuckateure und Baumeister für die Kirchenfürsten Europas deren große Bauvorhaben realisierten (z. B. die Kathedralen von Mailand, Como und Modena sowie das Baptisterium von Parma). Waren sie auf Heimatbesuch, konnten sie das Bauen wohl nicht lassen und so kam die vergleichsweise karge Gegend zu einigen echten Juwelen barocker Baukunst, allen voran die Kirche *Santa Maria* (Kirche) und das Kloster *Santi Nazzaro e Celso*, beide in *Scaria.*, wo es auch ein interessantes Kirchenmuseum gibt. Ansonsten lebte man in der Gegend gut vom Schmuggel mit der nahen Schweiz, den man im einem winzigen Museum in einer ehemaligen Zollstation bei Erbonne historisch dokumentiert hat.
Touristisches Zentrum des Val d'Intelvi ist das bergdörfliche *Lanzo*, kurz vor der Schweizer Grenze. *San Fedele* ist der administrative Mittelpunkt des Tals und *Dizzasco* am unteren Ende vermittelt schon die ganze Mondänität des Comer Sees.

● *Öffnungszeiten* **Museo Diocesano d'Arte**, nur Juli/August 16–18 Uhr, sonst nach Voranmeldung unter ✆ 031/840241; **Museo della Guardia di Financia e del Contrabbando**, San Fedele Intelvi, Località Erbonne (Öffnungszeiten mit Touristinfo in Lanzo vereinbaren).

● *Information* **Ufficio turistico di Lanzo**, Piazza Novi 2, sehr kooperative Mitarbeiter versorgen mit Bergen von Informationsmaterial.

● *Übernachten/Essen & Trinken* **La Nevera**, Lanzo d'Intelvi, Località Rampione Verna (unmittelbar hinter dem Sanatorium rechts abbiegen). Kleiner Agriturismo-Betrieb mit sehr gemütlichen Zimmern sowie authentischer und guter Küche. DZ mit Frühstück ca. 50 €. ✆ 031/841397.

Rondanino, vom „La Nevera" 500 m den Berg hinab, kleines Hotel mit vorzüglichem Restaurant am Ende der Welt, fantastischer Blick aus 1000 m ü. NN. DZ ca. 50 €, Frühstück extra. ✆ 031/839858, ✉ 833640, E-Mail: rondanino@libero.it

Camping ai Colli Fiorita in Castiglione d'Intelvi, Via Case Sparse, romantisches Plätzchen im Schatten der Berge. ✆ 031/830564.

Comer See (Lago di Como)

▶ **Seeuferstraße von Torriggia nach Cernobbio**: Südlich von Argegno führt die Straße zunächst am Wasser entlang, verläuft dann aber ab Torriggia weiter landeinwärts. Jedoch gibt es direkt am See eine schmale Parallelstraße über *Laglio* und *Carate Urio*, wo man noch das eine oder andere nette Restaurant und Hotel findet. Direkt an der Straße steht außerdem die ungewöhnliche *Grabpyramide* des deutschen Arztes Josef Frank (gest. 1857). Der skurrile Bau war ursprünglich Alessandro Volta (→ Como) zum hundertsten Geburtstag zugeeignet worden, aber die Granden der Volta-Gesellschaft konnten sich mit der ägyptisierenden Merkwürdigkeit nicht anfreunden – so fand schließlich der edle Spender selbst darin die letzte Ruhe.

Das Seeörtchen *Laglio* ist seit kurzem auch in der Welt des Jet Sets und der Hollywood-Groupies ein Begriff, denn George Clooney hat sich hier anlässlich der Drehaufnahmen für seinen rasanten Film „Ocean's Twelve" eine Millionenvilla am See gekauft.

Übernachten * **Bersagliere**, Via Regina Nuova, Laglio. Familiär geführtes, kleines Hotel mit Blick auf den See. Restaurant mit großer Terrasse, Sonnendeck und Parkplatz. DZ mit Frühstück ca. 60 €. ✆/℡ 031/400259, E-Mail: hotel_bersagliere@libero.it

▶ **Cernobbio**: geschäftiges Örtchen mit nettem Ortskern, das mit Como fast zusammengewachsen ist. Weltbekannt ist es wegen seines legendären „Grand Hotel Villa d'Este" (www.villadeste.it), einem der großen Luxushotels Italiens. Im 16. Jh. von einem Kardinal erbaut, ist die prachtvoll ausgestattete Villa seit 1873 Hotel. Von Churchill über Hitchcock bis Clark Gable und Kissinger – alle waren sie hier, das Publikum besteht zu fast 50 % aus Stammgästen der High Society.

• *Übernachten* *** **Miralago**, stattliches Herrschaftshaus mit nostalgischem Charme, schöne Lage an einem freien, weiten Platz am See, gemütliche Zimmer mit TV und Minibar, z. T. Aircondition. Parkplatz/Garage vorhanden. DZ ca. 100–120 €, Frühstück ca. 12 € pro Pers. ✆ 031/510125, ℡ 342088, www.hotelmiralago.it

• *Essen & Trinken* Auf engem, kurvigem Sträßchen geht es hinauf nach Rovenna. **Il Gatto Nero**, auf halber Strecke nach Rovenna, intimes Terrassenlokal mit gepflegtem Interieur, viel empfohlener Küche und herrlichem Blick. Di-Mittag und Mo geschl. Reservierung nötig unter ✆ 031/512042. **Belvedere**, einfache Trattoria, versteckt im Gassengewirr von Rovenna, man sitzt an groben Steintischen unter Weinranken und kann für weniger Geld ebenfalls den Seeblick genießen.

Como (ca. 100.000 Einwohner)

Wohlhabende Stadt mit Universität und viel Kultur, die Skyline wird dominiert von der grünen Domkuppel. In den Randbezirken hat sich einiges an Industrie angesiedelt, vor allem Seiden- und Kunstseidenfabrikation. Como war seit dem 15. Jh. bis zum Zweiten Weltkrieg ein bedeutender Standort der Seidenraupenzucht und ist – obwohl so mancher Betrieb in den letzten Jahren schließen musste – noch heute das wichtigste europäische Zentrum für die Verarbeitung der nunmehr importierten Seide.

Am See bildet die Piazza Cavour mit ihren Rasenflächen einen weiten, offenen Platz, dort legen die Fähren an. Dahinter erstreckt sich die elegante Altstadt mit vielen Möglichkeiten zum gepflegten Shopping. Entlang des Ufers verläuft eine lange, baumbestandene Promenade. Westlich vom Zentrum passiert man den auffallenden, Alessandro Volta gewidmeten Tempio Voltiano und kommt zur prachtvollen Villa dell'Olmo mit ihrem repräsentativen Garten. Como besitzt aber nicht nur Industrie und Kultur, auch die Erholung kommt nicht zu kurz. Es gibt zwei gepflegte Strandbäder, nämlich bei der Villa dell'Olmo am Westufer und Ostufer bei der Villa Geno – und die Auffahrt mit der Standseilbahn nach Brunate ist fast ein Muss.

Anfahrt/Verbindungen/Information

- *PKW* Autobahn ab **Mailand**. Die gesamte Innenstadt ist für den Verkehr gesperrt, Zufahrt nur für Autorisierte und Hotelgäste. Gebührenpflichtig parken kann man entlang des langen Viale Lecco. Ein großes **Parkhaus** steht in einer Seitengasse des Viale C. Battisti (beschildert), Nähe landseitiges Stadttor.
- *Bahn* Como ist Station an der internationalen **Gotthard-Linie** von Basel nach Mailand, eine der wichtigsten Strecken im alpenüberquerenden Verkehr. Hier verkehren hauptsächlich zuschlagspflichtige Züge, Nahverkehrszüge gehen hinüber nach **Lecco**, dort umsteigend erreicht man **Bergamo** und den dortigen Flughafen. Der FS-Bahnhof liegt westlich vom Zentrum am Piazzale Gottardo, in die Altstadt geht's geradeaus die Via Gallio entlang, ca. 10 Fußminuten. Auf der anderen Seite der Altstadt, an der Piazza Matteotti, wenige Meter vom See, liegt der Bahnhof der privaten **Ferrovie Nord Milano (FNM)** mit etwa halbstündlichen Verbindungen von und nach **Mailand-Nord** (M2: Cadorna), Fahrtdauer ca. 45 Min.
- *Bus* Busse in die wichtigsten Ortschaften starten am See ab **Piazza Matteotti**, z. B. nach Menaggio und Bellagio. Verbindungen gibt es auch nach Mailand und zum Flughafen Malpensa sowie nach Bergamo/Orio al Serio. In der Stadt und in die Außenbezirke fahren Stadtbusse 1–14.
- *Fähren* tägliche Abfahrten in alle Seeorte an der zentralen **Piazza Cavour**.
- *Information* **IAT**, zentral am großen Platz an der Seefront, Piazza Cavour 16. Sehr gute Stadtpläne und viel Prospektmaterial. Mo–Sa 9–13, 14.30–18 Uhr, So geschl. ☏ 031/3300 111, ✆ 261152, www.lakecomo.org Zweigstelle **im FS-Bahnhof**, Piazzale San Gottardo. ☏ 031/267214.
- *Internet* Internet-Cafés bzw. öffentliche Terminals z. B. in der Bar Como, Via Volta 51 oder bei Internet & Game, Piazza de Orchi 3.

Übernachten (siehe *K*arte S. 207)

Como ist ein teures Pflaster, für gehobene Ansprüche gibt es allein acht **** Hotels und unter 50 € findet man im Zentrum kein Zimmer mit eigenem Bad.

*** Firenze (7), Piazza Volta 16, modernes Hotel in einem historischen Gebäude, ruhige Lage an einem reinen Fußgängerbereich. Freundlich geführt, schick und ansprechend in klaren Linien gestaltet, Zimmer mit Holzböden, z. T. Aircondition, sehr gute Bäder, leider kein Parkplatz. DZ mit Frühstück ca. 105–125 €. ☏ 031/300333, ✆ 300101, www.albergofirenze.it

*** Tre Re (9), Piazza Boldoni 20, ebenfalls mitten in der Altstadt, großes, älteres Haus, Treppenhaus im klassizistischen Stil, Zimmer schlicht, durchgängig renoviert, Mobiliar in hellem Holz, Parken im Hof, mit Ristorante. DZ mit Frühstück ca. 108–122 €. ☏ 031/265374, ✆ 241349, www.hoteltrere.com

*** Marco's (2), Via Lungo Lario Trieste 62, in der Nähe der Standseilbahnstation nach Brunate, nah am See. Schöner Blick, innen geht es allerdings etwas eng zu. Unten im Haus Restaurant. DZ mit Frühstück ca. 96 €. ☏ 031/303628, ✆ 302342, www.hotelmarcos.it

** Quarcino (3), Salita Quarcino 4, ebenfalls nicht weit von der Standseilbahn, bei der Kirche San Agostino. Freundlich geführtes Haus mit Garten und bewachtem Parkplatz. 150 m zum See, aber nicht alle Zimmer mit Aussicht. Gutes Frühstücksbuffet. DZ mit Frühstück ca. 82 €. ☏ 031/303934, ✆ 304678, www.hotelquarcino.it

** Posta (6), Via Garibaldi 2/Ecke Piazza Volta, zentrale, trotzdem ruhige Lage. Zimmer mit Teppichböden, solidem Mobiliar und guten Bädern. Unten Restaurant. DZ mit Frühstück ca. 67–83 €. ☏ 031/266012, ✆ 266398, www.hotelposta.net

* Sociale (12), Via Maestri Comacini 8, direkt neben dem Dom, eine Handvoll einfache Zimmer über dem urigsten Restaurant der Stadt, nett geführt. DZ mit Bad ca. 50 €, mit Etagendusche 40 €, Frühstück extra. August geschl. ☏ 031/264042, E-Mail: albergosociale@virgilio.it

- *Außerhalb* ***** Villa Flora**, beliebtes, allerdings recht hellhöriges Haus in Torno, etwa 10 km nördlich von Como (→ S. 194). Steht so dicht am See, dass die Wellen an die Grundmauern klatschen. Kleiner, aber feiner Salon mit Stuckdecke, verglastes Ristorante mit Freiterrasse, daneben Pool und

Como 209

eigener Bootssteg. 20 einfache Zimmer mit Seeblick, z. T. mit Balkon. DZ ca. 75–85 €, Frühstück extra. ✆ 031/419222, ℻ 418318.
*** **Vapore**, ebenfalls in Torno, älteres Haus mit nostalgischem Charme, schöne Lage direkt am kleinen Hafenbecken. Sehr schöner Platz zum Essen – altertümlicher Speisesaal mit Deckenfresken, zum See hin lauschiger Gastgarten mit Kastanienbäumen (Mi geschl.). Zimmer ordentlich eingerichtet. DZ ca. 70–85 €, Frühstück extra.
✆ 031/419311, ℻ 419031, www.hotelvapore.it
• *Privatzimmer* **In Riva al Lago (5)**, zentrale Lage an der Piazza Matteotti 4, beim Bhf. der Ferrovie Nord Mailand, etwa 100 m vom See. Ein ganzes Haus mit Zimmern und Apartments verschiedener Größe (40–140 qm), beliebt bei Rucksacktouristen, auch für Familien geeignet. Tageweise, wöch. oder monatl. Vermietung, guter Standard, mit eigenem „Pub". DZ mit Bad ca. 52–60 €, mit Etagendusche ca. 39–45 €. ✆ 031/302333, www.inrivaallago.com
• *Jugendherbergen* **Ostello dell'Olmo (1) (IYHF)**, Via Bellinzona 2, beliebte Herberge im Park der Villa Olmo am Westufer, ca. 1,5 km vom FS-Bhf., Bus 1 oder 6. Anmeldung ab 16 Uhr, im Sommer oft voll. Etwa 12,50 € pro Pers. mit Frühstück. Fahrradverleih, Waschmaschine. März bis Nov.
✆ 031/573800.
• *Camping* **International**, für Motorisierte günstiger Übernachtungsplatz, da direkt an der Auf-/Abfahrt Como-Sud der Autobahn Chiasso–Mailand, ca. 3 km vom Zentrum. Dicht beschattete Stellplätze unter Bäumen, Kinderspielplatz, kleiner Pool, Bar/Pizzeria. Ostern bis Mitte Oktober.
✆/℻ 031/521435.

Essen & Trinken/Nachtleben/Shopping (siehe Karte S. 207)

Auch beim Essen muss man oft tief in die Tasche greifen, vor allem die zentral gelegenen Ristoranti sind sehr teuer. Mittags bieten die meisten Lokale dagegen preiswerte Menüs. Eine günstige Alternative bilden auch einige Self-Services, in denen sich junge Leute mit knappem Budget tummeln.

Sant'Anna 1907 (16), Via Filippo Turati 3, außerhalb vom Zentrum, am Weg zur Autobahn, seit fast 100 Jahren Garant für ausgezeichnete lombardische Küche, Menü ca. 35–50 €. Reservierung unter ✆ 031/505266. Sa mittags und So geschl.
Al Giardino (17), Via Monte Grappa 52, auch außerhalb der Innenstadt. Eine „Osteria con cucina", d. h. man kann auch auf ein Glas Wein kommen. Man speist in einer schönen historischen Villa, im Sommer sitzt man im Garten. Spezialität ist natürlich Fisch aus dem Comer See, *cavedona* genannt. Reservierung ✆ 031/265016. Mo geschl.
L'Angolo del Silenzio (13), Viale Lecco 25, an einer viel befahrenen Straße nordöstlich der alten Stadtmauer, trotzdem ein „Winkel der Stille", da man in den Gasträumen und im Innenhof davon nichts mitbekommt. Eins der ältesten Lokale der Stadt, jedoch elegant renoviert. Gute und typische lombardische Küche, Fisch und Fleisch gleichermaßen. Viele Stammgäste und recht günstige Preise, vor allem mittags. Di-Mittag und Mo geschl.
Teatro Sociale (12), Via Maestri Comacini 8, im Laubengang neben der Domapsis, das gemütlichste und urigste Restaurant der Stadt mit sehr reeller Preisgestaltung, „Wohnzimmer" der Künstler aus dem benachbarten Stadttheater, auch Pavarotti war schon oft hier. Drei Räume, hübsch aufgemacht mit Fotos und Plakaten, lockere, fröhliche Atmosphäre, lokale Küche. In der Bar nebenan trifft man sich zum Klatsch und Tratsch. Auch Zimmervermietung (→ Übernachten).
La Scuderia (4), Piazza Matteotti 4, gutes Lokal im ersten Stock hinter der Busstation, im Erdgeschoss werden die Pizzen und Nudelgerichte vor den Augen der Gäste zubereitet. Do geschl.
Le Colonne (10), Piazza Mazzini 12, beliebte Pizzeria an einem ruhigen Platz, zwar schön zum Sitzen, aber oft völlig überfüllt und zu wenige Kellner, *secondi* um 15 €. Di geschl.
Messicana (8), Piazza Mazzini 6, gemütliche Alternative am selben Platz, winziger Innenraum, wo man hautnah mit dem Pizzabäcker flirten kann, daneben kleiner Innenhof, auch oft sehr voll. Große, leckere Pizzen und einige Tex-Mex-Gerichte. Mo geschl.
Enoteca Osteria del Gallo, Via Vitani, Weinstube und Edelsnack mit Spezereienverkauf mitten in der Altstadt. Di bis So 9–20 Uhr.
• *Preiswert* **Café Nea (11)**, Via Cinque Giornate, Birreria mit warmer Küche, gemütlich und populär, beliebter Mittagstreff.
Ariston (14), Via Giuseppe Rovelli 13, Nähe San Fedele, schön zum Draußensitzen an

Edel: Seidenkrawatten aus Como

schattiger Gasse. Kalte Platten, Primi und Secondi, Panini, Pizza und Salate.
Enoteca 84, Via Milano 84, südlich außerhalb der Altstadt. Schmackhafte „Cucina casalinga" in einer einfachen Mittagstischkneipe für die Arbeiter und Angestellten der Umgebung. Nur mittags (außer Fr/Sa), So und August geschl.

• *Cafés* **Pasticceria/Gelateria Monti**, Piazza Cavour 21, gegenüber der Anlegestelle, erste Adresse in Sachen Eis, auch Pizza und Gebäck, der alte Palazzo innen stuckverziert.
Nova Comum, populäres Café in der Via Ballarini/Ecke Piazza del Duomo. Hier geht es abends oft fröhlich und laut zu.
Weiteres schönes **Freiluftcafé** an der Piazza San Fedele (→ Sehenswertes).

• *Nachtleben* Junge Leute und Studenten treffen sich an der Piazza Volta und der Piazza Matteotti direkt am See, z. B. im großen Irish Pub **O'Sulivans** neben dem Bahnhof der Privatbahn nach Mailand, bevor sie in die Großraumdiscos im Speckgürtel um Mailand aufbrechen.
Birreria 35 (15), Via Giuseppe Rovelli 35, gemütliche Kneipe mit viel Holz, Jazzmusik und Musikinstrumenten an den Wänden.

• *Shopping* Seiden- und Kunstseidenstoffe in großer Auswahl findet man u. a. bei folgenden Adressen.
Ratti, Outlet Store in der Via Cernobbio 17, Nähe Villa dell'Olmo. Di–Sa 9–18.30, Mo 14–19 Uhr. ✆ 031/576000, www.ratti.it
La Tessitura, Via Roosevelt 2/a, Concept-Store des Marktführers Mantero – auf über 1000 qm bauschen sich Tücher, stapeln sich Hemden und Blusen, winden sich Schals. Nicht billig, aber ein echtes Shoppingerlebnis mit didaktischem Zusatznutzen. Mo–Sa 9.30–19.30, So 11–20 Uhr. ✆ 031/321666, www.latessitura.com

Sehenswertes

Das alte Como besaß einen rechteckigen Grundriss und auch die gepflasterten Gassen der Altstadt sind weitgehend rechtwinklig zueinander angelegt. Zum Großteil sind sie Fußgängerzonen. Reste der mittelalterlichen Stadtmauer sind entlang der Piazza del Popolo und dem Viale Lecco erhalten, die *Torre di Porta Vittori*, der einzige erhaltene Torturm der Stadtmauer, steht an der Landseite der Altstadt.

Dom Santa Maria Maggiore: Imposant und äußerst dekorativ dominiert die mächtige Kirche einen weiten, offenen Platz im Zentrum. In ihrer gelungenen Mischung aus Gotik- und Renaissanceelementen gehört sie zu den bedeutendsten Sakralbauten Oberitaliens. Die aufwändig verzierte Fassade aus weißem Marmor besitzt senkrechte Skulpturenleisten und Türmchen, reich geschmückte Portale und hohe Fenster. Wohl geborgen hinter Glas sieht man zu beiden Seiten des Haupttors die Statuen von Plinius dem Älteren und Plinius dem Jüngeren, beide in Como geboren.

Im Innern grenzen mächtige Wandteppiche die Seitenschiffe vom Hauptschiff ab, sparsam bestuhlt kommt die Weite des Baus zum Tragen. Auffallend sind die vielen bunten Glasfenster, u. a. eine prächtige Rosette und hohe Glasfenster in der Front sowie kleine, leuchtende Fenster hinter dem Altar. Die spitze Kuppel von Filippo Juvarra (→ Turin) wirkt fast himmelhoch, beachtlich ist auch die vergoldete Orgel. An den Seitenaltären Reliefs der Gebrüder Rodari und mehrere Gemälde, zu den bedeutendsten zählen die „Anbetung der heiligen drei Könige" und „Der heilige Hieronymus" von Luini sowie die „Flucht nach Ägypten" und die „Vermählung der heiligen Jungfrau" von Gaudenzio Ferrari.

Öffnungszeiten 7–12, 15–19 Uhr.

Broletto: Das ehemalige Rathaus mit Stadtturm aus dem 13. Jh. ist direkt an den Dom angebaut. Die schöne romanische Loggia im Zebramuster beherbergt heute oft Bücherstände, Flohmärkte etc.

San Fedele: kleine Basilika im lombardischen Stil, errichtet im 12. Jh. über einem Vorgängerbau aus karolingischer Zeit. Schöne Lage an einem beschaulichen Platz mit schattigen Arkaden und jahrhundertealten Häusern, deren Erker und Holzbalken einen pittoresken Rahmen bilden. Der kuppelgekrönte Innenraum in Form eines vierblättrigen Kleeblatts besitzt drei Schiffe und eine dreigliedrige romanische Apsis. Wandmalereien aus verschiedenen Epochen schmücken die Wände. Seitenemporen und Decke stammen zum Teil aus der Renaissance.

Sant'Abbondio: Die große Basilika mit zwei Glockentürmen aus dem 11. Jh. steht westlich außerhalb der Stadtmauern in einem reichlich unattraktiven Umfeld. Sie gilt als eins der bedeutendsten Werke der lombardischen Romanik. Das fünfschiffige Innere mit Säulen und Pfeilern ist schlicht gehalten, lediglich in der Apsis herrliche Fresken aus dem 14. Jh., über denen sich ein prächtiger Sternenhimmel wölbt.

Villa Olmo: klassizistischer Palast mit prachtvollem Innenleben am westlichen Seeufer, erbaut Ende des 18. Jh., seit 1927 als Kongress- und Ausstellungszentrum genutzt. Zwischen Palast und See ein italienischer Park, hinter dem Haus ein Garten im englischen Stil.

Öffnungszeiten **Garten**, April bis Oktober Mo–Sa 9–12, 15–18 Uhr. Der **Palast** ist nur während Ausstellungen zugänglich.

• *Museen* **Tempio Voltiano**, der architektonisch auffallende „Tempel" direkt am See ist dem einheimischen Physiker *Alessandro Volta* gewidmet. Hunderte von Erinnerungsstücken an den Wegbereiter der elektrischen Batterie liegen hier etwas nüchtern ausgebreitet, fein säuberlich dokumentiert in einer deutschsprachigen Broschüre. Pflichtbesuch für alle Schulklassen an den Umgebung. Im Sommer Di–So 10–12 und 15–18 Uhr, im Winter 10–12 und 14–16 Uhr, Mo geschl., Eintritt ca. 2,60 €.

Sehr viel lebhafter und anschaulicher gestaltet ist das **Museo Didattico della Seta**, (Seidenmuseum), Via Castelnuovo 1. 1990 in einer alten Seidenspinnerei eröffnet. Alle Arbeitsgänge der Seidenherstellung werden an Hand von Originalgeräten ausführlich dargestellt. Di–Fr 9–12, 15–18 Uhr, Sa nach Vereinbarung. Eintritt ca. 8 €. ✆ 031/303180, www.museosetacomo.com.

Museo Archeologico und **Museo del Risorgimento**, beide an der Piazza Medaglie d'Oro. Di–Sa 9.30–12.30, 14–17, So 10–13 Uhr, Mo geschl., ca. 3 €.

Der Dom von Como

▶ **Como/Umgebung:** *Brunate* ist ein kleiner Ort auf einem Hügel, 716 m über Como, schön zum Spazierengehen und Wandern, mit stets herrlichen Ausblicken. Vom Ostende des Lungo Lario Trieste kommt man mit der Standseilbahn „Funicolare Como-Brunate" hinauf, 2004 hat das Bähnlein bereits seinen 110. Geburtstag gefeiert. Den *Faro Voltiano*, einen achteckigen, 29 m hohen Leuchtturm erreicht man nach etwa einstündigem Aufstieg von der Bergstation der Seilbahn. An schönen Tagen reicht die Sicht von der fast 1000 m hoch gelegenen Plattform bis weit in die Alpen. Der steile Hang hinunter nach Como ist übersät mit Häusern, Villen und Palästen der Wohlhabenden, Vermögenden und märchenhaft Reichen – und Standort des Restaurants mit dem schönsten Blick auf den linken Arm des Comer Sees.

• *Anfahrt/Verbindungen* **Funicolare Como-Brunate**, etwa alle 15 Min., Dauer ca. 7 Min., hin/rück ca. 4 €, letzter Zug zurück ca. 22.30 Uhr, im Sommer bis Mitternacht.

• *Übernachten/Essen & Trinken* ***** Falchetto**, Salita Peltrera 37, von der Bergstation der Seilbahn ein ordentliches Stück den Berg hinunter und der Beschilderung folgen. Die schöne Aussicht hat man über den dampfenden Tellern bald vergessen – nach langen Jahren und vielen Stationen bei Spitzenköchen überall auf der Welt überkocht Roberto das Panorama spielend. Der Weg zurück zur Seilbahn ist beschwerlich, also lieber die steile Straße nach Como hinunterschwanken oder, noch besser, eins der schönen Zimmer nehmen. Menü um 25 €, DZ ca 75 €, Frühstück extra. ✆ 031/3365033, ✉ 031/3365007, www.falchetto.it

Mobili Cantù: Mobiliar der Sonderklasse

Die Kleinstadt Cantù, etwa 12 km südlich vom Como, ist ein traditionsreiches und bis heute äußerst vitales Zentrum der Möbelindustrie. Im Rahmen einer ständigen Verkaufsausstellung präsentieren Dutzende von Herstellern an der zentralen Piazza Garibaldi ihre formschönen Designermöbel – ein ganzes Haus voller außergewöhnlicher Möbelstücke, für Liebhaber ein Muss.
La Permanente Mobili Cantù, Piazza Garibaldi 9, Mo–Fr 9–12.30, 15–19 Uhr, Sa 9–12.30, 15–18 Uhr. ✆ 031/712539.

Nachwuchsangler am Lago di Alserio

Seen in der Brianza

In der Brianza, dem dicht besiedelten Tiefland zwischen Como und Lecco, liegen mehrere kleine, optisch recht reizvolle Seen, deren Ufer allerdings weitgehend verschilft sind und nur vereinzelt Bademöglichkeiten bieten.

▸ **Lago di Annone**: der größte der Brianzaseen, jedoch ohne Badegelegenheiten. Nördlich vom See liegt *Civate*, wo man eine schöne Wanderung zur Bergkirche San Pietro al Monte unternehmen kann (→ Kasten). Am Ostufer findet man eine Liegewiese mit dem Restaurant „Ca' Bianca", über dem Südufer liegt *Oggiono* mit der Kirche Santa Eufemia, in der ein Schüler Leonardo da Vincis das Polyptychon „Santa Maria Assunta und Heilige" gemalt hat.
  <u>Übernachten</u> **Camping Due Laghi**, Iselle di Civate, Via Isella 34, zwischen den beiden Teilen des Sees auf einer Halbinsel gelegen. ✆/📠 0341/550101.

▸ **Lago di Pusiano**: Für einen Aufenthalt am ehesten geeignet, allerdings gibt es auch Industrie. Am Nordufer findet man westlich von *Pusiano* ruhig und abgelegen den sympathischen Zeltplatz „Lago di Pusiano" mit schattigen Stellplätzen und Bungalows. In Pusiano kann man außerdem im Ristorante „Negri" direkt am See essen.
  <u>Übernachten</u> **Camping Lago di Pusiano**, ganzjährig geöffnet. ✆ 031/640420.

▸ **Lago di Alserio**: der kleinste der südlich von Erba gelegenen Seen ist ebenfalls zum Baden nicht geeignet, jedoch gibt es an der Südwestecke eine schöne Liegewiese, wo sich Picknickfreunde, Ruhesuchende und Angler treffen. Interessant ist dort außerdem die Rekonstruktion einer Wassermühle.

▸ **Lago di Segrino**: hübscher kleiner See nordöstlich von Erba. Auch hier sind die Ufer verschilft, am Westufer kann man aber ein beliebtes Strandbad mit angeschlossener

Trattoria besuchen. Die Straße am Ostufer ist als *Parco Lago Segrino* für den Verkehr gesperrt und wird zum Joggen genutzt.

Madonna di Ghisallo: Heiligtum der Radfahrer

Von Erba nach Bellagio: Man fährt das *Vallassina* in Richtung Norden hoch über die Berge, bis in knapp 800 m Höhe. Ein Abstecher auf den Monte San Primo bringt uns sogar auf fast 1200 m Höhe. *Canzo* ist ein trotz seiner Industrie recht attraktives Städtchen inmitten von viel Grün. Zum *Santuario San Miro al Monte* (600 m) kann man mit dem Auto einen Abstecher unternehmen. Bei *Lasnigo* steht die *Chiesa di Sant' Alessandro* mit mittelalterlichen Fresken, bei *Magreglio* gibt es einen Campingplatz gleichen Namens.

Die Wallfahrtskirche auf der *Madonna di Ghisallo* gewidmet, die Papst Pius XII. 1949 zur Schutzpatronin der Radfahrer erklärte. Täglich finden sich hier ganze Rudel von Bikern ein, alle Wände des Kirchleins sind bedeckt mit Rennrädern (u. a. von Eddie Merckx), Trophäen und Siegerpreisen von Wettrennen. Neben der Kirche steht ein Bronzedenkmal für die tapferen Radler, der Neubau eines Radsportmuseums ist in Vorbereitung.

Romanik in der Brianza

Oberhalb von Civate erhebt sich am Nordende des Lago di Annone der Monte Pedale. Auf halber Höhe liegt das ehemalige Benediktinerkloster *San Pietro al Monte* mit dem dazugehörigen *Oratorio San Benedetto* oberhalb eines dichten Waldes. Das romanische Ensemble ist nach knapp einstündigem scharfem Aufstieg über einen steilen Bergpfad zu erreichen (kein Spaziergang!) und beeindruckt zunächst mit seiner formalen Geschlossenheit. Wahrscheinlich über einer paläochristlichen Kultstätte errichtet, liegt der Ursprung des Klosters im späten 8. Jh. Arnolfo dei Capitani, ein Mailänder Bischof, der mit dem Papst zerstritten war, zog sich später in das kleine Kloster zurück und veranlasste einen Umbau und die heutigen Malereien, die zu den Höhepunkten romanischer Freskenkunst zählen. 1611 wurde das von Benediktinern genutzte Kloster nach mehreren Raubüberfällen aufgegeben. Seit 1927 werden die beiden Bauten allmählich restauriert und sind in den Sommermonaten zu besichtigen.

Vorgelagert ist die kleine Totenkapelle, die dem Ordensgründer geweiht ist. Der romanische Stil des Zentralbaus ist unübersehbar, der heute völlig nackte Innenraum war früher ausgesprochen reich verziert, davon zeugen heute jedoch nur noch die Fresken am gemauerten Altar. Künstlerisch bedeutender ist der unmittelbar oberhalb anschließende Komplex der eigentlichen Klosterkirche San Pietro. Eine breite Granittreppe führt zur Ostapsis, die bei der Neuausstattung durch Arnolfo zum Eingang umgestaltet wurde. In der Verlängerung der interessanten Ostanlage, die prächtige Wandmalereien zeigt, schließt sich ein einfaches Landhaus mit einem Baldachin über dem Altar und eine weitere Apsis an. Besonderes Augenmerk gebührt den Stuckreliefs am Baldachin und vor allem den Fresken, die in mittelalterlicher Drastik den armen Sterblichen die Schrecken der Apokalypse und natürlich auch die Erlösung daraus lebhaft vor Augen führen.

Aufstieg Ausgangspunkt ist ein ausgeschilderter Parkplatz am Ende der Via Belvedere oberhalb von Civate. Die beim Aufstieg verjubelten Kalorien lassen sich spielend mit den üppigen Brotzeitplatten der Crotti am Wegeinstieg wieder einfangen (nur im Sommer geöffnet).

Öffnungszeiten nur sonntags 9–15 Uhr oder nach Vereinbarung mit Sign. Canali unter ✆ 0341/551576.

In luftiger Höhe: San Pietro al Monte

Luganer See (Lago di Lugano)

(italienischer Teil)

Der größte Teil des verwinkelten Luganer Sees – in Italien nach seinem lateinischen Ursprung „Ceresio" genannt – gehört zur Schweiz. Italienisch ist lediglich ein kleines Stück des Westufers und der östliche Seearm, der wie eine lange Zunge in lombardisches Gebiet hineinragt. Letzterer liegt landschaftlich reizvoll inmitten hoher, bewaldeter Hänge, trotzdem ist das Gebiet insgesamt eine eher ruhige Ecke mit nur einer Handvoll bescheidener Orte.

Das Wasser des Ceresio gehört nicht zu den saubersten der Oberitalienischen Seen. Da er keinen großen Zufluss besitzt, sondern nur mehrere kleine Flüsschen, geschieht der notwendige Wasseraustausch recht zögerlich. Zudem gibt es nur wenige Kläranlagen am See, sodass immer wieder Badeverbote ausgesprochen werden.

> Umfassende Informationen zum Schweizer Ufer – u. a. zum mondänen Lugano, zu Montagnola, wo Hermann Hesse 43 Jahre lang lebte, und zum touristischen Aushängeschild Morcote mit dem berühmten Gartenparadies Parco Scherrer – finden Sie in unserem Titel „Tessin" (→ Verlagsprogramm).

Von Menaggio nach Porlezza

Vom Comer See ist es nur ein Katzensprung nach Porlezza, dem östlichsten Ort am Luganer See. Auch Busse pendeln auf dieser Strecke, sodass man auch bequem einen Tagesausflug machen kann. Unterwegs kommt man am idyllischen kleinen *Lago di Piano* vorbei, an dessen Ufer gleich drei Zeltplätze liegen.

▸ **Porlezza**: Hauptort des Sees auf italienischem Gebiet, schon von den Römern gegründet. Das Kleinstädtchen mit schattiger Promenade und nettem Altstadtkern bietet nichts Spektakuläres. In der Fußgängerzone findet man gut bestückte Delikatessenläden, einige Campingplätze liegen am Seeufer südlich vom Ort.

• *Übernachten/Essen & Trinken* ** **Regina**, Lungolago Matteotti 11, gepflegtes Haus an der Promenade, Zimmer mit modernem Mobiliar, TV und kleinen Balkonen, unten gutes Ristorante (Mo geschl.). DZ mit Frühstück ca. 80–90 €. ☏ 0344/61228, ℻ 72031, www.hregina.com
Camping Darna und **Paradiso** lohnen wegen ihrer schönen Lage unter Bäumen am Seeufer.

Nordufer

Die Straße durchquert mehrere Tunnels, bevor sie *Cima* erreicht. Etwas außerhalb vom Ort liegt die barocke Wallfahrtskirche *Santuario della Madonna della Caravina*, die der Kardinal Carlo Borromeo im 16. Jh. erbauen ließ (→ S. 243).

Von den folgenden Orten sind die sich den Hang hinaufstaffelnden *San Mamete* mit seiner offenen Piazza am See und *Oria* am reizvollsten. In Oria war der Dichter Antonio Fogazzaro (1842–1911) zu Hause, dessen Roman „Piccolo Mondo Antico" in Italien recht bekannt ist. Im Hinterland kann man einen Ausflug ins malerische *Valsolda* mit seinen kleinen Bergdörfern machen.

Südufer

An der Straße nach Osteno passiert man einen kleinen Wasserfall, dort liegt die *Grotte di Rescia*. *Osteno* selber ist ein winziges, hübsch am See gelegenes Dorf, in dem die Ruhe zu Hause ist. Camping „Lido Osteno" liegt gleich in der Nachbarschaft. Die Pfarrkirche oberhalb vom Ort besitzt eine eindrucksvolle Marmorskulptur „Madonna mit Kind" vom einheimischen Künstler Andrea Bregno (1464). Ausflüge ins malerische *Intelvi-Tal* (→ S. 205) bieten sich von hier aus an, man kann aber auch bis *Campione d'Italia* weiterfahren.

Campione d'Italia: italienische Enklave am Schweizer Ufer des Luganer Sees

Das nur wenige Quadratkilometer große Gebiet gehörte fast 1000 Jahre lang dem Kloster von Sant'Ambrogio in Mailand. Erst Napoleon gab es im Zuge der Säkularisation der Lombardei zurück, nach seiner Niederlage bestätigte der Wiener Kongress die Transaktion. Der Ort selber ist relativ langweilig, großer Anziehungspunkt ist jedoch seit 1917 das Spielkasino *Casinò Municipale*. Ein wichtiger Grund für seine Gründung im Ersten Weltkrieg war, ausländische – vor allem österreichisch-ungarische Diplomaten – anzuziehen, um ihnen politische und militärische Geheimnisse zu entlocken. Heute geht es natürlich wie in jedem Kasino darum, die Gäste ihrer Barschaft zu entledigen. Zu den Slot-Machines erhält man mit legerer Kleidung Zutritt (tägl. 13.45–3 Uhr), für die Roulette-Säle sind Jackett und Krawatte Pflicht (tägl. 15.30–2.30 Uhr). Eintritt ca. 10 €, Ausweis ist vorzulegen. Das Kasino besitzt ein elegantes Dinner-Restaurant namens „La Boule" mit schöner Seeterrasse (tägl. 19.30–1 Uhr, ✆ 004191/6401111). Ein zwölfstöckiger (!) Neubau mit integriertem Hotel wird 2005 eröffnet, damit wird Campione d'Italia das größte Kasino Europas besitzen.

Wer also seine Reisekasse verspielen möchte – auf der Autobahn ist man von Como aus in einer halben Stunde in Campione. Jedoch Vorsicht: Wer keine Vignette am Auto hat, muss an der Schweizer Grenze auch für dieses kurze Autobahnstück den vollen Betrag lösen. In diesem Fall sollte man also besser die Staatsstraße nehmen.

Information Azienda Turistica Campione d'Italia, Via Volta 3, ✆ (004191) 6495051, ✉ 6499178, www.campioneitalia.com; Casinò Municipale, ✆ (004191) 6401111, ✉ 6401112, www.casinocampione.it

Übernachten ** La Palma, Hotel/Restaurant 2 km südlich direkt am See, im historischen Zentrum des Fischerdorfs Bissone. Panoramaterrasse, vielfältige Küche, eigene Bootsanlegestelle. DZ mit Frühstück ca. 90–100 €. ✆ (004191) 6498406, ✉ 6496769.

Seen im Varesotto

Die kleinen Seen im Hügelland zwischen Comer See, Luganer See und Lago Maggiore stehen natürlich ganz im Schatten der großen Nachbarn, bieten aber viel Ruhe und, abgesehen vom Lago di Varese, auch Bademöglichkeiten.

Schön zum Bootfahren, aber Baden verboten: Lago di Varese

Lago di Varese

Südwestlich von Varese liegt der etwa 9 km lange See in flacher Hügellandschaft. Die Ufer sind größtenteils verschilft, das Wasser ist wegen fehlender Kläranlagen überdüngt, Baden ist verboten. Unter dem schönem Namen „Progetto di Vita" sind zwar intensive Anstrengungen unternommen worden, Sauerstoff in den See zu pumpen, um ihn vor dem Umkippen zu bewahren – zum Prädikat „Badesee" hat es aber bislang noch nicht gereicht.

Kurz vor Gavirate versteckt sich im Örtchen *Voltorre* das mittelalterliche Kluniazenserkloster *San Michele* mit schönem Kreuzgang und einem Campanile, der eine der ältesten Glocken Italiens sein eigen nennt. Da es allerdings derzeit einer umfassenden Restaurierung unterzogen wird, ist bis auf Weiteres nicht allzu viel zu sehen.

Ein nettes Plätzchen ist das Albergo/Ristorante „Lido" am Westende bei *Gavirate*, am flachen, baumbestandenen Ufer davor kann man sich in Ruhe sonnen. In Gavirate selber ist das *Museo della Pipa* mit einer mehrere tausend Stück umfassenden Sammlung von handgeschnitzten Pfeifen einen Besuch wert.

Von *Biandronno* am Westufer kann man per Boot zur winzigen Insel *Isolino Virginia* übersetzen, wo eine mehr als dreitausend Jahre alte Pfahlbausiedlung aus dem Neolithikum entdeckt wurde. Ein Museum zeigt Funde und gibt einen Überblick über die Entwicklung der Siedlung, die bis in römische Zeiten existierte. Die Insel bietet sich für ein ruhiges Picknick an, es gibt aber auch ein kleines Restaurant.

- *Öffnungszeiten* **Museo della Pipa**, April bis Okt., nur nach Vereinbarung mit Signore Alberto Paronelli, ✆ 0332/743334;
Museo Preistorico (Isolino Virgina), April bis Okt. nur Sa/So 14–18 Uhr, Eintritt 1 €, am besten eine Tour reservieren in den Musei Civici di Villa Mirabello von Varese, ✆ 0332/281590.
- *Übernachten/Essen & Trinken* * **Lido**, gemütliches Albergo mit großem Speiseraum und Terrasse am Seeufer bei Gavirate, an Wochenenden oft Treffpunkt der gesamten Region. Geführt von Adamo mit Familie, freundlicher Service, gutes und günstiges

Essen, Spezialität sind die *spaghetti napolitana*. DZ ca. 40–45 €, Frühstück extra. ✆ 0332/746465.
Isolino Virginia, lustige Osteria auf der Isolina Virginia, Betreiber ist der Kustos des Museums. Eigener Bootsservice! Üppige Leckereien aus allerlei Süßwassergetier. ✆ 0332/766268.

▶ **Lago di Monate und Lago di Comabbio**: Die beiden reizvollen, kleinen Seen südlich vom Lago di Varese sind von dichtem Grün umgeben. Badestellen gibt es mehrere, z. B. bei den beiden Campingplätzen. In *Cadrezzate* am Lago di Monate kann man auf einer Wiese mit kleinem Strand, Snackbar und Bootsverleih Liegestühle und Sonnenschirme leihen, sehr schön sitzt man im nahen Restaurant „Ninfea" direkt am See.

<u>Übernachten</u> **Camping La Madunina** am Ostufer des Lago di Comabbio (✆/📠 0332/960361), **Camping Lago di Monate** am südwestlichen Ufer des gleichnamigen Sees (✆/📠 0331/968566).

Weitab vom Rummel: der Lago di Comabbio

▶ **Lago di Ghirla**: winziger See nördlich von Varese, zu erreichen über die SS 233, unter Umständen lohnender Halt bei der Anreise über Bellinzona und Lugano. Camping „Trelago" (✆ 0332/716583, 📠 719650), ein hübsches Wiesengelände, findet man gleich beim Strandbad, das Ristorante „Piccolo Lago" liegt ebenfalls am See (am Wochenende mit Disco).

Varese (ca. 88.000 Einwohner)

Die große und wohlhabende Stadt ist zentraler Knotenpunkt der hoch industrialisierten Hügelregion Varesotto.

Wer Brescia kennt, wird Ähnlichkeiten feststellen, denn auch Varese wurde während der faschistischen Epoche grundlegend umgestaltet. Vor allem auf der zentralen Piazza Monte Grappa und ihrer Umgebung wurde jegliche historische Architektur den glatten, monumental aufragenden Granitwänden des „Facismo" geopfert. Das benachbarte Altstadtviertel zeigt sich dagegen mit seinem großen Fußgängerbereich,

Sommer in der Fußgängerzone von Varese

der aus dem von Laubengängen flankierten Corso Matteotti und vielen gewundenen Seitengassen besteht, durchaus angenehm. An warmen Sommertagen flaniert hier die halbe Stadt auf und ab, schleckt Eis oder sitzt in den kleinen Straßencafés.

• *Information* **IAT**, Viale Carrobio 2, an der Ecke der Piazza Monte Grappa. ✆/✉ 0332/283604.

• *Übernachten/Essen & Trinken* ***** Bologna**, Via Broggi 7, im historischen Zentrum, Nähe Piazza Carducci, nur wenige Meter zur Fußgängerzone. Das Hotel ist Teil eines Klosterkomplexes, der vor einigen Jahren restauriert wurde. Familienbetrieb seit über vierzig Jahren, freundlich geführt, Zimmer mit TV im schlicht-eleganten Design, nettes Restaurant mit Plätzen im Hof. Eigener Parkplatz. DZ mit Frühstück ca. 90 €. ✆ 0332/232100, ✉ 287500, www.albergobologna.it

Vecchia Trattoria della Pesa, Via Cattaneo 14, Nähe Piazza Carducci. Schönes Lokal im alten Stil, traditionelle Küche mit vielen hausgemachten Zutaten. So geschl.

Caffè Carducci, beliebter Treffpunkt an der gleichnamigen Piazza am Nordende des Corso Matteotti.

Gelateria del Corso, am Beginn des Corso Matteotti, an heißen Tagen dicht umlagert.

• *Shopping* In der Fußgängerzone des Corso Matteotti befindet sich eine große Anzahl sehenswerter **Pasticcerie, Feinkost- und Fischhändler** mit überwältigendem Angebot.

Sehenswertes: Durch ein Tor im Laubengang des Corso Matteotti erreicht man die *Basilica San Vittore*, umgeben von historischen Palazzi. Die mächtige klassizistische Fassade mit dem 77 m hohen Glockenturm steht im Kontrast zum etwas niedrig und gedrungen wirkenden Innenraum, der aber mit Fresken, Stuck und Gemälden verschwenderisch ausgestattet ist, insbesondere der vollständig ausgemalte Altarbereich. Unmittelbar benachbart steht das große romanische *Battisterio di San Giovanni*, das allerdings nur selten geöffnet ist.

Nur wenige hundert Meter entfernt kann man die ausgedehnten *Giardini Estense* besuchen, die sich hinter dem gleichnamigen Palast erstrecken, heute Sitz der Stadtverwaltung. Die Anlage wurde im 18. Jh. nach dem Vorbild des Habsburger Schlosses Schönbrunn in Wien angelegt. Auf breiten Wegen zwischen abgezirkelten Rasenflächen mit kunstvoll beschnittenen Bäumen und Sträuchern im artifiziellen Stil des Rokoko kommt man zur *Villa Mirabello* mit den städtischen *Musei Civici*, die u. a. Dokumente zum Risorgimento und lombardische Malerei, außerdem archäologische und naturhistorische Funde der Region beherbergen.

Ein ganz besonderer Leckerbissen für Kunstliebhaber ist schließlich die *Villa Menafoglio-Litta-Panza* an der Piazza Litta in Biumo Superiore, nördlich vom Zentrum. Der heutige gräfliche Eigentümer Giuseppe Panza und sein Vorgänger Litta haben hier neben vielen historischen Stücken auch eine große Sammlung zeitgenössischer Kunst zusammengetragen, die erst vor kurzem der Öffentlichkeit zugänglich gemacht wurde. Ein Schwerpunkt liegt bei amerikanischen Künstlern, die z. T. mit Licht- und Soundeffekten ganze Räume der Villa und der früheren Stallungen umgestalteten.

● *Öffnungszeiten/Preise* **Giardini Estense**, tägl. 8 Uhr bis Sonnenuntergang, im Juli/August länger, Eintritt frei.
Musei Civici, Di–Fr 9.30–12.30, 14–17 Uhr, So 9.30–12.30, 14–17.30 Uhr, Mo geschl.; Eintritt ca. 2,60 €. ✆ 0332/281590.

Villa Menafoglio-Litta-Panza, Di–So 10–18 Uhr (letzter Einlass 1 Std. vor Schließung), Mo geschl.; Eintritt ca. 8 €, Kinder (4–12 J.) ca. 4,50 €. Werktags Parkplatz gegen Gebühr, am Sonntag Pendelbus ab Ippodromo in Varese. ✆ 0332/283960, ✆ 49 83 15, www.varesegallery.com/villapanza

Pilgerpfad zur schwarzen Madonna: Der Sacro Monte di Varese

Etwa 8 km nordwestlich der Stadt erhebt sich der 1226 m hohe *Monte Campo dei Fiori*. Bei klarer Sicht reicht der Blick bis hinauf zu den Viertausendern um den Monte Rosa. Aber die schöne Aussicht ist es nicht, die die zahlreichen Besucher anzieht – der Berg ist vielmehr ein traditionsreicher Magnet für Pilger, die den Pfad zur „Madonna Nera" auf dem so genannten *Sacro Monte* in 880 m Höhe beschreiten wollen. Seinen Ausgang nahm der Marienkult in einer mittelalterlichen Klosteranlage der Augustinerinnen, die die Madonna del Rosario in den spirituellen Mittelpunkt ihres kontemplativen Lebens stellten. Im Zeitalter der Gegenreformation erhielt die Marienverehrung im Katholizismus einen noch höheren Stellenwert, größter Förderer war der Mailänder Bischof Carlo Borromeo (→ S. 243). So ging man um 1600 daran, das Gedenken an die heilige Jungfrau mit einem würdigen Bauensemble zu unterstützen. Die 1694 fertig gestellte Anlage besteht heute aus 14 Kapellen, in denen die Wundertätigkeit Marias mit Figurentableaus nachgestellt wird: Jede Kapelle ist einem Geheimnis des Rosenkranzes gewidmet. Der Pilgerweg beginnt mit der *Chiesa dell'Immacolata (*Kirche der unbefleckten Empfängnis), im Weiteren passiert man drei prachtvolle Torbauten, den Moses-Brunnen aus dem frühen 19. Jh. und die *Villa Pogliaghi*, in der die eigenwillige Sammlung des Bildhauers Lodovico Pogliaghi präsentiert wird, der bis 1950 dort lebte, darunter auch ägyptische und griechisch-römische Exponate. Oben auf der Höhe erreicht man schließlich das *Santuario di Santa Maria del Monte*, die Wallfahrtskirche mit dem Bild der Schwarzen Madonna. In ihrer wesentlichen Substanz stammt sie bereits vom Ende des 15. Jh., die Innenausstattung wurde jedoch in der Barockzeit stark verändert. Das kleine *Museo Baroffio* unweit der Kirche zeigt mittelalterliche Handschriften und barocke Gemälde von lombardischen Meistern. Die ganze Anlage wird seit Ende der 1980er Jahre umfassend saniert.

Öffnungszeiten Santuario di Santa Maria del Monte, tägl. 7.30–12, 14–17.30 Uhr; Museo Baroffio, Di–So 9.30–12.30 und 15–18.30, Mo geschl., Eintritt 3 €; Villa Pogliaghi zum Zeitpunkt der letzten Recherchen wegen Restaurierung geschl.

Panoramablick vom nördlichen Ostufer des Lago Maggiore

Lago Maggiore (italienischer Teil)

Der westlichste der drei großen italienischen Alpenseen ist nach dem Gardasee der zweitgrößte, 66 km lang und bis zu 12 km breit. In Italien wird er nach seinem früheren lateinischen Namen „Lacus Verbanus" Verbano genannt, den eingedeutschten Begriff „Langensee" verwendet kaum jemand. Der nördlichste Zipfel – etwa ein Sechstel vom gesamten See – gehört noch zum Schweizer Tessin.

In seiner touristischen Struktur ähnelt der Lago Maggiore dem Comer See. Im Nordwesten treffen sich die (deutschsprachigen) Camper, in der Seemitte prangt herrliche Vegetation mit Palmen und üppigen botanischen Gärten. Generell reizvoller als die lombardische Osthälfte des Sees ist das Westufer, das bereits zur Region Piemont gehört. Zu den schönsten Orten zählt dort das relativ weit im Norden gelegene *Cannobio*, während *Stresa* seit dem 19. Jh. Sinnbild für die gehobenen Urlaubsfreuden der angelsächsischen „upper class" wurde. Sogar gekrönte Häupter wie Queen Victoria reisten zur Sommerfrische an – nicht zuletzt angezogen durch den Ruf der einzigartigen *Borromäischen Inseln*, die vollendet stilvoll in der Seemitte vor Baveno und Stresa ruhen, darunter vor allem die weltberühmte *Isola Bella*, die bereits im 17. Jh. zu einer fast märchenhaft anmutenden Palastinsel gestaltet wurde.

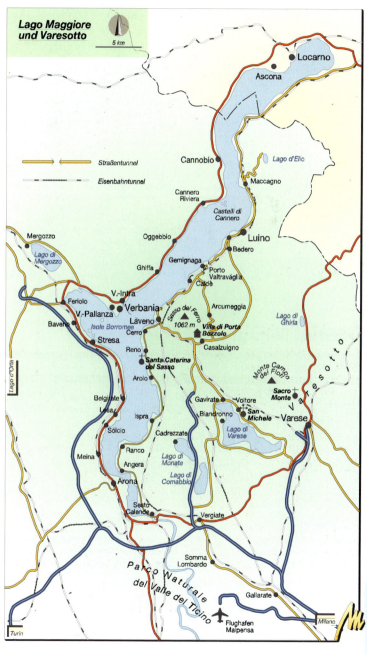

Lago Maggiore

> Umfassende Informationen zum Schweizer Abschnitt des Lago Maggiore – u. a. zu den zwei weltberühmten Urlaubsorten Locarno und Ascona, dem Monte Verità, Anfang des 20. Jh. Refugium für Aussteiger, Weltverbesserer und Utopisten, sowie den Isole di Brissago mit ihrem berühmten Botanischen Garten – finden Sie in unserem Titel „Tessin" (→ Verlagsprogramm).

Anfahrt/Verbindungen

● *PKW* Von Norden kommend ist die Schweizer Autobahn N 2 durch den Gotthard-Tunnel die ideale Anfahrt, Abfahrt zur Nordspitze in Bellinzona. Von der Westschweiz über Brig und durch den Simplontunnel, von Domodossola ist es nicht mehr weit.

● *Bahn* Das Westufer ist von der Schweiz auf der **Lötschberg/Simplon-Strecke** über Brig und Domodossola zu erreichen, unterwegs wird der Simplon-Tunnel durchquert, einer der längsten der Welt. Die Bahnstrecke trifft bei **Baveno** an den See und führt das südwestliche Ufer entlang.
Den Osten kann man, von Norden kommend, auf der **Gotthard-Bahn** anfahren, wobei man in Bellinzona in der Regel umsteigen muss. Die Bahn fährt das gesamte Ostufer entlang.
Von Mailand kann man mit der privaten **Ferrovia Nord Milano (FNM)** über Varese nach Laveno Mobello am mittleren Ostufer fahren.

● *Schiff* Alle wichtigen Orte werden von den Personenfähren und Tragflügelbooten der **Navigazione sul Lago Maggiore** angelaufen. In der Seemitte zwischen **Laveno** (Ostufer) und **Intra** (Westufer) verkehren 2- bis 3-mal stündl. Autofähren (PKW je nach Länge 5–10 €), Dauer der reizvollen Überfahrt ca. 20 Min.

Ostufer (Nord nach Süd)

Das nördliche Stück gehört noch zur Schweiz, danach folgt insgesamt nur wenig Herausragendes.

Maccagno im Norden ist allerdings als Badeort beim deutschsprachigen Publikum recht beliebt. Die weiteren Orte der Ostküste haben wenig spezielles Flair und bis auf die pittoresk gelegene Einsiedelei *Santa Caterina del Sasso* und die stolze Burg von Angera mit ihrem Puppenmuseum im Süden gibt es kaum Sehenswürdigkeiten. Einen schönen Abstecher kann man jedoch zur prächtigen, etwas landeinwärts von Laveno liegenden Villa di Porta Bozzolo machen.

▶ **Maccagno**: freundliches Örtchen an einem Landvorsprung unter turmhohen Felsen. Angenehmer Zwischenstopp mit geräumiger Badezone am See, hohe Bäume spenden Schatten. Kleiner Jachthafen, zwei gute Campingplätze und viele Ferienwohnungen. Beliebt bei deutschen Gästen.

● *Information* Via Garibaldi 1, an der Durchgangsstraße beschildert. Mo–Sa 9–12.30, 16–19.30 Uhr. ✆ 0332/562009, www.prolocomaccagno.it

● *Übernachten* * **Paradiso**, Via Verdi 5, an der Zufahrt zum Camping Lido, gemütliche Pension mit Liegewiese und kleinem Pool im Garten. DZ mit Bad und Frühstück ca. 60 €. ✆/✉ 0332/560128, www.geocities.com/paradisomac
Azur Parkcamping, sehr beliebter Platz am Seeufer unter hohen Laubbäumen, gehört zur selben Gesellschaft wie der Camping Azur Idro Rio Vantone am Idro-See. Deutsche Leitung. ✆ 0332/560203, ✉ 561263, www.azur-camping.de
Camping Lido, auch dieser gepflegte Platz im nördlichen Ortsbereich liegt direkt am See, holländische Leitung. ✆/✉ 0332/ 560250.
Ferienwohnungen kann man mieten über **Azur Freizeit GmbH**, Kesselstr. 36, D-70327 Stuttgart, ✆ 0711/4093510, ✉ 4093580, www.azur-fewo.de

Viel Platz am Strand von Maccagno

• *Essen & Trinken* **Bar Lido**, schön gelegenes Restaurant neben Camping Azur, Seeblick. **La Gabella**, Gartenlokal mit holzbefeuertem Pizzaofen in der Nachbarschaft vom Jachthafen.

La Conchiglia, gegenüber der Pension Paradiso, geräumiges Terrassenlokal, oft bis auf den letzten Platz gefüllt, was für Qualität spricht, flinker und aufmerksamer Service.

▶ **Lago d'Elio**: Stausee in 930 m Höhe, zu erreichen von Maccagno auf 9 km langer, äußerst schmaler, steiler und kurvenreicher Straße mit herrlichen Seepanoramen, vorsichtig fahren! Anfangs durchquert man einige Hangdörfer, danach geht es durch dichten Laubwald bis zu einem Sattel oberhalb vom See. Hier hat die Käserei „Caseificio Lago d'Elio" einen schönen Rastplatz eingerichtet, ein wenig weiter erreicht man einen beliebten Picknickplatz mit Seeblick und großen Grillvorrichtungen, wo sich an Wochenenden oft hunderte von Ausflüglern aus den umliegenden Dörfern treffen. Die Straße führt noch weiter bis zum rustikalen Albergo/Ristorante „Diana" (✆ 0332/566102, DZ ca. 50–60 €, Frühstück extra) oberhalb vom Nordende des Sees.

> Die Legende berichtet von einem Dorf am Grund des Lago d'Elio, das einst einem Fremden die Gastfreundschaft verweigerte und zur Strafe von den Fluten verschlungen wurde. In dunklen, stürmischen Nächten soll man die Glocken des versunkenen Campanile hören, die die umliegenden Dörfer zu Hilfe rufen.

Luino
(ca. 15.000 Einwohner)

Größerer Ort mit lebendigem Zentrum. Unbehelligt vom Verkehr zieht sich landeinwärts jenseits der Durchgangsstraße das Altstadtviertel einen Hügel hinauf – ganz hübsch, mit roten Steinen einheitlich gepflastert, in den wohlhabenden Bürgerhäusern teils beachtlich große Innenhöfe.

Es gibt ein großes Strandbad am südlichen Ortsende, in der Nähe der Flussmündung. Tretboote werden im kleinen Hafenbecken neben der Anlegestelle verliehen. Wer nur einen Tagesausflug plant, sollte am Mittwoch kommen, dann findet im Stadtzentrum von 8 bis 16 Uhr der riesige *Mercato di Luino* statt, der in seinen Ursprüngen bis 1541 zurückgeht, und jedes Mal zehntausende von Besuchern anzieht (Achtung, weiträumig keine Parkplätze vorhanden).

- *Anfahrt/Verbindungen* Der **Bahnhof** liegt an der Piazza Marconi im südlichen Stadtbereich.
- *Information* Via Piero Chiara 1, schräg gegenüber der Schiffsanlegestelle. Mo–Sa 9–12, 15–18.45 Uhr. ✆ 0332/530019.
- *Übernachten* **** **Camin Hotel Luino**, prächtige Jugendstilvilla im südlichen Ortsbereich an der Durchgangsstraße, gediegene Einrichtung, Deckenmalereien, bunte Bleiglasfenster, schöner Garten mit gemütlichem Café. DZ mit Frühstück ca. 120–160 €. ✆ 0332/530118, ✉ 537226, www.caminhotelluino.com
* **Del Pesce**, günstige, gut ausgestattete Unterkunft gegenüber der Fähranlegestelle, nettes Restaurant mit einigen Tischen auf der Gasse. DZ ca. 55 €, Frühstück extra. ✆ 0332/ 532379, ✉ 535663.
Camping Boschetto, zwischen Luino und Germignaga, an der Mündung vom Tresafluss, schönes Wiesengelände mit Kastanien und Pinien. ✆ 0332/534740, ✉ 500791, www.boschettoholiday.it
- *Essen & Trinken* **Due Scali**, Via del Porto 28, richtig schickes Restaurant am Hafen, Enoteca im Untergeschoss, moderne Hochküche, relativ teuer, *secondi* um 20 €. ✆ 0332/531175.
Tre Re, Via Alessandro Manzoni 29, in der Altstadt, gemütliches Restaurant mit schöner Terrasse nach hinten, ruhig, durchschnittliche Küche, auch Pizza.
La Tavernetta, Via Cavallotti 53, neben der Pfarrkirche in der Altstadt, nette Pizzeria mit kleiner, offener Terrasse an der Gasse.
Il Cantinone „Corvi", Via Cavallotti 32, urgemütliche Osteria, die schon Anfang des 19. Jh. eröffnet wurde (Garibaldi soll Gast gewesen sein). Vorne Weinverkauf, hinten sitzt man wie im Wohnzimmer und kann die täglich wechselnden Speisen kosten, z. B. hausgemachte Nudeln, Kaninchen mit Kartoffeln, Salami- und Käseplatte. ✆ 0332/531832.
La Trebedora, Via Lugano 35, 800 m nach dem Ortsausgang in Richtung Ponte Tresa. Eine Pizzeria, die den Weg lohnt, Empfehlung für die mit Spargel und Steinpilzen belegte Pizza „Casa de Trebedora".
I Sgaritt, südlich außerhalb, kurz vor Porto Valtravaglia, elegante Weinbar, Restaurant und Pizzeria in einem Haus. Direkt an der Uferstraße, Bademöglichkeit auf einer betonierten Plattform.
Anstatt eines uniformen Hotelfrühstücks bietet sich die fantastische **Bäckerei** in der Via 15 Agosto 9 an.

Von Luino nach Laveno

Weitgehend bewaldet, schöne Strecke dicht am Ufer entlang, gute Bademöglichkeiten unterhalb von *Brezzo di Bedero* und an den beiden Enden der Bucht von *Porto Valtravaglia*.

Caldé liegt im Schatten eines mächtigen Felsenkaps, auf dem die Ruinen einer Visconti-Burg stehen.

Südlich von Porto Valtravaglia könnte man über handtuchschmale Straßen durch dichten Wald einen Abstecher ins ehemalige „Künstlerdorf" *Arcumeggia* machen. In den 1950er Jahren, als der Lago Maggiore begann, touristische Karriere zu machen, zogen sich einige Maler in das Örtchen zurück und verkleideten die Hauswände mit farbenfrohen Malereien, die jedoch mittlerweile völlig verblichen sind. Die wenigen Gässchen hat man schnell durchbummelt und kann dann in der winzigen „Osteria del Bocc" einkehren, in der gerade mal drei, vier Tische Platz haben, „polenta e cinghiale" ordern und dazu den leckeren offenen Rotwein kosten (✆ 0332/624318, www.osteriadelbocc.it).

Vom hoch gelegenen Arcumeggia führt die Straße in steilen Kurven ins Tal hinunter nach Casalzuigno mit der wunderbaren *Villa di Porta Bozzolo*, deren Besichtigung sehr lohnt (→ Kasten).

Laveno (ca. 9000 Einwohner)

Ruhiges, unspektakuläres Städtchen, überragt vom bewaldeten Sasso del Ferro. Schöne Seepromenade, ein Strand, eine Handvoll Ristoranti und Bars, kaum Hotels – dafür viele Tagesausflügler, denn in Laveno legen die Fähren aus Intra vom gegenüberliegenden Seeufer an. Im 19. Jh. war Laveno bekannt für seine Keramikfabriken. Heute sind fast alle geschlossen, einige der alten Gemäuer stehen aber noch, z. B. unterhalb der Ausfallstraße nach Norden (kurz nach der Trattoria Calianna linker Hand). Ein Keramikmuseum kann man im Nachbarort Cerro besichtigen (→ unten).

Herrlich ist der Ausflug mit offenen Seilbahngondeln, in denen zwei Personen Platz haben, bis kurz unterhalb der Spitze des 1062 m hohen *Monte Sasso del Ferro*, weiter zum Gipfel geht's in 30 Min. zu Fuß. An der Bergstation Ristorante mit Zimmervermietung, von der Panoramaterrasse großartiger Blick auf den See und die Alpen, schön zum Wandern.

Urig: die winzige Osteria von Arcumeggia

- *Seilbahn* **Funivie del Lago Maggiore**, im Sommer tägl. 10–17.30 Uhr, in der Nebensaison nur Sa/So; hin und zurück ca. 8,50 €, Kind 6 €, Familie (2 Pers.) 8 €. ✆ 0332/668012, www.funiviedellagomaggiore.it
- *Anfahrt/Verbindungen* Die **FS-Station** liegt ein Stück landeinwärts, Züge nach Mailand, Novara, Bellinzona und Locarno (Schweiz). Die private **Ferrovia Nord Milano (FNM)** bietet über Varese häufige Verbindungen von und nach Mailand (Stazione Milano Nord) und hat ihren Bahnhof gleich am Hafen, wo Autofähren und Tragflügelboote ins gegenüberliegende **Verbania-Intra** abfahren.
- *Information* im Rathaus unter den Arkaden der Piazza Italia, etwas nördlich der Anlegestelle der Fähren. Mo–Mi und Fr, Sa 9.30–12.30 Uhr. ✆ 0332/666666, www.prolocolavenomombello.com
- *Übernachten* *** **Il Porticciolo**, Via Fortino 40, südlich der Anlegestelle direkt am See, das beste Hotel/Ristorante am Ort, mit schöner Speiseterrasse und ausgezeichneter Küche (Mi-Mittag und Di geschl.). Gepflegte Zimmer mit Teppichböden und TV, Seeblick, Parkplatz. DZ mit Frühstück ca.

100–120 €, Junior Suite 180 €. ✆ 0332/667257, ℻ 666753, www.ilporticciolo.com
• *Essen & Trinken* **Calianna**, von der Piazza Italia die Ausfallstraße nach Norden nehmen, nach wenigen Metern rechts. Gediegene Trattoria, nur Plätze im Innenraum. Um Reservierung wird gebeten. ✆ 0332/667315. Di geschl.

Kopi Club, Birreria an der ruhigen Promenade, die von der zentralen Piazza Italia nach Nordwesten verläuft. Nudelgerichte mit schönem Blick auf die Jachten im Hafen. An derselben Straße noch mehrere Bars mit den gleichen Vorzügen der Lage.

Villa di Porta Bozzolo: Traumhaus für Musiker, Dichter und Denker

Die edle Villa derer „von Porta" findet sich in *Casalzuigno*, etwa 10 km östlich von Laveno. Errichtet wurde sie bereits während der Renaissance im frühen 16. Jh., erweitert im 17. und 18. Jh. Schon am monumentalen Eingang fällt der Blick auf den üppig grünen Garten, der sich mit großzügigen Freitreppen, Terrassen und Brunnen einen bewaldeten Hügel hinaufzieht. Linker Hand durchquert man zunächst die Wirtschaftsräume mit Geräteschuppen, Weinkeller, riesiger Weinpresse und einem Loch im Boden, das als Kühlraum diente. Die Villa selbst ist L-förmig angelegt und besitzt wunderbare Zimmerfluchten mit Parkett oder Terracottafliesen. Türen, Decken und Wände sind mit blumigen Fresken des 18. Jh. bemalt. Schon nach einem kurzen Rundgang steht fest: Hier möchte man wohnen. Alles ist da: Wohnzimmer, Salon, Esszimmer, Musikzimmer, Spielzimmer (mit Billardtisch) und – etwas abgeschirmt im hinteren Bereich – ein Arbeitszimmer mit gigantischem Schreibtisch nebst separater Bibliothek. Die Erben haben das riesige Anwesen 1989 einer Stiftung mit der Auflage geschenkt, einige Räume noch als Ferienwohnungen nutzen zu dürfen.

Öffnungszeiten/Preise Okt. bis Dez. Di–So 10–13 und 14–17 Uhr, Park 10–17 Uhr; Feb. bis Sept. Di–So 10–13 und 14–18 Uhr, Park 10–18 Uhr; Mo, Jan. und die beiden letzten Dezemberwochen geschl. Eintritt ca. 4,50 €, Kinder bis 10 J. 2,50 €. ✆ 0332/624136, ℻ 624748, www.fondoambiente.it

Pittoresk: die ehemalige Einsiedelei Santa Caterina del Sasso

Von Laveno nach Angera

Teils schöne Strecke durch dicht bewaldete Uferlandschaft, abgesehen von der malerischen Einsiedelei Santa Caterina del Sasso aber nur wenig, was zum Bleiben reizt.

▶ **Cerro**: 3 km südlich von Laveno, kleiner, verwinkelter Ort mit engen, steilen Gassen und einem Sandstrand (!), der an Sommerwochenenden aus allen Nähten platzt. Achtung: die Straße zum Strand hinunter ist eine Sackgasse, unten kaum Parkmöglichkeiten. Das *Museo della Terraglia* im schönen Palazzo Perabò besitzt eine umfassende Keramiksammlung des 19. und 20. Jh.
Öffnungszeiten/Preise Museo della Terraglia, Di–Do 14.30–17.30 (Juli/August 15.30–18.30), Fr–So auch 10–12 Uhr, Mo geschl.; Eintritt ca. 1,50 €.

▶ **Reno**: Hier findet sich eine schöne grüne Uferzone, wo nicht ganz soviel Betrieb herrscht wie in Cerro.

▶ **Ispra**: weitläufiger Ort mit vielen Villen und Parkanlagen, großem Badestrand und Jachthafen. Bekannt vor allem als Standort von „Euratom", einem europäischen Atomforschungszentrum, in dem sich mehr als 1500 Mitarbeiter aus vielen europäischen Ländern mit Fragen der Reaktorsicherheit und Umweltproblemen der Atommeiler beschäftigen. Camping „International Ispra" liegt unter dichten Bäumen.
Essen & Trinken **Ristorante Schuman**, Via Piave 49, beliebt bei den üppig alimentierten Euratom-Nuclearisti, ambitionierte Küche zu recht selbstbewussten Preisen, Michelinbesterntes Menü ab 58 €. So-Abend und Mo geschl. ✆ 0332/781981.

▶ **Ranco**: idyllisches Nest am See, Tipp für einen ruhigen und erholsamen Urlaub. Zwei Hotels und verstreute Ferienhäuser, verschiedene Bademöglichkeiten. Für Schlechtwettertage lohnt ein Besuch im *Museo del Trasporto Ogliari*. In akribischer Klein- und Großarbeit hat ein Sammlerfreak hier einen Teil seines großzügigen Familienanwesens mit Exponaten aus der Mobilitätsgeschichte völlig zugestellt: Lokomotiven, Zahnradbahnen und sogar eine U-Bahnstation finden sich in dem labyrinthischen Sammelsurium.

- *Öffnungszeiten* **Museo del Trasporto Ogliari**, der Beschilderung in Ranco folgen, Di–So 10–12 und 14–16.30 Uhr, Mo geschl., www.hcs.it/varese/aptv/apt-ogli.html
- *Übernachten/Essen & Trinken* *** **Conca Azzurra**, Hotel direkt am Wasser mit eigenem Strand, große Terrasse mit herrlichem Seeblick, sehr ruhig. DZ mit Frühstück ca. 90–144 €. ✆ 0331/976526, ✉ 976721, www.concazzura.it

**** **Il Sole di Ranco**, Piazza Venezia 5, Luxusrestaurant im gleichnamigen Hotel, geführt seit über 150 Jahren von Familie Bovelli, ein Michelinstern ist der Lohn für die kreative Küche. Hervorragende Fischgerichte, Spezialität die Lasagne mit Scampi, Terrasse mit Seeblick. Menü ab ca. 75 €. Mo-Mittag und Di geschl. ✆ 0331/976507, ✉ 976620, www.relaischateaux.com/

Santa Caterina del Sasso: Einsiedelei am Lago Maggiore

Wenig südlich von Reno erreicht man eins der beliebtesten Ausflugsziele am Lago Maggiore. Eine in ihren Ursprüngen bis ins Mittelalter zurückreichende Kirche mit ehemaligen Klostergebäuden schmiegt sich hier wenige Meter über dem Wasserspiegel an die steile Felswand des Ufers. Vom Parkplatz oberhalb steigt man über Stufen hinunter zu dem versteckten Komplex, dessen Entstehung Ende des 12. Jh. seinen Anfang nahm. 1170 war ein reicher Kaufmann namens Albertus Besozzi auf dem See in einen heftigen Sturm geraten und schwor der heiligen Caterina von Alexandrien, er wolle im Fall seiner Errettung fortan als Eremit zu ihren Ehren in einer Uferhöhle leben. Dies tat er auch tatsächlich, entsagte seinem gesamten Besitz und wurde von der Bevölkerung bald als Heiliger verehrt. Als 1195 die Pest den Lago Maggiore heimsuchte, erschien dem Einsiedler ein Engel und forderte die Errichtung einer Kirche vor der Höhle. Damit war der Grundstein für das Heiligtum gelegt, das fortan mehrfach erweitert und seit dem 14. Jh. von Mönchen bewohnt wurde.

Durch die Räume des ehemaligen Klosters, in dessen *Kapitelsaal* noch schöne Freskenreste erhalten sind, erreicht man zunächst einen Hof mit einer alten Traubenpresse, wo die Mönche die Erträge ihrer Güter verarbeiteten. Der folgende *Conventino* ist ein parallel zur Uferlinie erbauter Bogengang. An den Wänden sieht man hier noch einen recht verblassten, aus zehn Bildern bestehenden Totentanz-Zyklus des 17. Jh. Rechts vor der Kirche liegt eine *Grotte*, eine von vielen in dieser Uferregion, die z. T. schon in der Antike bewohnt wurden. Danach betritt man durch einen Säulengang mit Heiligendarstellungen des 16. Jh. die Kirche, deren Bau ins Jahr 1587 fällt. Man versuchte damals, die hier bereits stehenden Kirchen und Kapellen in einem einzigen Raum zusammenzufassen. Zur Landseite hin liegen drei Kapellen nebeneinander, in der *Cappella San Nicolà*, der ersten neben dem Altar, sind noch frühe Fresken des 14. Jh. erhalten, darunter an der Wand eine erst 1991 unter späteren Malereien entdeckte Kreuzigung sowie im Gewölbe Christus in der so genannten Mandorla, umgeben von den Symbolen der vier Evangelisten. Am Südende der Kirche liegt auf tieferem Niveau die *Kapelle des heiligen Albertus*, wo der mumifizierte Leichnam des Einsiedlers aufgebahrt ist. Dahinter befindet sich noch tiefer die *Gedächtniskapelle*, die wohl bereits 1195 entstand und der älteste Teil der gesamten Anlage ist. Sie ist nicht zugänglich, man kann nur durch vergitterte Fenster ins Innere bli-

cken. Nach der Legende soll sie dieselben Maße gehabt haben wie das Grab der hl. Caterina auf dem Berg Sinai. An der zum Kirchenraum gerichteten Wand sieht man ein Fresko der Heiligen, wie sie von Engeln auf den Berg Sinai getragen wird. *Albertus' Höhle* lag unmittelbar südlich dieser Kapelle.
Öffnungszeiten April bis Okt. tägl. 8.30–12 und 14.30–18 Uhr, März tägl. 9–12 und 14–17 Uhr, Nov. Sa/So 9–12 und 14–17 Uhr; gesonderte Öffnungszeiten zu kirchlichen Feiertagen. An einem Besucherzentrum wird gerade gebaut.
✆ 0332/647172.

Blick von der Rocca di Angera auf das südliche Seeende

Angera   (ca. 5500 Einwohner)

Ruhige Kleinstadt in der grünen Uferlandschaft des südlichen Lago Maggiore, der hier wie ein breiter Fluss wirkt. Die ausgedehnte Uferzone bietet einen herrlichen Blick aufs gegenüberliegende Arona.

Über Angera thront die gut erhaltene Burg *Rocca di Angera* mit weithin sichtbarem Wehrturm, großem Innenhof und hohen, gewölbten Sälen, deren Wände alte Fresken schmücken. Die mittelalterliche Burg wurde im 13. Jh. von den Visconti übernommen und umfassend erneuert, ging aber schon 1449 in den Besitz der Borromäer über. Im Inneren ist heute das hübsche *Museo della Bambola e Museo della Moda Infantile* untergebracht, das historische Puppen, Spielzeug und Kinderkleider aus verschiedenen Epochen und Kulturen zeigt – eine ehemalige Privatsammlung der Prinzessin Bona Borromeo. In den ehemaligen Stallungen im Hof steht eine gewaltige Weinpresse, ein Museumsshop verkauft Puppen. Von der Brüstung vor der Burg genießt man einen herrlichen Rundblick über den Süden des Sees.

● *Öffnungszeiten/Preise* **Rocca di Angera**, Ende März bis Sept. 9.30–12.30 und 14–18 Uhr, Okt. 9.30–12.30 und 14–17 Uhr; Eintritt ca. 7 €, Kinder (6–14 J.) ca. 4,50 €.

✆ 0331/931300, www.borromeoturismo.it
- *Information* im Rathaus an der Piazza Garibaldi. ✆ 0331/960207.
- *Übernachten* insgesamt fünf Herbergen, zu empfehlen ist **** Lido** mit eigenem Strand und Terrassenrestaurant an der Straße nach Ranco. DZ ca. 100 €, Frühstück extra. ✆ 0331/930232, ✉ 930656.

Camping Città di Angera, südlich vom Ort am See, ca. 100 m langer Strand. ✆ 0331/930736, ✉ 960367.
- *Essen & Trinken* **Del Porto**, hier kann man besonders schön im Freien sitzen, Di-Abend und Mi geschl.
Rocca, Terrassenlokal direkt vor dem Eingang zur Burg, sehr schöne Lage.

Westufer (Nord nach Süd)

Der Westen zeigt sich in seiner Vielfalt ein ganzes Stück interessanter als das Ostufer.

Während sich im Norden um das schöne Städtchen *Cannobio* zahlreiche Campingplätze ballen, bietet die Seemitte dank ihres milden Klimas Belle-Epoque-Atmosphäre mit prunkvollen Palasthotels, botanischen Gärten, Palmenpromenaden und der Erinnerung an zahlreiche berühmte Gäste aus Adel und Politik. In *Stresa* und im benachbarten *Baveno* waren sie alle – Queen Victoria, Hemingway, George Bernard Shaw und die Zarenfamilie, heute gefolgt von russischen, deutschen und amerikanischen Pauschaltouristen. Der obligate Ausflug zur *Isola Bella* hat sich leider während der Hochsaison zum Massen „event" entwickelt, doch kann man auch rasch den insgesamt eher ruhigen *Lago d'Orta* besuchen, dessen touristischer Hauptort *Orta San Giulio* trotz seiner zunehmenden Bekanntheit eher beschaulich wirkt.

> **Schweizer Ufer**: Natürlich lohnt ein Stopp im schweizerischen *Locarno*, dessen Altstadt sich weitflächig die Hänge hinaufzieht. An der weiten Piazza Grande, umgeben von Laubengängen und mit runden Kieselsteinen gepflastert, kann man schön Kaffee trinken – aber fast noch besser an der weltberühmten Promenade im benachbarten *Ascona*. Das nahe *Centovalli* ist ein populäres Ausflugsziel. Details zu den Zielen in der südlichen Schweiz finden Sie in unserem Führer „Tessin".
> Tipp für Auto- und Motorradfahrer: Sprit ist in der teuren Schweiz bis zu 15 Cent billiger, Diesel aber merkwürdigerweise teurer.

Cannobio (ca. 6000 Einwohner)

Das absolute Camperzentrum am See, gut acht Plätze liegen in der Flussebene nördlich vom Ort. Dort erstreckt sich auch ein langer und sehr breiter Kiesstrand, der zum Baden einlädt. Aber das ist nicht alles: Cannobio besitzt nämlich außerdem viel Atmosphäre.

Zum See hin reihen sich pastellfarbene Hausfronten mit schmiedeeisernen Balkonen und wunderschön unverbautem Seeblick. Die Uferstraße wird abends zur Fußgängerzone, an der gemütliche Restaurant-Terrassen zum Essen einladen. Gleich dahinter dann der krasse Gegensatz: Hier krümmen sich dunkle und enge Treppenwege mit überwölbten Durchgängen, Kieselwege ziehen sich zwischen hohen Mauern – architektonisch so reizvoll, wie man es hier im „hohen Norden" Italiens in dieser Ausgeprägtheit nicht erwartet. All das macht Cannobio zu einem der angenehmsten Orte am See – was sich herumgesprochen hat, viel deutsches Stammpublikum.

Cannobio 233

An der Seepromenade von Cannobio

Anfahrt/Verbindungen/Information

- *Anfahrt/Verbindungen* Im Ort gibt es mehrere ausgeschilderte Plätze, wo man kostenlos parken kann.
- *Information* Viale Vittorio Veneto 4 (Durchgangsstraße). Reichhaltiges Prospektmaterial, Hilfe bei der Quartiersuche. Mo–Sa 9–12, 16.30–19 Uhr, So 9–12 Uhr. ✆/≋ 0323/71212.

Übernachten

Sehr gutes Niveau der Hotels, praktisch alle haben auch ein Ristorante.

**** Cannobio, Traditionshaus direkt am Wasser, nach gerade erfolgtem Umbau nun zu Recht in gehobener Kategorie, toller Blick, hauseigenes Ristorante in schöner Lage am See, Garage (ca. 15 €). DZ mit Frühstück ca. 160 €. ✆ 0323/739639, ≋ 739596, www.hotelcannobio.com

*** Pironi, 500 Jahre altes Bürgerhaus (zeitweise Kloster) im Ortskern, unter der Leitung eines bekannten Bildhauers gekonnt restauriert, Balkendecken, schönes Mobiliar, Speiseraum mit Wand- und Deckengemälden, jedes Zimmer ist unterschiedlich eingerichtet. DZ mit Frühstücksbuffet ca. 110–145 €. ✆ 0323/70624, ≋ 72184, www.pironihotel.it

*** Villa Belvedere, etwas außerhalb vom Ort (am südlichen Ortseingang landeinwärts abbiegen). Schönes, komfortables Haus mit großem Garten, Swimmingpool und prächtigem Seeblick. DZ mit Frühstück ca. 90–125 €. ✆ 0323/70159, ≋ 71991, www.villabelvederehotel.it

*** Antica Stallera, Via Paolo Zaccheo 7, ruhige Lage zwischen Durchgangsstraße und Uferpromenade, traditionelles Haus mit interessanter Architektur, früher lange als Poststation geführt. Schlicht-moderne Zimmer, gutes Restaurant, Garten und Parkplatz. DZ mit Frühstück ca. 85–90 €. ✆ 0323/71595, ≋ 72201, www.anticastallera.com

** Elvezia, freundliches Albergo im Ort, fünfzehn Zimmer mit teils geräumigen Balkonen, unten ein gepflegter Speisesaal, hinten ein großer Garten. DZ mit Frühstücksbuffet ca. 75–90 €. ✆/≋ 0323/70142, www.hotelelvezia.it

Lago Maggiore

** **Alexandra**, etwas nördlich vom Ort an der Durchgangsstraße, dementsprechend laut, saubere Zimmer mit Balkon, Restaurantterrasse, umgänglicher Wirt, Privatstrand mit Dusche, Grill und Kochstelle. DZ mit Frühstück ca. 60–80 €. ✆ 0323/70278, ✉ 70589.

• *Camping* Die Plätze **Campagna**, **Internazionale**, **Pedro** und **Riviera** liegen einer neben dem anderen, ca. 3 km nördlich vom Ort, an einem langen Strand und sind fest in deutscher Hand, kaum italienische Dauercamper. Viel Schatten durch verschiedene Laub- und Nadelbäume, die platzeigenen Ristoranti einfach und gemütlich (vor allem Campagna). Preiswertes Essen, das auf deutsche Geschmäcker zugeschnitten ist, herzhaftes Frühstück.
Wenn alle Plätze belegt sind, bietet **Camping Fiume** an der landseitigen Straßenseite meist noch einige Stellplätze. Dort kann man außerdem komfortable Zimmer mieten. DZ ca. 55 €. ✆ 0323/70192, ✉ 739104.

Il Santuario della Santissima Pietà: Blutspritzer von Jesus Christus

Wenige Meter von der Anlegestelle entfernt steht in Cannobio das bedeutendste Heiligtum der westlichen Seehälfte. Erbaut wurde die mit Stuck, Gold und Fresken überreich ausgestattete Kuppelkirche nach einem wundersamen Ereignis vom 8. Januar 1522. Damals flossen Blut und Tränen aus der Pietà, einem kleinen ikonenartigen Bildnis, das Jesus zusammen mit Maria und Johannes zeigt (linker Hand vom Altar). Das Blut wurde mit Tüchlein aufgefangen, die in einem gläsernen Reliquienschrein unter dem Hauptaltar aufbewahrt werden. Wie es heißt, wurden die Aussagen der Zeugen dieses Wunders durch zwei Notare bestätigt. Beachtenswert ist außerdem das große, figurenreiche Altarbild von Gaudenzio Ferrari, das Jesus auf dem Weg nach Golgatha zeigt.

Essen & Trinken

Cannobio entpuppt sich geradezu als Dorado der guten Küche, vermeiden sollte man allerdings eher die Touristenlokale an der Uferpromenade mit den fotoillustrierten Speisekarten – das Essen ist mäßig, der Service bestenfalls routiniert.

Lo Scalo, Piazza Vittorio Emanuele III, Nähe Anlegestelle, zwar ebenfalls ein Freiluftlokal an der Uferfront, jedoch wird hier interessante und vielseitige Küche serviert, abends ist es deshalb schnell voll. Menü ca. 40 €. Di-Mittag und Mo geschl. Reservierung unter ✆ 0323/71480.
Porto Vecchio, im Hotel Cannobio, ebenfalls sehr ambitionierte Küchenleistungen.
Antica Stallera, stimmungsvoller Innengarten mit flackernden Windlichtern auf den Tischen. Zwischen Palmen und unter Weintrauben kann man internationale Küche mit regionalem Einschlag genießen.
La Streccia, einige Meter von der Uferpromenade zurückgesetzt in einer kleinen Gasse, urig, rustikal und gute Küche, man kann aber nicht draußen sitzen.
Giardino, oben an der Durchgangsstraße, hauptsächlich junge Leute von den Campingplätzen essen hier, prima Pizzen, Kommunikation ist angesagt – lockere Atmosphäre mit Unterhaltungen zwischen den Tischen.
Camelia, Pizzeria bei den Campingplätzen, preiswert und immer voll, die Terrasse zur Durchgangsstraße ist mit dichtem Laubwerk geschützt.
An der steilen Straße ins Valle Cannobina liegen **Mulini del Mater** und, noch weiter oben, **Vino Divino**, beide mit üppiger piemontesischer Küche, ersteres etwas traditioneller. Besonderer Tipp ist das Restaurant **Del Lago** in Carmine, wenige Kilometer südlich (→ dort).

Cannero Riviera

Sonstiges

- *Unterhaltung* An der Promenade am See gibt es in der Hochsaison Livemusik und Tanz bis Mitternacht, später lockt die **Disco** am Berghang hinter den Campingplätzen. Im Ortskern mehrere Pubs, außerdem gibt es die nette **Enoteca Ferro** an der Straße bei den Campingplätzen.
- *Baden* langer Strand mit grobem Kies und sauberem Wasser, Tretboot- und Surfbrettverleih, auch Surfschule. An der Mündung des Cannobio sogar etwas Sand. Das Flussbett im Hochsommer mit sehr niedrigem Wasserstand – ganz reizvoll, dort etwas umherzulaufen.
- *Internationale Zeitungen/Zeitschriften* an der Uferpromenade, Nähe Hotel Cannobio.
- *Shopping* jeden So großer **Markt** im Ortskern und an der Uferpromenade. Selbstversorger mit kulinarischen Ambitionen finden im seeabgewandten Teil der Altstadt ausgezeichnete **Salumerie, Macellerie und Pasticcerie**. Am Nordende der Promenade bieten drei Läden nebeneinander jede Menge **schmiedeeiserner Objekte**: Lampen, Töpfe, Glocken, Gartenzubehör, Briefkästen, Papierkörbe ...

▸ **Carmine**: nur eine Handvoll Häuser am See, etwa 3 km südlich von Cannobio. Hier kann man testen, ob das berühmte Ristorante „Del Lago" seinen Michelin-Stern zu Recht verloren hat.

- *Übernachten/Essen & Trinken* ***** Del Lago**, direkt an der Straße, gepflegtes Restaurant mit wunderbarer Terrasse und angeschlossener Enoteca, Menü ca. 40 € aufwärts. Der Garten reicht bis zum See hinunter, dort gibt es eine private Badestelle. Es werden zehn komfortable Zimmer vermietet, DZ mit Frühstück ca. 90–110 € (Restaurant Mittag und Di geschl.). ✆/☎ 0323/70595, www.enotecalago.com
Osteria al Sasso, preiswertere Alternative, etwas erhöht auf der Landseite der Straße.
Camping Nosetto, verstecktes Terrassengelände mit nur 25 Stellplätzen unterhalb der Straße, viele Bäume, davor ein schmaler Strand. ✆ 0323/71392.

▸ **Cannero Riviera**: hübscher Ort mit Stil, duckt sich unterhalb der Seestraße ans Ufer, lange, enge Treppenwege und schöne Promenade, Strand am Südende vom Ort. Gehobene Hotellerie mit Tradition.

Wo einst Raubritter hausten: Castelli di Cannero

Nördlich vom Ort, direkt vor dem Ufer, liegen die kleinen, ummauerten Inseln *Castelli di Cannero* wie zwei verwunschene Burginseln in einem schottischen „Loch". Im Mittelalter hausten hier die Raubritterbrüder Mazzardi.

- *Übernachten* ****** Cannero**, seit 1902 dient dieses wunderschön nostalgisch und komfortabel eingerichtete Hotel seinen Gästen als behagliches Domizil. Viele Stammgäste, freundlich geführt von Signora Gallinotto. Parkplatz, Restaurant mit Terrasse und Seeblick, Swimmingpool, Solarium. DZ mit Frühstück ca. 100–140 €. ✆ 0323/788046, 788048, www.hotelcannero.com **Camping Lido**, bietet viel Schatten, davor liegt ein Kiesstrand. ✆ 0323/787148, www.campinglidocannero.com
- *Essen & Trinken* **Ca' Bianca**, schön am Wasser gelegenes Restaurant, Blick auf die Burginseln.

▸ **Ghiffa**: Die Uferstraße durchtrennt die Gebäude der ehemaligen Hutfabrik Panizza, gegründet 1881. Während die seeseitigen Gebäude zu einer „Yacht Residence" ausgebaut wurden, hat man den landseitigen Komplex als *Museo dell'Arte del Cappello* der Öffentlichkeit zugänglich gemacht. Die Herstellung von Filzhüten war in dieser Gegend seit dem 18. Jh. ein bedeutender Wirtschaftszweig.

Öffnungszeiten **Museo dell'Arte del Cappello**, nur nach Voranmeldung unter ✆ 0323/59174 oder 59186, mit Führung, Eintritt frei.

Verbania (ca. 30.000 Einwohner)

Die größte Stadt am See besteht aus den beiden Ortsteilen Intra und Pallanza, die durch eine Landzunge getrennt sind. Nicht unbedingt ein Urlaubsort, eher etwas zum Durchbummeln im Rahmen eines Tagesausflugs.

Im nördlichen Ortsteil *Intra* befindet sich die Anlegestelle der Autofähren, die alle 20 Minuten ans gegenüberliegende Ufer nach Laveno pendeln. Hinter der langen Uferstraße zieht sich ein labyrinthisches Altstadtviertel einen leichten Hügel zum Dom mit freistehendem Glockenturm hinauf.

Viel besucht sind die *Giardini di Villa Taranto* auf der Landzunge Punta della Castagnola zwischen Intra und Pallanza. Der 16 ha große Park mit einer Unmenge prächtiger exotischer Pflanzen und Bäume sowie verspielten Wasserbecken, Brunnen und Terrassen wurde 1931 vom schottischen Captain Neil Boyd McEacharn gegründet, der den Ehrgeiz hatte, hier einen der besten botanischen Gärten der Welt anzulegen. Seit 1964 ist er in einem Mausoleum auf dem Gelände begraben.

Westlich der Landspitze liegt der hübschere Ortsteil *Pallanza*. Von der Promenade hat man einen schönen Blick hinüber nach Stresa und auf die nahen Isole Borromee (→ S. 241), auf die von hier auch Boote hinüberfahren. Das *Museo del Paesaggio* im Palazzo Dugnani (Ecke Via Cavour/Via Ruga) bietet eine Gipsothek mit Skulpturmodellen des in Verbania geborenen Bildhauers Trubetzkoj, außerdem Gemälde und archäologische Funde.

- *Öffnungszeiten* **Giardini di Villa Taranto**, Ende März bis Ende Okt. tägl. 8.30 Uhr bis Sonnenuntergang, Eintritt ca. 8 €, Kinder (6–14 J.) 5,50 € (✆ 0323/556667, www.villataranto.it). **Museo del Paesaggio**, Di–So 10–12, 15.30–18.30 Uhr, Mo geschl., Eintritt ca. 2,50 €.
- *Information* **IAT** in Pallanza, Corso Zanitello 6/8. ✆ 0323/503249, 507722, www.comune.verbania.it
- *Übernachten* ***** Belvedere**, Viale Magnolie 6, komfortables Haus bei der Anlegestelle in Pallanza, schöne Zimmer mit Seeblick. DZ mit Frühstück ca. 100–120 €. ✆ 0323/503202, 504466, www.pallanzahotels.com
Agriturismo Il Monterosso, Via al Monterosso 30, über hundert allerengste Haarnadelkurven geht es hinauf zu dem über hundert Jahre alten Turmhaus hoch über Verbania. Bei Iside Minotti und ihrer Familie gibt es neun funktionale Zimmer, aber auch allerüppigste piemontesische Menüs – sehr begehrt bei den Bewohnern von Verbania und deshalb im Sommer oft sehr

voll. DZ mit Superfrühstück 70 €.
☎ 0323/556510, ℻ 519706,
www.paginegialle.it/ristorovb
Centro Pastorale San Francesco, Via alle Fabbriche 8, große „Casa per Ferie" der Diözese von Novara. Geräumige und saubere Zimmer mit Etagendusche, Auto kann man kostenlos vor dem Haus parken, Supermarkt um die Ecke, Sportmöglichkeiten, 2 Min. vom Seeufer. Fast nur Italiener als Gäste. DZ ca. 35–40 €. ☎ 0323/519568, ℻ 408542, www.centropastoralesanfrancesco.com
Ostello Verbania, Via alle Rose 7, Jugendherberge in einer schönen, alten Villa, 85 Betten, Übernachtung mit Frühstück ca. 14,50 € pro Pers., DZ ca. 34 €. März bis Okt.
☎ 0323/501648, ℻ 507877,
www.ostellionline.org
• *Essen & Trinken* **Osteria del Castello**, hübsch altertümliche Osteria an der gleichnamigen Piazza im Stadtkern von Intra, geführt von jungen Leuten. Vor der Tür große überdachte Steintische, gute Weinauswahl und deftige Imbisse zu günstigen Preisen. So geschl.
Caffè delle Rose, Via Ruga 36, urgemütliches Bistro an der Fußgängergasse von Pallanza, mit an der großen Seepiazza beginnt. Mehrere Räume, historische Werbeschilder und bunt zusammengewürfeltes Mobiliar von nostalgisch bis modern. Von Panini bis Secondi alles zu haben, ebenfalls günstig.

Mündung des Toce

Südlich von Verbania bildet der Fluss Toce eine große, flache Niederung mit reichem Baumbestand und viel Grün. Hier ist neben Cannobio ein weiteres Campingzentrum mit mehreren großflächigen Zeltplätzen entstanden, u. a. Isolino, Continental, Conca d'Oro und Europa. Trotzdem sind sie in den Sommermonaten oft bis auf den letzten Platz belegt.

▸ **Feriolo**: Das hübsche Örtchen wird von der Seeuferstraße im Bogen umgangen und bietet so Platz für eine breite Uferpromenade, wo zwischen Gelaterie und den im Sommer völlig überlasteten Restaurants die Einwohner abends in ihren blühenden Vorgärten sitzen. Übernachten kann man im Hotel „Oriente", das allerdings recht nah an der Straße liegt. Über Gravellona kommt man von hier schnell zum nahen Lago d'Orta (→ S. 244).

Lago di Mergozzo

Kleiner, ruhiger Badesee, etwa 1 km landeinwärts. Der einstige Seitenarm des Lago Maggiore wurde im Mittelalter durch Ablagerungen des Flusses Toce vom Hauptsee abgetrennt. Motorboote sind hier verboten und dank seiner Tiefe und der geringen Besiedlung gehört er zu den saubersten Seen Oberitaliens.

Die Ufer sind weitgehend dicht bewaldet, es gibt jedoch einen schönen Campingplatz, den man auf der Straße nach Mergozzo passiert. Das Örtchen *Mergozzo* am westlichen Seeende lockt mit hübschen, bunten Fassaden um den geschwungenen Hafen und einem viel besuchten Strandbad. Am Südufer kann man auf dem „Sentiero Azzurro" nach *Montorfano* mit romanischer Kirche und einem frühchristlichen Baptisterium wandern.

• *Übernachten* *** **Due Palme e Casa Bettina**, Via Pallanza 1. Älteres, aber modernisiertes Haus direkt an der Piazza, mit Restaurant und privater Badestelle. DZ mit Frühstück ca. 95–115 €. ☎ 0323/80112, 80298, www.hotelduepalme.it
La Quartina, Via Pallanza 20, Restaurant mit Zimmervermietung am Ortsanfang, gleich neben dem Strandbad. Familienbetrieb, Terrasse zum See hin, höhere Preise. DZ mit Frühstück ca. 90–110 €. ☎ 0323/80118, ℻ 80743, www.laquartina.com
Camping La Quiete, beliebter und gepflegter Platz in schöner Lage am See.
☎ 0323/496013, ℻ 496139,
www.campinglaquiete.it
Lago delle Fate, weiterer kleiner Platz neben dem Restaurant La Quartina, 5 Min. in den Ort. ☎ 0323/80326,
www.lagodellefate.com

Blick auf die Uferzone von Baveno

Baveno

(ca. 4500 Einwohner)

Ruhiger und eleganter Urlaubsort, wie das südlich benachbarte Stresa bereits im 19. Jh. vom Adel entdeckt. Von der palmengesäumten Uferstraße hat man einen ausgesprochen schönen Blick auf die Isole Borromee (Borromäische Inseln). Im alten Ortskern oberhalb der Uferstraße liegen die Pfarrkirche *Santissimi Gervasio e Protasio* mit hohem Campanile, die in ihren Ursprüngen bis in die Romanik zurückreicht, und ein achteckiges Baptisterium aus der Renaissance. Im Laubengang neben der Kirche sind martialisch-dramatische Fresken erhalten.

• *Information* Piazzale Dante Alighieri 14. ✆/✉ 0323/924632.

• *Übernachten* **** **Lido Palace**, prächtiger Palast aus dem 18. Jh. oberhalb der Straße nach Stresa, bestes Haus am Platz. Sehr einladend, mit schönem Restaurant, weitläufigem Garten und Pool. DZ mit Frühstück ca. 130–220 €. ✆ 0323/924444, ✉ 924744, www.lidopalace.com
*** **Villa Azalea**, Via Domo 6, im Stadtzentrum bei der Kirche. 1999 umfassend renoviert, komfortable Zimmer mit Mini-Bar und TV, Solariumterrasse und Garten. DZ mit Frühstück ca. 84–90 €. ✆ 0323/924300, ✉ 922065, www.villaazalea.com
*** **Alpino**, familiär geführtes Albergo mit brauchbarer Pizzeria oberhalb der Kirche. DZ ca. 60–80 €. ✆ 0323/924820, ✉ 924152, www.alpinohotel.it

Eine Reihe von Campingplätzen liegt im Umkreis.
Camping Lido, kleiner Platz im nördlichen Ortsbereich an einem Kiesstrand, schöner Blick hinüber nach Pallanza und auf die Inseln. ✆ 0323/924775 oder 923190.
Camping Tranquilla, großer, schöner Platz am Hang oberhalb von Baveno. Zwar etwa 2 km vom See, trotzdem sehr beliebt. Gute Ausstattung, Pool und Kinderspielgeräte. ✆ 0323/923452, www.tranquilla.com
• *Essen & Trinken* **Al Campanile**, schöne, erhöhte Lage neben der Kirche, stilvoller Speisesaal.
Il Chiosco, großes Freiluftcafé am südlichen Ortsausgang direkt am See, daneben Kinderspielplatz, abends oft Livemusik, herrlicher Blick.

Einzigartiges Gesamtkunstwerk: die Isola Bella vor Stresa

Stresa (ca. 6000 Einwohner)

Keimzelle und bis heute Mittelpunkt des Fremdenverkehrs am Lago Maggiore. Gewaltige Hotelpaläste des 19. Jh. säumen das Ufer, in perfekt ausgestatteten Tea-Rooms nimmt man seine Drinks, Kristallleuchter sind ein Muss.

Vor allem durch den pittoresken Blick auf die Isola Bella und die anderen Borromäischen Inseln inspiriert, entdeckte die englische Oberschicht, darunter viele Literaten, am Ende des 19. Jh. Stresa als Ausgangsbasis für ihre Italienreisen. Die Architektur ihrer Epoche brachten sie gleich mit und so prägen bis heute mächtige viktorianische Kästen die luxuriöse Uferpromenade. Zwar hat die dominierende Fremdsprache gewechselt – heute sind es vor allem Russen, die mit ihrem kürzlich erworbenen Reichtum die Erholung im angenehm milden Klima des westlichen Seeufers suchen – die Pracht am Lungolago ist jedoch geblieben. Weniger Betuchte können aber auch in einer Reihe einfacherer Häuser im Ortszentrum unterkommen und es mit einem Longdrink in der mit Stuck und Blattgold üppig ornamentierten Bar des „Regina Palace" bewenden lassen oder *Scones und Tea* in den knietief gepolsterten Sesseln des „Grand Hotel des Iles Borromées" einnehmen. Abseits der pompösen Promenade ist Stresa weitaus bescheidener geblieben. In der Altstadt ist von Grand Hotels und Belle Epoque nichts mehr zu bemerken, hier wirkt alles schlicht und bodenständig. Die Fußgängerstraße Via Mazzini beginnt neben dem Rathaus gegenüber der Anlegestelle. Da im näheren Ortsbereich die Küstenlinie fast vollständig mit Ufermauern und Anlegestellen versiegelt ist, muss man zum Baden nach Süden ausweichen. Ebenfalls am südlichen Ortsausgang liegt der große Park der *Villa Pallavicino* mit altem Baumbestand, Tiergehegen, Picknickstellen und Kinderspielplatz (Eine Leserin zeigte sich empört über die z. T. unangemessene Tierhaltung in Einzelkäfigen ohne Auslauf).

Lago Maggiore

Öffnungszeiten **Villa Pallavicino**, tägl. 9–18 Uhr, Eintritt ca. 6,70 €, Kind (4–14 J.) 4,70 €, www.parcozoopallavicino.it

> 1935 fand die so genannte **Konferenz von Stresa** statt, auf der sich Frankreich, Großbritannien und Italien über die Expansions- und Kriegspolitik des deutschen Reichs berieten, das kurz zuvor die Wehrpflicht wieder eingeführt und so gegen den Versailler Vertrag verstoßen hatte. Tagungsort war – ganz standesgemäß – der Borromeopalast auf der vorgelagerten Isola Bella.

*A*nfahrt/*V*erbindungen/*I*nformation

- *Anfahrt/Verbindungen* großer, gebührenpflichtiger **Parkplatz** an der Uferstraße um den Fähranleger.
Der **Bahnhof** liegt ein Stück landeinwärts bergauf in der Via Principe di Piemonte.

- *Information* **Ufficio Turistico**, Piazza Marconi 16, direkt an der Fähranlegestelle. Mo–Fr 10–12.30, 15–18.30, Sa 10–12.30 Uhr.
✆ 0323/30150, ✉ 32561, www.distrettolaghi.it

*Ü*bernachten

Es lohnt sich, die glitzernden Prunkpaläste im nördlichen Ortsbereich zu bewundern: *Grand Hôtel des Iles Borromées, Regina Palace, La Palma* u. a. Mit Zimmerpreisen weit jenseits der 300 € sind sie zum Wohnen wohl etwas zu teuer, wenngleich man mit Pauschalarrangements großer Reiseveranstalter durchaus deutlich günstiger wegkommen kann. In vielen Hotels herrscht im Sommer Pensionspflicht.

*** **Moderno**, Via Cavour 33, im Zentrum an einer belebten Fußgängergasse mit mehreren Ristoranti, kürzlich renoviert, unten spiegelnder Granit und Kronleuchter, hinten Innenhof. Komfortable Zimmer mit TV. DZ mit Frühstück ca. 80–115 €. ✆ 0323/933773, ✉ 933775, www.hms.it

*** **Primavera**, Via Cavour 39, benachbart, ebenfalls renoviert, sauber und solide ausgestattet, Zimmer mit TV. DZ mit Frühstück ca. 75–105 €. ✆ 0323/31286, ✉ 33458, www.stresahotels.net/primavera.htm

* **Elena**, kleines, etwas altmodisches Stadthotel an der Piazza Cadorna am Ende der Fußgängerzone Via Mazzini. Alle Zimmer mit Balkon (Blick auf die Piazza) und TV. DZ mit Frühstück ca. 75–90 €. ✆ 0323/31043, ✉ 33339, www.hotelelena.com

** **Luina**, Via Giuseppe Garibaldi 21, zwischen Uferstraße und einer Gasse dahinter, zu erreichen durch eine schmale Passage von der Uferstraße. Einfach eingerichtet, sieben Zimmer (vorher ansehen), Besitzerin spricht Deutsch. DZ mit Frühstück ca. 50–70 €. ✆/✉ 0323/30285, E-Mail: luinastresa@yahoo.it

** **Mon Toc**, Via Duchessa di Genova 67, schön über der Stadt gelegenes Haus, gepflegtes Innenleben. DZ mit Frühstück ca. 78 €. ✆ 0323/30282, ✉ 933860, www.hotelmontoc.com

* **La Locanda**, Via G. Leopardi 19, Nähe nördlicher Ortsausgang in einer schmalen Seitengasse, landeinwärts der Durchgangsstraße, recht ruhig. Ordentliche Zimmer mit TV. DZ mit Frühstück ca. 50–70 €. ✆/✉ 0323/31176, www.stresa.net/hotel/lalocanda

*E*ssen & *T*rinken

Piemontese, Via Mazzini 25, gepflegtes Ristorante an der Fußgängerzone in der Altstadt, hinten Garten. Fleisch und Seefisch werden gleichermaßen serviert. Angeschlossen ein Salon de Thé. Menü 35–50 €. Mo geschl.

Caffè Torino, Freiluftlokal an der Piazza Cadorna, dem zentralen Platz der Altstadt.

La Botte, Via Mazzini 8, am Beginn der Fußgängerzone, rustikale Trattoria mit umfangreicher Speisekarte, u. a. *Gulasch con polenta*, Fisch aus dem See und *baccalà*. Coperto wird nicht berechnet, günstige Preise.

Osteria degli Amici, am Ende der Fußgängerzone, überdachter Hof abseits vom Rummel, bodenständige Küche und freundlicher Service, auch Pizza aus dem Holzofen. Mi geschl.

▶ **Stresa/Umgebung:** Am Nordende von Stresa liegt der Piazzale Lido mit der Abfahrtsstelle der Motorboote zu den Borromäischen Inseln (→ nächster Abschnitt). Am gleichen Platz befindet sich auch die Talstation der Seilbahn auf den 1491 m hohen *Monte Mottarone*. Wenige Minuten von der Mittelstation liegt in 800 m Höhe der schöne *Giardino Botanico Alpinia* mit herrlichem Seeblick und zahlreichen alpinen Pflanzenarten, aber auch Raritäten aus China, Japan und dem Kaukasus. Der Gipfel ist auf einer etwa 20 km langen Panoramastraße auch mit dem Auto zu erreichen (die letzten Kilometer sind mautpflichtig, Auto ca. 4 €, Motorrad 2,50 €), unterwegs passiert man viele schöne Picknickstellen.

• *Verbindungen* Seilbahn, Abfahrten etwa alle 20 Min., mittags eine Stunde Pause, ca. 12 € hin und zurück. ✆ 0323/30295, www.stresa-mottarone.it

• *Öffnungszeiten/Preise* **Giardino Botanico Alpinia**, April bis Okt., tägl. 9.30–18 Uhr, Eintritt ca. 1,50 €, www.giardinoalpinia.it

> **Und wenn es mal regnet ...**
> Im kleinen Örtchen Gignese am Weg von Stresa zum Lago d'Orta (→ unten) steht am Ortseingang linker Hand das weltweit einmalige Regenschirm-Museum *Museo dell'Ombrello e del Parasole* mit über tausend Einzelexemplaren und einer alten Werkstatt.
> **Öffnungszeiten/Preise** April bis Sept. Di–So 10–12, 15–18 Uhr, Mo geschl.; Eintritt ca. 3 €, erm. 1 €. ✆ 0323/208064, www.gignese.it/museo

Isole Borromee (Borromäische Inseln)

Die drei Inseln gehören zu den beliebtesten Ausflugszielen am Lago Maggiore, schon im Frühsommer herrscht unglaublicher Rummel. Von Stresa pendeln Motorboote ständig hinüber (zur Isola Bella und zur Isola dei Pescatori ca. 2,50 € einfach, zur Isola Madre 3,50 €, Zwischenstopp auf einer Insel jederzeit möglich, dann jeweils 1 € mehr), häufige Verbindungen gibt es auch von Baveno und Pallanza, außerdem von Lavello am Ostufer. Auch die regulären Linienschiffe legen auf den Inseln an.

▶ **Isola Bella:** Die „Schöne Insel" ist von Stresa aus die nächste und meistbesuchte. Im 17. Jh. ließ Carlo III. aus dem mächtigen Geschlecht der Borromäer auf der damals kahlen Insel einen riesigen Palast mit prachtvollen Gartenanlagen erbauen. Er benannte ihn nach seiner Frau Isabella, woraus schließlich „Isola Bella" wurde. Insel und Palastanlage präsentieren sich seitdem als wahres Gesamtkunstwerk, das von weitem

Bewohner der Isola Bella

gesehen gerne mit einem vor Anker liegenden Schiff verglichen wird. Noch heute wird im Sommer ein Flügel des riesigen Anwesens von den Erben bewohnt. Ein Rundgang macht vertraut mit dem Lebensstil des Adels der Epoche. Die zahlreichen Säle und Wandelhallen beherbergen barocken Prunk vom Feinsten; mächtige Gobelins, Gemälde, wertvolle Möbel, eine alte Bibliothek u. A. Im Untergeschoss gibt es einige künstliche Grotten. Die üppigen Gärten sind mit Statuen und Brunnen in zehn Terrassen übereinander angelegt. An der Spitze prunkt ein reich verzierter Steinbau mit Grotten, Muscheln und bizarr-kitschigen Plastiken aus der Mythologie, darunter das Einhorn, das Wappentier der Borromäer. Eine besondere Attraktion sind die weißen Pfauen, die die Borromäer hier ansiedelten und die unbefangen zwischen den Besuchern umherlaufen.

Öffnungszeiten/Preise Mitte März bis Ende Okt. tägl. 9–17.30 Uhr; Eintritt ca. 9 €, Kinder (6–15 J.) 4,50 € (Sammelticket für Isola Bella und Isola Madre ca. 15 €, Kinder 7 €). ✆ 0323/932483, www.borromeoturismo.it

▸ **Isola dei Pescatori**: besitzt keinen Palast, sondern ein „idyllisches Fischerdorf", das allerdings die Grenze zum Kitsch schon überschritten hat. Touristenmassen strömen zwischen bunten Souvenirshops, Snackbars, Cafés und Restaurants durch die engen Gassen. Ein Besuch lohnt nur, wenn man so etwas mag. Immerhin haben die Lokale schöne Seeterrassen. Wer sich nicht mehr losreißen kann, findet auch einige Hotels.

▸ **Isola Madre**: weit draußen im See, die größte und ruhigste der drei Inseln. Auch hier steht ein eleganter, allerdings im Gegensatz zur Isola Bella deutlich kleinerer *Palazzo Borromeo*, der zahlreiche Porträts der Borromeo-Familie, eine Keramikausstellung und eine große Marionettensammlung besitzt. Er ist umgeben von einem prachtvollen Garten mit Azaleen, Rhododendren und Kamelien, in dem weiße Pfaue, Papageien und Fasane leben.

Öffnungszeiten/Preise Zeiten wie Isola Bella, Eintritt 8,50 €, Kinder (6–15 J.) 4,50 €. ✆ 0323/932483, www.borromeoturismo.it

Von Stresa nach Arona

Südlich von Stresa liegen die Villenorte *Belgirate*, *Lesa*, *Sólcio* und *Meina*. Obwohl sie nicht unattraktiv sind, werden sie vom Tourismus nur wenig beachtet. Selbst in der Hochsaison ist es hier manchmal fast menschenleer, während in Stresa das Leben tobt. Tipp für Camper ist „Camping Sólcio" am Rand des gleichnamigen Orts (✆ 0322/7497, 🖷 7566, www.campingsolcio.com).

Arona (ca. 15.000 Einwohner)

Größere Stadt und wichtigstes Wirtschaftszentrum im Süden des Sees. Direkt am See liegt die großzügige Piazza del Popolo mit der *Casa del Podestà*, dem ehemaligen Statthalterpalast, und der Renaissancekirche *Madonna di Piazza* mit einer Kopie der „Santa Casa" von Loreto. Hier hat man einen besonders schönen Blick auf die imposante Burg von Angera am nahen Ostufer und kann auf einer langen, schmalen Fußgängerzone die Altstadt durchqueren.

• *Übernachten* *** **Giardino**, Corso della Repubblica 1, zentral am See gelegen, gute Zimmer mit TV. DZ mit Frühstück ca. 95–100 €. ✆ 0322/45994, 🖷 249401, www.giardinoarona.com
Mehrere **Campingplätze** liegen südlich von Arona um Dormelletto. ✆ 0322/243383.

• *Essen & Trinken* **Taverna del Pittore**, Piazza del Popolo 39, verglastes Verandarestaurant direkt am See, elegant, gehobene Preise. Mo geschl.
Hostaria al Vecchio Portico, gemütliches Lokal neben der Kirche an der Piazza del Popolo.

Arona 243

Die Burg von Angera in der Abendsonne

Osteria della Scarpetta, Via Cesare Battisti 6, aufmerksam geführtes Lokal in einer engen Seitengasse der Fußgängerzone, Sitzplätze auch im Freien.

Il Grappolo, moderne und geschmackvoll gestaltete Osteria in der Via Pertossi 7, die sich vom Südende der Piazza del Popolo den Hang hinaufzieht. Piemontweine, dazu Käse und Wurstplatten.

San Carlone: Der Kardinal über der Stadt

Ein ungewöhnlicher Anblick ist das allemal. Fährt man nach Ghevio hinauf, sieht man sich auf einmal hoch über dem See einer mächtigen Kupferstatue gegenüber. Ende des 17. Jh. hat man auf diese Weise den Kardinal *Carlo Borromeo* verewigt, den einzigen der borromäischen Adelsfamilie, der die kirchliche Laufbahn eingeschlagen hatte. Er war einer der entschiedensten, wenn nicht fanatischsten Initiatoren der Gegenreformation. Er wurde 1538 in der – unter Napoleon zerstörten – Festung von Arona geboren und starb 1584. Sein Grab befindet sich an zentraler Stelle im Mailänder Dom, 1614 wurde er vom Papst heilig gesprochen. Die Höhe der Statue beträgt 23 m (mit Sockel 34,50 m), der Arm ist 9 m lang, der Daumen allein 1,40 m. Der Heilige hebt segnend die rechte Hand und hält mit der linken die Schlussakte des Konzils von Trient (1545–1563). Man kann bequem bis zur Aussichtsplattform auf dem Sockel hinaufsteigen und – weniger bequem – auf steiler Leiter in Inneren der Statue bis zum Kopf klettern und aus den Augen auf den See blicken.

Öffnungszeiten/Preise April bis Okt. tägl. 9–12.30, 14–18.30 Uhr, Okt. nur bis 17 Uhr, Nov. bis März nur Sa/So 9–12.30, 14–17 Uhr; Eintritt ca. 3,50 €, Kinder unter 8 Jahren frei.

Lago d'Orta

Der 13 km lange See versteckt sich westlich vom Lago Maggiore hinter hohen Hügelketten. Es gibt nur wenige Ortschaften und eine durchgehende Küstenstraße verläuft nur am Ostufer. Das Westufer ist dicht bewaldet, steil und touristisch weitgehend unerschlossen.

Schönster und einzig reizvoller Ort ist *Orta San Giulio* auf einer weit in den See ragenden Halbinsel am Ostufer – allerdings ein kleines Juwel, das allein die Anfahrt lohnt. Einige Campingplätze liegen am Ostufer.

• *Anfahrt/Verbindungen* **PKW**, vom Lago Maggiore entweder über Verbania in der Seemitte, über Stresa oder über Arona im Süden zu erreichen.
Bahn, der Orta-See liegt an der Strecke von Brig über Domodossola nach Novara, Stationen gibt es u. a. in Omegna und Orta San Giulio.
Schiff, die Fähren der **Navigazione Lago d'Orta** pendeln tägl. mehrmals von Omegna nach Orta und fahren auch hinüber zur Isola San Giulio.

Omegna

An der Nordspitze liegt die größte Stadt am See. Das alte Zentrum zeigt sich malerisch vergammelt, wobei die Betonung auf Letzterem liegt. Ein Flüsschen fließt durch den Hafen, seitlich davon gibt es halb verfallene Häuserfronten, im Hafenbecken eine Minifontäne nach Genfer Vorbild. Omegna ist seit langem ein Zentrum der Herstellung von Haushaltsgeräten und Kücheneinrichtungen. Ein Museum namens *Forum Omegna* stellt in einer umgebauten Fabrikanlage italienisches Küchendesign ab 1900 vor (im Zentrum beschildert). Und im 3 km nördlich gelegenen Vorort *Crusinallo di Omegna* hat der bekannte Geschirrproduzent „Alessi" seinen Sitz. Direkt ab Fabrik kann man hier die edlen Designerstücke bis zu 30 % günstiger als im Laden erwerben. Falls also noch Platz im Kofferraum ist ...

Öffnungszeiten **Forum Omegna**, Di–Sa 10.30–12.30, 15–18.30, So 15–18.30 Uhr, Mo geschl., Eintritt frei; **Alessi S.P.A.**, Via Privata Alessi 6, Crusinallo di Omegna. Di–Sa 9–18 Uhr, Mo 14–18 Uhr. ✆ 0323/868611, www.alessi.com

> „Die Nigoglia fließt aufwärts und wir machen unsere eigenen Regeln", so lautet der stolze Sinnspruch der Stadtbewohner. Tatsächlich tritt hier die kleine Nigoglia aus dem Orta-See und fließt als einziger Fluss Norditaliens in Richtung Alpen.

Orta San Giulio (ca. 1200 Einwohner)

An der Spitze einer lang gestreckten, grünen Halbinsel ein Meer von grauen Schindeldächern, unmittelbar davor eine runde Insel mit schlossartigen Gemäuern – perfekte Filmkulisse für eine Mischung aus „Graf von Monte Christo", „Name der Rose" und „Weißes Rössl am Wolfgangsee".

Orta San Giulio ist ein echtes Bilderbuchstädtchen und hat sich zum populären Tagesausflugsziel entwickelt. Im Sommer schwärmen oft hunderte von Tagesausflüglern durch die Gassen. Über Treppen steigt man hinunter in den Ort, hübscher Spaziergang durch enge, dunkle Gassen mit Kieselsteinpflaster und hohen barocken Gemäuern, die oft erstaunliche Innenhöfe und Säulengänge verbergen. Plötzlich

Orta San Giulio

Hier starten die Boote zur Isola San Giulio

steht man auf der weiten, offenen Piazza Mario Motta mit dichten Baumreihen am See, umgeben von malerischen alten Patrizierhäusern mit Blick auf die geheimnisvolle Insel gegenüber. Landeinwärts kann man hier zur Pfarrkirche und zum berühmten *Sacro Monte d'Orta* aufsteigen.

- *Anfahrt/Verbindungen* **PKW** müssen oberhalb von Orta auf einem (in Spitzenzeiten viel zu kleinen) Parkplatz abgestellt werden (ca. 1,50 €/Std.). In wenigen Minuten gelangt man von dort zu Fuß in den Ortskern. Wer ein Hotel im „centro storico" gebucht hat, geht am besten zunächst zu Fuß runter und fragt nach der Zufahrt.
Der **Bahnhof** liegt etwa 2 km außerhalb.
- *Information* **APT**, Via Panoramica 24, am Parkplatz schräg gegenüber der Villa Crespi. Nur in den Sommermonaten geöffnet. ✆ 0322/905614, E-Mail: info@prolocoorta.com
- *Übernachten* ****** Villa Crespi**, Via Fava 8/10. Die große Villa des 19. Jh., ein origineller Bau im orientalischen Stil, steht mit ihrem minarettähnlichen Turm unübersehbar an der Zufahrtsstraße in den Ort, gleich nachdem man von der SS 229 abzweigt. Äußerst komfortables Innenleben, vermietet werden Zimmer und Suiten. DZ mit Frühstück ca. 170–240 €. ✆ 0322/911902, ✉ 911919, www.lagodortahotels.com
*** Orta, Traditionshaus an der Südseite der Piazza Motta, seit über hundert Jahren von Familie Bianchi-Oglina geführt, Einrichtung schon etwas älter, aber insgesamt gut ausgestattet. Aufenthaltsraum mit Kamin, verglastes Restaurant zum See, Zimmer mit TV, teils Balkon, im ersten Stock große Terrassen, je nach Hausseite schöner Blick auf den Platz oder auf den See mit Isola San Giulio. DZ mit Frühstück ca. 82–112 €.
✆ 0322/90253, ✉ 905646, www.hotelorta.it
*** La Contrada dei Monti, Via Contrada dei Monti 10, Seitengässchen der Via Olina, die zur zentralen Piazza führt. Edler Stadtpalazzo des 18. Jh., schön restauriert, ruhiger, kleiner Innenhof, Aufenthaltsraum mit Kamin. Zimmer nett im historisierenden Stil eingerichtet, jeweils TV. DZ mit Frühstück ca. 100 €, Suite 150 €. ✆ 0322/905114, ✉ 905863, www.orta.net/lacontradadeimonti
** Piccolo Hotel Olina, Via Olina 40, in der schmalen Altstadtgasse, die zur Piazza Motta führt. Ristorante mit Zimmervermietung (→ Essen & Trinken), saubere und modern ausgestattete Zimmer, an den Fenstern Blumen. DZ mit Frühstück ca. 60–80 €.
✆ 0322/905656, ✉ 90377, www.orta.net/d.negri

Lago d'Orta

Tipp für längeren Aufenthalt: Das Hotel vermietet auch mehrere schön gelegene **Ferienwohnungen** im Zentrum und außerhalb, direkt am See.

Camping Orta, etwa 1,5 km außerhalb, Wiesengrundstück in Terrassen am Beginn der Halbinsel, ein Teil mit kleinem Badestrand direkt am See, der andere auf der Landseite der SS 229 (Fußgängertunnel). Ganzjährig geöffnet. ✆/≋ 0322/90267, www.campingorta.it

Camping Miami, 3 km südlich vom Ort, durch die Straße vom Wasser getrennt, dort ein richtiger kleiner Sandstrand, Ristorante und Bar ebenfalls vorhanden, ✆/≋ 0322/998489.

• *Essen & Trinken* **Villa Crespi**, Via Fava 18, im gleichnamigen Hotel (→ Übernachten), Restaurant der edlen Sorte, fantasievolle Küche, vom Michelin mit einem Stern gelobt. Menü um die 50 € aufwärts. Di geschl.

Taverna Antico Agnello, Via Olina 18, mit Glyzinien völlig zugewachsenes Haus an einer schmalen Piazza an der Hauptgasse, bekannt für gute traditionelle Küche und leckere Fischgerichte. Menü ca. 30–40 €. Di geschl.

Ristoro Olina, gut geführtes Ristorante an der zentralen Altstadtgasse, die zur Piazza Motta führt, gehört zum „Piccolo Hotel Olina" (→ Übernachten).

La Campana, Via Giacomo Giovanetti 41, einfache und günstige Pizzeria an der Gasse südlich vom Hauptplatz.

Sacro Monte, in schöner Lage auf dem Sacro Monte d'Orta (→ Sehenswertes), gute piemontesische Küche, angenehmes Ambiente. Menü ca. 30–35 €. Di geschl.

• *Shopping* Zwei hübsche Lebensmittelgeschäfte liegen am **Largo dei Gregori**, kurz vor dem Hauptplatz am See: luftgetrocknete Schinken, großes Angebot an Salami und diverse Grappe.

Idea Dolce, Via Olina 7, bemerkenswerte Auswahl an Qualitätsschokoladen und Kakaos. Jeden Mi **Markt** auf der Piazza Motta.

Piazza und historisches Rathaus von Orta San Giulio

Sehenswertes: Blickfang an der zentralen Piazza Mario Motta ist der freistehende *Palazzo della Comunità* aus dem 16. Jh., das ehemalige Rathaus, mit verblassten Wandmalereien. Im Untergeschoss besitzt er eine nach allen vier Seiten offene Loggia, über eine Außentreppe kam man früher zum Versammlungssaal im ersten Stock. An der Seeseite der Piazza starten die Motorboote zur gegenüberliegenden

Isola San Giulio, landeinwärts thront am Ende einer steilen Pflastergasse die Pfarrkirche *Santa Maria Assunta* voll barockem Zierrat.

Überragt wird Orta San Giulio vom *Sacro Monte d'Orta*, zu erreichen am besten im Rahmen eines halbstündigen Spaziergangs ab Piazza Motta, zunächst zur Pfarrkirche, dann rechts die Via Gemelli hinauf (es gibt auch eine ab Ortseinfahrt beschilderte Straße, Parkplätze sind aber oben äußerst knapp). Die bekannte Wallfahrtsstätte hat nur einen einzigen Bezugspunkt: Franz von Assisi (1181–1226). Auf einem Andachtsweg mit 21 Kapellen wird die Vita des Ordensgründers in aufwändigen, zum Teil frappierend lebendig wirkenden Skulpturentableaus nachgestellt. Beinahe 200 Jahre vergingen zwischen Beginn und Fertigstellung des Ensembles (1590–1785), ein großer Teil der insgesamt 376 Skulpturen stammt von Dionigi Bussola, der auch mit zahlreichen Werken im Mailänder Dom vertreten ist. Die weniger auffälligen, jedoch nicht minder meisterlichen Fresken malten u. a. die Brüder Fiamminghini und Giuseppe Nuvolone. Neben dem hagiographischen Aspekt vermittelt der Sacro Monte d'Orta so einen interessanten Überblick über die verschiedenen Kunstepochen von

Skulpturen zu Ehren des Franz von Assisi

Spätrenaissance bis Klassizismus, die hier mit ihren ganz spezifischen Mitteln das gleiche Thema bearbeiteten. Den krönenden Abschluss bildet die *Chiesa di San Nicolao* mit ihren schönen Altargemälden neben der XX. Kapelle. Es gibt natürlich auch ein Franziskanerkloster, in dem zur Zeit fünf schon recht betagte Minoriten nach den Regeln des Franz von Assisi leben. Wegen seines einzigartigen alten Baumbestandes ist der Sacro Monte außerdem als Naturreservat eingestuft.

Öffnungszeiten/Preise **Andachtsweg** mit Kapellen tägl. 8.30–18.30 Uhr (Winter: 9–16.30 Uhr), **San Nicolao** 10–12 und 14.30–17 Uhr, Eintritt frei (www.sacromonte.it).

Isola San Giulio

Die kleine ovale Insel ist fast vollständig bebaut, durch schmale Gassen kann man einmal rundum schlendern, begleitet von viersprachigen Sinnsprüchen, die sich hauptsächlich um Stille und „Erkenne dich selbst" drehen.

Die Inselsilhouette wird beherrscht vom mächtigen ehemaligen Bischofspalast (heute Priesterseminar) und der *Basilica di San Giulio*, deren Gründung auf einen wundertätigen Griechen namens Julius zurückgeht, der die Insel im 4. Jh. von Drachen und Schlangen befreit haben soll. Später wurde die Insel zur schweren Festung ausgebaut, die aber im Lauf der Jahrhunderte verfiel. Anstelle der Burg errichtete man 1844 das Priesterseminar am höchsten Punkt der Insel (abends gelegentlich klassische Musikkonzerte). Die romanische Basilika ist üppig barock ausgestattet, einige ältere Freskenreste sind erhalten, eindrucksvoll thront vor der Altarschranke die prächtige romanische Kanzel aus schwarzem Marmor, die mit großen Reliefs verziert ist: kämpfende Fabeltiere, Adler und Heiligenfiguren. In der Krypta ruht Julius mit Goldmaske in einem gläsernen Schneewittchensarg.

Verbindungen In der Saison fahren ständig Motorboote von der Piazza Mari Motta zur Insel, ca. 3 € hin/rück.

▶ **Vacciago**: In diesem kleinen Ort südlich von Orta hat die *Collezione Calderara* ihren Sitz in der Villa, in der der Maler Antonio Calderara (1903–78) lebte. Er malte hauptsächlich wunderschöne Seeansichten, sammelte aber auch die Werke von über 130 anderen Künstlern der Moderne, die nun hier zusammen ausgestellt sind.

Öffnungszeiten Mitte Mai bis Mitte Okt. Di–So 10–12, 15–18 Uhr, Mo geschl.. Eintritt frei, Spende erwartet.

▶ **Torre di Buccione**: langobardischer Wachturm aus dem 4. Jh., südlich vom See bei Gozzano. Man kann durch ein Naturschutzgebiet in etwa 15 Min. hinaufsteigen und den herrlichen Seeblick genießen. Seine Glocken sollen so laut gewesen sein, dass er bei Gefahr die gesamte Bevölkerung um den Lago d'Orta warnen konnte.

▶ **Westufer**: Keine durchgehende Straße und wenig Sehenswertes, dafür viel Auf und Ab auf kleinen gewundenen Sträßchen. Die Wallfahrtskirche *Madonna del Sasso* bietet von ihrem hohen Fels aus ein grandioses Panorama.

Etwas Italienisch

Aussprache (Hier nur die Abweichungen von der deutschen Aussprache)

- **c**: vor e und i immer *"tsch"* wie in *rutschen*, z. B. *centro* (Zentrum) = *"tschentro"*. Sonst wie *"k"*, z. B. *cannelloni* = *"kannelloni"*.
- **cc**: gleiche Ausspracheregeln wie beim einfachen **c**, nur betonter: *faccio* (ich mache) = *"fatscho"*; *boccone* (Imbiss) = *"bokkone"*.
- **ch**: wie *"k"*, *chiuso* (geschlossen) = *"kiuso"*.
- **cch**: immer wie ein hartes *"k"*, *spicchio* (Scheibe) = *"spikkio"*.
- **g**: vor e und i *"dsch"* wie in *Django*, vor a, o, u als *"g"* wie in *gehen*; wenn es trotz eines nachfolgenden dunklen Vokals als *"dsch"* gesprochen werden soll, wird ein i eingefügt, das nicht mitgesprochen wird, z. B. in *Giacomo* = *"Dschakomo"*.
- **gh**: immer als *"g"* gesprochen.
- **gi**: wie in *giorno* (Tag) = *"dschorno"*, immer weich gesprochen.
- **gl**: wird zu einem Laut, der wie *"lj"* klingt, z. B. in *moglie* (Ehefrau) = *"mollje"*.
- **gn**: ein Laut, der hinten in der Kehle produziert wird, z. B. in *bagno* (Bad) = *"bannjo"*.
- **h**: wird am Wortanfang nicht mitgesprochen, z. B. *hanno* (sie haben) = *"anno"*. Sonst nur als Hilfszeichen verwendet, um c und g vor den Konsonanten i und e hart auszusprechen.
- **qu**: im Gegensatz zum Deutschen ist das u mitzusprechen, z. B. *acqua* (Wasser) = *"akua"* oder *quando* (wann) = *"kuando"*.
- **r**: wird kräftig gerollt!
- **rr**: wird noch kräftiger gerollt!
- **sp** und **st**: gut norddeutsch zu sprechen, z. B. *specchio* (Spiegel) = *"s-pekkio"*, *stella* (Stern) = *"s-tella"*.
- **v**: wie *"w"*.
- **z**: immer weich sprechen wie in *Sahne*, z. B. *zucchero* (Zucker) = *"sukkero"*.

Elementares

Frau …	*Signora*
Herr …	*Signor(e)*
Guten Tag	*Buon giorno*
Guten Abend (ab nachmittags!)	*Buona sera*
Gute Nacht	*Buona notte*
Auf Wiedersehen	*Arrivederci*
Hallo/Tschüss	*Ciao*
Wie geht es Ihnen?	*Come sta?*
Wie geht es dir?	*Come stai?*
Danke, gut.	*Molto bene, grazie*
Danke!	*Grazie*
Entschuldigen Sie	*(Mi) scusi*
Entschuldige	*Scusami/Scusa*
Entschuldigung, können Sie mir sagen …?	*Scusi, sa dirmi …?*
ja	*si*
nein	*no*
Tut mir leid	*Mi dispiace*
Macht nichts	*Non fa niente*
Bitte! (gern geschehen)	*Prego!*
Bitte (als Einleitung zu einer Frage oder Bestellung)	*Per favore...*
Sprechen Sie Englisch/Deutsch?	*Parla inglese/ tedescso?*
Ich spreche kein Italienisch	*Non parlo l'italiano*
Ich verstehe nichts	*Non capisco niente*
Könnten Sie langsamer sprechen?	*Puo parlare un po` più lentamente?*
Ich suche nach …	*Cerco …*
Okay, geht in Ordnung	*Va bene*
Ich möchte	*Vorrei*
Warte/Warten Sie!	*Aspetta/Aspetti!*
groß/klein	*grande/piccolo*
Geld	*i soldi*
Ich brauche …	*Ho bisogno …*
Ich muss …	*Devo …*
in Ordnung	*d'accordo*
Ist es möglich, dass …	*È possibile …*
mit/ohne	*con/senza*
offen/geschlossen	*aperto/chiuso*
Toilette	*bagno*
verboten	*vietato*
Wie heißt das?	*Come si dice?*
bezahlen	*pagare*

Fragen

Gibt es/Haben Sie ...?	*C'è ...?*	Wo? Wo ist?	*Dove?/ Dov'è?*
Was kostet das?	*Quanto costa?*	Wie?/Wie bitte?	*Come?*
Gibt es (mehrere)	*Ci sono?*	Wieviel?	*Quanto?*
Wann?	*Quando?*	Warum?	*Perché?*

Smalltalk

Ich heiße ...	*Mi chiamo ...*
Wie heißt du?	*Come ti chiami?*
Wie alt bist du?	*Quanti anni hai?*
Das ist aber schön hier	*Meraviglioso!/Che bello!/Bellissimo!*
Von woher kommst du?	*Di dove sei tu?*
Ich bin aus München/Hamburg	*Sono di Monaco, Baviera/di Amburgo*
Bis später	*A più tardi!*

Orientierung

Wo ist bitte ...?	*Per favore, dov'è ..?*
... die Bushaltestelle	*...la fermata*
... der Bahnhof	*...la stazione*
Stadtplan	*la pianta della città*
rechts	*a destra*
links	*a sinistra*
immer geradeaus	*sempre diritto*
Können Sie mir den Weg nach ... zeigen?	*Sa indicarmi la direzione per..?*
Ist es weit?	*È lontano?*
Nein, es ist nah	*No, è vicino*

Bus/Zug

Fahrkarte	*un biglietto*	... der letzte?	*...l'ultimo?*
Stadtbus	*il bus*	Abfahrt	*partenza*
Überlandbus	*il pullman*	Ankunft	*arrivo*
Zug	*il treno*	Gleis	*binario*
hin und zurück	*andata e ritorno*	Verspätung	*ritardo*
Ein Ticket von X nach Y	*un biglietto da X a Y*	aussteigen	*scendere*
		Ausgang	*uscita*
Wann fährt der nächste?	*Quando parte il prossimo?*	Eingang	*entrata*

Auto/Motorrad

Auto	*macchina*	Reifen	*le gomme*
Motorrad	*la moto*	Kupplung	*la frizione*
Tankstelle	*distributore*	Lichtmaschine	*la dinamo*
Volltanken	*il pieno, per favore*	Zündung	*l'accensione*
Bleifrei	*benzina senza piombo*	Vergaser	*il carburatore*
Diesel	*gasolio*	Mechaniker	*il meccanico*
Panne	*guasto*	Werkstatt	*l'officina*
Unfall	*un incidente*	funktioniert nicht	*non funziona*
Bremsen	*i freni*		

Bank/Post/Telefon

Wo ist eine Bank?	*Dove c' è una banca*	Postkarte	*cartolina*
		Brief	*lettera*
Postamt	*posta/ufficio postale*	Briefkasten	*la buca (delle lettere)*
Ich möchte Reiseschecks einlösen	*Vorrei cambiare dei traveller cheques*	Briefmarken	*i francobolli*
		Wo ist das Telefon?	*Dov' è il telefono?*

Hotel/Camping

Haben Sie ein Einzel-/Doppelzimmer?	C'è una camera singola/doppia?
Können Sie mir ein Zimmer zeigen?	Può mostrarmi una camera?
Ich nehme es/wir nehmen es	La prendo/la prendiamo
Zelt/ kleines Zelt	tenda/canadese
Schatten	ombra
mit Dusche/Bad	con doccia/bagno
ein ruhiges Zimmer	una camera tranquilla
Wir haben reserviert	Abbiamo prenotato
Schlüssel	la chiave
Vollpension	pensione completa
Halbpension	mezza pensione
Frühstück	prima colazione
Hochsaison	alta stagione
Nebensaison	bassa stagione

Zahlen

0	zero	13	tredici	60	sessanta
1	uno	14	quattordici	70	settanta
2	due	15	quindici	80	ottanta
3	tre	16	sedici	90	novanta
4	quattro	17	diciassette	100	cento
5	cinque	18	diciotto	101	centuno
6	sei	19	diciannove	102	centodue
7	sette	20	venti	200	duecento
8	otto	21	ventuno	1.000	mille
9	nove	22	ventidue	2.000	duemila
10	dieci	30	trenta	100.000	centomila
11	undici	40	quaranta	1.000 000	un milione
12	dodici	50	cinquanta		

Arzt/Krankenhaus

Ich brauche einen Arzt	Ho bisogno di un medico
Hilfe!	Aiuto!
Erste Hilfe	pronto soccorso
Krankenhaus	ospedale
Schmerzen	dolori
Ich bin krank	Sono malato
Biss/Stich	puntura
Fieber	febbre
Durchfall	diarrea
Erkältung	raffreddore
Halsschmerzen	mal di gola
Magenschmerzen	mal di stomaco
Zahnweh	mal di denti
Zahnarzt	dentista
verstaucht	slogato

Restaurant

Haben Sie einen Tisch für x Personen?	C'è un tavolo per x persone?
Ich möchte zahlen	Il conto, per favore
Gabel	forchetta
Messer	coltello
Löffel	cucchiaio
Aschenbecher	portacenere
Mittagessen	pranzo
Abendessen	cena
Eine Quittung, bitte	Vorrei la ricevuta, per favore
Es war sehr gut	Era buonissimo
Trinkgeld	mancia
Extra-Preis für Gedeck, Service und Brot	coperto/pane e servizio
Vorspeise	antipasto
erster Gang	primo piatto
zweiter Gang	secondo piatto
Beilagen	contorni
Nachspeise (Süßes)	dessert
Obst	frutta
Käse	formaggio

Verlagsprogramm

Deutschland
- Allgäu
- Altmühltal
- Berlin & Umgebung
- *MM-City* Berlin
- Bodensee
- Franken
- Fränkische Schweiz
- Mainfranken
- Nürnberg, Fürth, Erlangen
- Ostseeküste – von Lübeck bis Kiel
- Schwäbische Alb

Niederlande
- *MM-City* Amsterdam
- Niederlande
- Nordholland – Küste, IJsselmeer, Amsterdam

Nord(west)europa
- England
- Südengland
- *MM-City* London
- Schottland
- Irland
- Island
- Norwegen
- Südnorwegen
- Südschweden

Osteuropa
- Baltische Länder
- Polen
- Polnische Ostseeküste
- *MM-City* Prag
- Westböhmen & Bäderdreieck
- Ungarn

Balkan
- Mittel- und Süddalmatien
- Kroatische Inseln & Küste
- Nordkroatien – Kvarner Bucht
- Slowenien & Istrien

Griechenland
- Amorgos & Kleine Ostkykladen
- Athen & Attika
- Chalkidiki
- Griechenland
- Griechische Inseln
- Karpathos
- Kefalonia & Ithaka
- Korfu
- Kos
- Kreta
- Kreta – der Osten
- Kreta – der Westen
- Kykladen
- Lesbos
- Naxos
- Nord- u. Mittelgriechenland
- Paros/Antiparos
- Peloponnes
- Rhodos
- Samos
- Santorini
- Skiathos, Skopelos, Alonnisos, Skyros – Nördl. Sporaden
- Thassos, Samothraki
- Zakynthos

Türkei
- *MM-City* Istanbul
- Türkei – gesamt
- Türkei – Mittelmeerküste
- Türkei – Südküste
- Türkei – Westküste
- Türkische Riviera – Kappadokien

Frankreich
- Bretagne
- Côte d'Azur
- Elsass
- Haute-Provence
- Korsika
- Languedoc-Roussillon
- *MM-City* Paris
- Provence & Côte d'Azur
- Südfrankreich
- Südwestfrankreich

Italien
- Apulien
- Chianti – Florenz, Siena
- Dolomiten – Südtirol Ost
- Elba
- Gardasee
- Golf von Neapel
- Italien
- Italienische Riviera & Cinque Terre
- Kalabrien & Basilikata
- Liparische Inseln
- Marken
- Oberitalien
- Oberitalienische Seen
- *MM-City* Rom
- Rom & Latium
- Sardinien
- Sizilien
- Südtirol
- Südtoscana
- Toscana
- Umbrien
- *MM-City* Venedig
- Venetien & Friaul

Nordafrika u. Vorderer Orient
- Ägypten
- Sinai & Rotes Meer
- Tunesien

Spanien
- Andalusien
- *MM-City* Barcelona
- Costa Brava
- Costa de la Luz
- Ibiza
- Katalonien
- Madrid & Umgebung
- Mallorca
- Nordspanien
- Spanien

Kanarische Inseln
- Gomera
- Gran Canaria
- *MM-Touring* Gran Canaria
- Lanzarote
- La Palma
- *MM-Touring* La Palma
- Teneriffa
- *MM-Touring* Teneriffa

Portugal
- Algarve
- Azoren
- Madeira
- *MM-City* Lissabon
- Lissabon & Umgebung
- Portugal

Lateinamerika
- Dominikanische Republik
- Ecuador

Österreich
- *MM-City* Wien

Schweiz
- Genferseeregion
- Tessin

Malta
- Malta, Gozo, Comino

Zypern
- Zypern

Aktuelle Informationen zu allen Reiseführern finden Sie im Internet unter www.michael-mueller-verlag.de

Gerne schicken wir Ihnen auch das aktuelle Verlagsprogramm zu.

Michael Müller Verlag GmbH, Gerberei 19, 91054 Erlangen, Tel. 0 91 31 / 81 28 08-0; Fax 0 91 31 / 20 75 41; E-Mail: mmv@michael-mueller-verlag.de

Sach- und Personenregister

Adenauer, Konrad 201
Alessi 244
Anreise mit dem
 eigenen Fahrzeug 12
Anreise mit dem
 Flugzeug 19
Anreise mit der Bahn 17
Ärztliche Versorgung 21
AutoZug 16

Borromäer,
 Geschlecht 241
Brustolon, Andrea 59

Catull 130
Charlotte, Prinzessin 201
Colleoni, Bartolomeo 178
d'Annunzio, Gabriele 93

Dante Alighieri 155
Donizetti, Gaetano 178

Einkaufen 21
Essen 23
Europabus 19

Fahrrad 20
Felszeichnungen,
 prähistorische 114, 173
Franz von Assisi 44
Frey, Sixtus 76
Bernhard von Cles 72

Galerien 30
Geld 28

Go-Box 13
Goethe, Johann
 Wolfgang von 100
Gonzaga 137
Göttliche Komödie 155

Handy 31
Höchstgeschwindigkeit 16

Information 28
Internet 29

Kirchen 30
Klima/Reisezeit 29
Konzil von Trient 72
Kraftstoff 17

Ladiner 54

Mantegna, Andrea 138
Manzoni, Alessandro 192
Messner, Reinhold 49, 55
Mietwagen 20
Museen 30
Mussolini, Benito 92, 96, 203

Opernfestival von
 Verona 151
Ora, Wind 79, 102
Osteria 28
Ötzi 45, 49

Pannenhilfe 16
Pfahlbauten 141
Polenta 23

Republik von Salò 92, 96
Risorgimento 92
Romeo und Julia 154
Rotes Kreuz 134

Schlacht von Solferino 134
Shakespeare, William 154
Skaliger, Geschlecht
 128, 152
Spielkasino 217
Surfen 102

Tankstellen 17
Telefon 30
Tizian 57
Törggelen 27

Übernachten 31

Verkehrsschilder 16
Verkehrsvorschriften 16
Vignette Österreich 13
Vignette Schweiz 15
Visconti, Geschlecht
 104, 137
Vittorio Emanuele III 96
Volta, Alessandro 211

Walther von der
 Vogelweide 43
Wein 27

Zattieri di Piave, Flößer 57
Zeno, Heiliger 158

Geographisches Register

Abbadia-Lariana 191
Alberè di Tenna 63
Albisano 114
Andalo 69
Anfo 144
Angera 231
Arco 87
Arcumeggia 226
Argegno 205
Arona 242
Auronzo di Cadore 56
Avio 110

Baia delle Sirene,
 Strand 116
Balbiana 98
Bardolino 121

Baselga 63
Baveno 238
Bellagio 194
Bellano 187
Belluno 58
Bergamo 174
Bezzecca 142
Biandronno 218
Boario Terme 173
Borghetto di Valeggio
 sul Mincio 137
Bozen (Bolzano) 39
Brentino 118
Brezzo di Bedero 226
Brianza, Landschaft 212
Brunate 212

Cadenabbia 201
Cadrezzate 219
Calceranica al Lago 60
Calde 226
Calmasino 122
Campione del Garda 91
Campo dei Fiori,
 Berg 221
Canale del Monte 140
Canazei 39
Cannero Riviera 235
Cannobio 232
Canzo 214
Caprino Veronese 118
Carate Urio 206
Carmine 235

254 Geographisches Register

Carzano 171
Casalzuigno 228
Cascata Varone,
  Wasserfall 89
Cassone 112
Castel Pénede, Burg 103
Casteletto 112
Castelli di Cannero,
  Inseln 236
Castello di Bornato,
  Schloss 173
Castiglione delle
  Stiviere 135
Castro 166
Cavaion Veronese 124
Cernobbio 206
Cerro 229
Chiesa 64
Cibiana di Cadore 55
Cima 216
Cisano 122
Cislano 165
Civate 213
Cles 66
Clusane 167
Colà di Garda 124
Cólico 184
Comer See 181
Como 206
Conca d'Oro, Strand 103
Corenno Plinio 187
Corno di Bó,
  Kletterfelsen 105
Corno Piana,
  Naturschutzgebiet 111
Cortellino 119
Cortina d'Ampezzo 52
Crusinallo di Omegna 244
Cure 171

Dascio 182
Dervio 187
Desenzano 131
Domaso 198
Domegge di Cadore 57
Dürrensee (Lago di
  Landro) 51

Eggental (Valle d'Ega),
  Tal 39
Esino Lario 191

Fassa-Tal (Valle di Fassa)
  39
Feriolo 237
Fiumelatte 190
Forte Belvedere,
  Festung 64

Forte Col de Bene,
  Festung 63
Forte di Tenna, Festung 63
Franciacorta,
  Weinbaugebiet 172

Garda 116
Gardasee 78
Gardesana Occidentale,
  Straße 80, 89
Gardoncino 98
Gardone Riviera 93
Gargnano 92
Garlate 193
Gavirate 218
Gera Lario 198
Ghiffa 236
Gignese 241
Giulino di Mezzegra 203
Glurns (Glorenza) 48
Gravedona 199
Grigna, Berg 191

Haidersee
  (Lago di Muta), See 47
Höhlensteintal
  (Val di Landro) 51

Idro 144
Intra 236
Iseo 161
Isola Bella 241
Isola Comacina, Insel 204
Isola dei Pescatori 242
Isola di Loreto, Insel 171
Isola Madre 242
Isola San Giulio, Insel 247
Isola San Paolo, Insel 170
Isole Borromee
  (Borromäische Inseln)
  240, 241
Isolino Virginia, Insel 218
Ispra 229

Kalterer See (Lago di
  Caldaro) 34
Kaltern (Caldaro) 35
Karer-Pass 39
Karersee (Carezza), Ort 39
Karersee (Lago di Carezza),
  See 39
Karthaus (Certosa) 49
Kurzras (Corteraso) 49

La Valtenesi 97
Laghetto di Piona,
  Landschaft 186
Laghi di Lamar 69

Laglio 206
Lago d'Elio 225
Lago d'Ampola 143
Lago del Vaiont 56, 57
Lago d'Endine 172
Lago di Alserio 213
Lago di Annone 213
Lago di Boite 55
Lago di Caldonazzo,
  See 60
Lago di Cavedine 71
Lago di Cavédine 70
Lago di Cei 65
Lago di Comabbio 219
Lago di Como
  (Comer See) 181
Lago di Garda
  (Gardasee) 78
Lago di Garlate 191
Lago di Ghirla 219
Lago di Lagolo 71
Lago di Lavarone 64
Lago di Ledro
  (Ledro-See) 140, 141
Lago di Lévico 61
Lago di Lugano
  (Luganer See) 216
Lago di Mergozzo 236, 237
Lago di Mezzola 182
Lago di Misurina 54
Lago di Molveno 67
Lago di Monate 219
Lago di Piano 216
Lago di Piazze 62, 63
Lago di Pieve di Cadore 56
Lago di Pusiano 213
Lago di San Vito 55
Lago di Santa Caterina 56
Lago di Santa Croce 58
Lago di Santa Giustina 66
Lago di Santa Massenza
  69
Lago di Segrino 213
Lago di Serraia 62, 63
Lago di Tenno
  (Tenno-See) 139
Lago di Terlago 69
Lago di Toblino 70
Lago di Tovel 67
Lago di Valvestino 145
Lago di Varese 218
Lago d'Idro (Idro-See) 143
Lago d'Iseo (Iseo-See) 160
Lago d'Orta 244
Lago Lamàr 69
Lago Maggiore 222
Lago Nembia 67

Geographisches Register 255

Lago Santo 69
Lanzo 205
Lasnigo 214
Latsch (Láces) 48
Laveno 227
Lazise 123
Lecco 191
Lenno 202
Lévico Terme 61
Lezzeno 194
Lido delle Bionde,
 Strand 131
Lido di Grotte, Strand 131
Lido Foci del Sarca,
 Strand 103
Lido Galeazzi, Strand 131
Lierna 191
Limone 90
Lonato 133
Longarone 57
L'Orrido, Wasserfall 187
Lóvere 166
Luganer See 216
Luino 226
Lusérn 64

Maccagno 224
Maclino 93
Maderno 93
Madonna del Sasso,
 Wallfahrtskirche 248
Madonna della Corona,
 Wallfahrtskirche 118
Madonna di Monte
 Castello, Kirche 92
Magreglio 214
Malcésine 106

Malnago 193
Mals (Malles) 48
Mandello del Lario 191
Manerba del Garda 98
Mantua (Mantova) 137
Marmitte dei Giganti,
 Gletschermühlen 104
Marocche, Landschaft 70
Marone 165
Martelltal (Val Martello) 48
Menaggio 199
Mendel (Mendola),
 Berg 35
Menzino 171
Mezzolombardo 66
Moanfleck, Landschaft 34
Molina di Ledro 141
Monasterolo 172
Moniga del Garda 97
Monte Altissimo, Berg 105
Monte Baldo, Berg 109
Monte Bondone 71
Monte Brione, Berg 87
Monte Cristallo, Berg 53
Monte Generoso,
 Berg 205
Monte Guglielmo,
 Berg 165
Monte Isola, Insel 169
Monte Luppia, Berg 120
Monte Mottarone,
 Berg 241
Monte Pasquella, Berg 205
Monte Piana, Berg 54
Monte Resegone,
 Berg 193
Monte Rite, Berg 55

Monte Rocchetta, Berg 82
Monte San Giorgio,
 Berg 119
Monte Sasso del Ferro,
 Berg 227
Montecolo, Halbinsel 164
Montiggler Seen 37
Montinelle 98
Montorfano 237
Mori 110

Nago 100
Navazzo 145
Nesso 194
Niederdorf (Villabassa) 51
Nogaredo 65
Novate Mezzola 183

Oggiono 213
Ólcio 191
Omegna 244
Onno 193
Oria 216
Orta San Giulio 244
Ossuccio 204
Osteno 217

Padenghe sul Garda 97
Paganella, Berg 69
Pallanza 236
Parco Giardino Sigurtà,
 Park 136
Passo di Cibiana 55
Passo di San Osvaldo 57
Passo Tre Croci, Pass 55
Pastrengo 124
Penegal, Berg 36

Geographisches Register

Pergine Valsugana 61
Peschiera del Garda 126
Peschiera Maraglio 169
Pian di Spagna, Landschaft 182
Pianello del Lario 199
Piani d'Erna 193
Piave, Fluss 56
Pieve di Cadore 57
Pieve di Ledro 142
Pieve di Tremosine 91
Pigra 205
Pineta Alberè, Wald 63
Pisogne 164, 165
Ponte Caffaro 144
Pordoi-Joch (Passo Pordoi), Pass 39
Porlezza 216
Porto 171
Porto Valtravaglia 226
Prada-Hochebene 115
Pragser Wildsee (Lago di Bráies) 50
Predore 167
Premana 187
Punta Balbianello, Landzunge 202
Punta Belvedere, Landzunge 98
Punta della Castagnola, Landzunge 236
Punta San Vigilio, Landzunge 115
Pusiano 213

Ranco 229
Ratteis (Ratisio) 49
Reno 229
Reschen (Resia) 47
Reschensee (Lago di Resia) 46, 47
Rezzonico 199
Rifugio Panarotta, Alpenhütte 62
Riva del Garda 82
Riva di Solto 166
Rocca di Angera, Burg 231
Rocca di Garda, Berg 119
Rocca di Manerba, Berg 98
Rovenna 206

Sacro Monte, Heiligtum (Varese) 221
Sale Marasino 165
Salò 95
San Biagio, Insel 98
San Felice del Benaco 97
San Giovanni Bianco 180
San Mamete 216
San Martino della Battaglia 134
San Michele 110
San Romedio, Wallfahrtsstätte 66
San Zeno di Montagna 114
Santa Caterina del Sasso, Heiligtum 230
Santuario della Madonna della Caravina 216
Santuario Madonna del Frassino 127
Santuario Madonna della Ceriola, Heiligtum (Monte Isola) 171
Sarnico 167
Sass Pordoi, Berg 39
Scaria 205
Schluderns (Sluderno) 48
Schnalstal (Val di Senales) 49
Sensole 170
Sirmione 128
Siviano 171
Solarolo 98
Solferino 134
Sórico 197
Spiaggia Brema, Strand 131
Spiaggia delle Lucertole, Kletterfelsen 105
Spiaggia Parrocchiale, Strand 131
Spiazzi 118
St. Josef am See 34
Stresa 239
Sulzano 165

Taleggio 180
Tavernola Bergamasca 166
Tenna 63
Toblach (Dobbiaco) 51
Toblacher See (Lago di Dobbiaco) 51
Toce, Fluss 237
Tofana di Mezzo, Berg 53
Tondi di Faloria, Berg 53
Torbole 100
Torno 194

Torre di Buccione, Turm 248
Torri del Benaco 112
Toscolano 93
Tratto Spino, Berg 110
Tre Cime di Lavaredo/Drei Zinnen, Berg 54
Tremezzina, Landschaft 197
Tremezzo 201
Trento (Trient) 72

Unser Frau in Schnals (Madonna di Senáles) 49

Vacciago 248
Val Codera, Tal 183
Val d'Intelvi 205
Val di Non, Tal 66
Valcamonica, Tal 173
Valeggio sul Mincio 134, 135
Vallassina, Landschaft 214
Valle Ansiei, Tal 56
Valle dei Fondi, Tal 145
Valle dei Laghi 69
Valle dei Molini, Tal 145
Valle di Cavedine, Tal 71
Valle Varrone, Tal 187
Valsolda, Tal 216
Vantone 144
Varenna 188
Varese 219
Varone 89
Vassena 193
Verbania 236
Vernagter Stausee (Lago di Vernago) 49
Verona 144, 146
Vesta 145
Vetriolo Terme 62
Vezio 189
Villa Orlando, Villa 173
Vinschgau (Val Venosta), Tal 46
Voltorre 218

Welsberg (Monguelfo) 51
Welschnofen (Nova Levante) 39

Zimbrisch (Sprache) 64
Zone 165
Zorzino 166
Zufrittsee (Lago di Gioveretto) 48